U0904471

中国道教文化

李刚／著

長春出版社
全国百佳图书出版单位

图书在版编目（CIP）数据

中国道教文化/李刚著. ——长春：长春出版社，2010.12
ISBN 978－7－5445－1456－9

Ⅰ. ①中... Ⅱ. ①李... Ⅲ. ①道教－宗教文化－中国
Ⅳ. ①B95

中国版本图书馆 CIP 数据核字（2010）第 208877 号

中国道教文化

著　者：李　刚
责任编辑：张中良
封面设计：刘喜岩

出版发行：長春出版社　　总编室电话:0431－88563443
发行部电话:0431－88561180　　邮购零售电话:0431－88561177
地　址：吉林省长春市建设街 1377 号
邮　编：130061
网　址：www. cccbs. net
制　版：吉林省久慧文化有限公司
印　刷：长春第十一印刷厂
经　销：新华书店

开　本：787 毫米×1092 毫米　1/16
字　数：299 千字
印　张：15.75
版　次：2011 年 1 月第 1 版
印　次：2011 年 1 月第 1 次印刷
印　数：5000 册
定　价：32.00 元

序言 中国根柢全在道教

鲁迅先生在1918年8月20日《致许寿裳》的信中说："前曾言中国根柢全在道教，此说近颇广行。以此读史，有多种问题可以迎刃而解。"[①] 鲁迅先生这段话，曾在学术界引起争议。争议双方皆以鲁迅先生这段话为价值判断，或认为鲁迅先生赞赏道教为中国根柢，不懂得道教即不懂得中国，或指出鲁迅先生批判国民劣根性，其根子全在道教。实际上，我们从中看不出鲁迅先生作任何价值评判。这是个全称事实判断，鲁迅先生凭借"五四"之前"颇广行"的说法，点穿了中国文化之根在于道教这样一个历史事实，并指出以此读中国历史"有多种问题可以迎刃而解"。我们认为，"中国根柢全在道教"是个历史事实判断，因此本书将从这一事实出发，试图以道教信仰的核心层面——神仙不死信仰作为全书的主线，追问：古代中国普通老百姓是如何解决生死问题的？道教与中国人的日常生活、民俗风情究竟有何关系？道教与中国文学艺术、中国古代科技的关系是怎样的？从这些问题中尽可能解读出何以"中国根柢全在道教"的历史真相。

中国传统文化向以儒释道三教著称，儒释道好比三根巨大的鼎足支撑起中国文化这个巨鼎，缺一不可。又有一比：如果把中国传统文化比喻为一棵参天大树，

① 《鲁迅书信集》上卷，人民文学出版社1976年版，第18页。

儒家是这棵大树的主干，挺立支撑门面，佛教是这棵大树的枝叶，长得枝繁叶茂，那么道教则是这棵大树的根子，深深埋藏地下，不容易引人注目。从这个意义上讲，舍弃道教而言中国文化便是残缺不全的，中国文化中的许多斯芬克斯之谜便无法破译，许多宝贵财富便得不到发掘。因此，研究中国哲学思想史、文学艺术史、科学技术史都不能置道教于不顾，否则会是片面的。道教这个鼎足和树根是中国土生土长的宗教，是中国文化的土特产，具有自己独特的个性、独特的魅力，近二千年来流传于中国社会，对中国古代的政治、思想、学术文化、民风民俗等都产生了重要影响。因此，我们要了解中国的历史，要了解中国的社会思想和民众生活，一句话，要了解中国文化，就不能不了解道教，否则很多问题就不能够迎刃而解。本书将从生命道教、生活道教、文艺道教、科技道教、古代道教、当代道教等六个方面来描绘中国道教文化，试着解答何以"中国根柢全在道教"这个世纪难题，虽然解答是很不完美的，难以令人满意，但若能获得盲人摸象的一小部分，进一步激发起大家来深思和探讨这个难题，则作者的心愿也就了却了。

美国学者麦克·彼得森等在所著《理性与宗教信念——宗教哲学导论》第十章《死后生命：有希望的理由吗?》中指出："死亡并非人生命的结束，这个主题听起来是所有宗教的主题。古代埃及人在埋葬他们贵族的木乃伊时，同时陪葬有食物及其他必需品，人们相信这些物品是到达另一个生命的旅途中所需要的。在做礼拜中，许多基督徒时常背诵《使徒信经》：'我信身体的复活和生命的永存。'事实上，死后生命的信念在宗教中占据着核心的地位，甚至有人认为，它比相信上帝还要更为根本，因此，就是上帝不存在，也要把上帝创造出来，来'作为人之不朽的一个良善的成全者'。"[①] 如果说世界上的宗教基本上都承认人的死亡，追求死后生命的存在或复活，以此作为其主题，那么在道教中，则是以实现当下生命不死的信念"占据着核心的地位"，道教也不需要创造一个上帝来"作为人之不朽的一个良善的成全者"，而是要自作主宰，自我成全。成仙不死，这是道教对死亡的独特解释，这一解释构成其神仙长生信仰。

中国人精神生活的终极关怀是如何能够长生不死。道教的神仙长生信仰，是一般中国老百姓藏在内心深处的终极理想追求，然而又是一直到现在都实现不了的追求，它是一个十分渺茫的可能性存在，看起来可望而又不可即。就像一个热恋中的人孜孜不倦追求他永远不可能追求到手的对象，尽管恋恋不舍，却又无可奈何，此即诗人所谓"流水落花春去也"。王羲之《兰亭集

---

① ［美］麦克·彼得森等《理性与宗教信念——宗教哲学导论》，中国人民大学出版社2005年版，第259页。

序》：古人说，死生是大事情，令人痛切啊！[①] 面对死亡大事，生命的意义何在？如果人的生命仅仅昙花一现地存在于这个世界，随及旋风般归于大地，成了泥土，化为乌有，人生又有何意义？有时候想起来，真是“粪土当年万户侯”，当年那些帝王将相，那些荣华富贵，如今安在？还不是都已化作粪土！生命如此短暂，身体终为土灰，我们为什么活着？对此若是给予非常冷静的理性回答，答案有可能是生命无意义。纯粹理性而不带丝毫幻想的思考，也许会使我们越来越多地培育起追逐死亡、藐视生命的虚无主义者、厌世者和自杀者，对于这些人来说，反正早晚都是一死，人生毫无意义可言，不如趁早结束生命。或者走向“对酒当歌，人生几何”[②] 的人生道路。不管你是什么人，反正难逃一死，死后全都变成腐骨，为何不及时行乐？于是醉生梦死，花天酒地，放纵情欲，贪图享受。值得庆幸的是，答案并非完全都是冷冰冰理性主义的，还有各种各样充满了人情味的宗教答案，其中就有独具一格的道教的答案来回答生命的意义何在。这一答案，我们在本书的第一章“生命道教”中就会看见。

长寿学是当代生命科学的重要内容之一，很多国家的科学家都在孜孜不倦探求长寿之道，想方设法延长人类的生命。1992 年 10 月 11 日的《参考消息》以《人能活到 400 岁吗?》为题作了报道：“从事衰老问题研究的科学家们说，今后几十年将在衰老研究方面取得巨大进展，《生活》杂志的一篇报道作出了最令人惊奇的预测：人的寿命能延长到几个世纪。”据《生活》杂志特约撰稿人布雷德·达拉说：“他至少采访了 100 位从事衰老研究的著名专家，这些年专家所作的估计的依据是可望改变人的控制衰老的一些基因。”尽管专家学者们在人类寿命究竟能延长多少年的具体数字上意见有分歧，但都一致认为人类的寿命将得到延长。1999 年 7 月 24 日《中国医药报》的《陶然周刊》第 95 期以《“长生不老”离我们远吗?》为题写道：“医学界人士提出一个大胆的设想，如果人体内的双歧杆菌通过补充能够始终保持在母乳喂养健康婴儿出生一周内的水平，人类的平均寿命就可达到 140 岁。”近年来，西方一些很有影响的报刊也时不时地载文发布有关长生不老药的消息。消息曾称部分科学家已经发现了人类变老的真正原因，并且掌握了延长生命的科学方法，可望在下个世纪初推出一种长生不老药。美国《华盛顿邮报》报道说，美国加州人体抗衰老研究所一位研究人员已能成功地将人体细胞延长 30% 的生存时间，并宣称将在五年之内生产一系列有这种效果的药品”。又据该文所说：中国人的平均寿命已从 1949 年的 35 岁提高到 1997 年的 70 岁，接近发

---

① 《古文观止》下册卷七王羲之《兰亭集序》，中华书局 1959 年版，第 287 页。

② 《曹操集·短歌行》，中华书局 1959 年版，第 5 页。

达国家的水平。该文介绍的西方国家这些人体抗衰老研究所从事的研究工作，从某种意义上也可以说与道教追求长生不老有异曲同工之妙[①]，亦从一个侧面证明道教所追求的长生并非毫无道理、纯属迷信，其中含有人类渴望不朽的梦想，这个梦想里有一定程度的合理成分，那就是人的寿命可以通过自身的努力奋斗而加以延长。

鲁迅先生在《而已集·小杂感》中有感而发："人往往憎和尚，憎尼姑，憎回教徒，憎耶教徒，而不憎道士。懂得此理者，懂得中国大半。"[②]人们为什么不憎恨道士呢？鲁迅先生没有说。我们猜想其中原因之一，恐怕与道士的为人消灾解难、治病救人等有关系，特别是与道教那种大智大慧的生命理念和延年益寿的方术有密切关系。应当说，道教的神仙长生思想曾经给那些渴望不死的人们带去了希望和鼓舞，缓解了他们对于死亡的焦虑。从这个角度讲，道教神仙信仰反映了自古以来人类对于生命永存的理想和希望，这种理想和希望，孕育着人类生命的力量和激情，激励着人们不断去努力奋斗，去超越生命的极限，面对深不可测的死亡增强生存的信心。当然，现代人的理性主义精神告诉我们，人要想不死是根本不可能的事情，生命自身的规律就是有生必有死的。然而，道教那种"我命在我不在天"的主体性精神，定将鼓动人类不断地去探索生命的奥秘，破解长寿的密码，把人类的平均寿命提高到九十岁甚至一百岁以上，这在目前倒并非是天方夜谭，是完全可以实现的。至于说，未来用更高、更先进的科技武装起来的人们，能否像我们已经登临月球实现了"嫦娥奔月"的神话一样，最终把与"嫦娥奔月"相关的"不死"神话也变成现实，那就要看后来者是否不畏冷嘲热讽和打击而泄气，是否不畏艰难险阻和屡屡失败而努力创造了。如果说，人类对生命奥秘的探求永无止境，那么道教对长生不老的追求也将继续前行，追求青春长在的道教也一定会因此而永葆其青春活力！

---

① 道教为了追求神仙长生，可以说一直在想方设法用各种"法术"实验人体如何抗衰老，用道教的话来说就是"返老还童"。

② 《鲁迅全集》第一卷，新疆人民出版社 1995 年版，第 796 页。

目录

序言——中国根柢全在道教 …………………… 1
第一章　生命道教 …………………… 1
一、道教神仙信仰的内容 …………………… 8
二、道教神仙信仰对生死问题的独特解决 …………………… 41
三、道教神仙信仰成为普通老百姓藏在心里的秘密 …………………… 46
第二章　生活道教 …………………… 54
一、道教与中国人的日常生活 …………………… 57
二、道教与人生礼仪 …………………… 83
三、道教的宗教节日与老百姓的日常生活 …………………… 101
第三章　文艺道教 …………………… 104
一、道教与中国古代诗词 …………………… 107
二、道教与戏曲 …………………… 115
三、道教建筑、音乐与绘画 …………………… 120
四、道教与中国古典小说 …………………… 125

第四章　科技道教 ……………………………… 148
一、外丹与化学 ……………………………… 150
二、医药养生学 ……………………………… 155
三、气功内丹学 ……………………………… 162
四、道教与天文历法 ………………………… 188
第五章　古代道教 ……………………………… 190
一、道教发生的历史渊源 …………………… 190
二、汉魏两晋南北朝道教 …………………… 194
三、隋唐五代北宋道教 ……………………… 200
四、南宋金元道教 …………………………… 206
五、明清至民国道教 ………………………… 212
第六章　当代道教 ……………………………… 217
一、道教文化在当代社会的价值 ………… 217
二、新生态、新问题、新挑战下的
道教文化 ……………………………… 225
三、道教在海外的传播及各国对道教
的研究 ………………………………… 240

第一章 生命道教

究竟什么是道教？简单地说，道教就是以长生不老之“道”为最高信仰的中国本土固有的宗教，它用神仙不死之“道”来教化信仰者，劝人们通过养生修炼和道德品行的修养而长生成仙，最终解脱死亡，求得永恒。可以这么说，道教是一个充满了激情和想象力却又非常难以实现其生命理想的宗教，这一生命理想就是道教的“神仙不死”之梦。

“生命的意义是什么？它纯粹作为生命的价值是什么？只有这第一个问题解决了，才能对知识和道德、自我和理性、艺术和上帝、幸福和痛苦进行探索。它的答案决定一切。它是惟一能提供意义和尺度、肯定或否定价值的生命的原初事实。”① 道教“神仙不死”之梦即是要追问生命的意义何在，生命的价值何在，“生命的原初事实”究竟是什么。用通俗的话说，就是人为什么要活着？人应该如何活着？对于一个虔诚的道教徒来说，“神仙不死”的信仰就是其人生的终极目标和追求，就是其人生价值意义的超越性源头，假如缺少这样一股活水源头来激励人生，人为什么要活着、人应该如何活着的问题就得不到解决，人不过是一具行尸走肉，纯粹消耗粮食，成为造粪的机器。在道教徒看来，这样的人生找不到归宿，必定会堕入虚无主

① ［德］西美尔《现代人与宗教》，中国人民大学出版社 2005 年版，第 29 页。

义的万丈深渊之中，惶惶不可终日，毫无意义和价值可言。而正是因为道教信徒怀揣着这一“神仙不死”的梦想，他的人生便不再是虚无的，人生有了奋斗目标，他感觉在这个目标激励下活得很充实，活着真是太好了，应该像神仙那样永远活下去。道教这样一种“神仙不死”的梦，从其诞生那天起就开始做，一直延续到现在，将近二千年了，好长好长。

道教所做的这个“不死”之梦是接着中国古代神话“嫦娥奔月”而来的。《初学记》卷一《天第一》引《淮南子》说：羿请不死的药于西王母，羿的妻子姮娥偷吃了不死的药飞奔月亮。[①] 这就是我们大家都熟知的“嫦娥奔月”神话。在这个神话中，“嫦娥奔月”与“不死之药”是紧密联系在一起的，如果没有“羿请不死之药于西王母”作为前提，使嫦娥偷吃之后具备超越常人的神力，也就没有“嫦娥奔月”的故事。“嫦娥奔月”的美丽神话，反映的是中国远古初民潜意识中对“不死”的梦想。这个梦并不是无意义的，也不是荒谬的，而是对远古初民死亡焦虑的一种宽慰，是其心中所藏的“不死”愿望的满足，反映了他们的真实冲动与渴求，是他们的“集体无意识”。按照荣格的说法，“集体无意识的内容则是所谓的‘原型’”，“原型从根本上说是一种无意识的内容”，“它指的只是那些尚未经过意识加工的心理内容，所以还是心理经验的直接材料”。而表达原型的方式之一正是神话。[②]“嫦娥奔月”这个神话原型，正是我们祖先“尚未经过意识加工的心理内容”，它所表达的正是先民面对死亡问题时的心理活动状况，是其渴望不死的“心理经验的直接材料”。有学者指出：“相信永恒在历史上是人类自我理解中的参照条件是一种本体论选择。”[③] 嫦娥偷吃“不死之药”后奔月的神话就是我们老祖宗“相信永恒”的符号表征，就是我们老祖宗的一种“本体论选择”。

说起来，中华民族是神仙的后代。为何这样讲？因为我们是黄帝的子孙后代，而黄帝是修炼成了神仙的。正如龙是中华民族的图腾，说我们是“龙的传人”一样，黄帝是否真正成为了神仙并不重要，要紧的是——“黄帝成仙不死”是中华民族的另一个图腾，我们崇拜这个图腾，是因为它表达了自古以来中华民族追求不死的美好愿景，是我们不同于世界各民族的独具一格的终极关怀。可以说，中华民族既是龙的传人，龙的后代，也是神仙的传人，神仙的后代。咱们中华民族的祖先“黄帝成仙不死”的图腾，最初是一个神话传说，而最终是由道教来制作完成的。

中华民族的始祖——黄帝，成为道教塑造的众多神仙之一。道教对黄帝

---

① 《初学记》卷一《天第一》，中华书局 2004 年版，第 4 页。

② 《荣格文集·集体无意识的原型》，改革出版社 1997 年版，第 40、41 页。

③ 柯拉柯夫斯基：《宗教：如果没有上帝……》，三联书店 1997 年版，第 146 页。

的塑造，继承道家、方仙道以及汉代谶纬之书而来。至迟在战国时代，已经有黄帝成仙的传说。《楚辞·远游》就这样说："轩辕不可攀援兮，吾将从王乔而娱戏。"[①] 周灵王太子"王乔"是传说中的神仙，《楚辞·远游》把轩辕黄帝与其相提并论，说明当时的人们已经将黄帝神仙化，黄帝成为了人们心目中不死的偶像，寄托了我们的先民对于不死成仙的渴望。

《庄子·在宥》记录了黄帝问道于广成子的故事：广成子修身一千二百岁，身体却并没有衰老，黄帝于是向广成子问道，以求形体长生的"至道"。[②] 这表明，黄帝并不甘心只做"天子"，还渴望长生不死。《庄子·大宗师》讲：道是有情有信，无为无形的，黄帝得道后以登云天。成玄英解释说：黄帝采首山的铜，在荆山下铸鼎，鼎铸成后，有龙垂于鼎以迎黄帝，黄帝于是带领群臣及后宫七十二人，白日乘云驾龙，以登上天，仙化而去。[③] 成玄英如此解释，并非空穴来风。据《史记·封禅书》记载，公孙卿乘汉武帝召见时称：申公说黄帝一边战斗一边学道修仙。黄帝采取首山的铜，铸鼎于荆山下。鼎铸成后，有龙垂胡髯下来迎黄帝。黄帝骑上龙，群臣后宫跟随而上者七十余人，龙飞上天去。其余小臣不得上，便都去抓龙髯，龙髯被抓出而坠落在地上，黄帝的弓也落下来了。百姓仰望着黄帝上天，抱着他的弓和胡髯大哭，所以后世把黄帝升天处取名叫鼎湖，其弓叫"乌号"。[④] 托名刘向所著《列仙传》也记载：仙书说，黄帝采首山的铜，在荆山之下铸鼎。鼎造成后，有龙垂胡髯下来迎接，黄帝于是升天。群臣百官，都去抓龙髯，想跟从黄帝升仙。攀住黄帝的弓，以至于龙髯被拔出而弓坠在地下，群臣不能随从黄帝升仙，仰望帝而悲哭。因此后世以黄帝升仙的地方为鼎湖，给黄帝的弓取名为"乌号"。[⑤] 黄帝升仙时骑上龙而飞去，龙图腾和神仙图腾由此完美地结合在一起，所以说我们既是龙的传人，又是神仙的传人。不幸的是，这后一个传人的角色，基本上已被我们忘得一干二净，所以我们只记得放声歌唱"龙的传人"了。

唐人王瓘所撰《广黄帝本行记》，对黄帝问道求仙有更为丰富多彩的描述：黄帝以天下已经大治，物用具备，于是到处寻真访隐，问道求仙，希望获得长生不死。他是所谓先治理好天下然后再登仙的人。黄帝在位一百年，升天成为太一君，又为轩辕之星，具备黄龙一样的身体，居住在南宫中。后代祭拜他，列为五帝，居于中间配天。因为黄帝属于土德，位居中央，兼总

---

① 黄寿祺、梅桐生《楚辞全译》，贵州人民出版社 1984 年版，第 125 页。

② 详见郭庆藩《庄子集释·在宥》，中华书局 1961 年版，第 2 册第 379～383 页。

③ 郭庆藩《庄子集释·大宗师》第 1 册，中华书局 1961 年版，第 246～247、250 页。

④ 《史记》卷二八《封禅书》，中华书局 1982 年版，第 4 册第 1393、1394 页。

⑤ 守一子《道藏精华录》下册《列仙传》，浙江古籍出版社 1989 年版，第 1 页。

领四方。[1]《云笈七籤》卷一百《轩辕本纪》中，黄帝治国平天下后，寻访仙道并最终修炼成神仙的故事，与王瓘《广黄帝本行记》相比照，基本雷同。[2]这些《道藏》中的材料都足以表明，道教已经把黄帝从中华民族的始祖塑造成为长生不死的神仙，黄帝成仙的完整故事到唐代终于瓜熟蒂落了。黄帝成仙故事的最终形成，其实正是表达了自古以来中华民族心中绵延不绝的“神仙不死”之梦。

从“嫦娥奔月”到“黄帝登仙”，这些“不死”的梦想，后来都为道教所继承发挥。汉代道教从发生开始，即充满了神仙长生思想，但未加以系统论证。到魏晋，经葛洪从理论上予以体系化，于是形成神仙不死的神仙学。以后从南北朝以至隋唐，虽然受到佛教生命观的影响，但神仙学仍在道教中占有重要地位，只是修炼神仙的方法逐渐由向外的追求转向对内的体证，最终形成了宋元以后的内丹学和全真道。内丹学和全真道虽与隋唐以前道教神仙学相信肉体不死有很大差异，转向追求精神生命的永存，但它们在本质上都是企求永恒地“自我保存”，以此作为前提来设计人生，建构人生价值观，寻求活着的意义。

在道教的眼光中，神仙的存在是人能不死的最佳证据，是人可以超越生死的最强有力的活生生的证明。为何这样说？因为神仙的大多数，都是人修炼变化而成的。[3]道教的这些来源各异、层次不同的神仙有一个共同的特征，那就是有着浓郁的人情味，因为神仙本由凡人转化而来，神仙也是人做的。神仙与凡人的不同之处就在于，凡人会死掉，而神仙却永远不会死。在道教中，常常将神仙具体描述为是由“气”化生或者说是“气”凝结而成的，这种气化说使人更能感受到道教神仙的实存性，使神仙与人的距离拉近，神仙与人有一种强烈的亲和感。因为在道教看来，人是由阴阳二气交媾产生的，而神仙也是由气化生来的，人与神仙都是气化生出来的产物，所以人在其先天的本源上即具备了成仙的可能性，亦即人先天就有资格、有条件成为神仙。只不过化生神仙的“气”，道教称之为“祖气”，是先天之气，而产生人的“气”为后天之气，故人要想成仙，必须经过长期的刻苦修炼，从后天之气返回到先天祖气，这是一个逆反的修炼过程。这种结成天上神仙的“祖气”，其实就是人本有的先天之气。人经过艰苦修炼，逐渐把肉体凡胎的后天之气去

---

① 王瓘《广黄帝本行记》，《道藏》第 5 册第 32～35 页。（本书所引《道藏》均据文物出版社、上海书店、天津古籍出版社等三家本 1988 年版，以下只注所引《道藏》的册数和页码）

② 《云笈七籤》卷一百《轩辕本纪》，《道藏》第 22 册第 674～684 页。

③ 我们读《神仙传》、《续仙传》、《历世真仙体道通鉴》等道教的神仙传记著作，用统计学的方法可以发现，除了少数虚构的至高无上神仙，大多数神仙都由凡人修炼变化而成，或因建立某种功德被后人追封而成。

掉，转换成为“本来自性”的先天祖气，换句话说，从后天之气朝着逆反的方向回归到先天之气，于是可以与“道”同在。这个“道”是被神仙化了的，人获得神仙之道，就获得了“道”所具有的那种永恒不朽性。用道教的话来讲，这样一种人已经取得了进入神仙不死世界的资格，从此以后，就可以逍逍遥遥、快快乐乐地做那长生不死的神仙美梦。正如《西游记》第二回所形容的：“逐日家无拘无束，自在逍遥，此亦长生之美。”[①] 道教通过神仙形象来证明其“长生不死”的美梦完全可以成真，使自古以来中国人“相信永恒”、对生命不死的热切追求，在这些不同类型的各式各样神仙形象中获得了满足。

道教长生不老、神仙不死的信仰何以会产生呢？正是因为道教思想家对人自身生命的困惑不解，对人生短暂、人生如梦的不满足，尤其是对于人的死亡现象产生惊愕、恐惧等所激发出的求知欲望，急迫地需要认识人自身，人死后的去向，就是说人生的终极烦恼需要得到解脱，这是道教信仰产生的前提之一。人生变幻无常，生死无法确定，充满了偶然性，正如甄士隐注解跛足道人的《好了歌》所说：“金满箱，银满箱，转眼乞丐人皆谤。正叹他人命不长，那知自己归来丧？”[②] 面对生命的脆弱，道教发誓要怜惜所有的生命，建立起一道拯救生命的神仙不死的“大门”，让人们通过这道大门走上解脱生死的归途。道教经典中对于人从何处而来，死后将往何处去，人为什么不得不出生等问题，都有许多讨论。对于生命从哪里来、最终到哪里去的高度关怀，对于生死无常的深度感触，这些都在迫使道教思考如何逃脱生死，实现生命的不朽。可惜在现实的人生中，有许许多多的东西和愿望是人们实现不了的，尤其是想要逃脱生死，恐怕只能到神仙世界去寻找安慰，获得一种在我们今天看来不过是虚拟的实现。尽管神仙世界对于我们普通人来说只是一种虚拟的实现，然而道教神仙不死的信仰，还是弥补了那些道教信徒的人生遗憾和缺欠，使他们对死亡的恐惧心理和烦恼得到了宣泄，有一种极大的安慰，从而达到情感与心灵的平衡，成为他们摆脱荒谬的人生困境的一种路径依赖。

生命究竟是什么？有位西方学者——比夏提出了一个关于生命的定义：“生命乃是抗拒死亡的各种功能的总和”。他认为生物机能的目标主要是维持机体生命和“抵制死亡”，换句话说，生命在本质上就是抗拒死亡，不死是生物的一种本能意识。[③]道教对“神仙不死”的追求，在这里可以找到其生物学意义上的解释，换句话说，道教“神仙不死”之梦，实际上是出于生物的一

① 《西游记》第二回，上海古籍出版社 1991 年版，第 14 页。
② 《红楼梦》第一回，上海古籍出版社 1991 年版，第 7 页。
③ 参见莫里斯·迪韦尔热《政治社会学》，华夏出版社 1987 年版，第 183、184 页。

种本能追求，是被压抑的潜意识之中抗拒死亡的自然而然的表露。人类最深切和最永恒的焦虑，莫过于死亡的焦虑。道教对于神仙不死的梦想和追求，在某种程度上使人类这种最深切的内心焦虑得到了缓解和慰藉，减少了对于死亡的恐惧，甚至让那些虔诚的信仰者感受到有可能超越死亡的苦海，到达长生不死的神仙世界。从宗教心理学的理论出发分析，人对于死亡的焦虑和恐惧感，强烈地反弹过来，使人产生出不死的渴望和追求，可以说这是形成道教神仙不死之梦的心理机制，是道教寻求超越生死的心理原因所在。这样的心理机制与人体本能地抵制死亡的生理机制完全是一致的，可见，人类无论在生理上还是在心理上都力图去抗拒死亡，获得永恒。从目前人类所能认识到的客观现象来说，人的生命从出生那一瞬间就意味着死亡，生必有死，死是生的必然结果，生死不可分隔地联系在一起，此即庄子所谓“方生方死”。然而从主观上讲，从人的情感和心理上讲，谁又不渴望长寿呢？假如的确有“不死”的可能性存在，谁又会不渴望永生呢？

在世界上许多民族的神话中，都幻想过曾存在一个没有死亡的时代，原始宗教思想，也断然否认人会死亡的真实可能性。考古学的发现表明，在人类的童年时代，人们已经对死亡现象产生极大的关怀，希望不死。直到现代，相信自己会不死的仍有人在。美国学者菲利普·劳顿等在所著《生存的哲学》第九章《死亡——生命不受欢迎的结局》中指出：大多数人从八至十岁起就知道他们也会死，但他们觉得自己难以真正相信这一点，难以严肃对待自己的死亡这个问题，这是奇怪的心理现象。更为严重的是，无法相信自己会死的显然大有人在。他们认为，他人会死，当我们想象到自己的死时，我们把自己想象成了他人。书中提出了这样一个问题：“前人的死是直接而不容置疑的事，在这极为频繁的事面前，为什么会有如此众多的人公然否认自己也终有一死呢？”[①] 书中认为，这些人意识到自己会死，而否认自己终有一死，不过是消除这种意识的一个办法而已。就是说，这样可以消除对于死亡的恐惧，获得心理上的安宁平和。这是人的非理性的本能意识，是必不可少的自我安慰，是藏在心底的强烈愿望。丰子恺在其散文《秋》当中就把这样一种藏在心底的强烈愿望表达了出来：“我的年龄告了立秋以后，心境中所起的最特殊的状态便是这对于‘死’的体感。以前我的思虑真疏浅！以为春可以常在人间，人可以永在青年，竟完全没有想到死。又以为人生的意义只在于生，我的一生最有意义，似乎我是不会死的。”[②] 人在青少年时代，往往会自以为是不死的，以为“人可以永在青年，竟完全没有想到死”。而人类在其童年时

---

① 菲利普·劳顿等《生存的哲学》，湖南人民出版社 1988 年版，第 302 页。

② 《丰子恺散文》，浙江文艺出版社 2000 年版，第 32 页。

代，也通常是这样一种心理状态，神话学和心理学的研究成果，都告诉了我们这一点。

既然千百年来直至现在，都有人否认自己会死，甚至于孜孜不倦地追求不死，那么便有了产生长生不死思想和学说的温床，而此种不死的梦想一旦形成，也有接受和信奉它的某些群众基础，在某些特定的时代，甚至信奉它的人趋之若鹜。道教典籍《陶真人内丹赋》引吴筠的话讲：成仙是人们所赞美的，死亡是人们所厌恶的。[1] 这就是自道教产生以来，其“神仙不死”之梦在信仰领域始终占有一席之地的一个重要的社会心理原因。

从上述分析可知，道教神仙不死之梦试图超越死亡从而走向长生不死，既有主观上的生理、心理因素，也有客观上的社会民众信仰因素、民俗民风因素。道教的神仙不死之梦不是凭空产生的，决非无根之木、无源之水，并非像儒家所尖刻批评的那样，完全是胡说八道、胡编乱造，纯粹是痴人说梦的产物，而有其生理和心理的依据，有其社会需要的依据，有其历史的根源，故二千年来一直没有消失，至今仍有做梦者。道教神仙不死的梦想顺着世人悦生恶死的欲望而诱导之，迎合了普通老百姓对永恒的需要。因此，道教这一梦想对死亡的超越尽管是种幻想的产物，但反映了中国老百姓感情、心理的某种本能要求。对此我们应当做实事求是和深入细致的解梦，不可马虎从事，简单地认定它纯粹是荒唐的迷信，是痴迷不悟的结果。顾颉刚先生曾经讲：“一部《道藏》，用实用的眼光看固然十之八九都是荒谬话，但若拿它作研究时，便是一个无尽的宝藏；我们如果要知道我们民族的信仰与思想，这种书比了儒学正统的《十三经》重要的多。”[2] 认为如果拿《道藏》来作研究，这是了解“我们民族的信仰与思想”的“一个无尽的宝藏”，真可谓是一针见血。道教“神仙不死”之梦，是中国远古神话原型“嫦娥奔月”的基因传承，是接着讲“黄帝成仙”的故事，是中国传统文化的土特产品，是中国先民风俗习惯的延伸，是中国人国民性的深层特征之一，是属于“我们民族的信仰与思想”，用荣格的话讲，是中国人“集体无意识的原型”！

道教立教的宗旨，就在于解决生死问题。道教所孜孜不倦追求的，就是长生不老，返老还童，生命的活力常在，青春美貌永远不变。现在民间流行一个比喻：我们的身体是前面那个“一”，功名、金钱、财富及地位等等都是后面的零，假如前面的身体没有了，后面的什么功名利禄，什么金钱富贵，什么五子登科，通通都是零。所以人生不论有多少子迫切需要登科，你的身

---

① 《陶真人内丹赋》，《道藏》第 4 册第 579 页。

② 顾颉刚《古史辨自序》上册《古史辨第一册自序》，河北教育出版社 2000 年版，第 87 页。

子才是第一要紧的。这个观念，就出自于道教的信仰。道教永不放弃追求的就是身体健康，身子第一，要像神仙那样不老不朽，生命充满生机。道教有一个形象生动的比喻："死王不如生鼠"。意思是说，身体已经死掉的帝王，成为了粪土的王侯，还不如活蹦乱跳的一个小老鼠。经历了人生的风风雨雨，艰难困苦，身体居然还"活着"，而且是健康地"活着"并能长寿，这才是人生最为幸福的事。这就是道教的生命信仰及人生观。套用一首小诗，道教的生命信仰及人生观可以简要地表述为：金钱诚可贵，爱情价更高。若为生命故，二者皆可抛。故我们说道教是一种生命的宗教，可称为"生命道教"。"生命道教"通过什么展示出来呢？那就是道教的神仙信仰。

一、道教神仙信仰的内容

中国人是非常在意追求永垂不朽的，我们在纪念碑上要刻永垂不朽，我们在花圈上要写永垂不朽。那么中国知识分子是如何解决死而不朽问题的？胡适先生以这样的方式提问："就中国知识分子来说，究竟有没有什么中国人的概念或信仰可以取代其他宗教人类不朽观念呢？"他自问自答："当然有的，据《左传》记载，公元前549年——即孔子不过是两岁大的孩子的时候——鲁国的一个聪明人叔孙豹曾说过几句名言，即所谓有三个不朽：'太上有立德；其次有立功；其次有立言。虽久不废，此之谓不朽。'……这段话两千五百年来一直是最常被援引的句子，而且一直有着重大的影响。这就是一般所谓的'三不朽'"。他准确无误地指出："这古老的三不朽论，两千五百年来曾使许多的中国学者感到满足。它已经取代了人类死后不朽的观念，它赋予了中国士大夫以一种安全感，纵然死了，但是他个人的德能、功业、思想和语言却在他死后将永垂不朽。"① 然而我们必须看到，儒家继承传统的立德、立功、立言"三不朽"说，只解决了极少数极少数人的死亡焦虑问题，只使"许多的中国学者感到满足"，只"赋予了中国士大夫以一种安全感"。用统计分析，"三不朽"最多满足了不到亿分之一人对不朽的追求，即使是中国士大夫也只有非常少的精英实现了这一追求。"人生自古谁无死，留取丹心照汗青。"这固然是豪言壮语、豪情壮志。但就算是士大夫，又有多少人能通过科举考试当上官，从而有机会建功立业，或者临危一死报君王，实现宏愿"留取丹心照汗青"，也就是名垂史册而不朽呢？士大夫尚且如此，对于绝大多数普通老百姓来说应该怎么办？他们既不能立德，没有希望立功，也无法立言，

① 《胡适学术文集·中国哲学史》上册《中国人思想中的不朽观念》，中华书局1991年版，第545、546页。

仰望星空，毫无安全感，如何实现心中秘藏的永垂不朽的愿望？极具理性的儒教对一般人的梦想不予关注，人们在其中找不到永久的慰藉，不少人去道教中寻找解决生死问题的答案，尤其是社会底层的民众。这一点连国外的学者都已经观察到：儒教“这个简单而又几乎是理性的宗教，并不能使中国人十分满意。它的教条没有给人们留下幻想的余地，对于他们的希望和梦想，也没有回报的赐予，对于他们日常生活中充满的迷信，也没有鼓励和慰藉的作用。……中国人，尤其是南方人，最为迷信，他们遭到极具理性的儒家思想的统御，他们渴求有一种信仰，使中国像其他国家一样，得到永久的慰藉。”能使普通民众得到永久安慰的这种信仰究竟是什么呢？那就是东汉时期产生的道教。“群众们对于这种新的宗教趋之若鹜，为它建庙盖堂，慷慨解囊支援其道士，热衷研读那充满迷信的经典以充实其新的信仰。老子被尊为神，老子的思想变成了超自然的思想。”① 于是从道教产生一直到当今社会，道教都给予了信仰它的一般老百姓心中以“永久的慰藉”。所以我们说，“三不朽”只是在非常非常少的儒家精英心目中“取代其他宗教人类不朽观念”，但一点一滴都满足不了绝大多数中国普通老百姓心中的要求，百姓们还是要到道教神仙信仰那里去寻求永垂不朽的实现。那么道教神仙信仰究竟有些什么内容呢？

（一）天地之间人为贵；唯生重生，神仙长生

道教，可以说是一种生命宗教，它关心人为什么会生病，为什么会死亡，并提出解决问题的办法。道教经书明确表示要给人指出一条神仙长生不死之路，告诉大家，只要依道教的法门修炼，一定能够解决生死问题，成为神仙。道教称其神仙信仰易知易行，神仙之道并非如一般人认为的那样难以理解，难以实行，以此劝导人修学神仙。道教说：大家都是人，觉悟了就成仙，不觉悟就死亡。② 既然大家同样都是人，觉悟即成为神仙，执迷不悟生命就消亡，那为什么不抓紧修炼神仙呢？中国老百姓的人之常情是“好死不如歹活”、“宁在世上挨，莫向土里埋”，这样一种对“重生”、“厚生”的信念与追求，是道教“重生”、“长生”思想发生的群众基础。

在“重生”的基础上，道教进一步发展完善了不同于道家生死观的一整套神仙长生的神仙学，执意追求肉体生命或者精神生命永垂不朽的境界。长

① 《港台及海外学者论中国文化》上册，威尔·杜兰《人民和国家（节录）》，上海人民出版社 1988 年版，第 47 页。

② 《皇经集注》卷三，《道藏》第 34 册第 652 页。

生不死的思想由来已久，追根溯源，可以在原始宗教里找到其发生的基因。史前史研究表明，北京人和尼安特人时期，就已表现了死后存在的信念，从远古时期起，人们就用赭石作为血祭的代用品，从而作为生命的象征。[1] 在原始人那里："对生命的不可毁灭的统一性的感情是如此强烈如此不可动摇，以致到了否定和蔑视死亡这个事实的地步。在原始思维中，死亡绝没有被看成是服从一般法则的一种自然现象。它的发生并不是必然的而是偶然的，是取决于个别的和偶然的原因，是巫术、魔法或其他人的不利影响所导致的"。人们观察到："'死亡'这个词在金字塔经文中从未出现过，除非是用在否定的意义上或用在一个敌人身上。我们一遍又一遍地听到的是这种不屈不挠的信念：死人活着"。[2] 这种信念没有断根，一直流传。

中国古代对不死的追求发生甚早，先秦时代神仙长生的神话传说广为流行，人们渴求能够长生不死。秦汉时，燕齐一带神仙不死说尤为盛行，荆楚和巴蜀文化中也流传许多神仙长生的神话。这些都为道教所继承发挥，也是道教神仙信仰得以形成的因素之一。道教神仙信仰看起来崇拜的是神仙，人们向神仙祈祷磕头，但实质上关心的是人自身的问题，是围绕着人在做文章。因此，道教神仙信仰其实是把"人"放在第一尊贵的地位，以人为本，试图以修炼成神仙来解决人最焦虑的生死问题。

在道教看来，人在天地之间居于最灵之位，为万物之首，自然尊贵。《太上洞玄灵宝法烛经》强调："万物人为贵，人以生为宝。"[3] 万物之中，人最为宝贵，而人最贵重的，就是生命，尤其是有道的生命。所谓"人之所贵是生，生之所贵是道。"[4] 而人最贵重的，就是人的身体。所谓"人身最贵"。[5] 重视生命，这是道教最基本的特征之一，道教对于"生"保持一种虔敬尊重的态度，以生命为天地万物的自然本性，高度礼赞生命的神圣，以生死为人生第一要事。《太平经》说：只要能活着，什么荣华富贵都可抛，因为"生"是第一要紧的事。《悟真外篇·石桥歌》高唱道：人生大事惟有生死。[6] 这些说法都充分展示了道教"重生"、"贵生"的思想。这些思想其实是对中国古代社会生命崇拜的继承，尤其是对于道家唯生、重生观的直接延续。老子讲长生久视之道。[7]《庄子·让王》认为生命的价值比天下更为贵重。道教即继承了

① 参见秦家懿、孔汉思《中国宗教与基督教》，三联书店 1990 年版，第 38 页。

② 参见卡西尔《人论》，上海译文出版社 1985 年版，第 107、108 页。

③《太上洞玄灵宝法烛经》，《道藏》第 6 册第 178 页。

④《云笈七籤》卷九四《坐忘论序》，《道藏》第 22 册第 643 页。

⑤《云笈七籤》卷五四《说魂魄》，《道藏》第 22 册第 373 页。

⑥ 王沐《悟真篇浅解》，中华书局 1990 年版，第 172 页。

⑦《老子》第五十九章，上海古籍出版社 1989 年版，第 15 页。

道家这种唯有生命最高的人生价值观。

道教神仙信仰的核心范畴是所谓长生不死之“道”，人的生命与此种不死之“道”合而为一即可以神仙长生。对道教来说，人发现了神仙不死之道就发现了自身，尽管神仙不死之道无限地超越于他，但道教信徒总是想接近它，与它合为一体。从这种本体追求出发，道教神仙信仰追求无限存在，即道教所谓“无极之道”。这种“无极之道”不受时空的限制，但却又是在此世间“修”成的，是人在此岸世界的生命延续。一般说来，世界上绝大多数宗教都向往对彼岸天国的死后追求，道教与众不同之处就在于，信奉的是对此岸生命获得永恒的追求，人生的意义和价值就在我们这个现实世界，而非虚无缥缈的彼岸世界。这种对此岸生命不死的追求，在道教中是自由自觉的，但能不能实现，却还是一个悬而未决的问题，只不过在这种追求中，道教信徒渴求生命永恒的潜意识得到了满足，面对死亡产生的焦虑与恐惧心理得到了极大的慰藉，心灵有了安顿之地，活着有了奋斗目标。

（二）我命在我、心作主宰、无量度人、神仙可学的生命主体论

莎士比亚名剧《哈姆雷特》中有句著名的台词：“生存还是毁灭，这是一个值得考虑的问题。”[①] 面对生存还是毁灭，这一永远令人深思的问题，道教毫不动摇选择“生存”，也就是所谓长生不死。并由此出发建立起我命在我、心作主宰、无量度人、神仙可学的生命主体论。

道教神仙信仰的主体性，突出地表现在：沿着墨子“非命”、荀子“制天命而用之”的思想轨迹奋勇前行，对儒家天命观以及道家生死自然观予以颠覆，对所谓“我命在我”的高扬。它与西方中世纪把人变为神的奴仆也不一样，是在人的生命问题上自作主张，通过修炼完成由人转化为神的过程。道教有一句震撼人心、激励人类战胜死亡斗志的名言：“我命在我不在天”。这句名言，表达了道教对儒家命定论、天命论和道家生死自然观的否定，鲜明而又集中地体现了道教神仙信仰的主体性。

《西升经·我命章》假托老子说：“我命在我，不属天地”。[②] 就是说，人的生命长短是由人自己所把握，人通过存道纳气的修炼，延长了自我生命，甚至使生命不绝，所以人的生命长短并非由天地来决定，也不是命中注定的，说到底一切全看主体自我如何作为。这就是人在生命问题上的主体性发挥。另外，人的道德表现有善恶，所以人的命运就有好坏，人的寿命也就有长短。

---

① 《莎士比亚全集》第九卷，人民文学出版社 1978 年版，第 63 页。

② 《西升经》大约产生于晋代。

道德行为是行善还是作恶，人能加以自主选择，这种选择决定了人的生命走向，这同样显示了人在生命问题上的主体性发挥。《西升经》“我命在我”的主体能动性原则为后世道教广泛引用发挥。

对道教说来，求仙不死是一种“心学”，“道”在人身中表现为神明即所谓“心”，得道乃是“自心得道”，故必须从自我内在的“心”下手，人的主体性由此得以极大发挥。心作主宰，也充分反映了道教神仙信仰的主体性。

道教吸收了佛教区分大乘、小乘的做法，及以普度众生为己任的思想，发展出一整套大乘道教济世度人并最终自己得救的生命主体性原则。对道教来说，“道”自体本身就是好生恶杀，救护贫苦，济度一切的。大乘道教主张“度人为先”、“无量度人”、“先人后己”从而成仙的精神境界，既是利他主义的，但实际上最终还是利己的，因为其最高最终的目标仍然是为了修度“己身”成为“天仙”。在大乘道教看来，那种自家生命自家了的自了汉，终于只能成为品位低下的“地仙”，因此特别强调无量度人。

既然我的生命在于我自己主体能动性的发挥，我的生死是由我自己来决定的，那么神仙可以学致便是顺理成章的了。神仙可学论也是对传统命定论的否定。有一种意见认为，神仙不死乃命中注定，非积学可以获得。这显然是宿命论的。道教的主流观点认为，神仙可以通过学习来获得，人们通过自己主观上的刻苦努力，可屹立于神仙长生之林。唐代著名道教学者吴筠撰写《神仙可学论》，专门阐述这一观点，指出获取长生不死之道，可以通过学习而实现。道教神仙长生可以学习的命题，让生命永存的想象纵横驰骋，试图凭自我学道来解化生死，消除时间的流逝，其中固然不乏充满梦想之处，但也反映了中国人对于生命存在的执着追求，面对死亡所作的不懈抗争。

道教神仙信仰的主体性，可以说是对中国古代神话精神的继承和发扬光大。中国古代著名神话“女娲补天”、“夸父追日”、“精卫填海”等等都充满了一种逆反自然、战胜自然的雄心壮志，有种明知其不可为而为之的精神和思维方式。道教欲与死亡较量并且试图战而胜之，的确是继承和发扬了中国古代神话那种明知其不可为而为之的精神和思维方式。道教坚信：“人能弘道，非道弘人”[①]，生命之树长青，在于人去弘扬。假如人不能将生命的价值高扬，活泼泼的生命之流就不会冲破种种障碍，排除“天”的制约，流向无限的时空。人“可以得道”，然而“道”在哪里去寻求？按照《净明宗教录》的看法：“道非他求，本自我身。”[②] 道就存在于“我”自身当中，调动自己奔

① 《净明宗教录·胡洞真述净明大道说》，《藏外道书》第 7 册第 828 页。（本书所引《藏外道书》均据巴蜀书社 1994 年版，以下只注所引《藏外道书》的册、页数。）

② 《净明宗教录·中黄八柱经虚四谷章第三》，《藏外道书》第 7 册第 813 页。

放的生命活力，以艰苦卓绝的精神，在充满无常的人生道路上披荆斩棘，又何愁不能寻求到“道”？而一旦获得神仙长生之道，便可以“游行超宇宙，掌握回死生”[①]。超越宇宙，掌握生死，这就是道教神仙信仰主体性的恢宏气度。

总之，道教神仙信仰的主体性，一方面是对自我生命的自作主宰，坚持“我命在我不在天”，颠覆儒家的命定论和道家庄子的安命论。另一方面是对道德主体性的强调，人们有自主性对善恶作选择，选择善就选择了生命的光明走向，反之则使生命掉进黑暗的深渊，人们的道德动机与生命的最终结果紧紧联系在一起。发挥自我的道德主体性，从而延长生命存在的时间，提高生命存在的质量，其中人“心”是关键之所在。所以从多侧面、多角度去阐述修心养心，是道教神仙信仰讲主体性的重要内容之一。在道教，生命的历程也就是心路的历程，是人心不断作出各种价值选择的历程，这种选择正是人的生命主体性的展示。生命主体性的发挥，不仅只是拯救自我生命，更重要的是拯救全人类的生命，并且只有拯救了全人类的生命，修道者自我本身才能最终得到解放，成仙不死。对一个修道者来说，解救他人的生命越多，了道成仙的品位就越高。《灵宝度人经》有：“仙道贵生，无量度人”，其意思就是超度人的生命，使之长生不死，多多益善，最好是“无量”的，换句话说，就是要拯救全人类的生命。这就是“大乘道教”所展示的胸襟广阔无边的生命主体精神。当然，不论是拯救全人类的生命，还是拯救自我的生命，不论是要实现“我命在我不在天”，还是要发挥道德主体性，修心养性，都离不开长期刻苦“学道”修炼的过程。梅花香自苦寒来。不经历风雨，就见不到彩虹。在道教看来，假如缺乏艰难困苦、百折不挠的学道修道的体验，那么所谓“我命在我不在天”，所谓“积善才可长生”，所谓“仙道贵生，无量度人”，所谓得道成仙，这些都只不过是在讲假话大话空话，给人开空头支票。因此，如何修炼，用什么方法学道，从而成仙了道，这便成为实现自我主体性的一个实实在在要解决的问题。

（三）神仙信仰的实证性和可操作性

怎样解决这一实际问题？这就落实到道教神仙信仰的技术层面、应用层面。道教神仙信仰并非纯粹思辨性的产物，其应用性非常强，它要求人们在实际运用中加以验证，它注重应用性和实证性，不仅只是对生命问题坐冷板凳作神学上的沉思。道教神仙信仰鼓励人们在行动中去体验生命的真昧，去证实生命的不朽，去实现对生命的理想追求。道教神仙信仰重视当下的现世

① 《吕祖全书》卷九，《藏外道书》第7册第212页。

利益，不追求来生，但求今生今世生命得到了证，而对现世幸福的追求，对死亡的否定，是不能通过空谈来实现的，必须亲身实践。道教神仙信仰强调神仙可学，学习神仙之道的过程就是种践行，就是对生命问题进行实际的体证。所谓“神仙可学”也强烈地体现了道教神仙信仰的实证性。

实证的目的是要拯救生命。道教对生命的拯救，并不是到外面去建树一个上帝来拯救自己，而主要是通过自我修炼，自己拯救自己。“道”就在自己心中，或者干脆说：“道”即是“心”，“心”即是“道”，修道就是修心，修心就是修道。道教并因此而创建了种种修道的方法，这些方法，也强烈地体现了道教神仙信仰的实证性特征。

一直到近现代，道教仍然十分注重仙学的实证性。近代著名道教学者陈撄宁先生于20世纪30年代在上海创办《扬善半月刊》、《仙学月刊》以及仙学院，提倡中华仙学，以追求生命问题的圆满解决。在《答上海钱心君七问》中，他指出：“神仙要有凭有据，万目共睹，并且还要能经过科学家的试验，成功就说成功，不成功就说不成功，其中界限，假如铜墙铁壁，没有丝毫躲闪的余地。……譬如我自己是个学仙的人，设若侥幸将来修炼成功，必有特异之处，可以显示给大家看见，倘仍旧不免老病而死，又无丝毫神通，你们切切不要烘云托月，制造谣言，说我已经得道，免得欺骗后人”。这就是对于生命所抱的一种实证态度。在陈撄宁先生看来，神仙家走的道路就是一条实证的路，所以他说：“我劝君还是走神仙家实修实证这一条路罢。”[①] 走实证的路，这就是道教神仙信仰选择的人生路向。

所谓实证，包含经得起经验事实验证的意义在内。中国人是最讲究经验主义的民族，于事实无验的东西，是很难取得他们信任的。向秀在《难嵇叔夜养生论》中批评嵇康说，连通过养生“上能获得千多岁，下可以长寿数百年”的人都没见过，都没有经验证明，都是“可以说而不可以得到的东西”，不可信赖，更不用说长生不死的神仙了。[②] 正因为如此，实证性——这既是道教神仙信仰的一个特色，也是其最为致命的弱点所在。道教长生不死的神仙信仰从来没有得到验证，人们从来没有见过长生不死的人，长久以往，人们便由信仰转为怀疑，不再相信，甚至还有很多人指责其妄想虚诞。

对于这种疑问，陈撄宁的答复是：“古代的神仙，尸解的已经尸解了，飞升的已经飞升了，都是离开这个地球，跑到别的世界上去了。你如何能看见？尚有一两位未曾做到尸解地步的半仙，他又躲在深山古洞之中，人迹罕到之

① 陈撄宁《道教与养生》，华文出版社1989年版，第331、333页。

② 《全上古三代秦汉三国六朝文》卷七二，向秀《难嵇叔夜养生论》，中华书局1958年版，第2册第1876～1877页。

处，永远不肯出来，在那里等候尸解。所以世上人也不能看见他们。"[①] 神仙住在别的星球上，神仙世界与人的世界，这是两个互不相通的世界，人们当然无法得以目睹仙颜，这是陈撄宁作出的解释。

不论是疑问的一方，还是释疑的一方，都从神仙是否实存出发，讨论人是否能不死的问题。一方肯定神仙不死存在，一方表示怀疑甚至干脆加以否定，都试图运用实证的手段驳倒对方，这是我们这个崇尚经验主义的民族所习用的手段。到目前为止，争执双方谁也没有说服谁，信奉神仙不死的仍有人在，他们仍在孜孜不倦地力求实证：神仙不死存在。

在道教对神仙不死"乐此不疲"的追求中，也产生了一些相当有效的实证手段或者说操作方法，这些方法，虽不能做到使人不死，却可以让人延年益寿，强身健体，进一步提高生命存活的质量。这些具有可操作性的方法，正是道教神仙信仰实证性的具体展示。道教的操作方法可归结为两大类，一类借助外力，一类借助内力。借助外力的如服食丹药等。这类方法在魏晋、隋唐较为盛行，由于产生的负效应较大，服外丹后中毒而死的事件屡有发生，故这类方法渐为道教所不取。尽管道教外丹术在探索生命之道的过程中出现了失误，没有能证实道教神仙不死的可靠性，但它却产生了好些有益的副产品，涉及化学、矿物学、冶炼学和医药学等多门学科，客观上推动了古代中国这些学科的发展，举世闻名的中国古代四大发明之一的火药，便与道教炼外丹大有关系，是道士炼外丹过程中派生的产物。我们现在要写中国古代科学技术史，大量的内容都与道教外丹术有瓜葛。借助内力的方法主要是行气服气以至发展为内丹学。这类方法宋元后成为道教徒修炼长生不老的主要操作方法。

现代生物学认为，生命活动的独特原则是节奏性，所有生命都有节奏。道教早已注意到人的生命节奏性，并探讨怎样运"气"把握这种节奏，使生命协调健康发展，于是有道教气功的产生形成。在道教之前，道家已看到人的生命与"气"休戚相关的联系。道家对气的讲究，为道教所进一步发展。道教提出了道即是气、以气为本的学说。《养性延命录》卷下《服气疗病篇第四》把"气"提升为"道"的高度，保气则可得道长存。以气为本的学说，成为道教气功内丹术的理论根据。道教气功内丹术为中华养生文化的上乘精品，它积淀了中国文化的优良传统，其中固不免一些过时的糟粕，但其主体部分，仍然不失为原始生命科学的结晶，是道教对中国古代科学技术的一大贡献。这一贡献，对当今人类的人体生命科学及医疗养生学的发展仍有巨大的借鉴价值，值得我们深入发掘，认真总结，正确引导运用，以造福今人。

---

① 陈撄宁《道教与养生》，华文出版社 1989 年版，第 330 页。

由上述可见，道教神仙信仰不作理论空谈，不是纸上谈兵，而是讲求实战，以所谓“实修实证”作号召，在长期的实践过程中形成了一整套可操作的修炼方法，而客观上则对中国古代的科技发展起到了推动作用。

（四）生命伦理学

除以上所说外，还能通过什么途径获得成仙不死？道教的答案是：除了用外丹或内丹等炼养身体外，不可或缺的就是道德上的为善立功德，洗去自己生命中的罪恶，成为品格高尚的圣人和真人。

因为神仙在德行上都是尽善尽美、无懈可击的，所以人要想变成神仙，那就非得在道德品质上脱胎换骨，洗心革面，像神仙那样成为真善美的统一体。在道教中，理想的道德行为是在神仙身上体现出来的，修道者只有尽最大努力效仿神仙的“善良生活”，以此来衡量自己的道德水准，才能成为神仙之国的“选民”，也就是道教所谓“种民”。神仙是至善至美的化身，神仙创造了一个充满正义与善良的世界，神仙为人们建构了一套道德价值标准，人们的道德表现应该听命于神仙，以神仙的道德风范作为个人修行的楷模。道教神仙信仰的一个重要内容，就是将神仙信仰与儒家伦常伦理结合起来，以“劝善成仙”作为讨论的主题，由神仙信仰和道德修养两大板块构造而成，或者说是二者联姻的产儿，可称为生命伦理学。

20世纪70年代，世界上兴起一门新学科——生命伦理学（bioethics）。1971年，美国华盛顿乔治城大学建立了肯尼迪伦理学研究所，1978年，该所组织编写的四卷本《生命伦理学百科全书》出版。从此以后，北美、西欧、日本等国大学出现越来越多的生命伦理学研究中心，各国和国际的有关生命伦理学的学术会议连绵不断，出版了大量的学术论文和专著。生命伦理学（bioethics）由两个希腊词 bio（生命）和 ethike（伦理学）构成。生命主要指人类生命，但也涉及动植物生命。伦理学是指对道德的哲学研究。有人认为，生命伦理学是根据道德价值和原则，对生命科学和卫生保健领域内的人类行为进行系统的研究。据称，生物技术的进步，使医学面临了许多前所未有的新难题，并对传统的伦理观念提出了新挑战，这是产生生命伦理学的根本原因[①]。

其实，生命伦理学并非现代人的专利品，现代条件下产生的生命伦理学也可以说是一门古老的学科，只不过古代的生命伦理学不同于现代的含义罢了。古人虽没有创造生命伦理学一词，但从现代人的眼光审视，实际上已形

① 参见邱仁宗《生命伦理学》I《难题和挑战》，上海人民出版社1987年版。

成了内涵不同于当今的生命伦理学说，这尤其表现在古代的宗教伦理学中。世界三大宗教的伦理观，可以说都是种生命伦理观，它们都把生命问题的终极解决与道德行为的善与恶连在一起，这样一条生命—伦理的因果链，显示了古人的人生价值观。

如果说当代生命伦理学主要关心的是生殖技术、生育控制、遗传和优生、安乐死、器官移植、行为控制等等形而下的问题，那么古代的宗教生命伦理学则对人的生命表现出终极关怀，关注人能否获得永恒，生命怎样才能得到拯救而永垂不朽等等形而上的问题。试看基督教称人类生而有原罪，只有一生不断赎罪，才能最终获得拯救，成为上帝的选民，进入永生之天国。“赎罪”就是道德上的去恶从善，生命问题的最终解决离不开道德修养。试看佛教的六道轮回说。佛教以为人生是苦，人死后是上天堂还是下地狱，决定于在世时人所造之“业”，人的身、口、意三业的善恶，必将受到相符合的报应，善有善报，恶有恶报，为善者登上天堂，作恶者堕入地狱，臻于至善则可上升到常乐我净的涅槃境界，永恒常在，充满欢乐，断除一切烦恼。那么，伊斯兰教怎么样呢?《古兰经》教诲说：“善人们，必在恩泽中；恶人们，必在烈火中。他们将在报应日堕入烈火，他们绝不得离开它”；“恶人们的记录，将在一本恶行簿中”；“善人们的记录，确在善行簿中。你怎能知道善行簿是什么？是一本封存的簿子，真主所亲近的天神们将作证它。善人们必在恩泽中，靠在床上注视着，你能在他们的面目上认识恩泽的光华。”① 善人的生命“必在恩泽中”，永居乐园；恶人的生命“必在烈火中”，堕入地狱。可见世界三大宗教都从生命存在出发讲道德问题，是种古老的不同于现代意义上的生命伦理学。

与世界三大宗教一样，道教也有自己的生命伦理学。解决生命长存不死的问题，既是道教生命伦理学的出发点，又是其目的地。人类对于死亡的忧虑与关切，深深地埋藏于潜意识中。人们十分不情愿接受死亡这一事实，针对这一畏惧心态，“宗教总是象征性地保证，‘生命和有秩序一定胜利，死亡和混乱一定失败。’”② 但各个宗教的“保证”是不同的，各有特色。道教的特色是成仙不死，是面对死亡的主体性抗争。人在旅途，生命就像是旅行，终有到站之时，而且在旅行途中还必须不断地逃避死神的追捕，一不小心便有可能落入死神的魔掌。道教所沉思、所要设法解决的，就是如何战胜死神的威胁，使生命之旅能够无限延伸下去。所以从这个角度讲，道教的神仙长生

---

① 《古兰经》第八二、八三章，中国社会科学出版社 1981 年版，第 467 页。

② 玛丽·乔·梅多、理查德·德·卡霍《宗教心理学》，四川人民出版社 1990 年版，第 31 页。

学就是死亡学，或者叫做克服死亡之学。因为抱定了战胜、克服死亡的决心，所以道教对生命的态度是乐观主义的。我们知道，存在主义哲学对于生命抱持悲观主义态度，萨特《存在与虚无》说："一个生命的历史，无论它是怎样的，都是一部失败的历史。"① 对于存在主义来说，生命无论如何辉煌荣耀都注定是要失败的。道教与此截然不同，认为人是自我生命的主宰，经过人的努力，最终可以克服死亡，战而胜之，获得"不死"。问题就在于：怎样去努力，通过什么途径才能获得成仙不死？道教的答案是：除了用方术修炼生命，或外丹或内丹等炼养之外，不可或缺的就是道德上的行善立功德，清除自己生命中犯下的种种罪恶，成为品格高尚的圣人和真人。所谓："求生必须先行善，三业清净，那么万善就齐备了。"② "人善就生存，为恶就死亡。"③ 这就将生命存在与伦理学衔接起来了，形成道教别具一格的生命伦理学。

道教主张：善则意味着生，恶则意味着亡；善则长生成仙，恶则造罪与仙无缘。这样一来，生命存在的长度便与道德善恶相联系，长生成仙即为至善的标志。只要人们行善，生命就是幸福的、充实的。通过行善，人感受到生命的价值，意识到生命是一种享受，值得永久维持下去，而长生不死，是人行善理应所得的回报。行善给人的感觉，就是自我生命找到了目标和追求，这种目标追求不会导致人走向毁灭，而是升入永恒。马克斯·韦伯颇有见解地说："很可能，中国一切本来意义上的'神明'观都立足于这样一种信仰：至善之人能够免于死亡并在幸福的天堂永远活下去。"④ 点出了道教神仙信仰的"穴道"。

道教相信：善即意味着幸福与快乐，恶即意味着罪恶与灾祸，这样一来，生命存在的质量高低好坏，便与道德行为相关联。人生的命运际遇，实质上掌握在人自身手上，人要想离苦得乐，获无量福，与灭恶兴善是分不开的。行善，可以使人产生无与伦比的快乐幸福，是对自己生存能力的一种体验，体验到自己的能力不仅足以保证自我的存在，而且能帮助他人生命具足，在行善中实现了自我。善的人生是幸福与快乐的人生。从美学角度讲，善的人生也是美的人生，行善是生命价值的最完美体现，生命之美，美就美在至善。如果说，西方文化注重以真实为美，寻求真知识，那么，中国文化则追求以善为美，生命之美在善行中闪闪放光。道教生命伦理学，正是以至善为生命之美所在。可以说，道教是一个劝人为善、度人成仙的宗教。

---

① 萨特《存在与虚无》，三联书店 1987 年版，第 618 页。

② 《至言总》卷五《功过》，《道藏》第 22 册第 868 页。

③ 《太上老君戒经》，《道藏》第 18 册第 209 页。

④ 马克斯·韦伯《儒教与道教》第六章《儒教的处世之道》，商务印书馆 1995 年版，第 195 页。

道教提出“十善”，一是孝顺父母，二是忠事君师，三是慈心万物，四是忍性容非，五是谏争解恶，六是损己救穷，七是放生养物、广泛种植果木，八是挖井立桥，九是为人兴利除害、教化未悟，十是读道经、供奉神灵。[1] 这“十善”，除了处理好人与人、人与社会之间的关系，要求慈爱万物，损己利人，救济穷困，兴利除弊，容忍不同意见者，还涉及人与自然环境的关系。

道教生命伦理学特别重视人类生存环境的状况，因为要修炼成仙，没有一个良好的生态环境显然是无所成就的。因此，道教生命伦理学中包含了颇有见地的生态伦理观。当代人面临严重的生态危机！如何防止人类的各项活动对地球生态系统的破坏？这是当今全世界都在思考的问题。也有人在追寻太空中是否存在其他的生命形态，思考一旦地球这个家园不能居住了，可不可以搬迁到另外的星球去找到新的生存空间。然而不幸的是，迄今为止人类的努力还毫无结果，人类脱离了地球能否生存也还是悬而未决的问题。因此，用更为现实的眼光看，与其逃离地球，还不如重整旧河山，多考虑如何美化我们现有的家园。这种考虑应该是在祖先留给我们的生态智慧的基础上进行，也就是所谓温故而知新。面对这有可能给人类带来毁灭性灾难的危机，重温古老的道教生态伦理观不无裨益，这种重温显然将启示我们怎样更好地生存，可持续地发展。

所谓生态伦理是人与自然环境发生关系时的伦理。人与自然有没有一种伦理关系？人对于自然是否像处理人际之间的关系一样必须有某种道德规范的约定？回答当然是肯定的。人类对于自然，不仅应该有一种科学的态度，也应该有一种道德的态度，如果只有前者，那就会失之偏颇，甚至走向危险的深渊，所以对自然保持敬畏的伦理态度是非常必要的。人类只有按照自然的本性去规范和调整人对自然的活动，才能在与自然打交道时获得自由。道教生态伦理观所要处理的，就是人与自然打交道时必须恪守的伦常，不得随意收拾自然，对大自然既要有利用，也要有协调。有人以为生态伦理学是当代一种全新的伦理学，其实在中国古代，在道教中早已存在生态伦理观，只不过没有形成“学”，有实无名罢了。道教生态伦理观的目的是试图获得某种拯救自然环境使其免遭人为破坏的依据，为人们营造一种良好的生存空间，让大自然的美妙景色、悦耳音调、清新气息为人类的视觉、听觉、味觉提供一种完美无缺、令人感到神秘而又可爱的协调。道教并不反对人化的自然，而是主张人改造自然应有规则可依，应受道德规范的约束，应该把自然改变成一个令人赏心悦目的巨大花园，就如道教所想象的天上的神仙世界那般奇妙。道教更赋予自然以充满生命活力的美的意象，从而激发人们自觉地热爱

---

① 《洞玄灵宝太上六斋十直圣纪经》，《道藏》第28册第381页。

自然、尊崇自然的美感和伦理感情，可以说许多在深山修道的道士就是这方面的典型代表。

为什么人与自然环境具有道德关系？因为二者是一个整体，相互发生影响和作用。道教生态伦理观坚决主张人与自然和谐相处，协调互补，共生共在，因为在道教眼里人与自然是同一个生态整体，相互作用，感应相生，即所谓“天人一体”。天人合一成为道教哲学的一个基本命题和特征，它要求人与天相合，即人需要天来将其合理化，肯定其存在；天也被人格化，具有了情感意志，与人相同一。天人相通相衍，相感相应，道教是在人与自然的相互影响和作用中，来理解二者间关系的。由此出发，道教在处理人类与自然的关系时，便像处理人与人的关系一样，建立了一整套伦理准则。生命中心主义是道教生态伦理观的一个鲜明特色，也是其核心的内容。20世纪产生的生命中心主义环境伦理学，以“敬畏生命”的理念为基础，认为所有生命体都有其内在于自身的“固有价值”，应当受到同等的尊重。其代表人物之一——法国学者施韦兹（一译史怀泽）指出：善的本质是保持生命，促进生命，使生命得到其最高的发展。恶的本质是毁灭生命，损害生命，阻碍生命的发展。因而伦理的基本原则就是敬畏生命，只有敬畏生命的伦理才是完备的。[①]其实，这样的思想并非今人的专利，追究其知识产权，道教恐怕应占有其中一份。道教的伦理学本质上就是生命伦理学，道教所谓生命不仅指人类生命，而且包括宇宙间一切生命在内。道教吸收了佛教教义中“众生平等”、不杀生的信条，将之和自己原有的敬重生命的教义互相融合，形成以一切生命存在作为保护对象的伦理原则。这一原则，在道教的种种戒律中得到充分体现。道教《五戒》的第一戒就是不得杀生，《老君五戒》强调不杀以至没有杀心然后才有自我生命的完成，道教《八戒》指出不得杀生以自活，《升玄九戒》的第四戒为手不得杀害众生。《老君说一百八十戒》的第一百七十六戒是：不得断绝众生六畜的生命。[②] 可以说，几乎所有的道教戒条都规定了不得杀害生命，强烈表现出鲜明的生命中心主义的伦理特色。同样的理念在道教经书宣扬的教义中也比比皆是。《道门通教必用集》卷一《玄门入道求出家法身十七愿念》的第一愿念就是：不杀生命，因为杀生断绝了圣种的缘故。[③]《阴骘文》坚决主张：或者买物而放生，或者吃素而戒杀。走路常常小心踩着虫蚁。[④] 这些主张，都透射出道教对生命的高度敬畏和热爱以及尽可能多地保存物种生

① 参见施韦兹所著《敬畏生命》，上海社会科学院出版社1992年版，第91～92页。

② 《云笈七籤》卷三九《老君说一百八十戒》，《道藏》第22册第274页。

③ 《道门通教必用集》卷一《玄门入道求出家法身十七愿念》，《道藏》第32册第3页。

④ 袁啸波编《民间劝善书》，上海古籍出版社1995年版，第7页。

命的思想。神仙存在的环境是最理想、最优美、最洁净、最令人陶醉和最令人向往的“仙境”，是自然之道造化的结晶。在道教看来，人生所追求的终极目标，就是要努力进入这一仙境，而人在我们这个现实世界的生存样态，也要尽可能使其仙境化。为了达到这个目的，人必须敬畏一切生命，重视一切生命，爱护自然，美化自然。所以对生命的珍惜和宝贵，是道教制定各类生态伦理准则的出发点。

道教从修炼内丹以追求长生不老出发，还特别强调了人的生命与宇宙生命之间的同构互动关系，指出人体生命节律与自然生态的共命运，同呼吸。炼内丹以人体为一小炉灶，与天地这个大炉灶“陶铸群物，锤锻苍生”[①] 是相通的。而炼内丹是要解决人的生命永恒存在的问题，在炼内丹的过程中，人的生命存在于天地自然之中，与自然的运行变化历程息息相关，人的生命由此而与宇宙相统一。在道教经书《参同契》看来，人的生理构造完全同天地构造一样，天地一大宇宙，人体为一小宇宙，小宇宙法像大宇宙，修炼自会得到正果。《参同契》是把宇宙大系统和人体小系统作为一个有机整体来对待，认为人是宇宙的缩影，自然的运行节律，也是人的生命运动的节律，人是自然的有机构成部分，所以人们养生应与自然之道相对应，人的生命脉搏应与自然的脉搏共振互动。道教在其生态伦理观的基础上，积极探索生命的奥秘，发展了中国古代的医药养生学和气功理论，为提高人类生命存在的数量（所谓长生）和质量（所谓久视）做了持久不懈的努力，这种努力是在与自然和谐相处的前提下进行的。如果说道教在成仙不死的问题上，要逆反自然，要抗拒自然规律，但在保护生态环境的问题上，则要顺应自然，按照自然而然的原则立场行事。这在道教看来并不矛盾，其原因在于营造一个良好的自然生存环境，无疑是十分有助于修道成仙的，也是成仙了道之后最理想的栖息地。道教所谓“洞天福地”之类的仙境就是一种完美无缺的、自然而然的神圣空间，不死的神仙们正是生活在这样的美妙空间，悠然自得，逍遥快活。

为什么道教强调以自然无为的态度保护生态环境？因为道教认为自然环境是人生命存在的依据，为人立法。《太平经》说：人在自然面前，顺从它就吉利昌盛，反叛他就危险灭亡。[②] 生态环境遭到人为破坏，不仅对现存的人有害，而且殃及后人。道教将天地比为人的父母，人贼害天地自然，就是子女对父母不孝。道教指出，人和自然万物之间有种因果报应关系，所谓善有善报，恶有恶报，也存在于人和自然的关系中。自然不是被动的受体，不是任人打扮的百依百顺的小女孩，人征服自然，弄得不好，它反过来就要报复

---

① 郭庆藩《庄子集释》，成玄英《大宗师疏》，中华书局 1961 年版，第 1 册第 264 页。

② 王明《太平经合校》，中华书局 1960 年版，第 178 页。

人。所以，人不能以征服者自居，不能自以为最尊贵。尊重自然，其实就是尊重人类自身。人的寿命与自然相呼应，如果想要长寿就须遵行自然法则，人体生病即是与自然不协调的结果。道教在其产生不久就已经发现，自然环境的好坏对于人类的生存具有特别重要的意义和巨大影响。《太平经》指出：人命在天地，天地常悦喜，于是太平。天地不和，人不得终其天年。[①] 人的生命存在与自然环境是分不开的，如果生态系统失去平衡，人就不能终其天年，更不用说成仙不死了。所以人必须敬畏自然，保护自然环境。

在道教看来，人的富足和物种多少相关。《太平经》已经指出：天以所有的东西都生出来为富足，所以当上皇气出现，一万二千物种都生出，这叫做富足。不能具备生出一万二千物种，所以为小贫。善物不产生，为极下贫。万物不能具备充足为极下贫家，这是天地的贫困啊。[②] 自然的物种越多，人也就越富足，如果物种不能具备充足，人就极其贫穷。人类的贫富与自然资源的充足和匮乏休戚与共，所谓贫穷首先是指自然资源的贫乏。所以道教十分强调“善养”自然资源，保护生态环境。

现代科学让我们知道，地球生命是一个整体，这个整体只有相互依赖、相互和谐地生存于良好的生态环境下，才能够可持续地发展下去。这样的观念在道教中也是有的，只不过表述所用的语言不同罢了。总结起来，天人一体，自然无为，以“天地与我并生，万物与我为一”的态度关怀自然，热爱自然，尊重自然规律，在人与自然之间建立起伦理关系，通过敬畏一切生命从而完善人类自我生命，达到“长生久视”的目的，这就是道教的生态伦理智慧。当代人，让我们去吮吸这智慧，使我们的生命存在更完善、更健康、更富足。

道教生命伦理学力主积阴德，道教经书《阴骘文》所谓“阴骘”的含义就是劝人积累阴德。这在社会上产生了广泛的影响，我们从很多小说讲的故事中可以得到印证。《初刻拍案惊奇》卷二十一称：此本话文，叫做《积善阴骘》，是京师老郎传留至今。小子为何重新宣讲？只为世人贪财好利，见了别人钱钞，昧着心就要弄到手，何况是遗失的？一发是应得的了，谁肯轻还丢钱的人？不知冥冥之中，阴功极重。所以看裴令公之相该饿死，只因还了人家的玉带，后来出将入相；窦谏议命中应当绝子，只为还了别人遗失的金子，后来五子登科。其余小小报应，说不尽许多。而今再说一个一点善念，直到脱了穷胎，变成贵骨，方知小子劝人做好事，不是没来历的。接下来，作者讲了这么个故事：故事的主人公，王部郎家的小厮郑兴儿，偶然为“柳庄神

---

① 王明《太平经合校》，中华书局1960年版，第122页。

② 王明《太平经合校》，中华书局1960年版，第30页。

相”的传人袁忠彻看见，认定其长相妨碍主人家安宁，于是被王部郎赶出家门。且说郑兴儿暂时在古庙栖身，有一天，在厕所内捡到一个包裹，打开一看，竟然是二十多包银子。心想这银子未必不关连几条人命，我拿了去，虽无人知道，但却做了有伤阴德的事，最好是等失主来寻找时还给他。左思右想，就在厕所旁等，一直等到第二天，终于物归原主。原来失主也姓郑，为感恩，便认其做养子。后随其养父进京，又得了应袭听用指挥的官衔。为了不忘本，便决定回旧主人家拜望。到王部郎家时，恰好神相袁忠彻也来了。王部郎道：袁的相术可笑，可见向来浪得虚名。便叫郑兴儿依旧打扮成小厮，前来上茶。又叫袁忠彻给兴儿看相，袁注目一看说：此人不论以后，只说眼下，就是一金带武职官，岂是您家服役之人？王部郎大笑道：老先生不记得从前说他妨碍主人的话了？袁忠彻这才回想起来，再把兴儿端相了一回，笑道：前日之言，不差。今日之相，也不差。“此君满面阴德纹起，若非救人之命，必是还人之物，骨相已变。看来有德于人，人亦报之。今日之贵，实由于此。”后来郑兴儿做到游击将军而终，子孙竟得世荫。作者评论说：“只因一点善念，脱胎换骨，享此爵禄。所以奉劝世人，只宜行好事，天并不曾亏了人。”[①] 这简直可以说是道教生命伦理学提倡积阴德思想的文学化表达，从中也可看到道教那种“我命在我不在天”的影子。郑兴儿拾金不昧，除开失主之外，其他人都不知道，积了阴德，于是就脱胎换骨，使“骨相已变”，便“脱了穷胎”，变得富贵起来。这不正是道教那种我的命运由我自己的道德表现来决定的理念吗？天生的“穷相”，通过自我积阴德的努力，可以“变成贵骨”，这不正是“我命在我不在天”吗？

在西方伦理文化中，有一大流派，那就是功利主义。功利原是种古老的伦理思想，但都不成系统。到 19 世纪，英国功利主义学派的创始人杰利米·边沁（1748～1832）比较系统地阐述了功利的原理，奠定了功利主义学说的基础。以后詹姆士·穆勒（1773～1836）与约翰·斯图加特·穆勒（1806～1873）父子两人追随边沁的功利主义思想，形成了以边沁为首的英国功利主义学派，成为当时在英国影响很大的一个学术流派。进入 20 世纪 60 年代以来，西方伦理学家对功利主义的兴趣越来越大，本已沉寂的功利主义又成为西方伦理学界热烈讨论的课题，他们把解决伦理学发展方向问题的希望寄托于功利主义伦理学，认为它能令人信服地解决道德选择的标准和道德根据等重要问题。[②] 中国伦理文化中，也有功利主义传统。讲功利主义道德观较著名的学者有南宋时的陈亮和叶适，明末清初的唐甄、颜元等。陈亮、叶适主

---

① 《初刻拍案惊奇》卷二一，岳麓书社 1988 年版，第 216～220 页。

② 参见石毓彬、杨远《二十世纪西方伦理学》，湖北人民出版社 1986 年版，第 506 页。

张道德与功利是统一的，道德修养切忌空谈而是要有具体的事功，并且认为道德与刑法也是统一的，应运用法律的“赏罚”以恢复人生之善。唐甄从“性、才、功”的统一和情欲合理论出发，主张“言道德必及事业”，反对不言功利的说法。颜元则坚持“理气统一”与“气质为善”的人性论，主张“情欲合理”，赞成“正谊谋利，明道计功”，将义和利看成是统一的。[①] 中国伦理文化的功利主义虽然不像19世纪以来西方功利主义伦理学那样成体系，但也有自己的一些特色。在中国传统伦理文化背景下形成的道教生命伦理学，也十分讲求功利性，其所讲功利，既有与中西伦理文化中的功利主义相同之处，也有自己的个性化特征。以下将对道教与中西伦理文化中的功利主义作比较，在比较中我们来观察道教生命伦理学的功利性。

1. *趋乐避苦*

1789年，边沁在其《导论》一书中称，他发现趋乐避苦是一条普遍的人性规律，任何个人行为及所有的社会现象，无一例外地服从这条规律。边沁认为：当某种行为“增多社会幸福的趋势大于减少社会幸福的趋势时”，就符合功利主义原理。1822年，《导论》再版时，边沁又对“功利主义原理”作了修正，主张用“最大多数人的最大量幸福”一词来代替“功利”，并将“最大多数人的最大量幸福原理”当做功利主义学说最基本的原理。边沁这种快乐、幸福的功利主义伦理观的基本出发点就是趋乐避苦的人性规律。[②]

以边沁所讲的功利原理、人性规律作为参照系，审视道教生命伦理学，便可发现道教同样主张人性是趋乐避苦的，人毫无例外地追求幸福快乐，厌恶灾祸痛苦，只要能给人带来幸福欢乐的就是善，反之则是恶。正因为道教早已发现趋乐避苦是人的天性，所以它不断地以幸福美满的神仙世界来诱导人们行善，以充满祸患与不幸的地狱世界来警告世人去恶，这是它抓住人性的特点来加以教化。因此可以说，所谓趋乐避苦的人性规律亦是道教生命伦理学的基本出发点。

早期道教有所谓“静室”，使病人在静室中思过。[③] 这是运用宗教式的道德修养解除人的肉体病痛，同时给人以精神快乐。古希腊的伊壁鸠鲁曾说：“我们所谓的快乐，是指身体的无痛苦和灵魂的无纷扰”。[④] 道教不仅追求让

---

① 参见沈善洪、王凤贤《中国伦理学说史》下卷第50、51章，浙江人民出版社1988年版。

② 参见周敏凯《十九世纪英国功利主义思想比较研究》，华东师范大学出版社1991年版，第16～17页。

③ 《三国志·张鲁传》注引《典略》，中华书局标点本1982年版，第1册第264页。

④ 北京大学哲学系外国哲学史教研室编译《古希腊罗马哲学》，商务印书馆1961年版，第368页。

人们身体无痛苦，而且力求使人们的心灵无纷扰。道教继承发扬道家的心斋坐忘功夫，吸取佛教及宋明理学的心性之学，要人保持内心的宁静淡泊，空明剔透，以求精神上的愉快。我们看到，病人通过“静室”中反思过失来治疗病痛的方法，在使自己身体得到治疗的同时，也解决了灵魂困惑纷扰的问题，身心都获得快感。

很明显，道教生命伦理学是快乐主义的产物。人们通常将快乐主义分为两类型态，一类是极端的快乐主义，即为了快乐可以置道德于不顾，是不讲道德的快乐主义；另一类是合理的、温和的快乐主义，即以美德作为获得快乐的手段，以快乐作为道德的目的，是讲道德的快乐主义。道教生命伦理学的快乐主义就属于后一类型。它将快乐与道德相统一，快乐就寓于人的善行和美德之中。正因为要照顾到道德的要求，所以道教主张人们追求合理的感官快乐，既不纵欲，也不禁欲，而是节欲，即恰当地节制自己的欲望，使之以不伤身为度。道教认为，有些快乐从长远来看实际上是种痛苦，比如过度的宴饮，虽一时满足了人们口腹的快感，但过后就会产生醉酒的痛苦或者引发肠胃疾病等等，故道教要人“食不欲过饱”。又如情欲过度，虽一时满足了性感，让人高度兴奋，但不久就淘虚人的身体，使人疾病缠身，痛苦难堪。此即俗话所说的酒色伤身。道教劝阻世人切勿做只贪图一时快活的酒色之徒，而误却长远的快乐。在道教中比较接近于禁欲主义的全真道派干脆劝人“断酒色财气”，以了却修行之害，从而求取“得道”的真快活。酒色财气如害人虫，对修道者，简直就是累赘，就是灾难，何来快乐可言？真个是“不如不要”，“不如不作”。马丹阳称酒色财气是杀人不见血的“斩人场”，是人们仇恨的对象，对其应当像仇人相见那样分外眼明。为什么要断绝酒色气财？自然是因为“酒色气财无，生死轮回趖”[①]。超脱“生死”——这一人世间最大的苦，那就是获得了人生最高的快乐。

英国学者约翰·希克在其《宗教之解释——人类对超越者的回应》提出“轴心后宗教的宇宙乐观主义”的说法，认为这种宗教的宇宙乐观主义“宣称一个无限好的可能性”，“主要关心拯救或解脱”，“肯定一个超越的实在”，“肯定宇宙的终极之善”，追求“终极幸福”。约翰·希克还揭示出：“在非常广泛的意义上，我们甚至可以说，古代宗教——尽管有大量的例外——是乐观主义的，肯定世界的，而轴心时期的新洞见则带来一股否定世界之风，以及一种对人类日常生存的空虚、短暂与不满意的广泛意识。然而这一直接的悲观主义是和终极的乐观主义相联系的。认为生活里充满痛苦，对生活的满意转瞬即逝，不可靠，人会陷入罪恶之中，但同时，基于伟人们的经验，肯

① 《马钰集》，齐鲁书社 2005 年版，第 203 页。

定了一种无限好的可能性，并勾画出实现这一可能性的途径。”① 作为“古代宗教”的道教，十分明显是“肯定世界的”，对生活“是乐观主义的”，而且在所谓的“轴心后时期”，并没有跟随那股“否定世界之风”而动，仍然保持了“乐观主义”的传统。道教对人生的这种乐观态度，既是“直接的”，也是“终极的”。换句话说，道教肯定人生是快乐的，生活里充满了“乐趣”，人经过自我努力奋斗和道德自我完善，可以把人生的乐趣保持下去，直到永远。中国老百姓所谓“找乐子”、“没事偷着乐”，正是道教这样一种“直接的”人生乐观主义的具体写照。而中国文化的“白喜事”现象，则是道教对人生的“终极的”乐观主义态度写真。相对于道教而言，“轴心后时期”的佛教，则肯定人生是“苦”，人生是“空”，强调“生活里充满痛苦”，处处都有烦恼，伴随当时那“一股否定世界之风”而翩翩起舞。即便如此，佛教还是“肯定了一种无限好的可能性”——西方极乐世界，“并勾画出实现这一可能性的途径”——经修行佛法，“觉悟”佛教智慧，离苦得乐，最终进入极乐世界。故对于佛教来说，“直接的悲观主义是和终极的乐观主义相联系的”，现实人生是悲观的、痛苦的，只有“终极”世界才是乐观的、幸福的。佛教的这一整套追求“终极幸福”的“宇宙乐观主义”，看起来风靡一时，暴雨般席卷了神州大地，但这只是表面现象而已。实际上，佛教对人生那种“直接的悲观主义”，人生是“苦”的信仰并没有在中国老百姓的骨子里扎下根来。大多数老百姓所需求的，从根子上说，还是道教那种无论是“直接的”还是“终极的”都要设法“找乐子”的人生态度。人生要快快乐乐地过，要及时把握当下的快活机遇，“莫等闲，白了少年头，空悲切”！“今朝有酒今朝醉，但愿日日赛今朝”。“春宵一刻值千金”，恨不得人生时时刻刻皆“春宵”。中国绝大多数老百姓，可不是词人笔下那样一些“不识愁滋味，爱上层楼。爱上层楼，为赋新词强说愁”的青春少年，而是早已“识尽愁滋味”，阅历众多人世间沧桑的智慧老者。他们早已经懂得：与其嘴巴上念念叨叨“愁”字，心里头念念不忘“愁”字，不如“今宵对月高歌，明朝海阔天空”。他们放声高唱：“真真假假怨人生，不如轻轻松松过一生”；“岁月不知人间多少的忧伤，何不潇洒走一回”！是的，“潇洒走一回”，此乃悲到极处而“坐忘”了悲伤，悲到极处而生出快乐来。人生充满了那么多的苦难，多灾多难的中国老百姓对于人生的各种各样“愁滋味”，早已经进入一种“却说还休”的境界。他们不再需要把“人生是苦”挂在嘴上唠唠叨叨，他们心中所向往的是“潇洒走一回”。这当中正饱含着道教那种乐观主义的人生态度。

---

① 约翰·希克《宗教之解释——人类对超越者的回应》，四川人民出版社 1998 年版，第 67、68 页。

快乐的日子多于痛苦的时间，人生就是划算的，这是中国人普遍存在的心态。如林青霞所说："有时候我在想，当一个人将要离开这个世界的时候，总结下来，赚到的是什么？我以为，快乐的时间多过痛苦的时间，那就是你赚到的。"[①] 计算下来，快乐的时间多过痛苦的时间，这一辈子你就赚到了，就活得值了，否则就太不值了，这个想法正代表了大多数中国人一生求快乐的内心世界和人生价值观。实际上，我们从中也可见到道教那种乐观主义的人生态度。

当然，道教那种无论是"直接的"还是"终极的"都要设法"找乐子"的乐观主义人生态度，不仅属于肉体，更属于灵魂，是灵与肉的一种完美结合。在道教中，肉体有节制的快乐，那是较低层次的快乐，为符合道德原则的要求，还必须让精神得到安宁，获得心灵上的快乐，这是种更高层次的快乐。道教要人排除外界的种种干扰，因为这些干扰搅乱人心，给人带来极大的痛苦，反之，人们只要能对外面的精彩世界处之泰然，保持心的宁静，处于一种"不动心"的状态，便是最大的快乐，因而也就是最高的善。祁志诚《西云集》卷中《友人问长安》歌唱道："人恼自家心不动，算来只此是长安。"[②] 要做到长久安乐，只有忘却尘缘，在别人感到恼怒的地方，"自家心不动"。而要做到自家心不动，那就必须首先"见道"也就是"悟道"，如果没有"见道"，要做到自家心不动比上青天还难。

外面的世界虽然很精彩，但真正的欢畅快乐在于"见道"。黄元吉《乐育堂语录》以"见道"为最大的快乐：见道之后，一定要将所得所见的神气与太空融化在一起，常常以此自甘自乐，全然不知人世间的富贵荣华、儿女妻妾还有比"见道"更大、比"见道"更为快乐的东西。[③] 又说了生死、脱轮回、拥有亿万年不朽之法身的神仙，才是快乐的符号和标志，并从这里体会出来，务令心中干干净净，晶莹如玉，不使微尘染而坏之，即是仙家。若有一毫染着灰尘，就算不得自在无为、逍遥快乐的仙子。[④] 要做快乐的仙子，就要自修性命，自己的生命自己主张，不受尘世的苦中之苦，这才是真快乐：人得天地之气，为万物之灵，堂堂七尺躯，不能做一主张，常为气化所移动，岂不是大可悲哀的吗！我于是大声疾呼，唤醒人的梦中之梦，使之自修性命，独辟乾坤，以立天外之天，不受苦中之苦，岂不是快乐吗？真正令人担忧的是，世风日下，处在污泥浊水中的人们，迷失了"将自家性命修成"的真实

---

① 林青霞《难演的角色》，《南方周末》2009 年 4 月 23 日第 25 版。

② 《西云集》卷中《友人问长安》，《道藏》第 25 册第 536 页。

③ 黄元吉《乐育堂语录》卷五《拓宽胸襟，不二其操》，宗教文化出版社 2003 年版，第 439 页。

④ 《乐育堂语录》卷一《外物害道・惜福修炼》，宗教文化出版社 2003 年版，第 223 页。

欢乐，反而沉浸在“以苦为乐，以死为生”的假快乐中，而不肯打破愁城、跳出孽海，虚度了自己的生命年华，终究不能潇洒自如。[①]

与佛教的修来世不同，道教追求当下“直接的”快活：与其受百年之苦的折磨，还不如过一年快快乐乐的日子而死；与其期望别人许诺的“千金”，还不如已经交到你手中实实在在的“粟一斛”；与其等待百世之后成为“王”，还不如眼下吃饱喝足的“足食之贵”[②]。此正暗合一般中国老百姓及时行乐的心态。《太上妙法本相经》分析说：在神仙之下，一切众生的本性，既有“乐性”，也有“苦性”，只有神仙之性，才“永与苦别”[③]。假如“苦恼众生”认识到苦是可恶的，乐是可欲的，从而不惜吃苦行苦，刻苦修炼大道，这其实是苦中取乐，获得众生所求的“可欲”之“乐”。是何道理？道理就在于经“苦而行”道，获取进入神仙世界的资格，终于与“十仙同等”，自然“永与苦别”。这是告诉人们，神仙世界是至乐无苦的快活林，但在进入这一片永恒的快活林之前，必须有一番艰苦卓绝的修炼，如人们经常所说的“梅花香自苦寒来”。有了这一番明知山有虎、偏向虎山行的苦修苦炼，所以能“终无苦”。这方面作出榜样的是“真人”。真人持之以恒地刻苦修行、修经、修斋，无论遇到什么样的困难都一往无前，毫不动摇，终于成为“至真”之人，“逍遥紫金场，常乐必致身。”[④] 修道修到“常乐必致身”的境界，快乐也就永远与“真人”的身体同在。这就是所谓修道的短暂痛苦可以换取来永恒的快乐，即黄元吉《乐育堂语录》告诉我们的：“辛苦两三载，快乐几千年!”[⑤]

总之，道教将肉体快乐与精神快乐都统一于道德的旗帜下，是种有节制、合理的快乐主义。生命道教在道德的制约下，其内在本色是活泼快乐的！

2. 道德估算

边沁认为，对于道德行为作一般的是或非的定性判断是不够的，还必须进一步作定量判断，使功利主义伦理学成为科学的伦理学。他将数学计算与化学分析方法引入伦理学，提出了功利主义的道德估算原理。所谓道德估算，就是对某事物或某行为给当事者（个人或社会）带来的苦与乐的量进行数学运算。边沁的道德估算原理对个人道德行为具有重要的实际指导意义，它教给人一种精确的计算，一个适当的苦乐估量，就好比做一篇收支预算，人们每经过一次估算，就能得到一次善多于恶的结果。现实社会生活中出现的那

---

① 《乐育堂语录》卷一《真火凡火》，宗教文化出版社 2003 年版，第 227 页。

② 《太上妙法本相经》卷上，《道藏》第 24 册第 859～860 页。

③ 《太上妙法本相经》卷上，《道藏》第 24 册第 859 页。

④ 《太上妙法本相经》卷上，《道藏》第 24 册第 861 页。

⑤ 《乐育堂语录》卷二《炼心伏气，道在其中》引“古云”，宗教文化出版社 2003 年版，第 261 页。

些作恶者，就是因为他们在行为之前的道德估算有误，造成估算结果不准确。[①]

道教虽然没有在理论上明确提出道德估算原理，但在实际上却大量地运用道德估算，以指导人们的道德行为。如果说边沁将苦与乐作为道德估算的基本因数，那么道教则是把善与恶作为道德估算的基本参数，对修道者善与恶的量进行数学运算，通过计算，得出是善大于恶还是恶多于善，从而决定修行者的寿限与能否登仙。在道教中，道德估算与生命估算是连在一起的，道德估算就像是在为人的生命做一笔“收支预算”。收的善越多，所支出的生命就越丰富，善功之量达到一定的度，人的生命便发生质的飞跃，变形为仙。反之，收入的恶越多，能够支出的生命则越少，恶积累到一定的量，生命也发生质变，或中途夭折，或不得为人身，永远沉沦地狱受苦。善与生命的数量关系成正比，恶与生命的数量关系为反比。早在汉代《太平经》中，已经提出“善自命长，恶自命短”[②] 的道德估算与生命估算原理。不过，《太平经》对于应建立多少善功才能成仙，尚未作出明确的数量规定。到魏晋时期，道教经典便建构了成仙的数学模型，明确规定“立三百善”可为地仙，“立千二百善”可为天仙。[③] 此后南北朝隋唐五代的道教进一步作了发挥，尽管所说建立善功的量不一致，但其基本模式都一样，即以道德估算作为生命估算的先决条件。到宋明道教劝善书的出现，道教的道德估算更为精确化、模式化。《功过格》甚至让人每日计算自己的功与过，每月作一次统计，每年总计本年度的善恶数量，求出功是多少，过有若干，力求做到功大于过，假如罪过一年比一年减少以至于无，则离仙界不远了。[④]

道教的这种道德估算与边沁相同的是，既注重道德行为的客观效果，又对道德动机、意向等心理因素不放过。道教诱导人的道德意向趋于善，认为“善心”虽然看不见摸不着，但也有一个积累的数量问题，也就是所谓“积心”。善心的积累如同积木成林、积水成河，有朝一日水到渠成，自然仙化。故道教的道德估算不仅对人的道德行为进行数学计算，而且对人的道德动机和意图也作统计，人所发善念多多益善。如果说人的善行由自己进行估算，或者由神在暗中进行计算，那么人的善念则纯由神作统计。一念萌发，便有神在暗中记录，到考核你的生命进入哪一类簿籍时，便拿出来作为裁决依据。总之，道教生命伦理学的道德估算与边沁比较有共通处，也有相异处，最明

---

① 参见周敏凯《十九世纪英国功利主义思想比较研究》，华东师范大学出版社 1991 年版，第 20、23 页。

② 王明《太平经合校》，中华书局 1960 年版，第 525 页。

③ 王明《抱朴子内篇校释・对俗》引《玉钤经中篇》，中华书局 1985 年版，第 53 页。

④ 参见《太微仙君功过格序》，《道藏》第 3 册第 449 页。

显的不同，就在于道教的道德估算是为其生命估算服务的，通过这种估算，促进人们行善成仙。

在这里，比较一下欧洲中世纪的道德估算是很有意思的，可以相互发明，更大程度上理解道教的道德估算。法国学者米歇尔·沃维尔的《死亡文化史》第三章写道："在死时，灵魂在圣米歇尔端着的天平上被称量，根据每个人的罪孽审判，罪孽都记在账本上。圣奥古斯丁已经看到背负记载世界罪孽的沉重大账本走过去的魔鬼……一种新的图景有时代替了个人的小账本。审判的场景也安排停当。一边是魔鬼，不仅负责带走最后审判中的罪人，而且也是知情的咄咄逼人的指控人。然后是天庭，天庭中并不总是和善的。"最后审判时，在天平上精确计算灵魂的罪孽，这些罪孽早已记录在案，有"知情的咄咄逼人的指控人"出庭作证，在劫难逃。为了减轻所要负担的罪孽，人们在遗嘱中规定了"财产安排"。对此，作者在第九章《死后世界的新战略》中问道："是为了对死后进行保险吗？这个题目似乎与死亡艺术的形象，与在临死时床上最后的、决定性的战斗有矛盾。但这是表面现象，矛盾是可以调和的。从灵魂没有被判罪的一刻起，谁没有这种希望呢？炼狱，即第三地点的前景已经成为日益有力的形象，成为大多数人的前景，因为只有圣徒和殉教者才能直接进入天堂。而从此也开始了争论，既然炼狱中的灵魂自己不能有所作为，就需要活人的支持，需要他们的布施、他们的祈祷。为死者祈祷的旧方式没有被否定，但在其内部，却已悄悄地改变了目的。从死后的第三日到第七日、第三十日或第四十日，然后在周年，所进行的仪式是按照既定的节奏逐渐向死者告别。在这里出现了全新的解读：为保证正在赎罪的可怜灵魂得到拯救，应当设法不断地做法事。……圣格列高利指出过帮助受难灵魂的具体办法：行善、朝圣，特别是做弥撒，遗嘱在总体上响应了这方面的要求。"所谓"行善"主要指"善举遗赠"，遗赠的对象或是宗教团体，或是慈善机构，或直接布施给穷人。捐助修桥也是善举。得到报酬的神职人员永久做法事，以保障王公贵族和富人的灵魂安息。"可是，15 世纪是通货膨胀时期，立遗嘱人发现他们的永久投资将迅速消逝。他们担心他们的意愿不被实行。有些人试图使他们的遗嘱留下长久的印记。……我们已经提到的布赫的领主除了建立 18 个祷告室以外，还要求进行 5 万次弥撒；另一位波尔多人贝纳尔·德·埃斯库桑的胃口没有这么大，他只要求为他自己做 25 000 次弥撒，另外 1 万次为他的祖先。富有的老爷和市民就是以这种方式将他们的狂妄化为一定数量的服务。在他们的脑子里有一种价格指数。"[①] 比较而言，欧洲中世

① 参见［法］米歇尔·沃维尔《死亡文化史》，中国大学人民出版社 2004 年版，第 34、134～135、138～139 页。

纪的王公贵族和富人是通过立遗嘱的方式，死后“遗赠”一部分财产，以便赎买其在世时所犯的罪恶，直接获得减罪甚至于免罪，从而使灵魂能够顺利地完成炼狱，进入天堂。这样一种“对上天的投入”，精确计算了产出的利率，从而支付相应的价格购买“赎罪券”进行保险，其目的就在于最后审判时，灵魂不被判罪。这是西方式样的道德估算。

道教希求长生不死，当然不会用立遗嘱的方式来做好死后灵魂的安排，用相应的金钱去购买“赎罪券”，而是在活着时就要考虑周到如何为善去恶(包括布施财产)，积累一定数量的功德，从而达到成仙不死的最终目的。道教同样有“罪”的观念，但这些罪孽不是最后审判时一起算总账，而是随时随地都在被各路神灵暗中清算审理，报应随之而来，即所谓“善恶之报，如影随形”[①]。须知“举头三尺有神明”，所以修道者必须时时刻刻心身清静，杜绝任何恶念恶行萌发，才有可能实现长生不死的目标。否则，稍有不慎，一念之差便会被头上的神明记录在案，前功尽弃。这是中国式样的道德估算。无论是西方式样的道德估算，还是中国式样的道德估算，其基本原理是殊途同归的，那就是通过把道德行为量化，丝毫不差地计算出人的生命分别应该获得多少奖励、多少惩罚。在这里，“道德责任者就是大卫·布伦克称之为的‘效用主体’(U-agent)。效用主体指这样的人：它通过计算自己各种行动对于总效用的效果，来决定如何支配自己的时间和资源。”[②] 作为“效用主体”的道教信仰者，他通过计算自己各种行动对于成仙了道这一“总效用”的效果，最大限度地把“时间和资源”运用到有助于实现自我目标的行动上，也就是多行善事，积累功德，最后飞升去自己向往的神仙世界。

3. 利己利他

从利己与利他角度审视，中西伦理文化都存在利己主义与利他主义。从利己主义说，又有极端的利己主义与合理的利己主义（或者叫理性利己主义）之分。

在西方伦理文化中，极端利己主义，我们以英国哲学家霍布士（1588～1679）为例。霍布士认为支配人的行动的根本力量是“自我保存”。处于“自然状态”中的人，由自保原则起决定作用，每个人只顾自己利益，而不惜侵犯他人利益。于是，“人对人像狼一样”，彼此间进行着残酷的斗争。[③] 与此不同，17世纪荷兰的思想家斯宾诺莎（1632～1677）持理性利己主义态度。按

① 袁啸波编《民间劝善书·太上感应篇》，上海古籍出版社1995年版，第3页。

② ［加］威尔·金里卡《当代政治哲学》第二章《功利主义》，上海三联书店2004年版，第43页。

③ 参见汪子嵩等编著《欧州哲学史简编》，人民出版社1972年版，第61页。

斯宾诺莎的意见，“自我保全”是人的各种炽情的根本动机，人的基本情感如痛苦、快乐、欲望全都是自私的，当自私的本性得到满足，便产生快乐，否则就会产生痛苦。与霍布士不同的是，他把群己统一、人我一致视为达到个人幸福的必要途径。他认为，个人利益虽说是人们行为的最终目的，但要达到这一目的，就应在理性指导下恰当处理个人与他人的关系，把个人利益与他人利益结合起来。理性告诉人们：为了自保，必须利他利群。这就是斯宾诺莎的理性利己主义。[①]

中国伦理文化的传统，一贯提倡大道之行天下为公，要求人们大公无私，公而忘私。在这样的主旋律中，也有一些反调，主张自私自利的人性论，强调给私利留下一席地位。宋代李觏、王安石认为，维护一定限度的个人利益是正当的，只不过对于不同社会阶层的人这种限度也是不同的。他们反对私利的任意扩张，主张加以限制，使之能合乎道德。在处理私利和公利的关系上，他们主张由民富而达到国富，把公私统一起来，以礼作为利的调节器。明末清初的思想家顾炎武提倡“合私成公”的人性论，认为人之有私，情不能免，人情怀私并非属于不道德行为，应当“合天下之私，以成天下之公”。清代启蒙思想家龚自珍也很赞成“人情怀私”说，专门作《论私》篇，认定人情皆私，揭露道学家所谓“大公无私”的虚伪性。近代梁启超在强调“利群”的同时，也不排斥人们的私利，主张妥善处理“利己”与“利他”的关系。他一方面在《新民说·论公德》中讲：“道德之立，所以利群也”。另一方面又在《十种德性相反相成义》中提出：“天下之道德法律，未有不自利己而立”。在梁启超看来，利己心与爱他心，是一而二、二而一的，善能利己者，必先利其群。在利己与利他的关系问题上，梁启超以利己做基础，由“爱己之心”推导出“爱他之义”[②]。可以说，中国伦理文化中所发出的微弱的利己主义声音，基本上是属于合理利己主义范围的，即把人我的统一作为获得个人幸福的手段。

与上述中西伦理文化传统对利己与利他关系的论述相比较，道教生命伦理学在这一问题上的见解当属于合理的利己主义，与斯宾诺莎的理性利己主义、穆勒的统一整体利益与个人利益以及梁启超的“利己必先利群”说相接近。

道教认为，处于自然状态下的人，具有生命自保的本能，人的本性就是设法保存自我生命，长生不死，这是人自然而然会产生的愿望。这种生命自

---

① 参见罗素《西方哲学史》下卷，商务印书馆 1976 年版，第 97 页；黄伟合《欧州传统伦理思想史》第三章，华东师范大学出版社 1991 年版。

② 以上参见沈善洪、王凤贤《中国伦理学说史》下卷有关章节，浙江人民出版社 1988 年版。

保原则与霍布士所谓人的本性即保全他自己的生命较为类似，即把保存自己生命有利的东西称为善，而把不利于保全自我生命的东西看做恶。但道教反对在生命自保、求取神仙长生的过程中做损人利己的事，更谴责那种为了保全自我而不惜杀生害命的劣行。《元始天尊说药王救八十一难真经》说：上古的人体性淳朴，形质固守，遵崇大道，所以少染疾病，寿延千岁。近世的人心邪作恶，“杀生害命，利己损人”，所以多生疾患，心身恍惚，形体不宁，以致多病早夭。[①] 由此说来，上古的人不为了自己而损人，结果自己反而得到保全，健康长寿；后世的人极端利己，作恶多端，杀生害命，企图以损人来保全自己，结果反而不能保全，疾病缠身，短命夭亡。这叫损人不利己。修炼神仙之道也是如此，决不可存损人利己之心，否则必有魔障。《吕祖全书》卷九说：“虽明丹理，不积行功，损他利己，魔来堑灵。”[②] 就是说，修炼内丹之道，即使懂得其中妙理，但如果没有积累道德上的“行功”，尽干些“损他利己”的事，那么丹道也不能炼成。因此，吕祖劝人“博施普济，以本以仁，方便利益，援溺救焚，扶危拯困”[③]。即利益他人，方便众生，拯救危困，在拯救他人中，自己也就得救了。吕祖又告诉人们：从前汉天师张道陵在米价高涨时，或以原价出售，或救济贫民，分毫不取；许真君合药治病，救死扶伤，建立大功；葛仙翁行祭炼法，拔度幽冥，一切有情，皆度超升。[④] 这几位后来都得道成仙，可见仙道是利他的，修仙之人只要“广博施舍，普遍救济”他人，就能达到自己成仙的目的。上述表明，道教反对损人利己的行为，认为损人并不利己，损人拯救不了自己的生命。

道教提倡什么呢？它提倡先人后己，利人济物，修己利他。《晋真人语录》教诲：真正的品行，或者说神仙的品行，就在于常常怀揣着一颗“拯救”他人的热心肠，济贫扶危，劝人修道，然后再来了却自家成仙得道的事，此即“先人后己”的内涵。[⑤] 在有的道经中，把“先人后己”作为中等的品行。《太上洞玄灵宝五显灵观华光本行妙经》就说：上元之人淳朴守道，克终寿命。中元之人谦和仁慈，拯济饥贫，后己先人。下元之人害人损物，致多夭丧。[⑥] 所谓“中元之人”，即指中等品行的人。既然“后己先人”是中等品行之人所为，那么所谓“后己先人”当然也就谈不上是最上乘的德行。

那是不是意味着道教最终还是以否定自己为至善呢？决不是。道教所讲

---

① 《元始天尊说药王救八十一难真经》，《道藏》第 34 册第 741 页。

② 《吕祖全书》卷九，《藏外道书》第 7 册第 215 页。

③ 《吕祖全书》卷九，《藏外道书》第 7 册第 215 页。

④ 《吕祖全书》卷九，《藏外道书》第 7 册第 215～216 页。

⑤ 《晋真人语录》，《道藏》第 23 册第 697 页。

⑥ 《太上洞玄灵宝五显灵观华光本行妙经》，《道藏》第 34 册第 749 页。

的成仙、延长寿命等，说到底都要落实到具体的某个人头上，或张三，或李四，这样一来，长生成仙就离不开“己”。个体生命是神仙的载体，假如否定了个体生命，长生成仙岂不成了一句空话？所以，即便是淳朴守道的上品之人，也并没有“忘己”、“无我”，他们只是超越了人与我的对立，将利己利他统一起来，与道同体，证成生命的圆满具足。因此，道教劝人为善，度人成仙，并不否定个人利益，更不否认个人的生命价值，而是充分肯定了个人在社会和宇宙中的地位，个人生命的不朽价值。只不过，道教要人把自己置于他人之后，只有普度众生，才能最后拯救自己生命，先人后己才是求仙的正确途径。这道理很简单，只有首先济度他人生命，“我身”方可得度，“众人不得度”，我的生命就进入不了神仙国度。这就是道教所谓“先人后己”的含义。从《太微仙君功过格》开列的建立善功条目，也可看出道教主张既为人也为己做功德。如其所说：旦夕朝礼，为国为众焚修，一朝为二功；为己焚修，一朝为一功。[①] 为他人在先，立功的分量更大些，为自己在后，立功的比重也较小。这正是先人后己原则的体现。

长久以来，社会上有一种误解或者偏见，以为道教修炼神仙的主张是杨朱为我之学，拔一毛以利天下而不为，长生成仙是极端利己主义的产物。对此，《吕祖全书》卷十七《修善崇行章第十五》作了辩解。它先引《易》说：“君子以厚德载物。从前的圣贤，自己立而立人，自己达而达人。”然后笔锋一转，向世人说明：“仙佛自度，就是度人”。接着批评“世儒”戴起有色眼镜看人，以成见“妄诋”道教。[②] 正统儒家以自己的价值观为参照系，认为道教修仙纯粹只顾自己保命，是种活命哲学，与杨朱“为我”完全是一路货色，殊不知道教“无人不度”，普救众生，最后再来解救自己。这一辩解，正透视出世人误解之深，揭示了道教求仙以先人后己为路径的庐山真面目。

先人后己，说穿了就是既要利人也要利己，他人与自己双方面都照顾到，利他利己并行不悖，取得双赢。《皇经集注》卷七称：念诵此经，可以免除一切祸害，利己利他，利存利亡，无量度人，拔一切生死苦。[③] 言下之意，该经宗旨，既利他又利己，人我皆大欢喜。实际上，利己利他的两全其美，就是道教生命伦理学所要追求的价值目标，用道教的话来说就叫做：“利己利人，千秋大道。”[④]

这一“千秋大道”，说穿了就是种变相的利己之心。近代哲人称人类有两

---

① 《太微仙君功过格》，《道藏》第3册第450页。

② 《吕祖全书》卷十七《修善崇行章第十五》，《藏外道书》第7册第309页。

③ 《皇经集注》卷七，《道藏》第34册第697、698页。

④ 《吕祖全书》卷七《序》，《藏外道书》第7册第173页。

种利己心，一种是本来之利己心；另一种是变相的利己心。所谓变相的利己心，即指利他之心。人要达到利己的目的，必以利他为手段，因为人是社会的动物，不能独立求生存，必然生活在群体中而与同伴共营生存，如果不顾他人的利害，其结果势必是“自己的利未见而先看见害”。理性告诉人们，为尊重自己的利益起见，应与他人结为友谊；人要保持自我的存在，最有价值的事，莫过于力求人人和谐一致。梁启超、斯宾诺莎的这样一些思想，可以说道教也是具有的。在道教看来，飞升成仙虽说是一己私利的最终目标，但要实现这一目标，就须关怀和帮助他人，他人获得救助，我必蒙其福利，得以建立功德，所建功德越多，自己获利越大，最后了证生命不朽。为了更长远的个人利益，有必要为他人牺牲某些当下的私利，这是道教开给修道者的一副秘方。其实这就是梁启超在《十种德性相反相成义》中所说的：“善能利己者，必先利其群，而后己之利亦从而进焉”；“凡所以爱他者，亦为我而已。”[1] 总之，在利己与利他的关系问题上，道教生命伦理学的立场是合理的利己主义，放长线钓大鱼式的利己主义。

与利己利他同类的是个体与群体的关系问题，考察这个问题，可以帮助我们进一步理解道教生命伦理学在利己与利他关系问题上的立场。中国传统的四民社会是个典型的宗法社会，士农工商无论哪一个社会层面都以血缘宗法制来维持，讲究尊尊、亲亲，个体服从于群体，个人利益从属于家族及社会利益。在中国传统伦理文化的熏陶下，国民养就了群体意识而缺乏个体意识。儒家历来提倡，在个体利益与群体利益发生冲突时，应毫不犹豫地牺牲自己以保全群体。宋明理学更是以窒息个体来保存群体，所谓“存天理，灭人欲”的命题，从群体与个体的角度审视，就是要个体无条件地服从群体，强调群体像“天理”一样具有至高无上的权威。在中国传统文化中具有个体意识的是道家，道家主张个体的精神自由，独自与天地相往来，反对以群体作为本位。道教继承了道家的这种精神，以个人为本位，实现个性自由和独立人格，相对儒家来说似乎显得社会责任感不强。尤其是道教中的隐士人物，其人格超越群体本位，脱离社会现实，躲进深山老林中，专门在自我生命上用功夫，以求自我超升，完成个人精神生命与肉体生命的永恒。而以葛洪为代表的道教入世派，则比较关怀世俗政治，强调修仙不违背儒家纲常，即个体应与群体统一，在实现群体利益的同时达到个体的成仙目标。以“山中宰相”闻名的陶弘景及其上清派后裔，身在山林，心不忘庙堂，以稳定社会秩序为己任，趁时出山，辅佐“太平天子”。尽管如此，他们的终极关怀并非儒

① 《饮冰室合集》第一册《饮冰室文集之五·十种德性相反相成义》，中华书局 1989 年版，第 49 页。

家式的治国平天下，垂名青史，他们最终关心的还是个体修仙了道，生命永恒。过问世事只不过是成仙中不可缺少的一环，按照道教的规定，缺少了拯救天下苍生这一环，个体生命最终也不能得救。由上述可见，虽然道教中人对出世入世、个体群体的关系所抱态度不尽相同，但从终极上说都以个体为本位，都以追求个体生命永恒为人生价值目标。

如果说弗洛伊德强调个体与群体的冲突，认为社会必然要压制人的本能，压抑个人的幸福，个体与群体间存在无法解决的矛盾，那么道教则尽力回避这一矛盾，调和二者冲突。对道教来说，这自有其不得已的苦衷。中国宗法社会的特征，儒家以群体为本位的纲常伦理所占的统治地位，这些都迫使道教不得不对道家那种个性自由的"逍遥游"作一些修正，以适应中国社会的结构特征，从而能够"适者生存"。故在道教那里，闭口不谈个体与群体的冲突，处处掩饰这种矛盾冲突，以便暗度陈仓，偷偷地为个体保留一片圣土。在个体与群体的关系问题上，也折射出道教是利他与利己的统一论者。

4. 建立功名

说到"功名"，人们自然会想起儒家那一套人生价值观，经世致用，立德立言立功，修齐治平，青史留名等等。特别是儒家当中的功利之学，专言事功，"弥纶以通世变"，建王霸之业，一统天下。陈亮自谓有"推倒一世之智勇，开拓万古之心胸"[①]。东林党人以"风声、雨声、读书声，声声入耳；家事、国事、天下事，事事关心"作为座右铭。唐甄以育天下、裁天下、匡天下、照天下为己任。颜元决心做一番斡旋乾坤、利济苍生的大事业，以任天下之重。凡此种种，都可以看出儒家功名心的价值取向所在。

道教生命伦理学的价值取向则与此不同，它的着眼点不是在于谋天下人之利，计天下之功，为天下人建功立业，担负起社会道义，而是对个人生命作道德担待，为成仙了道而努力奋斗。因此，在道教看来，真正的功名不是为社会立功立业，而是在于生命获得拯救，神仙榜上有名，不死国中有位。这就是张伯端在《悟真篇自序》中所说的：脱胎神化，把名字题在神仙册子上，获得"真人"称号，这就是大丈夫功成名遂的时候呵。[②]道教既然把解决人的生死问题作为最神圣的大功名，那么，自然把世俗功名看成小算盘，如同针尖上的蝇头微利。道教指责说：世人愚昧无知，痴迷金钱色情，花天酒地，寻欢作乐，恰似飞蛾扑火，灰飞身灭，到头来猛然省悟，但已悔之晚矣。看看你的身体吧，为荣华富贵、功名利禄所紧紧束缚，得不到解脱，早晚要腐烂在其中，只留下"体烂怎追却"的无限悔根。这是对于俗不可耐的红尘

---

① 《陈亮集·又甲辰秋书》，中华书局 1974 年版，第 280 页。

② 王沐《悟真篇浅解·自序》，中华书局 1990 年版，第 3 页。

中“利名荣华”的强烈指控，指控它极大地损耗人的生命，指控它背离了道教追求的终极功名——“大罗天上仙位”。

显然，道教的“功名心”，对于追求官本位的儒生们来说是应当嗤之以鼻的，但在道教眼里则当敝帚自珍。从道教所说“功名”的含义中，可以发现与儒家追求的“功名”大相径庭，也可发现道教生命伦理学的功利性与儒家功利主义伦理观的差别，这种差别刚好显示了道教伦理功利境界的个我特征。

上面对道教与中西伦理文化中的功利主义作了比较，在比较中我们考察了道教生命伦理学的功利性。从功利的角度看，道教生命伦理学的目的是“度人成仙”，但也在一定程度上产生了积极的社会作用。宗教道德本身是世俗道德宗教化的结果，因而同世俗社会的道德有密切联系，并且在一定社会条件下起世俗道德的作用。“宗教道德中那些被神秘化了的具有长期历史传统的世俗社会道德观念，诸如不偷盗、不奸淫、不凶杀、不贪财、不抢劫、不诬陷、不妄语、平等爱人等等，仍能成为世俗道德的补充。这是因为，这些具有历史传统的世俗道德被宗教化后，它们即以上帝的名义、神的语言出现，并附之以天堂地狱和善恶报应的道德归宿，因而较之世俗的道德有更强的束缚力和更大的社会效力。这不仅使得有些虔诚的善男信女能成为执行人道主义的楷模，而且对于社会罪恶势力也有一定的约束作用”。[①] 道教生命伦理学也具有此种“社会效力”，其中有不少道德条目已积淀为民族传统的美德，仍有价值意义，值得弘扬！站在宗教社会学的立场上看，道教生命伦理学在中国古代社会里扮演了一个重要配角（主角自然是儒家伦理），起到了强化社会秩序的功能，这种功能是对儒家道德的补充，所谓儒道互补也包含儒家与道教伦理互补的含义在内。

在此，我们将道教生命伦理观与儒、佛二家伦理思想作一比较。与儒家伦理相比，道教生命伦理学说不图谋政治功利，不计较个人功名利禄，只追求个体生命的永不失落。“儒家学说代表一种具有深刻的人道主义精神的家长统治的伦理观”，[②] 是宗法血缘社会的典型产物。儒家伦理讲究社会成员尤其是家族成员之间的某种特定的功能上的关系，这种关系的等级名分是井然有序的，不得加以破坏。道教生命伦理与儒家道德的价值取向不同，它追求个人生命的解脱，从个体出发，但对儒家道德规范又予以认同，因此主张在追求个体生命永存的同时，绝不要违背社会群体利益。比如施肩吾《西山群仙会真记》卷二《养寿》说：“善养寿者，以法修其内，以理验其外”。所谓“以法修其内”，是指道教的“闭精养气，安魂清神，形神俱妙，与天地齐

① 参见陈麟书《宗教学原理》，四川大学出版社 1988 年版，第 113～114 页。

② 李约瑟《四海之内》，三联书店 1987 年版，第 105 页。

年”。所谓“以理验其外”是指儒家的“孝于家，忠于国，顺于上，悯于下”。合起来叫做“内外齐成”，亦即道儒兼修，个体与群体相统一，长生之道可成。[①] 要修“仙道”，先修“人道”，这是道教普遍的共识。《吕祖全书》卷二十八讲：“未修仙道，先修人道。人道不修，仙道远矣！”[②]《净明忠孝全书》卷三同样强调说：“欲修仙道，先修人道。”[③] 所谓“人道”，就是儒家那一整套的道德规范。只要人道全，修仙就不难，“仙”与“圣”就有一个完满结合，这在道教看来是理所当然的事情。儒家伦理强调义务而非权利，道教生命伦理除了要人努力尽到宗法社会所要求的义务，同时又努力争取个人生命“修仙道”的权利。儒家道德非常重视道德楷模的作用，以榜样的力量鼓舞人，道教生命伦理也着力塑造因行善而成仙的道德形象，以此来劝人为善。儒家面对死亡的道德担待是“杀身成仁”，道教生命伦理则是“立功成仙”。

与佛教伦理相比，道教生命伦理是快乐主义的、合理节欲主义的。佛教伦理观的出发点是人生皆苦，要解脱苦难的人生首先须将人生看做虚幻，这样才能脱俗出世，既出世则父母妻儿都得抛弃，儒家的宗法伦理于此便化为泡影。与此相反，道教生命伦理以人生为乐，快乐的人生是实在的，绝非虚无，追求成仙用不着脱离尘世，能“和光同尘”者才算高明。道教的神仙不是在世界之上，而是在世界之中，甚至还有着陆在地上的“地仙”。这些神仙有一个明显特征，那就是逍遥自在、快乐非凡，人们行善修道的最终目的，就是为了要过与神仙一样的幸福快乐的生活。佛教把“贪爱”作为人生痛苦和不能超脱的根源之一，因此主张禁欲。道教则承认尘世价值的功用，承认人应有享受红尘生活的权利，反对禁欲，主张合理节欲，过一种有节制的快乐生活。道教也吸取了佛教的轮回转世、因缘报应说，以解释人生的道德与幸福为什么不一致的问题。

将道教生命伦理观与儒、佛二家伦理思想作比较，可以更清楚地看到其自身的特色，与儒、佛的同与异。可以这样说，道教生命伦理学以个人的生命存在价值和意义作为人生出发点，要人通过为善去恶，提高生命的内在质量，延长生命的外在时间，最终为人的生命寻找到一个光明的归宿。

（五）身体政治

道教还把其神仙信仰扩充运作于政治，我们称之为身体政治，亦即神仙

---

① 《西山群仙会真记》卷二《养寿》，《道藏》第 4 册第 430 页。

② 《吕祖全书》卷二八，《藏外道书》第 7 册第 451 页。

③ 《净明忠孝全书》卷三，《道藏》第 24 册第 636 页。

信仰和政治学的联姻，其主要内涵就是道教的“身国同治”论，即从治身的原理出发向外推到政治之道，以治身之道来治理天下，天下太平。这就是道教常讲的“理身理国之道”。中国哲学具有以政治哲学为主的明显特征，自先秦诸子起已形成多元而非一元的政治哲学，汉代以降，则为儒道法互补的政治哲学，表现形式为儒道二元，道教的身体政治在魏晋之后成为其中一元，而且是独具特色的一元。

道教主张：“至道能出世，不以出世为至道。既能出世，又能入世[①]”。出世却不忘入世，入世又能出世，徘徊于出入之间，这就是道教不同于世界上大多数宗教的鲜明个性。既然要入世，便难免涉足政治，就会产生自己的政治见解，就有一套自己的政治理论，于是终于形成了道教的身体政治理论。道教说：古圣帝王先学习神仙之道，再以之指导政治。但到了“家天下”时代，“神仙之道”失传于帝王，流落到了方士手中。[②] 而道教的任务就是要把失传于帝王的“神仙之道”重新传播给帝王，使他们知道首先要养好身体，懂得养生的原理，然后把养生的原理向外投射于政治运筹，才能治理好国家。出世却又入世的道教，关心政治，参与政治，从思想上为政治出谋划策，为政治服务，并曾试图谋求作为王朝政治指导思想的地位。道教与政治关系之密切，由此可见。

中国古代传统有所谓“不为良相，即为良医”，良相与良医都要能治病，良相治国家机体之病，良医治人的身体之病，治病救人，这是二者的共同努力目标。在古人眼光中，人的身体是一个有机的生命体，国家也是一个有机的生命体，故二者的“医治”有相同处，因而有“医国手”之说。自古以来又有所谓“十道九医”的现象，道士多通晓医药，对身体的关注颇同于医家，对于治身体之病与治国家之病是相互融通的道理，自然而然地予以认同。道教认为，对身体器官功用的描述，也适用于政治机构的功能，身体与政治之间的这种同构关系，决定了可以在二者的互动中探索为政之道。德国哲学家恩斯特·卡普把人体器官看成是一切人造物的模式和一切工具的原型，在此基础上提出“器官投影”学说，并运用“器官投影”说解释了当时已知的各种技术现象。[③] 实际上，道教“身国同治”的身体政治，就是一种“器官投影”说，因为在道教那里，国家机器系统被看做类似于人体的生理器官系统，君臣民皆是人体的“器官投影”，治理国家的本质，也不外乎是人体器官作用

---

① 《碧苑坛经》卷下《济度众生》，《藏外道书》第10册第204页。

② 《谷神篇序》，《道藏》第4册第534页。

③ 参见李文潮、刘则渊等《德国技术哲学研究》第二章四《“器官投影”的现代解说》，辽宁人民出版社2005年版，第77～82页。

于国家行动的投影，是人体器官的外在化和客观化。道教“身国同治”的身体政治，是用“器官投影”说来解释古代中国的政治现象。这样一种解释，往往是通过对君人南面之术的《道德经》作注疏来完成的，从汉代河上公到唐末五代杜光庭，再到北宋陈景元，都是如此。这种解释，承认以君主为中心的大一统王朝，认为君主的生命如果能够与道同体，就会充满了活力，而生命活力是成就政治功业的动力，君主生命的活力越旺盛，生命的跃进就越巨大，生命的延续就越久长，在政治上就越有成就，终究将作为明君而青史留名。英国汉学家葛瑞汉曾指出：在古代中国，“除了道德的限制以外，无人想到对权力的任何限制——法家连道德的限制也没有。正是这点被假定（再次排除法家），即善政依靠的是治理者的道德的善。”[①] 事实上道教不仅认为“善政依靠的是治理者的道德的善”，更大程度上关注的是治理者的身体状况究竟如何，特别关注治理者是否懂得养生并运用养生的原理去治理国家，实现“善政”。道教的这种政治哲学，其实就是对帝王权力的某种限制，要求帝王通过节制自己的无穷欲望，最好做到无欲无为，从而限制自己的权力，实现“身国同治”的“善政”。这对帝王形成一种政治导向，实质上是为帝王服务的，我们可称之为帝王之学。由此可以发现，道教神仙信仰并非只追求纯粹的终极关怀，它对于现世社会的政治问题也表现出热切关怀，它力图用自己解决生命问题的原则去解决现实的政治问题，并且也确实在中国历史上发挥了特定的社会政治作用，与儒家政治哲学形成互补之势，故我们称它是由内圣之道发而为外王之用、治身又治世的学说。

（六）塑造神仙形象，证明人能成仙不死

不老不死的神仙，的的确确存在么？为了解开人们心中的疑团，树立起修炼者对于长生不死的坚定信心，道教塑造了数不胜数的形形色色的神仙，以榜样的力量感染世人，以神仙不死的形象召唤修炼者，证明人能成仙不死的真实性。道教神仙信仰经由神仙形象来展示其精义，透过凡人修炼成仙的故事来感召人，以劝化人们追随神仙信仰，成为道教信徒。

道教透过神仙传记来展示“天下有神仙”。《墉城集仙录》卷二《上元夫人》讲述了西王母、上元夫人启发汉武帝刘彻的故事。汉武帝虽好神仙之道，然而没有遇到良师，信仰发生动摇，怀疑天下是否有神仙。经西王母及上元夫人点化，方对神仙之事确信无疑。可惜汉武帝“无仙才”，加之不能“精勤”

---

① ［英］葛瑞汉《论道者：中国古代哲学论辩》，中国社会科学出版社 2003 年版，第 343 页。

修道，终于未成正果。但这个故事已经足以证明“天下有神仙”，让人知道“神仙之不可诬”。

道教还把哲学家老子塑造为“太上老君”，使之成为由人经修炼变化后，获得最高果位的“道德天尊”。太上老君不仅仅是神仙的最终极果位，而且变幻莫测，化身万亿，历代降迹，或为国师宾友，从政治上教化君王，其经教成为“帝王之则”。

以上六个方面可以说囊括了道教神仙信仰的主要内容，从中可见其对生死问题的解决方案不同于儒家、佛教，充分体现了生命道教独特的个性。这一个性，通过下面的分析，会使我们看得更加清楚。

二、道教神仙信仰对生死问题的独特解决

生死乃是人生的最大问题，古今中外的各种宗教莫不对此作出自己的解答。宗教满足了信仰者对死亡之后人往哪里去的关怀，亦即所谓终极关怀。美国学者 A. 哈维兰说：“一切宗教都满足许多社会和心理需求。这些需求中，有一些——例如，正视死亡和解释死亡的需求——是普遍性的。”[①] 可见一切宗教都将对人们解释死亡的需求给予心理上的满足，对人的终极关怀作出解释，当然这种解释是五花八门的，各说不一。道教是一种关于人的生命学问的宗教，以生命为本位，通过时间与空间的无限延伸，形成一个超越于人间世界之上的永恒的生命之网，那就是神仙世界，以此来解决生死问题。

道教之“道”与道家的不同之处，在于特别看重修炼神仙长生之道，修道从而得道，成为其“道”论的重要组成部分。对于道教来说，指出“道”是宇宙本源，世界根本，万物依据，这固然十分重要，但还很不够，还必须同解决人的生命永恒存在问题联系起来，劝人刻苦修道，从而得道成仙不死，这是更为重要的。道教所谓人人自身都有道性，从理论上回答了每个人通过努力修行都能得道成仙，都能解决生命不死的问题。这种人皆有道的思想直到清代仍在道教中流行，比如先天派的创始人千峰老人赵避尘就认为：“道者人人有分，位位可得。大则成仙佛，小则延年寿。”[②] 可见其影响之深远。

道教神仙信仰与道家追求个人精神自由有相一致的地方。与道家不同之处在于，道教反对在生死问题上像道家那样“顺其自然”，顺从“生—死”自然的演化之道，而是主张“逆反自然”，走一条“生—不死”的路线。《庄子·至乐》记载庄子妻死，他不仅不哭泣，反而在那儿“鼓盆而歌”。这是道家

① A. 哈维兰《当代人类学》，上海人民出版社 1987 年版，第 502 页。
② 东方修道文库《先天派诀》，中国人民大学出版社 1990 年版，第 2 页。

解决生死问题的典型表述、形象说明。但在道教眼中，道家“齐死生”与道教追求神仙不死之间的距离相去“千亿里”，二者简直就是两股道上跑的车，所追求的全然不是一条道路。道教不甘心顺着生死自然的路走，时刻想着如何不死。于是道教要抗命，抵制命运的安排，要想方设法打败生老病死的自然法则。道教的生死观与道家有很大不同，就连当代新儒学大家冯友兰先生都看得明白：“宋明道学家，常将道家与道教相混。实则二者中间，分别甚大，道家一物我、齐死生，其至人的境界是天地境界。道教讲修炼的方法，以求长生为目的，欲使修炼底人维持其自己的‘形’，使之不老，或维持自己的‘神’，使之不散。道教所注意者，是‘我’的继续存在。其人的境界是功利境界。道教承认，有生者有死，生死是一种自然底程序。但以为，他们有一种‘逆天’的方法，可以阻止或改变这种程序。他们可以说是有一种‘战胜自然’的精神。”[①] 冯友兰先生认为，道家“至人”境界是种天地境界，是“顺其自然”；而道教神仙境界，仅是一种功利境界，是要“逆天”、“战胜自然”，道教与道家二者之间解决生死问题的“分别甚大”。

儒家强调“不孝有三，无后为大”，希望通过“有后”来延续自己的肉体生命，通过人伦来传宗接代，在精神上则希望通过所谓“立德、立言、立功”的“三不朽”，从而走向“长生不死”。道教虽然并不反对儒家伦常对传宗接代的要求，但真心诚意追求的是自我肉体和精神的不死，具备个体化意识。道教神仙信仰的个体意识，展示了道教对个体自由选择的重视，使人成为自我生命的主人。在道教看来，个人的生命能否存在，并非由外在的他物所决定，而是取决于内在的自觉意志选择，主体的自由选择是问题的关键所在。道教所讲的主体性，不仅承认人的理性存在，而且也承认人的经验性存在，继承了先秦道家对个体意识的渲染。成仙了道毕竟是个体的事，生命永恒存在，只能具体地体现于每一个个人的身上。故道教与儒家的群体主义不同，道教在承认群体、不违背群体利益的前提下，又给个体生命保留了一块自由活动的地盘，使个体的生命价值得以实现。从实质上说，在道教神仙信仰的主体性中，含有比较强的个人主义精神，特别关注“我”，强调“我”的生命不死。这种个人主义，在一定程度上无疑是对儒家的家族群体主义的挑战和反叛，故道教神仙信仰颇遭儒家的非议和攻讦。但正因为有了这种个人主义意识的觉醒，这才奠定了道教神仙信仰的主体性基础，使道教把生命看成是个人自己不断作出各种价值选择的历程。个人主义意识的觉悟，个性的张扬，激发了道教对生命永恒存在的主体能动追求。当然，这种追求为了不至于被儒家的家族宗法主义所扼杀，它不得不公开承认儒家的家族宗法主义的权威

① 冯友兰《贞元六书·新原人》，华东师范大学出版社 1996 年版，第 689～690 页。

性，甚至论证此种权威性为修仙之必需品，所以儒家伦常一般被道教看做是成仙追求的前提条件。这或许最初在道教只是某种策略性的东西，后来则演变为不二法门。

道教超越死亡的强烈意识，使其形成不同于儒家的独特的人生价值观。对于道教的信徒来说，为了要实现超越死亡这一终极目的，人生的旨趣不在于世俗的所谓得失成败，不在于儒家的功名利禄，而在于追求生命存在本身。对一位虔诚的道教徒来说，保持恬静淡雅的人生情调，保持生命存在而终获不死，就是人生意义所在，就是自我价值的实现。《西山群仙会真记》卷五引《洞天语录》说世俗之人看不透尘世间花花绿绿、形形色色的荣华富贵皆如石火电光，一闪即过，转眼就消失得无影无踪，反而被这些空幻的东西搞得个天花乱坠，“心绪无定”，昏头昏脑，结果是机关算尽太聪明，反误了卿卿性命，终于无法超越生死。因此之故，“修真之士，志在玄元而甘寂寞。”[①] 为了“玄元”也就是成仙，耐得住寂寞，心甘情愿地坐冷板凳，不为尔虞我诈的名利场所勾引，威武不能屈，富贵不能淫，自然可以在成仙路上“飞黄腾达”，升迁仙位，最终完成对生死的超越。《红楼梦》第一回，跛足道人唱了一首《好了歌》：“世人都晓神仙好，惟有功名忘不了。古今将相在何方？荒冢一堆草没了。世人都晓神仙好，只有金银忘不了。终朝只恨聚无多，及到多时眼闭了。世人都晓神仙好，只有娇妻忘不了。君生日日说恩情，君死又随人去了。世人都晓神仙好，只有儿孙忘不了。痴心父母古来多，孝顺子孙谁见了？”世俗之人，谁不知道神仙长生是好事，就是放不下功名、金钱、娇妻和儿孙，所以“世上万般，好便是了，了便是好。若不了，便不好；若要好，须是了。”[②]要求神仙，须了尘缘，若不能了，便没有神仙这等好事。成不了仙，则最终结果自然就是“荒冢一堆草没了”。因此要有神仙长生之好，就得首先了却世俗的功名利禄，一旦了却，就有神仙之好，此即所谓“好便是了，了便是好”。这首《好了歌》充分唱出了道教的人生价值观。

这样的人生价值观显然为儒士所鄙薄，被儒家批评为保命哲学。尖刻者甚至讥讽道教的不死之道是专为怕死鬼设计的生存之术。面对这种种批评责难，虔诚的道教徒仍然一意孤行，一往情深，孜孜不倦地修炼神仙，因为他们的人生路向就是指往不死之道，他们的人身价值目标就是追求超越生死而长生成仙，舍此之外的酒色财气、官位功名、荣华富贵等等一切，对于他们来说，都必须抛弃。换言之，对于修道者，儒家的那一套人生价值观，除了保留其道德观念，其他都必须无条件束之高阁，或丢到九霄云外，假若不是

---

① 《西山群仙会真记》卷五，《道藏》第 4 册第 440 页。

② 《红楼梦》第一回，上海古籍出版社 1991 年版，第 7 页。

如此，就不能实现对于生死的超越！

儒家提出以伦理为本位的价值取向，如果生命与道义发生冲突，二者不可得兼时，便应该把道德理想放在首要位置，为担待道德义务而超越个人的生存欲望，舍生取义。道德生命高于肉体生命，这是儒家的理想人格。与此不同，道教以肉体生命为本位作价值取向，具有强烈的个体生命意识，在对个体生命永存的追求中实现自我，获得圆满具足的人生。而且道教并不把生与义对立起来，而是强调二者的和谐统一，并将伦常道德作为成仙了道的先决条件。从《太平经》开始，便寻求将道教神仙长生说与儒家伦理结合起来的途径，初步形成别具一格的生命伦理学。到魏晋时，这种修仙必以忠孝为先的生命伦理观得到发扬，许多道经宣传此说，葛洪对此也持赞许态度。《抱朴子内篇·对俗》以“忠孝”、“仁信”等儒家伦理的核心范畴作为道教追求神仙长生的“本”，这就凸显了道教神仙信仰的此在性，解决了“仙”与“圣”之间的冲突，形成道儒互补的人生。后来宋元内丹家虽然不赞成葛洪式的佐时修仙，不走儒者修齐治平、名垂青史的人生道路，把修炼内丹，脱胎神化，名题仙籍，位号真人，看成“大丈夫功成名遂之时”[①]，但对于儒家伦理仍然不排斥，仍将其作为修仙的先决条件。如王重阳《金关玉锁诀》以忠孝为修炼丹道的先行功夫，认为太上老君“炼九转还丹，令人去病疾，了生死”，而孔子“教仁义礼智信，恐人招业在身，令人修此，亦能治其疾病”。又指出道教神仙最高等级“天仙”的重要特征之一就是“孝养师长父母”[②]。可以说，道教始终坚持了修仙和儒家伦理相结合，这就使其神仙信仰能长期在中国宗法社会中合法化存在，融进民众日常生活。修仙和儒家伦理相结合的生命伦理观被吸收进宋明道教劝善书，如《太上感应篇》、《功过格》之类，自明清以来在社会上产生了广泛的影响，人们以行善尽忠孝作为获得长生不死的敲门砖，从而修成所谓“忠孝神仙”。这是道教神仙信仰与儒家伦理联姻的结果，也凸显出道教对生死问题的独特解决。

佛教讲求生死轮回循环，生生死死，死死生生。道教与佛教的“悟道”不同，不讲死生转流循环，只追求今生不死。[③] 道教寻求“我”的真实存在，把人生看成实有并希望永远保住这个实有，把自然界的万事万物也看成真实性的实在，人与万物都有其自性，都有其自体存在。这与佛教“诸法无我”、“人生空幻”的人生观正好针锋相对。按照佛教对于人生的观察和思考，凡有“我见”，即是“无明”，无论“人我执”也好，“法我执”也好，通通都是执

---

① 张伯端《悟真篇自序》，王沐《悟真篇浅解》，中华书局1990年版，第3页。

② 《金关玉锁诀》，《道藏》第25册第803、802页。

③ 道教先是说肉体不死，后来转向讲精神不死为主。

着虚假的“我”不放，不明白人生的真谛，都是“我见”，都必须予以破除。在佛教眼里，人与万物都无自性，都无自体，都是种“假我”，都是空空如也，因此真理在于“人无我”、“法无我”。道教神仙信仰追求“我”的长生不死，对于佛教来说，就是一种外道的“有我”论，就是“人我执”，应当破除。然而，道教神仙信仰对不死的追求，恰恰就体现在这个所谓的“人我执”上。假如把“我”破除了、看空了，道教追求的长生不死就没有一个实体来做承担者，其神仙信仰也就失去了存在的理由。因此，道教无论如何都要坚守住“我”这一根基，都要讲“我”是有自性、有自体的。佛教还有所谓色、受、想、行、识“五蕴”，认为人的这五种生命要素，全是依缘而起的虚假无常之物，根本就不能自作主宰。人既然由如此虚幻的“五蕴”集合而构成，那么，人也就没有一个实实在在的主体的“我”存在，这叫“五蕴无我”。而站在道教的立场，刚好相反，道教认定“五蕴有我”，完全能自作主宰。比如说一般人身体会老，而道士则努力通过修炼来使自己返老还童，这是色蕴要自作主宰；一般人受外界刺激，通常有相应的痛苦、悲伤、愤怒等情感反应，而道士则以不动情来应对，这是受蕴要自作主宰；一般人常常会胡思乱想，而道士则用心斋、坐忘、存思等方法来控制心猿意马，这是想蕴要自作主宰。凡此种种，都展示出道教神仙信仰中有一个实实在在的主体的“我”存在，这个“我”想方设法对身心做全面的宰制，最终达到长生不死之目的。这是道教与佛教解决生死问题的不同所在。

归纳起来，道教神仙信仰所追求的生命，是种向善、永恒的自然生命；这样一种个体的小我生命与生生不已的宇宙大我生命合为一体，交融互摄，化育不止；个体生命的完美历程是凭借自力而非他力完成的，通过主体能动性的高扬，自我的刻苦修炼“道”，个体生命终将得救。这种神仙信仰的形上学依据是不死之“道”，肯定人的生命经过自我创造的历程，可以与日月同辉，与天地同在，与“道”同体。这样解决生死问题，与佛教的“生死转流”和儒家的“舍生取义”都不雷同，在中国文化里面独树一帜。牟宗三先生曾经说过：“中国哲学以‘生命’为中心。”“它是以‘生命’为中心，由此展开他们的教训、智慧、学问与修行。”① 显而易见，道教神仙信仰即是如此，它是一种以生命存在为中心的智慧，围绕究竟如何解决生死问题来展开，并给出自己独特的解决方案。这套独特的解决方案之产生，并非无源之水，无根之木，有其古老深厚的价值体系倾向作支撑：“中国的价值体系中某种一般性的倾向，有利于一个以老子之教说为基础的特殊教派之发展。这种倾向就是对自然生命本身的珍重；故而，重视长寿，以及相信死是一种绝对的罪恶。

---

① 牟宗三《中国哲学的特质》，上海古籍出版社 1997 年版，第 6 页。

因为照理说来，一个真正完美的人应该是可以避开死亡的。”[①] 自古以来，中国文化的价值体系就倾向于“对自然生命本身的珍重”，“重视长寿”，“相信死是一种绝对的罪恶”，这对道教神仙信仰的形成及发展是极为有利的。而道教神仙信仰一旦形成发展起来，又向普通老百姓回报反馈，使他们心中常常怀有长生不老的秘密愿望。

三、道教神仙信仰成为普通老百姓藏在心里的秘密

美国人欧文·斯通在其《心灵的激情》中说过：“宗教的历史就是所有惶恐不安的民族试图找到一个藏身之处以抵御那未知的黑暗与恐怖的历史。”[②] 死亡，对于活着的人们来说就是一种“未知的黑暗与恐怖”。为了要抵御这种未知的黑暗与恐怖，中国一些普通老百姓便找到了道教，从它的神仙不死信仰中寻求解除这种未知的黑暗与恐怖的精神支柱，获得心灵的永恒慰藉。

道教对不死的渴求，正是中国文化的土特产品，是中国人国民性的特征之一。中国人所说的“五福”也就是人生的五种幸福当中，第一幸福亦即最最幸福的就是长寿。《尚书·洪范》的所谓“五福”：“一曰寿，二曰富，三曰康宁，四曰攸好德，五曰考终命。”[③] 特别鲜明地反映了自古以来中国人的幸福观是以“寿”为第一位。许地山先生就此评论说：“《洪范》以寿、富、康宁、攸好德、考终命为五福，以凶短折、疾、忧、贫、恶、弱为六极。五福之首为长寿，六极大半是疾病。这样表露着要求长生和趋避短折底心情。故中国人底生活目的只是‘长命富贵’四字。”[④] 对中国人来说，富贵是其次的，长命才是最为重要的，因为在中国老百姓看来，尽管你拥有金山银山，但如果不能长命，你享受不了，富贵荣华都等于零。相反，尽管生活较贫困，粗茶淡饭，但只要能够长命百岁，也是令人羡慕不已的。当然，既长命百岁，又享尽富贵荣华，那就十全十美，得大圆满了。所以，“长命百岁”，“活一百二十岁”，这是中国人对别人最良好的祝愿，而中国老百姓骂人或者诅咒人最毒辣的话头就是“短命鬼”。《红楼梦》第二十八回叙说那黛玉正自伤感，忽听山坡上也有悲声，心下想道：“人人都笑我有痴病，难道还有一个痴的不成?”抬头一看，见是宝玉，黛玉便啐道：“呸！我打量是谁，原来是这个狠

---

① 《韦伯作品集·中国的宗教》，广西师范大学出版社 2004 年版，第 266 页。

② 转引自《中国实用禁忌大全·民族宗教禁忌箴言录》，上海文化出版社 1991 年版，第 34 页。

③ 《十三经注疏》上册，上海古籍出版社 1997 年版，第 193 页。

④ 许地山《道教史》，华东师范大学出版社 1996 年版，第 168～169 页。

心短命的——”刚说到短命二字，又把口掩住，长叹一声，自己抽身便走。[①]林黛玉刚说到“短命”二字，猛然觉得失口说错了，岂能用这样的字眼来啐宝玉，所以赶紧把口掩住。《红楼梦》第二十九回凤姐笑道：“他怎么常常的说我该积阴骘，迟了就短命呢？”[②] 意思是有人劝说凤姐积累阴德，而且越早越好，否则迟了就会短命。“短命”二字，相对中国人追求的生活目的只是“长命富贵”四字来说，自然是很不受人欢迎的。而“长命”二字，恰恰是道教的神仙信仰拼命要抓到手的东西。

“长命”既然处于人生五大幸福的首位，那么福神的地位也就排在财神的前面。《中国人的快乐》讲了一个有趣的故事：新年到了，有个贫穷的读书人，家中什么东西都没有，没有菜，没有酒，也没有灯光，因为没有什么可以来祝贺新年，只好沉沉入睡，借助于睡眠来忘掉饥饿。快到午夜时分，突然有人敲门。“谁呀？”读书人问道，被绝望地惊醒——也许他正在梦着吃的、喝的、豪华的屋子……“是我，财神。”“我很抱歉，可是我不能接待你。”“为什么是这样呢？”“因为我没有‘福气’。”尽管财神坚持要求，这个可怜的人只是不愿意给他开门。过了一阵，又有人来敲门了。“你是谁呀？”睡着的人问——第二次被从梦中唤醒。“是我，福神。”读书人一跃而起，跳下床，张开双臂欢迎来访者进入昏暗的小屋。于是，善良的神用指尖在这可怜人的额头上写了些什么，然后就消失了。这位茅屋的主人还没来得及再回到床上，财神就宣告大驾降临了。这一次，接待极尽热情友好，财神也殷勤地在读书人手中放了一件财宝。然后，他问读书人为什么在第一次拒绝见面后，这次会以如此的热情来迎接自己。“这很简单：现在我有了福气，而不久前我没有。我从来都相信，您总是跟着福神后边，所以，只有它才是我一直等待的。”讲完故事，作者评论说：“很显然，这个故事想要说明，没有好运，财富本身毫无意义。”[③] 其实，所谓福神降临带来的好运气，首先是保证了“长命”不夭折，有了这一条，财富本身才有意义，也就是说人才能享用这些财富。故事中的穷书生，把福神排在财神的前边，正好暗中与《尚书·洪范》的“五福”——一寿、二富的排序相吻合。把“长命”作为第一等幸福的事，奠定了道教的神仙长生信仰的一个广泛的群众基础。

尽管儒家严厉批评道教的神仙长生信仰，但并不反对长寿：“儒教与信徒的关系，不管是巫术性质的，还是祭祀性质的，从其本义上讲，都是此岸性

---

① 《红楼梦》第二十八回，上海古籍出版社 1991 年版，第 194 页。

② 《红楼梦》第二十九回，上海古籍出版社 1991 年版，第 207 页。

③ 《陈季同法文著作译丛·中国人的快乐》，广西师范大学出版社 2006 年版，第 30～31 页。

的，比起任何地方、任何时期的宗教关系的常规表现来，这种此岸性都要强烈的多，原则的多。正是在那些除了对（天地）大神的特殊的国家祭祀以外最受优待的祭祀中，延年益寿的愿望扮演着主要角色。”[①] 儒家祭祀典礼对延年益寿的乐此不疲追求，进一步强化了老百姓以长寿为幸福的心态，而儒家祭祀强有力的此岸性，也与道教神仙不死的此岸性特征脱离不了关系。除祭祀之外，许多地方风俗习惯，小孩子生下来要挂长命锁，以保佑孩子顺利成活，活得长寿。这些都反映了普通百姓“要求长生和趋避短折”的心态。道教经书将中国人“要求长生和趋避短折”的这些心态，一一详细记录在案。《云笈七籤》卷十九《老子中经下》向天发出虔诚的“心祝”：“天道天道，愿得不老，寿比中黄，升天常早，愿延某命，与道长久。”[②] 这是向天祈祷：老天啊，我们愿意长生不老，愿意延长我们的生命像道一样永久存在。而道教则保证，一定会满足我们国人对于长命富贵的要求，尤其是对于信仰者，可以使其求道得道，升为仙王，安乐寿长，高官显位，求财得财，女为贵人，男为侯王。[③] 可以说，道教的种种许诺都是有的放矢，充分满足了国人的心理需求。

而国人又充分发挥想象力，塑造出天上的寿星，以之作为多寿多福的象征。唐玄宗《置寿星坛敕》称：“德莫大于生成，福莫先于寿考。”[④] 活着就是最大的德，长寿就是首要的福，故中国自秦代以来即设立寿星祠，唐玄宗不仅继承传统，更要进一步将其发扬光大，正是为了满足统治者与老百姓心理的需求。自古以来，长寿的老人就受到人们的普遍尊敬，敬老之道一直为中国社会所提倡。林语堂曾经就此发问：“中国向来提倡敬老之道，老人有什么可敬呢?”他的答案：“是敬他生理上的一种成功，抵抗力之坚强，别人都死了，而他偏还活着。这百年中，他的同辈早已逝世，或死于水，或死于火，或死于病，或死于匪，灾旱寒暑攻其外，喜怒忧乐侵其中，而他能保身养生，终是胜利者。这是敬老之真义。敬老的真谛，不在他德高望重，福气大，子孙多……所以敬老是敬他的寿考而已。”[⑤] 这一答案真可谓是说到了点子上。渴望长寿，追求长寿，梦想着像那些长寿的老寿星一样长命百岁，这的确是中国人敬老之道的心理真谛之所在。

---

① 马克斯·韦伯《儒教与道教》第六章《儒教的处世之道》，商务印书馆 1995 年版，第 195 页。

② 《云笈七籤》卷十九《老子中经下》，《道藏》第 22 册第 140 页。

③ 《三洞道士居山修炼科》，《道藏》第 32 册第 586 页。

④ 《唐大诏令集》卷七四，学林出版社 1992 年版，第 381 页。

⑤ 万平近编《林语堂论中西文化·中国的国民性》，上海社会科学院出版社 1989 年版，第 12 页。

社会风行敬老之道，家族则讲孝道，国外学者已经注意到中国人讲孝道与追求长寿紧密联系的民风民俗。英国学者詹·乔·弗雷泽发现：“在中国，为了确保长寿曾求助于某些复杂的法术。这些法术本身集中了顺势原则所具有的从时日到季节、从人到物各种巫术精髓。传输这种赐福感应力的器具中没有比寿衣更合适的例子了。许多中国人在活着的时候就准备好了寿衣，而绝大多数人的寿衣是由未婚姑娘或很年轻的妇女来剪裁和缝制的。人们很聪明地考虑到她们年方少艾，在缝制寿衣时，她们那旺盛的生命力将肯定有一部分传给这些寿衣，从而将使它们延缓许多年才会真正被用上。另外，这样的寿衣都是选择有闰月的年份来制作的。因为，在中国人的心目中，有闰月的年份既然不寻常地长，那么也就更具有延长生命的能力，在这样的年份里制做寿衣显然更好些。这类衣服中，有一种长袍制作得最精致，目的在于赋予它以最珍贵的品质。它是一件深蓝色的长丝袍，从上到下用金丝绣了许多‘寿’字。中国人认为，送给年老的父母这样一件奢华的礼服是儿女对父母行孝和关注的表现。老人经常穿着这件使他延年益寿的衣服，特别是在喜庆的场合穿它就更能使这件闪耀着许多金色寿字的衣服充分发挥其效果。尤其是在他生日的那天，他决不会忘记穿它，因为在中国，一般都祝福一个人在他生日的那天贮存大量的精力，并在那一年以后的日子里转化为他的健康与活力。在祝寿的庆典上，他穿上这华丽服装，用每个毛孔吸取着它感染的福气，洋洋得意地接受亲友们的祝福。而他们则热情地表示对这件华服和对他的子孙们的孝心的羡慕。正是这种孝道促使后辈们向他们的家长赠送了如此漂亮和实用的礼品。”① 这样的民风民俗十分清楚地表明，中国的孝道文化自然而然含有长寿文化在内，对长寿的追求浸润到生活方式的方方面面，行为方式的点点滴滴。

追求长寿再向前走一步，那就是想着长生不死。这种长生不死不是死后生命的永生，不是死后上天堂，而是此在生命的不朽。如果说，基督教文化圈内的西方人解决生死问题所期待的是天国而不是尘世，基督徒在现世的辛勤耕种，目的是为了进入天国，取得生命永恒的收获，那么道教文化熏陶下的中国普通老百姓所希望的，则是现实生命的无限延续。因为中国人的“人生之目的并非存于死亡以后的生命”，“中国人爱好此生命，爱好此尘世，无意舍弃此现实的生命而追求渺茫的天堂。他们爱悦此生命，虽此生命是如此惨愁，却又如此美丽”。对现实生命的如此热爱与执着，以致于在中国人当中，“除掉纯理论的学者，常怀有长生不老之秘密愿望。孔子学说没有神仙之

---

① 詹·乔·弗雷泽《金枝》上册，中国民间文艺出版社 1987 年版，第 55 页。

说，而道教则有之”。[1] 道教的神仙信仰，在一定程度上弥补了中国人的国民心理中孔子思想所不能予以满足的一面。缺少了隐藏在中国人内心世界深处的这一面，将是不可想象的，而没有道教对这方面的救济与关怀，许多普普通通的中国老百姓如何克服面对死亡焦虑的痛苦，我们也是无法给予解释的。

冯友兰先生曾经指明：“人所可能有底境界，可以分为四种：自然境界、功利境界、道德境界、天地境界。”[2]不同境界的人，对待生死的态度完全不一：“对于在自然境界中底人，生没有很清楚底意义，死也没有很清楚底意义。对于在功利境界中底人，生是‘我’的存在继续，死是‘我’的存在的断灭。对于在道德境界中底人，生是尽伦尽职的所以（所以使人能尽伦尽职者），死是尽伦尽职的结束。对于在天地境界中底人，生是顺化，死亦是顺化。”“就人的境界说，在自然境界中底人，不知怕死；在功利境界中底人，怕死；在道德境界中底人，不怕死；在天地境界中底人，无所谓怕死不怕死。”“在道德境界及天地境界中底人，不受死的威胁。”冯友兰先生所说四种境界中的人对生死的看法，具体应该如何理解？请看他的解释：

第一，在自然境界中的人，“不知怕死者，虽亦可不受死的威胁，但不能有不受死的威胁之乐。因为他不受死的威胁，乃是由于他的觉解的不及。他本不知死之可怕，所以他虽不受死的威胁，而不能有不受死的威胁之乐。他不受死的威胁，可以说是‘为他底’，而不是‘为自底’。《庄子·大宗师》说：‘真人不知说生，不知恶死。其出不诉，其入不距。翛然而往，翛然而来，而已矣。’道家常将自然境界与天地境界相混。此所说‘真人’，但就其不知说，此所说底境界是一种自然境界。在自然境界中底人，不知怕死。所以他亦不有目的地、有计划地，设法对付死。”

第二，功利境界中的人，“一切行为，都是‘为我’，死是‘我’的存在的断灭，所以在功利境界中底人，最是怕死。他们有目的地、有计划地设法对付死。”

第三，道德境界中的人，“死对于他是尽伦尽职的结束。所以死对于他也是终。终即是结束之义。在道德境界中底人，不注意死后，只注意生前。只注意于使其一生行事，皆充分表现道德价值，使其一生，如一完全底艺术品，自始至终，全幅无一败笔。”“在道德境界中底人，于必要时，宁可牺牲其身体的存在，而不肯使其行为有在道德方面底不完全。孔子说：‘有杀身以成仁，无求生以害仁。’孟子说：‘生，吾所欲也；义，亦吾所欲也。二者不可

---

① 以上见林语堂《吾国与吾民》，中国戏剧出版社 1990 年版，第 91、93～94、106 页。

② 冯友兰《贞元六书·新原人》第三章《境界》，华东师范大学出版社 1996 年版，第 554 页。

得兼，舍生而取义者也。’杀身成仁，舍生取义，与上所说杀身成名，是不同底。杀身成仁底人所作底事，可以即是杀身成名底人所作底事。但杀身成仁底人作此事，其行为是道德底行为，其境界是道德境界。杀身成名底人作此事，其行为是合乎道德底行为，其境界是功利境界。”

第四，天地境界中的人，“生是顺化，死亦是顺化。知生死都是顺化者，其身体虽顺化而生死，但他在精神上是超过死底。”“我们说：在天地境界中底人，在精神上可以说是超死生底。我们并不说：人的精神可以超死生。人的精神不能离开身体而存在。身体既不能超死生，则精神亦不能超死生。所以我们不能说，人的精神，可以超死生，而只能说人在精神上可以超死生。所谓人在精神上可以超死生者，是就一个人在天地境界中所有底自觉说。他在天地境界中自觉他是超死生底。若其身体不存，他固亦无此自觉。但此自觉使其自觉，不但身体的存亡，对于他没有重要，即有此自觉与否、对于他亦没有重要。”①

由冯友兰先生所阐述的四种境界中人对于生死的不同态度可以发现，道德境界、天地境界中的人非常伟大、崇高，令人佩服、令人敬慕、令人颂扬。但是问题就在于，这样的人自古以来在中国的现实生活中微乎其微，屈指可数，而绝大多数人包括帝王将相、文人墨客以及普通老百姓，都生活在功利境界，他们把生看成是“我”的存在继续，死看成是“我”的存在的断灭，他们“最是怕死。他们有目的地、有计划地，设法对付死。”或者“费很大底力，以求避免死”；或者“极力求名”，“有名留于身后”；或者“急求眼前底快乐，得些实受”；或者“相信灵魂不死”，“形死而神不灭”。既然中国从古至今以来的最大多数人都生存于功利境界中，心中都秘藏着不死的愿望、长生的梦想，那么道教神仙信仰将他们的愿望与梦想表达出来并给予他们安慰，也就是顺理成章的事。在解决生死问题上，中国的国民性完全体现为一种功利境界，而一般中国人的宗教信仰也十分功利化，所谓“无事不登三宝殿”，所谓“平时不烧香，临时抱佛脚”即是最好写照。道教神仙信仰正好满足了中国绝大多数人的形形色色功利要求，尤其是满足了他们对于“避免死”的追求，于是直到现在仍有追随者，仍未放弃那心中的秘藏。

生活在功利境界的中国帝王将相及普通老百姓，其第一要义就是尽可能避免死亡，也很不情愿思考死亡，特别禁忌说“死”字。《史记·秦始皇本纪》说：“始皇恶言死，群臣莫敢言死事。”② 武则天追求长生不死，所制的新

---

① 以上见冯友兰《贞元六书·新原人》第十章《死生》，华东师范大学出版社 1996 年版，第 686～697 页。

② 《史记·秦始皇本纪》，中华书局标点本 1982 年版，第 1 册第 264 页。

字中以千千万万为年，永主久王为证，长生王为圣（一说“长正主”），可见她对于长生不死的向往。[1]《红楼梦》第十三回写秦可卿去世：“只听二门上传出云板，连叩四下，正是丧音。”[2] 敲打四下云板，作为报告丧事的“丧音”，正是因为“四”与死字谐音。《红楼梦》第十五回说：“这铁槛寺是宁荣二公当日修造的，现今还有香火地亩，以备京中老了人口，在此停灵。”[3] 说“老了人口”，而不说“死了人口”，这是要显示宁荣二府对于说死亡的禁忌，也恰到好处地反映了中国人的心态。中国文化传统里，与死字同音的数目“四”，人们想方设法地避免使用，直到现在，有的宾馆不设与“四”相关的楼或门牌号码，人们的车牌号码和电话号码，也尽量避免用数目字“四”。日常生活中没有死亡的位置，迫不得已涉及死亡时，如举办丧事，也常用欢喜的面纱将它装扮起来，称为“白喜事”，办得欢欢喜喜、热热闹闹。鲁迅先生《立论》中讲述了中国人禁忌死亡的事：一家人家生了一个男孩，合家高兴透顶了。满月的时候，抱出来给客人看，大概自然是想得一点好兆头。一个说：“这孩子将来要发财的。”他于是得到一番感谢。一个说：“这孩子将来要做官的。”他于是收回几句恭维。一个说：“这孩子将来是要死的。”他于是得到一顿大家合力的痛打。[4] 死的禁忌在中国现实生活中如此深沉，以致说穿这一事实的人遭到痛打，回避死亡已经到了如此掩耳盗铃的地步。为何如此？这种死亡禁忌的背后，不正透露出中国人心目中极度厌恶“死”，不正表白了他们内心世界“常怀有长生不老之秘密愿望”吗？

有学者引用美国文学家艾略特（T. S. Elliot）在 1995 年曾强调的话：“死亡教育和性教育是同样重要的大事。”然后据此指出：“因为这两者都是人生大事——性生活当然是人生大事，而面对死亡，也同样是人生大事。只是中国传统上对此两者，多避讳不谈，一方面对性不谈、不研究、不分析，只由自己摸索；对死亡亦复如此，认为谈死亡不吉利。所以，这两者有相当多的相同地方：都很重要，但都避讳去谈。”[5] 实际上，在中国传统文化中，是儒家“对性不谈、不研究、不分析”，对死亡避讳不谈，所谓“未知生，焉知死”；佛教不讲性生活，只谈论死亡；而道教则既讨论死亡，也研讨性生活技巧，直接面对死亡与性这两件人生命的大事。直面死亡，道教追求长生不死成神仙；直面性生活，道教探求如何过好性生活的“房中术”，以满足国人的生殖需求。道教对于中国人（包括帝王与普通老百姓）的死亡教育和性教育

---

① 参见《汤用彤学术论文集》，中华书局 1983 年版，第 352 页。

② 《红楼梦》第十三回，上海古籍出版社 1991 年版，第 87 页。

③ 《红楼梦》第十五回，上海古籍出版社 1991 年版，第 100 页。

④ 《鲁迅全集》第一卷《野草·立论》，新疆人民出版社 1995 年版，第 258 页。

⑤ 冯沪祥《中西生死哲学》第一章，北京大学出版社 2002 年版，第 1 页。

担负起双重责任，面对死亡与性生活这两件人生的大事情不回避，敢于迎接挑战，并对此作出自己的回答。这些回答，虽为儒家精英所不耻，但却受到普通老百姓甚至于帝王的欢迎，原因正如我们前面所说，“三不朽”只是在非常非常少的儒家精英心目中“取代其他宗教人类不朽观念”，但却满足不了绝大多数中国普通老百姓甚至于帝王的要求，他们还是要到道教神仙信仰那里去寻求永垂不朽的实现。

为什么活着？生命的意义何在？道教徒对自己为什么要活下去的坚定信念，就是追求神仙不死，就是得“道”飞升，此即生命的意义之所在，舍此而无他。也许有人把这种人生意义的追求看成是自我欺骗，是于无意义处去徒劳无益地寻找意义，到头来，终究是“竹篮子打水一场空”。但虔诚的道教徒却正是在这种人生存在的“荒诞”、“悖谬”中，看到了生命的真正意义！历史上，道教徒在对不死的追求中，给人类带来了火药，未来道教徒在对不死的追求中，还会给世界带来一些什么礼物，我们不得而知，但可以预见到的是，必定会为人类生命的延长作出贡献，这倒是我们十分乐意看到的事情。可以这样说，生命道教的未来使命，仍然在于殚精竭虑地解决中国普通老百姓的生死存亡问题。

第二章 生活道教

许地山《道教史》指出："从我国人日常生活的习惯和宗教的信仰看来，道的成分比儒的多。我们简直可以说支配中国一般人的理想与生活的乃是道教的思想；儒不过是占伦理的一小部分而已。"① 可以说，道教的神仙信仰是中国普通老百姓日常生活的"习惯和宗教的信仰"，代表了中国文化的一个很重要的方面，反映了普通老百姓"理想与生活"的一个非常实在的内容。在这个意义上，我们把道教称为"生活道教"。"生活道教"不仅仅是一种信仰体系和宗教仪式，它还提供了日常生活的指南，也是百姓们精神生活的方式之一，使老百姓过着最普通但却是有信仰支撑的生活。国内外都有一些学者认为，中国人是没有宗教信仰的民族，只有儒家的伦理道德来指导现实生活。其实，只要他们把研究的目光投向"生活道教"，像许地山先生那样去观察思考中国老百姓"日常生活的习惯和宗教的信仰"，就会克服这一偏见。实际上，道教在老百姓的生活中得到广泛运用，但"百姓日用而不知"，如同润物细无声的春雨，这就是道教对老百姓生活的潜移默化。正因为道教已经彻头彻尾融化到老百姓的日常生活中去了，水乳交融在一起，所以人们常常和它打交道，却并不知道它的存在。譬如说，中国老百姓

① 许地山《道教史》，华东师范大学出版社 1996 年版，第 177 页。

追求快乐似神仙的生活样态就是如此，当他们说日子快活得像神仙一般时，大家绝不会想到这就是道教的信仰理念。

在道教眼中，宇宙间处处都有“道”的存在，但“道体窈冥，形声斯绝”[1]，既无形象又无声音，所以从表面上看起来“道”的存在是“所在皆无”的。一般百姓每天都要接触和运用“道”，但因为“淳朴之道，其自细微”，虽然“能开化阴阳，亭毒群品”，却使百姓们“日用而不知”。[2] 对于道教来说，“皆无”、“不知”并不能表明道不存在，恰好显示出道之存在与众不同。它的存在非人类感官眼睛、耳朵所能察觉，“不可以眼识求”，“绝视绝听”，[3] 只能用心去直觉体悟道的“无所不在”。普通老百姓日常生活中时时处处都潜伏着“道”，都有道在生活这棵大树的“根柢”部运用，但他们却“日用而不知”。道教与百姓日常生活这种看不见的关系，对我们当代人说来，仍然是如此。

民情风俗是考察一个民族的思维方式、心理素质、生活习惯、行为方式、伦理观念、民间信仰等文化事象的“活化石”，民俗受到经济、政治、语言、宗教等因素的影响而发生发展。作为中国土生土长的宗教——道教，与中国的民情风俗有密切的关系。道教作为一种民间宗教、民间信仰而兴起，一开始便与百姓的日常生活结下了不解之缘。随着道教发展，道教的信仰又像种子一样播撒到民间社会，成为民众的信仰习俗，这特别表现在道教的宗教节日和神灵奉祀上。必须说明的是，道教与民间宗教、民间信仰是一种交叉互动的关系，二者是你中有我、我中有你的，悄悄地融会贯通于老百姓的日常生活、民俗风情当中，很难把它们作严格的区分，所以我们讲“生活道教”，必不可免地会把道教与民间宗教、民间信仰结合在一起讲。

有学者揭示：“儒学脱离百姓日用，也使儒者的实践经常缺乏再生产能力。”[4] 与此恰好相反，道教与老百姓的日用密不可分，是切切实实扎根于老百姓生活世界中的宗教，因此其实践也就经常充满“再生产能力”，其生命之树也就常青，具有可持续发展的活力。道教能够做到这一点，很大程度上与其不断关注并整合民间信仰分不开，有这样一股清新的活水源头来，使道教总能历尽艰辛而青春常在。民间信仰来源于老百姓的日常生活，是为了解决生活中各种各样的问题和困境而形成的，譬如为了大江大海航行的安全有保障，于是有妈祖的信仰。民间信仰是在对幸福生活的追求和向往中产生的，譬如百姓对于财富的渴望，于是有财神信仰的发生，百姓对长寿的祈求，于

---

① 成玄英《老子注》卷二第 17 页。严灵峰辑校本，见《无求备斋老子集成初编》（3），台湾艺文印书馆 1965 年版。以下凡引成玄英《老子注》只注卷数、页数。

② 成玄英《老子注》卷二第 17 页。

③ 成玄英《老子注》卷三第 7～8 页。

④ 皮介行《儒学复兴的试验地在农村》，《社会科学报》2010 年 1 月 14 日第 5 版。

是有对寿星老的崇拜。生活之树常青，各种不同类型的民间信仰伴随着生活在时间跨度和空间范围的流动，也就源源不断地成长，成为社会生态系统的不可分割的组成部分。只要老百姓的生活还在进行，民间信仰就一定会萌发，要想把民间信仰给铲除掉，除非把生活本身灭绝了，但这却是根本不可能的事！因此，道教的大智慧就在于，清醒地认识到民间信仰是不可逆转、不可消灭的，永远存在于百姓的生活方式当中，于是以此作为一个切入点，把民间信仰整合进自己的信仰体系，与老百姓建立起亲和性，对百姓日常生活的影响力和作用便超过了儒佛二家。道教也由此而成为中国传统社会中扎根基层社会组织，为一般民众提供所需精神食粮的宗教。

中国民间信仰的特征：一是万物有灵，“举头三尺有神明”。举凡天文地理、植物动物以及居住空间、人体自身，都有神的踪影跟随在旁。二是极强的功利性。万物有灵，神通广大，既能给人带来福利，也能制造祸患，具有正反两重性。百姓崇拜的神本身各有其独特的功能，而拜神的老百姓也怀揣各自的事功目的，“无事不登三宝殿”，有事要求了，“临时抱佛脚”。三是地域性。自古以来有所谓“百里不同风，千里不同俗”[①] 之说，风俗习惯如此，与其共生的民间信仰同样如此。比如，明清以来的碧霞元君（泰山奶奶）信仰流行于北方，沿海沿江则是妈祖的地盘。四是行业性。各行各业都有自己的崇拜对象，有本行业的保护神。这些民间信仰的神为道教提供了取之不尽用之不竭的资源。

道教中的神仙有很多都是吸取民间信仰的神而来的，道教恰似有一个吸神大法，一切神都被它吸进去了，而且与时俱进。道教神团系统由此与民间的俗神崇拜难分难舍，融为了一体。大量的民间俗神写进道教神谱，进一步使道教信仰与老百姓的日常生活发生密不可分的联系，道教神仙的世俗化和民间化，对民情风俗的影响也就必不可免。旧时民间普遍信奉的俗神，如财神、城隍神、东岳大帝、关圣帝君等都转化为道教信奉的神。另一方面，道教构造的神仙如太上老君、玉皇大帝、八仙等也在民间广为流传，成为人们生活的一部分。道教的某些禁忌法术与风水术，在民间尤其是在农村社会具有广泛影响力，成为民情风俗和民间禁忌的组成要素。道教与中国民情风俗的结合是多方面的，比较主要地表现在岁时节令和神灵崇拜上。中国人吃喝拉撒睡的日常生活中，随处可见道教文化的影子。美国学者佩顿《阐释神圣——多视角的宗教研究》认为，从社会文化阐释法看来，“宗教的每一个方面都系统地表明它是集体生活的一种表达。”[②] 可不可以这样讲，从社会文化的

---

① 《风俗通义序》，上海古籍出版社 1990 年版，第 3 页。

② 佩顿《阐释神圣——多视角的宗教研究》，贵州人民出版社 2006 年版，第 039 页。

角度看，道教的方方面面就是我们中国老百姓"集体生活的一种表达"，体现了我们中国老百姓对于日常生活的诉求？我想是完全可以的。

道教十分了解并且想方设法地满足老百姓的各种各样欲望，举凡"欲救疗病苦，欲求年命延长，欲求过度灾厄，欲求白日升天，欲求宅舍安稳，欲求田蚕如意，欲求贩卖得利，欲求仕宦高迁，欲求讼词理诉，欲求男女命长，欲求保宜子孙，欲求妇女安胎。"[①] 诸如此类的人生欲望，都通过祈求道教神仙的巨大"神通力"获得实现。在日常生活当中，人们的心都很大，欲望又非常多，然而人的能力却是十分有限的，单单依靠人的力量，实现不了自己那些填都填不满的欲求，那怎么办呢？道教说，别着急，有神兵神将下凡来帮助你，只要你虔诚信奉"道"，礼请道士作法，调动神仙前来助一臂之力，你的理想，你的愿望，都不会落空。这就是在中国普通老百姓日常生活中，道教所发挥的主要作用。所以我们说，道教是一种顺应人的多种多样欲望并积极帮助人们实现其生活需求的宗教，与宋明理学鼓吹的"存天理，灭人欲"，完全是两股道上跑的车，走的不是一条路。

说到这里，我们得出的结论就是：道教是全心全意为中国人民大众服务，满足中国人民大众生活需求的宗教。这个结论究竟合不合适？通过以下的详细描述，大家可以作出自己的判断。

一、道教与中国人的日常生活

道教与中国人的日常生活是休戚相关的，满足人们生活的各种要求，如儿孙满堂、升官发财、健康长寿、光宗耀祖、富贵平安、幸福好运等。一般人通常都会感到，生活的好坏并不完全由人自己所能掌控，需要有神灵力量的保佑。老百姓不论是去道观还是在家庭内进行的宗教活动，往往都是以个人的衣食住行、婚丧嫁娶等日常生活作为中心。正因如此，道教是世俗的，太世俗的，完完全全地融会贯通到人民大众的世俗生活当中去了。马林诺夫斯基曾经指出："从实用主义的角度说，对于一般的个体而言，由于要战胜死亡、灾难和命运等各种具有毁灭性的预测，因此，宗教是必要的。"[②] 借用这句话，我们说，道教满足了其信徒在生活中战胜灾难的实用主义需要，满足了其信徒盼望得救的实用主义需要，满足了其信徒预测生活未来走向的实用主义需要，恰似一种拯救信徒于水深火热之中的行之有效的"应用宗教"、"实证宗教"，因而对于一般道教信徒的"个体"而言，道教是他们日常生活

---

① 《太上正一咒鬼经》，《道藏》第 28 册第 368 页。

② 《宗教社会学史》，中国人民大学出版社 2005 年版，第 57 页。

中“必要的”、不可或缺的精神食粮。下面，我们就以道教与老百姓的经济生活、迷信生活、娱乐生活的关系以及老百姓在生活中如何运用道教应付灾难、预测未来作为例子，说明这个问题。

（一）道教与中国古人的经济生活

1. 农事生活

男耕女织的农业社会，怎样搞好栽桑养蚕、耕种五谷，这是最为道教所关心的人民生活的头等大事。《太上洞玄灵宝天尊说养蚕营种经》指出：养蚕种田关系众生之命。蚕子是紫微宫出，十方玉女所爱，养蚕是众生之本，人间种庄稼养蚕子是最为重要的事情。因为人们凭借“衣食以活身命”，所以养蚕种田是“上上业”，修造功德，莫不由此开始。人民欢乐，在于风调雨顺，五谷丰登。万民致富也在于唯念种田养蚕。要想蚕丝五谷获得丰收者，就念诵此经，可获福无量。为什么？因为你一心奉道，天神自然维护这样养蚕种田的人，立刻给予回报，使其“日见富贵”，所求之事都称心如意。至于世间那些较少信奉“圣教”，不想劳动者，则因此贫穷，要穿没穿的，要吃没吃的。[①] 以神学的形式，劝人听从天尊的教诲，辛勤地养蚕种田，不误农时，不投机取巧，一分耕耘，一分收获，再加上虔诚“念诵护法经”，就会得到神的全力庇护，逐渐致富。可见，道教既鼓励人们勤奋地从事男耕女织的农业生产活动，又对那些虔诚信奉其说教者也就是所谓“一心奉道”的人，予以勤劳致富的神圣保证。

养蚕涉及人们的穿衣问题，道教劝导人们大力养蚕。《太上说利益蚕王妙经》有月净真人报告天尊说：世间人民，苦乐不均，有人无衣可穿，拿什么救济？天尊于是派遣“玄名真人”化身为蚕蛾，口吐蚕丝，教人机织，制为衣服。于是“玄名真人”告知世人，蚕蛾是我的身体变化，为了免除众生的饥寒困苦，故来救济，你们要“精心虔敬，不得轻慢，将我抛弃”。如果“轻慢”，就会重新回到困苦；如果“敬重”，可获得大富贵。多养多得，少养少收，精心信敬，皆大欢喜。[②] 既然蚕是神的化身，那就必须像对待神一样“虔敬”，这才可以走上致富之路。这也是以神学方式劝说人栽桑养蚕，神的命令必须不折不扣执行，否则饥寒交迫，陷入困境。养蚕是有风险的，蚕宝宝容易生病夭折，这下损失就大了。《赤松子章历》卷五《保蚕章》教人做斋醮仪式，请求神灵保佑，免遭损失。养蚕人“上表”说：今为历年养蚕不收，特

① 《太上洞玄灵宝天尊说养蚕营种经》，《道藏》第 6 册第 234 页。

② 《太上说利益蚕王妙经》，《道藏》第 6 册第 249 页。

于吉日良时，上请五方五帝“蚕室”，五方养蚕之女，五方养蚕之姑，蚕父蚕母，为我今年消灭一切危害蚕蛾的瘟疫虫鼠害，使我“收茧万石，得丝千斤”的愿望如愿以偿。[①]通过道教的宗教仪式，养蚕的风险至少在心理上被化解了。

农业生产最大的问题是水，水利建设不足，或旱或涝都会影响收成。中国自古以来就是一个旱涝灾害频发的国家。干旱时求雨是古代农业生产活动的一项非常重要的内容，关系到收成好坏，进而言之，与百姓能不能填饱肚子休戚相关。在靠天吃饭的古代农业社会，天不下雨怎么得了？农民们不得不向主管雨水的龙王爷祈求。《太上洞渊说请雨龙王经》即满足了这一祈求：三日三夜烧香，诵念《诸天龙王神咒妙经》，召来天龙施法，即有雨水解救旱情，虽有雷电，也无损害。[②]

农业生产中，牛马是重要的帮手，假如牛马生病了，生产受到严重影响，怎么办？不要着急，道教有《太上说牛癀妙经》前来“济度”：世人不悟禁忌，不看牛癀马厩方位，故犯神杀，竟生瘟疫相逼。要想救治，但以吉利日子洒扫家庭，铺设宝座，燃灯焚香，读诵灵文，禳谢神杀，就能够消除灾祸，驱散瘟疫，永不为害牲畜。这正是所谓：虔诚归大道，非但犊猪羊，其或保牛马。龙神常拥护，六畜永繁昌。[③]《正一法文经章官品》卷一有《保六畜》，凡畜养牛马等受到疾病危害，请道士作法召来神将，即可保护牛马，驱逐鬼祟，使其健康成长而不死亡。[④]

总而言之，道教各式各样的经典有针对性地产生出来，试图针对老百姓在农业生产活动中遭遇到的各种不同类型的问题和困难，借助于各种各样具有相应功能的神的力量，一一加以解决，即使未能真正处理危机，至少给予这些遇见困境的人以心理上的安慰。

2. 商业活动

（1）财神。道教在人们经济生活中所扮演的角色，有一个无所不在的财神。追求财富是人的普遍愿望，但如何才能招财进宝，其中有机会、运气等不可掌控的戏剧性因素，使财神崇拜十分流行，成为中国社会各阶层最普遍的宗教仪式，这一点尤其是在商人中更加突出。财神为普通老百姓，特别是商人用于祈祷财富的获得，帮助人们在谋求财富的努力中克服各种灾难。因此，不仅在许多寺观和家庭中供奉着财神，而且商铺、饭馆等各种经营场所

---

① 《赤松子章历》卷五《保蚕章》，《道藏》第 11 册第 216 页。

② 《太上洞渊说请雨龙王经》，《道藏》第 6 册第 246 页。

③ 《太上说牛癀妙经》，《道藏》第 6 册第 249 页。

④ 《正一法文经章官品》卷一，《道藏》第 28 册第 537～538 页。

中也遍布财神。财神有许多种，其中一种叫“和合二仙”，据说商人们敬拜和合二仙，是因为他们懂得和为贵、和气生财对于生意人的意义，知道财富有赖于愉快的合作。有些财神象征君子爱财，取之有道。譬如有个叫刘海的散财童子就是因为其在灾难时慷慨解囊捐助穷人而被奉为财神。据说关羽被封为武财神，不仅因为他可以带来财富，而且还因为他的忠诚、慷慨和公正，足以掌管财富的分配。敬拜关羽这样的武财神，不仅会给个人带来好的财运，同时也要求人们发财以后保持正直、慷慨和讲义气。从前的商店，除了在财神像前面摆设一些象征生意兴隆的物件，店主通常在年末为财神摆一桌宴席，参加宴席的是那些明年继续在店里工作的人，没有被邀请赴宴者，则视为解雇通知。而任何人要辞职也必须在宴会前提出，因为欣然赴宴并拜店中财神，意味着你自动续约。在选择伙计时，店主借助于财神的力量增强伙计的忠诚度，并由财神化解了被解雇人员的抱怨，这表明，财神在商业团体中具有某种特殊的宗教功能。①

经济生活中，龙王也扮演着财神的角色。《太上洞渊说请雨龙王经》就告知那些善男子善女人：以清水净果供奉龙王，每月初一、十五“祭龙日”，读诵经文，召呼龙王，书写经书安放龙王面前，就会“家当富贵，无有虚耗”，库藏的银子也就源源不断地“盈溢”出来了。②

经商中遇见欺诈问题该如何加以解决呢？《正一法文经章官品》卷一《市卖欺诈》广而告之：有“监市君”与“无上万福君”率领神将，暗中监督不法商贩为了牟取暴利而短斤少两、以次充好等等欺诈“百姓贫民”的恶劣行为，并予以惩罚。③ 这是警告那些唯利是图的商贩，举头三尺有神明在随时随地监督你，切不可胡作非为。

（2）金玉文化与道教神仙信仰。中国人的经济生活中，从生前到死后，对黄金和玉石都有特殊的爱好，这种爱好的背后即有道教神仙信仰的支撑。为什么如此说？我们看道教神仙中有金童、玉女，童男童女的身体或是由黄金或是由玉石构成的，永远不会朽坏。其实这恰好反映了中国人对于长生成仙、永垂不朽的追求。葛洪《抱朴子内篇》说金丹是不朽的，即便你把它埋到地下也永远不会朽坏，人如果吃了金丹，使身体变得像金丹一样坚固，就可以长生不死。所以在中国，贵族上层包括皇帝都有炼丹服丹药的传统。道教、佛教都把其神像塑造为金身，以表现神的永恒。黄金除了作为财富的象

---

① 参见杨庆堃《中国社会中的宗教》第三章“财神”，上海人民出版社 2007 年版，第 82～85 页。

② 《太上洞渊说请雨龙王经》，《道藏》第 6 册第 246 页。

③ 《正一法文经章官品》卷一，《道藏》第 28 册第 541 页。

征，也有生命不朽的含义。黄金有价玉无价，玉在中国人的生活中，运用得更为广泛。在汉代，高质量的白玉被用来制作仙人的形象，盛放尸体的玉衣流行于王公贵族当中。一些考古发现表明，棺材中有大量的玉器，比如双龙玉璧和仙人玉像，还有大量的殓玉，包括堵塞九窍（眼、耳、鼻、口、阴、肛门）的玉塞。这些玉的使用，与死后成仙的思想有密切关系。据记载，汉武帝以甘露和玉末为长生不老药。汉代镜子的铭文中常有“上有仙人不知老，渴饮玉泉饥食枣”。所谓玉泉即用玉粉制成的玉液。《神农本草经》卷一说玉泉主五脏百病，柔骨强筋，安魂魄，长肌肉，益气，久服可以耐寒暑，不饥渴，不老神仙。人临死服五斤，死后三年颜色不变。《太平经》形容得道成仙的人，身体上下像玉一样“照白”，没有一点瑕疵。[①] 葛洪《抱朴子内篇》记载：金玉在九窍，则死人可以不朽。这就解释了古墓葬中用金或者玉堵塞九窍的现象，给死人穿金缕玉衣的现象。另外，据说道教神仙吃的是“玉英”即玉之精华，服用的是黄金，这对中国人偏爱黄金和玉石大有影响。[②] 既然神仙的生活方式都是如此，凡人仿效而服用金玉，岂非可以变化为神仙？《橐籥子》揭示说：天有精，地有灵；天精是宝，地灵是宝；天精的宝是金，地灵的宝是玉。而人身之宝，以骨头为金，以髓为玉。[③] 构成天精、地灵、人身之宝的是“金玉”，可见金玉在中国人心目中、生活中地位的无比重要性。由此也奠定了金玉在中国人的经济生活中价值连城的地位。

（二）道教与中国古人的迷信生活

迄今为止，迷信在人类的社会生活中仍占有一席之地，洋人有洋人的迷信，中国人有中国人的迷信。人生无常，生活无常，世界之大，无奇不有，不可解释的现象太多，不可预测的事情太多，所谓“人在家中坐，祸从天上来”，所谓“祸不单行，福不双降”，所谓“死生有命，富贵在天”，这些都使人或多或少地产生出迷信的念头。尤其在古代社会生产力不发达、科学不昌明的情况下，迷信在生活中所占的比重更大。今人是不应该以此来冷嘲热讽古人的。试想一千年之后，也许还用不了一千年，我们今天称之为科学真理的东西，后来的人们说不定就把它判定为迷信和谬误。这就是人们经常所说的，后之视今犹如今之视古。因此，我们应该实事求是地看待古人的迷信，

---

① 王明《太平经合校》，中华书局 1960 年版，第 282 页。

② 参见巫鸿《礼仪中的美术》下卷，生活·读书·新知三联书店 2005 年版，第 461～464 页。

③ 《橐籥子》，《道藏》第 28 册第 343 页。

实事求是地以一颗平常心看待道教与中国古人的迷信生活，不要一说起迷信就“谈虎色变”，似乎就要把科学抛到爪哇国里去了。其实在古代，道教很多经书都是按照老百姓日常生活的需要而横空出世的。所谓横空出世，是说它并非人书写的，而是由神仙降笔的，神仙用其智慧的道眼观照世间生活的诸多问题，借助于道士降下笔来，以帮助百姓们解决生活中难以避免的问题和人力无法解决的困难。所以在信众的观念中，解决生活中各种各样问题的道教经书具有超越凡尘的巨大威力，亦即人力达不到的“神力”。当这些凡夫俗子无法依赖自己的力量来解决生活中遇见的种种问题时，譬如自然灾害、社会人生的苦难这些重大问题，便不得不乞求于神灵的威力来克服困难，度过眼下的难关，道教神仙成为中国古人生活中的救世主即由此而来。道教也因此而成为全心全意为人救苦救难的宗教，与老百姓日常生活中抵御灾难的祈求息息相关。只不过，在我们今天一般受过科学训练的人看来，道教那些救苦救难的神学方式能否解决生活中的难题，还得打个大问号，那都是些迷信的东西！但我们抱着同情心来理解，以历史的眼光去看待所谓迷信问题，只能说，它们在古代老百姓的生活环境中产生出来不是无缘无故的，而是因为有这样的需求，而且这些东西在道教信徒心目中还是十分神圣的，认定能解决生活中碰到的五花八门难题，并成为当时很流行的时髦货。

古人的迷信生活促进了民间信仰的形成，而各地的民间信仰又多被整合成为道教文化的内容，于是道教与古人的迷信生活密不可分。任继愈主编《中国道教史》第一章，在谈到早期道教的主要来源时，认为古代民间信仰的神灵“后来许多被道教所吸收，变成道教的尊神”，并揭示说：“道教对民间信仰中神灵的吸收改造，不仅在早期，在后来的发展过程中也没有间断，致使这两类神灵混杂交错，很难分得清楚。”[①] 道教对民间信仰中神灵的吸收改造，道教对民间信仰的整合，这是一个很容易观察到的历史现象。那么，究竟是何原因导致道教从产生一直到今天[②]，从不间断对民间信仰的整合？这个问题，用一句简单扼要的话即可回答，那就是道教是一个贴近老百姓生活、贴近基层民众实际需求的宗教，正是群众的日常生活把道教和民间信仰紧紧联系在一起，导致道教在其发展过程中从未间断对民间信仰的整合。整合了民间信仰的道教，反过来又在当时的社会历史条件下发挥作用，为当时生产力低下、在今人看起来充满迷信色彩的生活水平服务。这种服务，在人力达不到之处，通常借助于神灵的力量来达到目的。譬如，请神驱鬼是民间信仰

---

① 任继愈主编《中国道教史》第一章《道教的孕育与诞生》，中国社会科学出版社 2001 年版，第 9 页。

② 我们可以看到，当今港台道教对民间信仰的整合仍旧在进行，没有间断过。

最重要的组成部分，也是民众迷信生活的“日用消费品”，生活中许多问题都要通过消费它来加以解决。假如我们把请神驱鬼看成古时候“第三产业”的消费品市场，那么除开巫师，大都由道士占据了这一市场，由道教向老百姓提供其所需要的服务。在这样的服务性行业中殷勤工作，更使道教与中国古人的迷信生活休戚与共，而道士本身也被儒家精英视为迷信活动的从业者。但普通老百姓日常生活中又不能缺少这种精神的“日用消费品”，又确实有这样一种精神的市场需求存在，儒家精英“存天理”的道德修养方案完全满足不了老百姓日常生活的急难要求，对解决他们生活中遇到的具体问题更是爱莫能助。正因为如此，道教就在中国古代老百姓的日常生活中扮演了这样一个不可或缺的“迷信”角色！有哪些“迷信”？

1. 看风水

分为看“阴宅”与看“阳宅”，故风水先生又称为阴阳先生。阴宅是坟墓风水的选择，选好了，既可以避免死者对后代不好的影响，更保证长眠于此的祖先会保佑家族后人兴旺发达。刨祖坟以破坏他人风水，其目的是切断他人祖宗在冥冥中的保佑，使其在社会生活中失败或者遭殃，这是人际斗争中最狠毒的一招。阳宅是活人住宅的选择，选对了正确的方位，就使人生走向吉运，否则带来恶运。风水的理论依据是阴阳五行学说，关注的是地理方位与人事之间的超自然联系，方位的好坏由阴阳五行的元素决定。无论是民间信仰还是道教都认为，在冥冥之中，个人的命运是与阴阳五行有密切联系的。一个运气不好的人或家庭，据说通过看风水可以转运，故风水在中国社会一直流传不绝。实际上，风水最终所关注所要解决的，就是人生前与死后的“安居”问题。①

道教有安顿住宅的经典，以解决老百姓生活中的“安居”问题。《太上老君说安宅八阳经》针对众生“修造宅舍，频遭厄难”的各种问题，告诉善男信女们：建造房屋，惊动龙神，触犯四方诸煞和太岁，应该“转此经，禳谢所犯神煞”，这样一切恶煞就会远远地躲藏起来，“不敢为害”。念诵此经，种种恶鬼“皆自消灭”。转诵此经三遍至百遍，“阴阳和合”，房屋坐向优良，家人平安无障碍。②《太上老君说补谢八阳经》也称：由于太上老君看见各地“种种施工建修之后”，频遭灾难，无法解救，于是要人们“动土兴工修造”之后烧香受持供养读诵此经，从此便平安无事，“土气潜藏，普令和顺”，“人

---

① 参见杨庆堃《中国社会中的宗教》第十章“风水”，上海人民出版社 2007 年版，第 242～243 页。

② 《太上老君说安宅八阳经》，《道藏》第 11 册第 372 页。

宅大吉”，家门和平，“龙神拥护，鬼祟潜形，灾消祸散”。[①] 这是宣传道教安宅经的神圣不可侵犯，读诵这些经典后就可以保护家园，不惧鬼蜮伎俩，安居乐业。

道教有镇守住宅的“灵箓”，守护老百姓的住房安全可靠，不受妖魔鬼怪侵扰。《无上三元镇宅灵箓》称：“无上三元安镇宅箓”驱除十方不正、不祥之气，持助天地正气，调动各路神将各自率领“守宅兵”三十六万，严密把守“门户家室”，永保家中大小男女度过厄运。若有“邪来干正”，只要把“镇宅箓”封贴门上，神兵神将就当“振动天威”，擒拿收取群奸鬼贼、瘟灾不正之神，送交地狱拷问审判。这样一来，可以“使生者家门吉贞，亡者升化天堂”，“和适阴阳之气”。[②]《太上秘法镇宅灵符》引《三元经》讲了个故事：汉文帝问天老什么叫“三愚之宅”？天老说，住宅前高后低，北有流水，东南高西北平，这就叫三愚之宅。有一天，汉文帝微服私访，见一家正住在“三愚之宅”，却富贵有余而且人丁兴旺，感到惊讶。于是第二天带着“阴阳官”访问那家人。主人称自己叫刘进平，住在此宅已三十多年。汉文帝问道：按照《宅经》，这是三愚之宅，其地大凶，不可居住，你有何方术敢住此处而平安无事？刘进平答称：刚开始住这里，灾祸频繁，损耗财物，伤折人口，疾病连年。后有两书生来投宿，传授我七十二道“镇宅灵符”，并且说，镇宅十年大富贵，镇宅二十年子孙昌盛，镇宅三十年必有白衣天子入宅。汉文帝把这七十二道“镇宅灵符”带回宫中，下令将它们传遍全国镇宅，于是家家吉祥，户户康宁，灾害不生，福寿增延。[③] 道教以这些“灵符”、“灵箓”来“永镇门庭”，使家家户户人财两旺，安安稳稳，幸福长寿，日子越过越红火，表达了普通人家心中对美好生活的愿景。而普通百姓则借助这些“灵符”或者“灵箓”增强了对未来生活的信心，面对灾难有了坚强的精神支柱，获得一种极大的心理上的安慰。

道教有斋醮仪式请众神降临镇宅，安稳住宅，带来财运，消除灾祸。《赤松子章历》卷五《大醮宅章》表白：自造住宅以来，未曾斋醮酬谢神灵，恐动土兴工惊动宅上诸神，特于今日谨请“镇宅十二禁忌纸章”上给诸神，以保家中人口平安。上请天官、治宅官等一切神灵，收到所上镇宅章表后，即日即时，镇于本位，收捕宅上东西南北鬼怪，安稳住家，使我家中清净，钱财积聚，丝绸满堂，“收却四面灾祸，永不侵扰”。[④] 通过这些宗教仪式，酬谢

---

① 《太上老君说补谢八阳经》，《道藏》第11册第372页。

② 《无上三元镇宅灵箓》，《道藏》第11册第676～683页。

③ 《太上秘法镇宅灵符》，《道藏》第2册第180页。

④ 《赤松子章历》卷五《大醮宅章》，《道藏》第11册第215页。

“治宅官”等神灵的保护，使活人居住的“阳宅”更加安全稳当，并且成为积聚财富的风水宝地。

道教对住宅的选择极为关注。因为居住环境的好坏涉及养生修道，所以对于起居空间的方位朝向、明暗和潮湿度等等，都是十分讲究的。《天隐子·安处》告诉人们：居室的好坏，并不在于它是否非常华丽堂皇，而在于坐朝南向，阴阳适中，明暗相半。屋子空间不需要过高，过高则阳盛而光线太强；屋子空间也不能过低，过低则阴盛而光线太弱。光线太强伤魄，光线太弱伤魂。人的魂为阳而魄为阴，假若明暗不合适，就会生病。所居之室四边有窗，遇风即关，风停了即打开。所居之室前面有帘子，后边有屏幕，光线太强就放下帘子以和其内，光线太弱就捲起帘子以通其外。内以之安心，外以之安目，使心目都得到安顿。这就是养生的“安处之道”。[①] 这样的安处之道，其中关键的原理就在于调节阴阳，使“阴阳适中”，从而达到阴阳的平衡和谐。《黄帝宅经》也告诉人们：住宅是“阴阳之枢纽”，是“人之本”，住宅选择好了，家庭代代都“昌吉”，否则便会“门族衰微”。如果住宅的阴阳往来“合天道自然”，这是“吉昌之象”。宜选择“生气福德”的方位，顺应阴阳二气建造住宅。经中引子夏所说：人因住宅而立，住宅因人而得以存在，人与住宅相互扶持，感通天地，故不可仅仅相信“命”。又引《三元经》所说：土地肥沃即苗木茂盛，住宅吉祥即人享受荣华。[②] 人生除了相信命运的安排，精心谨慎地选择住宅也是非常要紧的。这是道教对“阳宅”的看法。

对于“阴宅”，《太上召诸神龙安镇坟墓经》的看法是：世人今生贫困，是因为前世不信道法，不种善因，而且葬埋没有保障“亡人”的利益，营葬的地方也四时惊犯了“天星地宿”。自今以后，世人若有坟墓不安，灾祸接二连三发生，可找高道按“灵宝典式”广建道场，忏悔罪过，呼召龙王来安坟墓，则灾难冰消，福祥云集。如有善男子善女人，葬埋坟墓犯了“天星地禁”，即由正一道士转诵此经，“拜请神龙来安坟墓”，自然光宗耀祖，子孙后代兴旺发达。此经“神验”，不可不信，否则祸延亿世。[③]“阴宅”的安放是否能够确保祖宗的利益，安放地点风水是否违犯“天星地禁”，这关系到今生是富贵还是贫困，关系到能否光大门庭，更关系到子孙后代的繁荣昌盛。由此可见，道教在这一点上，和普通老百姓的信仰观念及风俗习惯是完全一致的。

道教还结合人生前与死后的“阳宅”和“阴宅”讨论其对子孙后代的影响。《黄帝宅经》卷上认为：坟墓凶住宅吉，子孙有官禄；坟墓吉住宅凶，子

---

① 《天隐子·安处》，《道藏》第 21 册第 700 页。

② 《黄帝宅经》卷上，《道藏》第 4 册第 979～981 页。

③ 《太上召诸神龙安镇坟墓经》，《道藏》第 6 册第 247 页。

孙衣食不足；坟墓和住宅都吉利，子孙荣华富贵；坟墓和住宅都凶险，子孙远走他乡甚至于“绝种”。① 比较而言，人在生前对于“阳宅”的选择更为重要。

就是在一些人变成神的故事中，也可看到风水的影子。如南方福建信奉的地方保护神郭圣王，又称保安尊王，据说名叫郭忠福，是唐代名将郭子仪之后，自幼贫穷，到财主家放羊为生。一天，主人请了位独眼的风水先生，想找个“龙穴”给祖宗造坟。但这位财主是个小气鬼，用掉进粪窖淹死的羊招待风水先生，郭忠福看不过，就偷偷告诉了风水先生，风水先生知道后非常生气，便没有把“龙穴”的真实位置告诉财主。他却对郭忠福的诚恳老实很有好感，问郭说：“你想当皇帝还是想当神仙？皇帝只享受一辈子福，神仙却世世代代受人叩拜。”郭回答说：“我想当神仙，为老百姓做好事。”于是风水先生告诉郭，那个羊圈就是“龙穴”，你可以把父母的尸骨迁埋在这里。郭忠福按风水先生所说的做，后来果然升化为仙。此后，老百姓在郭忠福升仙处修庙塑像供奉郭圣王，生病或者遇见灾难，都到庙里拜求郭圣王保佑，祛病免灾。从此郭圣王便成为福建地方上祛病免灾的保护神。

据广东罗定县志记载：该县文昌庙正对着官方的考场，风水先生早就对此庙的朝向提出批评，理由是它严重压制了考场，不利于考生的考试。后来精于风水的巡抚戴锡伦来到该县，也认为此庙的方位不好，会压抑当地考生的水平发挥，于是与当地官员商议，将文昌庙迁到了附近一块风水宝地。清代法律规定风水先生可以插手公共建筑的建造。实际上，当时从皇宫到衙门的建造都离不开风水先生的参与。除极少数儒家学者外，从政府到民间都推崇风水，广泛运用于私人的生活空间和公共场所。人们试图通过风水仪式，变害为利，使那些不可预测的因素在自己的控制之中。②

2. 驱鬼、捉鬼与杀鬼

中国古人在日常生活中，对很多不吉利的事情要找原因，找来找去，说不准就找到“鬼”身上去了。各种各样的鬼故事满天飞，五花八门的“鬼”形象出现在人们的脑海中，舞台上表演着鬼戏，小说里讲述着鬼魂世界。鬼对人的侵害，成为许多文学作品的主题，这其实就是现实生活中人对鬼恐惧心理的反映。古人心中感觉有了鬼怎么办？总要有人或者说“神”来驱鬼捉鬼才行吧？古代社会生活中，能够驱鬼捉鬼的，除了低水平的巫婆神汉，本事高强的就要数道士了。我们还是通过笔记小说来观察一下生活中道士如何

---

① 《黄帝宅经》卷上，《道藏》第4册第980页。

② 参见杨庆堃《中国社会中的宗教》第四章“对其他自然神的信仰”、第十章“风水”，上海人民出版社2007年版，第103、242～243页。

驱鬼捉鬼。《重订虞初广志》卷四《鬼道士》说宿州鬼道士姓章，不知其名，因为能役使鬼，故以鬼为号。他使唤的鬼名叫柳青，经常伴随在他身旁，以异术玩世，曾把豆子大小的石头变化成白金买酒喝，又曾呼唤柳青把一官员口袋中的黄金盗走。[①] 鬼成为道士的随身听差，任其使唤，完成各项高难度的任务。

道经中也充满了数不清的驱鬼、捉鬼和杀鬼的故事与法术。

《太上洞玄灵宝天尊说养蚕营种经》中天尊严正警告“世间无藉之鬼”说：不忌讳大道明威之制，变化形象，或作妖怪，每年危害别人家庭而不离开的鬼，我即请消害破鬼君、缚鬼君、食鬼君、斩鬼君各九千万人，“手持杀鬼之具”，清除宅中鬼气，为该人家“消除此土之鬼，立令散灭”。如有一鬼停留不去，即请十方护蚕君百千万人下来斩杀。五土之精中如有木精欲来，金神斩之；火精欲来，水神灭之；金精欲来，火神消之；水精欲来，土神断之；土精欲来，木神克之。天尊命令天师，收摄金木水火土五神之精，使“虚耗之鬼”，全都“迸散”，从而万事吉祥。[②]

《抱朴子内篇·登涉》指示入山者：山中的各种“山精”都有名字，并指明这些山精各自的名字，山上“见之皆以名呼之，即不敢为害也”。又说：山中有能说话的大树，“其精名曰云阳，呼之则吉”。“山水之间见吏人者，名曰四徼，呼之名即吉。山中见大蛇着冠帻者，名曰升卿，呼之即吉。”遇见山中各类精怪，“但知其物名，则不能为害也”。有“百鬼录”，知天下鬼之名字，及《白泽图》、《九鼎记》，则众鬼自却。[③] 入山修道者只要弄清楚了这些鬼的名字，碰见时大声疾呼其名字，或者带来吉祥，或者免除祸害。这有点像《封神演义》中描写的“呼名落马”，又有点像《西游记》中孙悟空被呼唤名字，一旦应声即吸入宝瓶里。这是人类学家所谓“语言的魔力”，也可看做是古代道士们入山修道时需要运用的生活小常识。

《道要灵祇神鬼品经》也称：只要知道鬼的名字，即可吉祥如意，“万鬼不干”。知道鬼的姓名，鬼就不敢靠近人，自己跑掉，“不敢动”，不敢害人。走在路上遇见鬼，三呼其名字，鬼即潜逃。[④] 经文中列出许多鬼的姓名，以方便人们呼唤鬼名达到驱鬼的目的。

《洞玄灵宝上师说救护身命经》中灵宝上师宣称：若有“恶鬼魔兵”不听从我的话，我就将其送交“玄都鬼律受罪”，全部消灭，丝毫不留。山神王发

---

① 《虞初广志》上册《重订虞初广志》卷四《鬼道士》，上海书店1986年版，第52～53页。

② 《太上洞玄灵宝天尊说养蚕营种经》，《道藏》第6册第236页。

③ 王明《抱朴子内篇校释·登涉》，中华书局1985年版，第303、304、308页。

④ 《道要灵祇神鬼品经》，《道藏》第28册第388～392页。

誓说：凡有“受此法典”的人，昼夜守护起来，使“众魔恶鬼”不得夺其精气，不得横来扰害，不得绝其性命。[①]《太上洞渊说请雨龙王经》警告形形色色的“邪鬼”，如果听到“此经不去”，继续危害人，就会“头破作七分，令绝根本”。[②]《太上正一咒鬼经》中天师称：我为天地除万殃，变身人间作鬼王。百鬼斩杀除凶殃，我持神咒谁敢当！太上老君教我“杀鬼”，凡人有急难，念我“神咒”，“鬼自摧灭”。只因为“天师神咒”的“圣力难量”，不可阻挡。[③] 中国民间素来就有“张天师善于打鬼”的说法，这应当是从道经中总结出来的，也是对道教在中国古代生活中扮演角色、发挥社会功能的生动反映。

3. 戴护身符、挂照妖镜

为了消除灾祸，许多地方民间有佩戴护身符、悬挂照妖镜等风俗习惯，这些也和道教相关。符书是道教法术的一种，是道士同神灵沟通的凭证。符具有召集神灵、驱除邪魔的作用。东晋葛洪《抱朴子内篇·登涉》记载《老君入山符》，称凡是人进入山林或居住在山上，都可佩戴起来用之避邪或防备野兽侵犯。[④] 现在很多道观都能请到开过光的护身符，适宜于生活中的多种用途。《太上神咒延寿妙经》说：凡是受持此经，不相加害，“符”保百年。如有年厄、月厄、日时各种厄运，“佩符”之后，厄运消除。[⑤]“佩符”成为中国老百姓随时随地出入平安、吉祥如意的一种心理保障，不论走到哪里，只要佩戴护身符，心里就踏实了，安全感就倍增了。

镜子是道教的法器之一，葛洪《抱朴子内篇·登涉》说：入山的道士都用九寸以上的明镜悬挂在背后，这样一来，妖魔鬼怪就不敢靠近人，而且即便妖魔鬼怪变化为人形前来迷惑人，也会在镜子中现出原形。[⑥] 民间习俗吸取了道教照妖镜驱除邪魔的做法，在门口的廊檐上或厅堂上悬挂照妖镜，以保护家室平安。另外《抱朴子内篇·地真》还记载其师所说的守一兼修“镜道”，镜道修炼成，人的身体就能“分形为数十人”，衣服面貌都一样，并可驱使山川之神。[⑦] 这个没有在民间流传，但在《西游记》一类文学作品中，我们还能看到所谓的“分形之道”，一个孙悟空可“分形”为千百万个孙悟空。

4. 保护神

如果说鬼是危害人的，给人带来灾难，那么，神就是保护人的，带给人

① 《洞玄灵宝上师说救护身命经》，《道藏》第 6 册第 228 页。

② 《太上洞渊说请雨龙王经》，《道藏》第 6 册第 246 页。

③ 《太上正一咒鬼经》，《道藏》第 28 册第 367～370 页。

④ 王明《抱朴子内篇校释·登涉》，中华书局 1985 年版，第 314 页。

⑤ 《太上神咒延寿妙经》，《道藏》第 6 册第 232 页。

⑥ 王明《抱朴子内篇校释·登涉》，中华书局 1985 年版，第 300 页。

⑦ 王明《抱朴子内篇校释·地真》，中华书局 1985 年版，第 325～326 页。

幸福吉祥。什么叫做神？《道要灵祇神鬼品经·灵祇神品》引《洞神三皇经》解释说：预知未发生之事的就是神。耳目聪明就叫神。[①] 神的能力和本事远远地超过人，所以能够保护人。只不过，神给予人的保护是有先决条件的，那就是："善者神所助，恶者鬼贼刑。"[②] 因为道教是以"善为本"的，大慈大善者，才会得到神的爱和保护帮助。当然，对于广大的普通老百姓的苦难，道教神灵是不会吝啬其"神力"的，他们会像"及时雨"一样，不失时机地浇灌"苦旱"的民众。许多道经都在呼唤神灵前来救护人民。《太上金华天尊救劫护命妙经》召唤天上的各路星君、帝君、仙君、将军，赶快前来"救劫护天民"，显露"神力"，使"万祸化为尘"。[③] 《太上说青玄雷令法行因地妙经》讲到：西蜀境内灾疫流行，草木不长，人民遭殃，于是太上老君急派雷部神将温元帅率领雷兵前去灭灾，杀魔斩怪，救死济生，驱瘟荡疫，广益人民。旬日之内，大显神威法力，西蜀一境，百姓得到安业，"门户兴隆"。[④] 由此也可以看出，道教神灵不仅保护个人，也保护区域的安康。中国古人日常的生活中，有各种不同类型的保护神，有某一特定功能的，有全能的，这当中就有不少与道教有关系。我们来看一下。

5. 黄大仙

据说黄大仙名叫黄初平，别号赤松子，浙江金华人，是晋代的一位道士，有"叱石成羊"的神通。黄大仙在南方地区尤其在香港的香火特别旺，到香港黄大仙庙去求拜的信众人山人海，过年过节更是水泄不通，蔚为壮观。庙门外看相算卦的摊位云集，令人叹为观止。黄大仙为何拥有如此多的追星族？原来他是人们心目中的万能神仙，举凡求医求药、求子、求财、求姻缘、求前途都可以去给他烧香磕头，据说很灵，有求必应。

6. 灶神

民以食为天，要吃饱喝足自然离不开灶头，也就是火炉子。汉武帝时，李少君宣称："祠灶则致物，致物而丹沙可化为黄金"于是汉武帝开"始亲祠灶，遣方士入海求蓬莱安期生之属，而事化丹沙诸药齐为黄金矣。"[⑤] 可见当时的方士——道士的前身，在炼丹时首先要祭灶神，这样才能使丹沙化为黄金。道教中关于灶神的故事很有趣。据《太上灵宝补谢灶王经》说：从前昆仑山有一老母独处其中，此老母名"种火之母"，上通天界，下统五行，在天则为天帝，在人间则为司命。执掌人的寿命长短，富贵贫贱。又以"五帝灶

---

① 《道要灵祇神鬼品经》，《道藏》第28册第384页。

② 《太上洞玄灵宝八威召龙妙经》卷下，《道藏》第6册第242页。

③ 《太上金华天尊救劫护命妙经》，《道藏》第28册第375页。

④ 《太上说青玄雷令法行因地妙经》，《道藏》第28册第377～378页。

⑤ 《史记》卷二八《封禅书》，中华书局标点本1959年版，第4册第1385、1390页。

君”的身份管人住宅，时刻都知道人间之事。每月初一，把人的种种善恶及功德记录在案，夜半上奏天庭，记入各人的生死簿中，以此决定各人的寿命长短。每家每户的灶都有禁忌，若违背这些禁忌，“此母能致祸殃”，必不可免。这些禁忌是：不得以鸡毛、狗骨头、头发等污秽之物触犯灶神，不得把刀对准灶神，不得在灶神面前赤身露体等等。如果违犯，就会财物耗损，疾病连绵，田蚕不利，仕途不顺，买卖折本，恶人谋害，所求不遂。解救方法是，清净扫洒，明灯烧香，请道士诵经，呼召灶君眷属名字，奏献钱财或供养食物，虔诚忏悔，谢罪改过。于是灶君大降灵通，赦罪宥过，给予福庆，永无灾殃。①

7. 火神

生活中火灾难免，除了人自己做好防火工作，人力达不到的地方，只好请出神来帮忙。《太上洞玄灵宝消禳火灾经》中天尊就请“火部神仙官属”来流传神咒，如遇火精火怪妄入人家中，兴起火灾，能念此咒语者，即可使“火部神仙”前来制止，保证安全。咒语说：火龙一飞，照耀无边。火马一跃，万里盘旋。火剑一下，诸魔伏虔。火索一举，百邪自缠。火旗一动，号令肃然。盛德及物，长养生全。据称，家有天尊咒，火部不为殃。家有天尊咒，火势息灭光。家有天尊咒，火怪自潜藏。家有天尊咒，财物得阜昌。家有天尊咒，家宅保安康。② 除了火部神仙，龙王也能救火。据说：如果国土、城市、乡村，频频遭遇天火焚烧，各家先写四海龙王名字安放住宅四角，然后焚香请水龙来护。四海龙王一来，很快吐水万石，把“火精”赶入地下千尺。又有大水龙王镇守中央，扫除不祥。③

8. 拜太岁尊神，求流年吉利

道教的太岁大将军是岁星的神格化，与中国古代的星斗崇拜有关。早期五斗米道即与五方星斗崇拜有关，道教又吸取了民间“南斗注生，北斗注死”的传统习俗，以南斗管人的生，北斗管人的死，作为人的司命神。这样一来，天上的星辰便成为掌握人类生死的生命之神。而作为岁星神格化的太岁大将军，便与每个人的生命结下不解之缘，每个人都可以在其中找到保护自己的本命星君。人生无常！一生的命运捉摸不定，难以逆料，人们又总是盼望着能够岁岁平安，生活幸福美满，免受无常鬼的侵扰。于是一般信仰道教的老百姓，便不可缺少地叩求着值岁功能的太岁大将军的保佑，真诚希望这位本命神保佑他们个人生命的年岁运势安好，保佑他们无病无灾，保佑他们长寿。

---

① 《太上灵宝补谢灶王经》，《道藏》第 6 册第 248 页。

② 《太上洞玄灵宝消禳火灾经》，《道藏》第 6 册第 233 页。

③ 《太上洞渊说请雨龙王经》，《道藏》第 6 册第 246 页。

于是在道教宫观的“元辰殿”中，便安放了六十位有名有姓的太岁尊神，供老百姓顶礼膜拜，并应人们的请求，回报人们最好的东西。这是一种传统而有广泛群众基础的信仰。拜太岁神在香港信众当中十分流行，1998年10月，香港蓬瀛仙馆元辰殿落成开光，殿内供奉六十甲子神（即太岁尊神），自此以后，常年都有信众来拜太岁，求福寿，尤其是岁初春节期间，成千上万的善信们来到元辰殿，向当年太岁及本命太岁烧香、诚心叩禀，发善心行善积德，以求得康宁平安，逢凶化吉。至岁尾时，再到元辰殿酬谢太岁尊神，以感谢神灵全年保佑。笔者于2006年带博士生去新津老君山上课，发现道观中挂有许多太岁神符箓，信众将其姓名和生辰八字书写于符箓上，乞求太岁神的庇护平安。这些都表明，拜太岁神不仅仅是一种积淀深远的历史传统，而且在今天仍有其活力，仍然是社会信众中流行的习俗。为什么这一古老的习俗还活着，还在流传？正是因为它在信众的生命以及生活中还有其存在的价值意义，信众的生命历程与日常生活都离不开它的支撑。

9．福、禄、寿三星

道教文化对于中国人的人生理想影响最突出的，那就是许多家庭和商店都供奉福禄寿三星。福星主管人间赐福，禄星主管人间官运，寿星主管人的寿命。有福气，有官位，有长寿，这是大多数中国人追求的人生理想。在民俗行为中，这种追求通过供奉福禄寿三星表现出来。道教一开始就信奉天地水三官，依据道教的说法，天官赐福，地官赦罪，水官解厄，其中所谓天官就是福星。天官也是中国社会上流传最广的福神，“天官赐福”最受人欢迎，所谓福星高照，反映了中国人对幸福的追求。在道教中，禄星被称为文昌帝君，又称梓潼帝君，是掌管读书人仕途命运的大神，尤其是从前读书人崇拜的对象。科举考试能否成功，能否由此而步入官场，读书人都把宝押在文昌帝君身上，考试之前必须赶到文昌帝君庙去拜上一拜，烧烧香。每年的二月初三，文昌帝君圣诞日，读书人集合在文昌帝君庙内，焚香敬礼，称为“文昌会”。宋人陆游的《老学庵笔记》记载，李知己梦中祈求梓潼帝君，果然状元及第。一直到现在，高考前还有不少家长代替考生前往四川梓潼县七曲山的文昌帝君庙祈祷，一旦考生榜上有名，家长们便和考生一起前往文昌帝君面前还愿。在道教中，寿星被称为南极仙翁，原来也是一颗星，称老人星，后来成为神仙名。民间则把他看做是主宰寿夭的神仙。中国古代祭祀寿星的历史悠久，列入了朝廷的祀典当中，到东汉又和敬老活动结合起来。福禄寿三星常常是三位一体的，古人在中堂悬挂福禄寿三星图，象征“三星在户，福禄寿绵长”的吉利之兆。我们似乎可以这样说，福禄寿构成了中国人最基本的人生价值观，是中国人最有代表意义的生活宗教，也是我们所谓“生活道教”的主要内容。在中国人看来，福禄寿三者中长寿是最根本、最首要的东西，因为只有长寿的人才能充分享受世间的幸福与官禄。这种追求现世享受、追求长寿的人生价值观，早在几千年以前的周朝就已经形成了，一直延续到现在。在考古发现的青铜器铭文中，我们到处都可以看到“万寿无疆”的字样，《诗经》中也充满“万寿无疆”的颂歌，而一直到现代，我们都还曾经狂热地使用过“万寿无疆”的祝愿。对于人的福禄寿追求，生活道教都予以满足，只要你一心一意供奉道教的道、经、师“三宝”。

对于信徒们来说，虔诚信奉道教，念诵道、经、师，神就将“福”降临到你头上。《太上洞玄灵宝天尊说养蚕营种经》中天尊告诉世人：第一念道，第二念经，第三念师，时时刻刻祈祷祈恩，“福”就从天而降，令这些善信之家没有疾病，没有灾难，没有苦恼，所求之愿，全部实现。求生儿育女得生儿育女之报，求官位得官位之报，求金银得金银之报，求田蚕得田蚕之报，求安稳得安稳之报，求延命得延命之报，求衣食得衣食之报，求长生得长生之报。世间之人，欲求福者，可烧名香，以鲜花供养“三宝”，十方天王都乘飞云下降，为这些“造善之家，日日送福”，为这些“请福之人”，消除毒害，以重报他们造功立德的“修福”之举。[①] 福禄寿因此而全都有了。《太上洞玄灵宝天尊说养蚕营种经》称：读诵本经典之人，愿愿从心，起念福至，延年加寿，宅生黄金，地踊宝藏，灾害远离。[②] 也是幸福、财富、寿命全都有了。

《大惠静慈妙乐天尊说福德五圣经》赞美说：“天下正神功第一”、“化导万民垂福佑”的五显灵观大帝，能够“变祸成福，如影随形”，无求不应，使众生安稳无烦恼，富贵长寿，没有灾难发生。这是因为五显灵观大帝的“威权至重，有赐福消灾之力，有赏善罚恶之功”，故礼拜他，财物丰厚，各种“福庆”自已都来了。[③]

“福日”吃长斋者，福报无穷。《太上洞玄灵宝福日妙经》把“三会吉日”、“三元斋日”、“十直之日”、“八节斋日”定为“福日”。灵宝天尊说，在“福日”吃长斋，可永远都不遭殃，现世安乐，再加上书写此经，瘟疫不进家门，善神常带来利益，前世今生的罪孽全都除灭，“福报无穷”。[④] 吃斋写经，是获得幸福的途径之一。所谓“斋”，《洞玄灵宝太上六斋十直圣纪经》说大略有三种，第一是“设供斋”，其功能是积德解罪过；第二是“节食斋”，其功能是和神保寿命。这两种斋是专为中等才智的修道人士所设立的。第三是“心斋”，指疏导心境以除贪欲，洗涤精神以去污染，激发智慧以绝思虑。没

---

① 《太上洞玄灵宝天尊说养蚕营种经》，《道藏》第 6 册第 235 页。

② 《太上洞玄灵宝天尊说养蚕营种经》，《道藏》第 6 册第 236 页。

③ 《大惠静慈妙乐天尊说福德五圣经》，《道藏》第 28 册第 364～367 页。

④ 《太上洞玄灵宝福日妙经》，《道藏》第 6 册第 227 页。关于“三会日”、“三元斋日”，详见后面道教节日。

有思虑则“专道”，没有贪欲则“乐道”，没有污染则“合道”，心无二想就专一。这第三种斋是为上等才智的修道人士所设立的。[①] 故在道教中，吃斋有高下之分，各种斋法的功能也不同。

《太上神咒延寿妙经》说：若能受此经，延年益寿，度过灾难，寿命延长，生死簿中注上生名，断除死名，白发转黑，身心安定，万愿从心。[②] 读诵受持道经，使人长寿。《正一法文经章官品》卷一《寿命度厄》称：有“南昌君”、“寿命君”、“天公君”以及“解厄君”等率领神将，为天下万民的寿命延长，长生不老，返老还童，解除鬼祟对人寿命的严重危害，恪尽职责。[③]

可以说，许多道经都在设法满足人们在日常生活中对福、禄、寿的追求，并对信徒庄严许诺，只要你们虔诚地相信道教神灵和经书的威力，肯定“有求必应”。这种所谓“有求必应”起到了特殊的治疗效果，尤其是治疗百姓们精神的病痛，治疗的目的是从心理上保证供给你实现人生的福、禄、寿需求。

10. 辟恶梦

道教经书《洞真高上玉帝大洞雌一玉检五老宝经》记载有《太素真人教始学者辟恶梦法》：如接连遭遇恶梦，一叫魄妖，二叫心试，三叫尸贼，有方法消除。梦醒后坐起来，用左手食指捻人中三七遍，叩齿三七通后轻念：大洞真玄，长练三魂，常守七魄。第一魂速守七魄，第二魂速守泥丸，第三魂守心节度。速告太素三元君：我遇见不祥之梦，是七魄游尸来协万邪之源，急召桃康护命。上告帝君、五老、九真，守护体门，消灭恶津，反凶为吉。念完，又睡，恶梦驱除，可得好梦。[④] 这是说魄妖、心试、尸贼等妖邪在人心中，带给人恶梦，可通过捻人中、叩齿、微念祝词，请求神明下降来驱除“恶梦之炁”，使恶梦反而变成美梦。《洞玄灵宝道学科仪》卷下《解恶梦品》的去恶梦法为：遇恶梦时，应当向北方长跪，启告太上大道君所做恶梦的情况，说完即可“返凶为吉，返祸成福”。秘密念动咒语：太真玉女，侍真卫魂；三宫金童，来守生门。化恶返善，上书三光，使我长生，乘景驾云。念完咒语，咽唾液七次，叩齿七通，又回去睡。这下可使凶邪消化，返祸为福。所做恶梦，慎勿告诉别人，不说则吉利，讨论则凶险。不讨论不说，万代无患。[⑤] 这是向太上大道君诉苦，恶梦的苦水倒完即可获得解脱。再用咒语请玉女保卫三魂，金童守护生门，那就睡得更安稳了。这些解除恶梦的方法是否有效，没有试验过，不得而知，大约应该属于“诚则灵”之类，必须虔诚

---

① 《洞玄灵宝太上六斋十直圣纪经》，《道藏》第 28 册第 382 页。

② 《太上神咒延寿妙经》，《道藏》第 6 册第 232 页。

③ 《正一法文经章官品》卷一，《道藏》第 28 册第 538 页。

④ 《洞真高上玉帝大洞雌一玉检五老宝经》，《道藏》第 33 册第 390 页。

⑤ 《洞玄灵宝道学科仪》卷下，《道藏》第 24 册第 777 页。

地相信，才会有效力。此外，《葛仙翁肘后备急方》卷一记载了医治恶梦的药方：带雄黄，男左女右；用真麝香一粒于头边；以虎头枕尤其佳。[①]《真诰》卷八也说：枕麝香一具于颈间，可绝恶梦。[②]

11. 求签

这是一种最常用的占卜方式，占卜向来就是人们在危机中寻求一种自信、指引和安慰的手段，这是在理性手段不能提供解决问题的办法时采用的。当个人陷入困境，他能用来解决问题的经验办法都已用尽，绞尽脑汁都不知道怎么办，求签便指引他去寻求解决问题、消除焦虑的答案。大多数道观都有签筒，筒内的每支签上各有一个号码，与之对应的是一纸解签经文。当求签者从签筒中摇出一根签，交给庙里道长，道长找出其对应的签文并作相应的解释。签文内容大部分以儒家伦理观为主作指示。如关帝庙有个签文说："衣食自然生处有，劝君不用苦劳心。但能孝悌存忠信，福禄来时祸不侵。"签文的解释如下：问名利，自有时；求财平，婚未宜；富贵前定，何必着心；事亲待人，动合循理；天必佑之，有泰无否。随缘安分，直道而行；心中无愧，自然和平。对一个陷入困境的人来说，这样的解释将会起到安慰作用，化解焦虑。[③] 当然，如果求到不好的签，反而会增加心理负担，于是由具有通神能力的解签道士来指点解决问题的办法。另据一些研究者调查，许多人去庙里求签与治病有关，为了祛病强身。也有些人求签卜问前程、婚嫁、祸福等等，各有所求，但都针对变幻无常的人生，指向扑朔迷离的未来，寻求神明指引方向，因为人是无法把握自己未来的，故到庙里求签者很多。

以香港为例，每年正月初一，到黄大仙观求签者人山人海，水泄不通。其他宫观也不乏求签者。《道藏》中收有"签书"八种，在求签者看来，这些签书都是神的提示，以指导信徒的生活方式或为人处世，指点迷津。从我们研究者的眼光看，"签书"的内容可以发挥教化信徒，规范其行为，扬善去恶，扶正祛邪的功能，并且对遇到疑难问题的信徒提供一定的精神力量和心理安慰。

清末驻法外交官陈季同，用法文著书，向西方读者介绍中国文化，当说起求签时，他这样描写：有一些相信神灵的人，找到了招致神灵的方法。在所有的寺庙，在每一个神灵面前，都会见到一个圆柱形的筒子，里面盛有很多签子，每一枝上都写有一个数字。当某个人想要知道自己的未来时，他就到庙里去，首先点燃香烛，然后跪在神位前，双手捧起那只圆筒，低声向神

---

① 《葛仙翁肘后备急方》卷一，《道藏》第33册第10页。

② 《真诰》卷八，《道藏》第20册第536页。

③ 参见杨庆堃《中国社会中的宗教》第十章"占卜的社会心理功能"，上海人民出版社2007年版，第240～241页。

提出想要得到回答的问题。他轻轻地摇动签筒，直到有一支签从中掉出来。于是，他把它拾起来，放到神的面前。接着，他拿起两个半球体，平的一面是“反面”，凸起的一面是“正面”；把它们扔到地上，如果落下来是反面，就是“是”；如果是正面，就是“不”；这时那个签就是不好的，就必须重新开始。如果这次是好的，他就带着这支签，去看守人那里寻找相应的数字，那是印制的，配有诗文、谜语。通过这种方式，人们可以推测已预定给您的未来。有的时候，那种巧合是足够惊人的；而更经常的情况，则只不过是偶然的似是而非，没有任何实际意义。[①]

12. 杂占

预测生活中将遇见的各种各样的问题，尤其预测未来的吉凶祸福，从而做到趋利避害，安然无恙，道教给人们提供了这方面的指南。《黄帝龙首经》把种种占卜方法记录在案，指导人们处理生活中的疑难问题。有占卜一年、一月、一日吉凶的方法，有占卜星宿吉凶的方法，有通过占卜掌握官吏臣下是否忠心耿耿的“心善恶法”，有占卜官吏吉凶或能否升迁的方法，有占问囚徒以“得知实情”的方法，有通过占卜预知“病人死生法”，有通过占卜找回丢失的“六畜”法，有通过占卜预测出门旅行的“吉凶法”，有占卜架屋或“举百事”的“吉凶法”，有占卜田蚕五谷收成好坏的方法，有占卜住宅是否可居的方法，有占卜欲买车船是吉还是凶的方法，有占卜“欲上书”或“见贵人”的方法，有通过占卜预测打官司是赢还是输的方法，有占卜“怀孕为男为女法”，有占卜夫妇相处是否融洽法，有占卜“恶梦法”，有占卜气象的方法，有占卜“入深水渡江河法”等等。[②] 可以说生活中方方面面有可能发生的事情，都在预先作了测算，以便胸中有数，临危不乱，妥善处理。我们把它看成古人日常生活中必备的小型百科全书，未尝不可。

扶鸾，又称扶乩。也是占卜的一种，现在大陆几乎绝迹，听说在十分偏远的山村还能看到，但在港台地区却非常盛行。港台的道观里面多设有鸾堂，有道士专职从事扶鸾，为信徒请求神的旨意，得到神的“降笔”，亦即所谓“鸾书”，据此解答疑惑，预测吉凶，决定行动计划，开列药方等等。港台地区一些商人及其公司，在决定是否投资、是否转移投资地点、是否购买某种股票等重大事项之前，往往要去道观“扶鸾”，听听神的意见，从而预测结果是好是坏，定下决心。

13. 做科仪

道教以其特有的宗教仪式“章醮科仪”满足信徒“永除苦恼，天堂受乐”

---

① 《陈季同法文著作译丛·中国人的快乐》，广西师范大学出版社2006年版，第142页。

② 《黄帝龙首经》卷上、卷下，《道藏》第4册第985～1002页。

的要求。这些宗教仪式不仅针对活人，而且关怀死人。《赤松子章历》卷五《酆都章》申奏章表也就是上“奏章”给神灵：“乞赐亡人某魂升三天，魄离暗府，永除苦恼，逍遥福庭，衣食自然，天堂受乐。”① 即便人已经死亡，通过这一类上“奏章”的仪式，仍然可以确保其魂魄在天堂逍遥自在，离苦得乐。此外，现实生活中数不清的天灾人祸，也促使道教产生了一系列解度灾难的章醮科仪，以周穷救急，解民倒悬。

（三）道教与中国古人的娱乐生活

《红楼梦》第二十九回写荣府将于五月初一去清虚观打平安醮，这时凤姐儿来了，约宝钗、宝玉、黛玉等看戏去，说清虚观那里凉快，两边又有楼，把道士都赶出去，挂起帘子来，正好看戏。原来这清虚观是荣府的家庙，庙中的一切费用都由荣府承担，观中主持张道士是“当日荣国公的替身”，关系非同一般。显贵人家有了这样的家庙，家眷们参加宗教活动就不至于抛头露面，免得与其他人混杂在一起。闲话少说，言归正传。单表到了五月初一这天，荣府人马在贾母的率领下，浩浩荡荡进了清虚观，张道士带着众道士迎接，各处游玩一回，方上楼看戏。贾母在正面楼上坐，凤姐等上了东楼，众丫头等在西楼轮流伺候。一时贾珍上来回道：“神前拈了戏，头一本是《白蛇记》。”贾母便问：“是什么故事？”贾珍道：“汉高祖斩蛇起首的故事。第二本是《满床笏》。”贾母点头道：“倒是第二本？也还罢了。神佛既这样，也只得如此。”又问第三本，贾珍道：“第三本是《南柯梦》。”贾母听了，便不言语。贾珍退了下来，走至外边，预备着申表、焚钱粮、开戏，不在话下。② 中国古代的戏剧，尤其在宗教活动场所进行的戏剧表演，原本的目的是为了娱乐神灵，乞讨神灵的欢心，以便它降福于人。故无论是道教的宫观，还是佛教的寺庙，或一些地方民间宗教的庙宇，有条件的地方大都修建了戏台。这些戏台面朝庙里主要神殿的神像，因为戏本来就是演给神看的，为了免得神寂寞冷清，人也顺便搭到一起乐上一把。在这里，宗教活动场所和娱乐场所是合而为一的。怪不得荣府在清虚观打平安醮，看什么戏是要在清虚观里的“神前拈了戏”，由神来决定他想要看的剧目有哪些。清虚观的戏楼看来规模不算小，贾母率领的那一班浩浩荡荡的人马都能够容纳下，大户显贵人家一边过着宗教生活，一边也过着与神同乐的娱乐生活，而且是按照神的旨意娱乐。当然，在作者笔下，神点的剧目并不十分中贾老太太的意，尤其是那出《南

---

① 《赤松子章历》卷五，《道藏》第 11 册第 214 页。

② 《红楼梦》第二九回，上海古籍出版社 1991 年版，第 204～208 页。

柯梦》，似乎预示了贾府的富贵荣华只是南柯一梦。据说：清朝嘉庆、道光年间，官场中是非常忌讳演出《邯郸梦》的，因为此戏太不吉利。《南柯梦》与《邯郸梦》差不多，大约在清朝官场中都属于非常不吉利的戏。本来，到清虚观打平安醮的目的，是要来求神灵保佑贾府家中平安无事的，哪知却从神"拈了"的剧目中得到这样一个不太好的兆头，因此贾母"便不言语"了。看来，贾母恐怕只有在心中叫苦连天了，但又无可奈何，因为"神佛既这样，也只得如此"。这里，作者已为后来贾府的风波陡起、东窗事发埋下了伏笔。不过，由此伏笔我们可以看出，道教的宗教仪式活动通常伴随着演戏一类的文艺表演，古代中国人的娱乐生活与道教脱不了关系。

《金瓶梅》第六十三回至第六十五回写李瓶儿葬礼，其间叫了戏班子搬演戏文，一边吃酒席，一边看戏。又叫上两个唱道情的，打起渔鼓，高声唱了一套"韩文公雪拥蓝关"的故事以及"李白好贪杯"的故事。出殡前一天，先是歌郎并锣鼓地吊来灵前参灵，吊《五鬼闹判》、《张天师着鬼迷》[①]、《钟馗戏小鬼》、《老子过函关》、《庄周梦蝴蝶》、《洞宾飞剑斩黄龙》，各样百戏吊罢，堂客都在帘内观看。[②] 这些剧目和道情都与道教有一定程度的关系。可以看到，古人的丧事活动中，只要财力允许，演戏、唱道情等娱乐活动便与之相伴，既娱乐神灵，也娱乐参与丧事活动的人，使丧事活动办得喜庆热闹，的确称得上是"白喜事"。而这样的"白喜事"是少不了道教艺术参与其中的。

（四）道教解除人们日常生活中的种种灾祸苦难

道教从其诞生之日起，它的神圣使命就是为人解除灾祸苦难。道教产生于多灾多难的东汉末年，当此之时，天灾人祸交织横行，瘟疫猖獗，人民缺医少药，生灵涂炭，又逢军阀割据，烽火连年，白骨成堆。加之苛政猛于虎，民不聊生，民众苦难深重。道教于这些灾祸苦难中，找到了百姓日用需要的切入点，成为在老百姓生活世界中存在的宗教。这里所谓"灾祸苦难"，既包含自然界带给人的灾难，也包含社会造成的苦难，也就是通常讲的"天灾人祸"。道教为人解除天灾人祸，其特色不是纯粹理论上的神学说教，通过布道来帮助人们摆脱困境，而是运用其各种法术和宗教仪式来解决老百姓日常生

---

① 《初刻拍案惊奇》卷三写刘东山丢了银子，说："一生好汉名头，到今日弄坏，真是张天师吃鬼迷了。"（岳麓书社 1988 年版，第 35 页）表明《张天师着鬼迷》戏剧在社会上是有影响的，一般百姓以此打比喻。

② 《金瓶梅》第六三至六五回，三秦出版社 1991 年版，第 600、608、613 页。

活中遇到的种种问题，具有很具体、很实在的可操作性。面对洪涝灾害有“雷法”，祈晴止雨；面对不可知的未来有占验术，以预报灾难的降临；面对疾病有符咒术，实施信仰治疗。解除灾难，这是道教提供的主要宗教服务，而服务的主要技术手段就是法术和仪式。那么，我们说道教处心积虑、想方设法地用行动为人们解除灾祸苦难，有何根据这样讲？且看我们下面的分析，是否可以得出这一结论。

1. 读诵经典解除灾祸苦难

《洞玄灵宝上师说救护身命经》告知人们：勤勤恳恳地流传此经，当令恶世中众生没有病苦，没有横死，众邪蛊道全都消灭。若有众生，无论男女，能读此经一句一偈者，众邪恶鬼不得妄来侵近。若在荒野中、山林中、苦厄难中，若在大火中，若在大水中，常当读诵此经，都能断除灾难。为什么？因为此经有大威神力。经中又假借山神王的口说：有诵此经典者，如果遇见大火，我等山神王力，随其方便，救护其身，不令大火烧着他；如果遇见大洪水，被水冲去，我等山神王力，即于空中来接此人，不让水淹没他，水马上停住，让他度过水难；如果遇见大贼，我等山神王力，四面救护此人，能使贼心刀仗不举，即发慈心；如果遇见吃官司，系缚枷锁，昼夜愁苦，我等山神王力，各各率领眷属军将吏兵，于虚空中，能令审判他的官员，心生欢喜，放他回家，解脱官司。[①]《太上灵宝天尊说禳灾度厄经》指示信众说：一旦受持念诵此经之后，就解除了“阳九百六”的灾祸，免去“三衰九横、八难五苦”的厄难，所求如愿，所履平安，出入行藏，常获吉庆，随心所欲。[②]这些都是在教导信众们，生活中遭遇任何艰难困苦，都不要慌张，只要念诵道教经典，神灵就会解救你，帮助你渡过难关，而且想要什么就有什么，如愿以偿。

2. 对神忏悔解除灾祸苦难

《太上灵宝天尊说禳灾度厄经》称：世间善男子善女人，突然碰到年灾月厄，游城赤鼠之厄，天罗地网之厄，命穷算尽之厄，疾病缠绵之厄，落水波涛之厄，虎狼蚖蛇之厄，水火盗贼、刀兵生产之厄，山林树木社稷之厄，土石桥梁之厄，毒药咒诅之厄，只要向“玉皇天尊、大道真圣”忏悔自己的过错，就能度脱身上的灾厄，一一将其化解掉，不为这些灾祸苦难所困扰。[③]这里的关键是：你一定要在神灵面前忏悔你的罪过，表示悔改之意。如果做不到这一点，灾祸苦难就一直把你包围缠绕。

---

① 《洞玄灵宝上师说救护身命经》，《道藏》第 6 册第 227、228～229 页。

② 《太上灵宝天尊说禳灾度厄经》，《道藏》第 6 册第 231～232 页。

③ 《太上灵宝天尊说禳灾度厄经》，《道藏》第 6 册第 231 页。

3. 道教符箓解除灾祸苦难

《太上三五正一盟威箓》卷三说：信道弟子在法师门下奉受“太上正一九州社令箓”之后，就可以依法收箓万神，常在左右侍从自己，以确保延年益寿，除凶度厄。又说：“上皇诸君符”封有“天帝使者印”，带着此符，百鬼即伏从，“鬼不从者，斩而戮之。急急如律令”。经过一整套奉受符箓的仪式之后，拥有这些符箓就能解除灾难保平安，没病没灾，即便遇到风浪、投入战争状态，也毫发无损，平安无事。同书卷四说：在法师门下拜受“太上太一君、无极太上元一君无极解六害秘箓”，即获得“太上天帝教令”的尚方宝剑在手，没有任何灾难敢来碰撞我，于是疾病远离我，盗贼避开我，所求都能获得，凶咎灭亡，延年无极，与天同毕。又说：佩受“太上正一九凤破秽箓”，礼请东西南北“解秽神君主”，禳除灾难，度过困厄，避邪除凶，保定魄魂，聪明耳目，延年益命。[①]这些符箓的作用也都是要驱除灾害，消灭凶险，大吉大利，使人延年益寿，甚至于“与天同毕”，生命得以永恒。符箓的作用不仅拯救自己脱离危险，而且拯救他人于危难之中：在法师门下奉受“太上正一都章毕印箓”，就能内用以治身，外用以救人，宣扬道教，助国扶命，医治百姓疾病，拯救苍生性命。求受“太上正一九天兵符箓”，就能“救治百姓”。[②]

我们这里不讨论道教符箓是否果真如此神通广大，我们只看它的功能就是积极主动地帮助人们逃脱生活中遇到的灾难，想方设法免于灾难，从而逢凶化吉，在抵御灾难的能力十分低下的古代，满足了人们日常生活中的种种需求以及心理上的安全感。

4. 科仪解除灾祸苦难

道教的章醮科仪给予信徒逃脱生活中遇到灾难的希望。《赤松子章历》卷五《接算章》除了请求救赎自家身命“延年益寿、削死上生”之外，又祈祷神灵：今呈章奏之后，一家大小都能够度过灾难，平平安安，阳宅无事，阴宅也宁静，九世以来的祖宗在天之灵全都没灾没祸，逍遥快乐。[③] 可谓从自己到列祖列宗，皆大欢喜！同卷《三会言功章》乞求：除了自然灾祸，还有人事上的怨恨关系，口舌是非，希望通过这一章醮科仪“解仇为和”[④]。

---

① 《太上三五正一盟威箓》卷三、卷四，《道藏》第28册第440、446、449、450页。

② 《太上三五正一盟威箓》卷五，《道藏》第28册第451、454页。

③ 《赤松子章历》卷五，《道藏》第11册第217页。按照蔡邕《独断》卷上所说：群臣上书给天子有四种名称，“一曰章，二曰奏，三曰表，四曰驳议。”并一一说明这四种上书的书写格式。（上海古籍出版社1990年版，第4页）道教的宗教仪式——斋醮科仪向神灵上章表，即仿效世俗社会的群臣向天子上书，故道士“上章”时都自称为“臣”。

④ 《赤松子章历》卷五，《道藏》第11册第214页。

5. 解除人们日常生活中的种种灾祸苦难

从《正一法文经章官品》中，我们可以看到，道教处心积虑全面解决人们日常生活的种种危难问题，诸如：久病不愈，性命垂危，紧急救援；家中接二连三死人，即道教所谓“复连”；恶梦错乱，使人魂魄不守；家中鬼气逆乱，凶宅令人不可居住，“主移徙宅舍”，“主利宅舍”；老百姓犯了“官事”，有牢狱之灾，速速为之解脱，这叫“收官事”；被人诽谤咒诅，有口舌之祸，“主治解咒诅”；普通人犯下罪过，怎样使其悔过自新，“主治男女解罪”，“解首过”；如何驱逐盗贼打家劫舍，保护家室安全，这叫“逐盗贼”；为天下万民延长寿命，为人们保命，能够顺利度过灾厄而不衰，这是“寿命度厄”、“录魂长生”；死人“耗害”活人，先祖殃病子孙后代，所以要“收死人耗害”、“收先祖病子孙”；“市卖欺诈”、缺斤少两的问题，“主治招财求利”，也就是不当得利；“远行万里”，出门在外平平安安，不逢祸殃厄难；确保农作物“结子成实”，不受虫害，农产品“收入万倍”，栽桑养蚕，“令解耗，有倍得”，水产品如池藕之类，“求得万倍”；六畜疾病不安，如何保证其不死亡，这是“保六畜”；治疗各种各样的、男女老少的疾病，即“治男女百病”、“治众疾病”、“主治杂病”；入山不饥不渴，解除进山的各种危害；“保产生胎妊”，避免出现难产，使母子平安；住宅区内群鼠犯害，将其收除驱离；消灭毒蛇、毒虫以及豺狼虎豹等猛兽，为万民医治蛇伤；“主利征战攻伐”，使兵士在战争中“无令毁伤”；收治危害人的种种鬼怪精灵及邪气，主收侵夺百姓食物的“饮食鬼”，主收“葬埋之鬼为精祟者”，绝断“不正”鬼祟的耗害；久旱不雨，旱灾严重危害，于是“兴云下雨”，这叫“主请雨”，而久雨不止，洪水泛滥，于是“主晴”；消除百祸，“百福”并来，求福皆得，这是“主百祸治生”[①]。可以说，道教为老百姓的生活提供从摇篮到坟墓的一条龙优质服务。无论是人们的衣食住行、生老病死、农业生产、天文气象、市场交易等物质生活的方方面面，还是焦虑烦恼、恶梦缠绕、心神不宁、魂魄不守等精神生活的方方面面，都给予及时的帮助解决。不管这些解决问题的方案是否真正奏效，但其满腔热情、关怀备至、诚心诚意、绞尽脑汁、考虑周全、竭尽全力的服务精神，却向其服务的对象——老百姓表露无遗。其中，“治男女百病”，收治危害人的种种鬼怪精灵，是道教经文涉及最多的内容，而这恰好是困扰古代中国老百姓最大的灾难，前者是现实灾难，后者是精神苦难。古代中国老百姓缺医少药，看不起病者居大多数，面对病痛灾难简直不知所措，完全无可奈何，而道教的符水治病、驱鬼治病等却是最便宜的救治方法，多多少少解决了基层穷苦大众的一大难题。古代中国老百姓的“鬼”信仰，是

① 《正一法文经章官品》，《道藏》第28册第535～557页。

由于对生活中的许多灾难找不到原因，不知道究竟是由什么东西造成的。譬如家中接二连三死人，譬如疾病缠身，于是便将其归结为“鬼祟”为怪作害，就需要请道士或巫师捉拿驱赶“鬼祟”，故中国社会素有“张天师善于打鬼”之说。这就是道教在古代中国老百姓日常生活面临各种不同类型的灾难时所起到的功能，所发挥的自身独特的优势作用。由此亦可以看出，所谓“中国根柢全在道教”之说，其对中国社会之观察思考是非常深邃的，独具匠心，简明扼要地说出了中国历史上的一个基本事实，这就是道教作为非主流的草根文化，在解决社会的弱势群体亦即草根群体应对灾难性问题方面，具有主流的儒家文化不可替代的地位！

6. 末世降临、世界终结的灾难与“种民”

20世纪最杰出的哲学家之一怀特海在其《观念的冒险》揭示：“基督教的奠基者们以及他们的早期信徒们坚信，世界末日迫在眉睫。于是，他们便热烈而认真地放纵他们绝对的伦理直觉，纵情想象各种可能的理想，一点也不考虑如何维护社会，既然社会的崩溃是显而易见和迫在眉睫的，所谓的‘不可行性’便失去意义；或者说，实用的好感觉已致力于终极观念上去了。最终的东西既已来临，中间的诸阶段自然便毫无意义了。”[①] 道教也有类似的情况存在。《无上三元镇宅灵箓》声称：目前正是三界崩沦，天地之间，人鬼兵戈之气，日夜汹汹的“末劫之世”。又说：不幸生在这末劫的世道，面临三灾五浊的世运，百恶汇聚一起，灾难与战争并行，为日已久，岂不是很悲哀的事！世界的存在行将结束，而道教的“正觉”才是“救世法桥”。[②] 早期道教相信，人类正面临“阳九百六”之灾，接受了佛教关于“劫”的观念，认定这个世界已经处于末劫，行将毁灭，新的世界即将诞生。那么，在此除旧布新之际，人类应该怎么办？如何才能逃过这一劫难？道教告知其信徒，赶紧修道，经修炼成为“种民”，也就是如同稻谷种子一样的“人种”，即可渡过世界末日的难关，在新的世界降临之后，像谷种一样“发芽”重生。正如同《老君变化无极经》所说：不追求道教的经典教义，怎么能够度过灾难作为种子再生；你们获得太平见到“真君”，就有福气过度到新世界成为“种人”。[③] 面临“世界末日迫在眉睫”的道教，“热烈而认真地放纵他们绝对的”生命直觉，纵情想象着未来世界“种民”各种可能的理想，一点也不考虑如何维护现存的社会，而是把“最终的东西”也就是把世界末日作为最紧要实用的东西来思考，思考着如何在天崩地裂的“末劫之世”度过新旧世界的交

① 怀特海《观念的冒险》第二章《人的灵魂》，贵州人民出版社2007年版，第15页。

② 《无上三元镇宅灵箓》，《道藏》第11册第676页。

③ 《老君变化无极经》，《道藏》第28册第371、372页。

替。因此可以说，世界终结的灾难降临时应该怎样应对，如何成为“种人”在未来的新世界中“发芽”再生，使人类生命能够不断延续下去，这是魏晋南北朝时期道教徒考虑最多的问题。而道教的章醮科仪，则想方设法满足了信徒们成为“种民”的要求。《赤松子章历》卷五《除泰山死籍章》上章奏请“上帝十二司命君”赦免“千罪万过”，以保一家大小、内外男女，“年命延长，永为种民。”同卷《为先亡言功章》上章奏告天地水三官等神灵，表示愿意：“存亡咸泰，永为种民。”[①] 永远成为神仙世界的“种民”，就不再惧怕任何灾难，即使世界毁灭一万次，又再生一万次，都能从容不迫地应对，都能从火灭烟消的世界中逃脱灭亡的命运，在新世界产生以后，作为保存人类命脉的“种子人”，使人类生命一次又一次获得重生。你看，道教为其信徒考虑得有多么细致周到，有多么体贴入微，除了日常生活中遇到的花样百出的灾难，就连世界最终毁灭时如何才能应付自如，都预先做足了功课，提供了完美无缺的解决方案。当然，这一切的前提条件就是必须修“道”。

宇宙秩序井然需要“道”来维持，世界的灾难需要“道”来化解。因为在道教眼里，至尊之道具有深玄、微妙、幽微、恍惚、非愚非智、不增不减、神功不测、览古察今、妙绝分别、无惧无畏等特征，这些特征决定了它具有绝对的权威性，使它能主宰宇宙万物。尤其是“至道”有大慈悲，生化天地人三才，拯救众生，宇宙万物的存在都以它为依据，更显示出它的绝对权威性。“至道”追求的是“无名”，故其运转天地、畜养万物、拯救众生等功德都不为人的视听所知觉，这叫“玄功潜被，日用不知”。尽管天地人日日用道而不知，但对于“道”的依赖和运用却是不可缺少的，一旦不能用道，则必起灾变，一旦丢失了道，则必死无疑。天地万物对道的这种依赖也透视出道的绝对权威性，离开了道，一切都会乱套，这就从反面证明，宇宙万物必须依赖于道，绝对离不得“道”。道的威力是如此巨大，自然界与人类社会的所有一切都赖之而获益，去之而遭殃。物极必反，这是自然之道的法则，人应当充分认识这一法则，自觉地以这一法则来指导人们的生活，就能避免给人带来的祸害，保全自我生命。对于名利，人应当“既不逐利，又不殉名”，这样才能“合于自然之道”。总之，生活就该顺从自然之道，生活就当游心于自然之道，即便遭遇灭顶之灾也无所畏惧，因为“道”从来就不会放弃人，总是会帮助人渡过难关的。

试看以上几个方面的分析，我们说道教全心全意、想方设法为人解除灾祸苦难，是否说大话呢？是不是还有点道理？是不是说出了古代社会生活的一个真实面貌？

---

① 《赤松子章历》卷五，《道藏》第11册第212、213页。

二、道教与人生礼仪

月有阴晴圆缺，人有生老病死，这件事古来皆然，又有谁能逃得掉呢?所谓“人生礼仪”，是指从人的出生到死亡各个人生的重要阶段所举行的一些仪式，譬如怀孕、诞生、成年、婚礼、生病、葬礼等。在中国老百姓的一生之中，这些个关键环节都是与道教脱不了关系的。

（一）婚礼

在传统婚礼上，新郎、新娘互牵大红带子步入洞房，相传这一习俗就与道教的月老神仙有关。在道教中，负责人间婚姻大事的就是月老，即月下老人。有些道教宫观专门设立月老殿，供信徒求婚姻美满之用。月老殿上也有灵签，解释人们婚姻生活中的疑难问题。据有的学者调查记载，灵签多达五十五根，签诗中充满了对人们美好婚姻的祝愿以及对于家庭道德的告诫。苏州城隍庙中的月老殿前，有许多新婚夫妇去讨“连心锁”，挂在月老前，表示两人同心，命运相连。

（二）生育

结婚后很久，还未得子，就到道教宫观的子孙堂或娘娘殿求子。如果说佛教有送子观音，那么道教主要由碧霞元君负责送子。碧霞元君，民间俗称泰山娘娘。顾炎武《日知录》说泰山顶碧霞元君，宋真宗所封，世人多以为泰山之女，自晋时已有之。[①] 研究道教的学者刘仲宇教授于 2003 年春赴泰山调查，他观察到，泰山碧霞祠中的求子活动几乎每天都络绎不绝。当地的求子活动称之为“拴娃娃”，一般花十元钱，就可以将子孙娘娘做的泥娃娃抱走，等到真的有了孩子，则要将原来的娃娃或重做一个娃娃送回来，表示感谢。泰山上的子孙殿，道士看得很严，走开时必把小栅门关闭，问他们为什么，回答说有人进去偷娃娃。为什么要去偷呢?原来不是信众不愿出十元钱去拴娃娃，而是有一种奇怪的心理，认为偷来的娃娃更灵验。另据刘仲宇教授说，道教有专门的求子科仪，《道门科范大全集》卷二十六至二十八《祈嗣

---

① 黄汝成《日知录集释》卷二五，上海古籍出版社 2006 年版，下册第 1047 页。

大醮仪》即是。[1] 从地域上看，道教的碧霞元君其实是北方人所信奉的送子娘娘，明代供奉碧霞元君的庙遍及京城，到清代仍然很多，在京城著名的就有七座。《儿女英雄传》第三十八回写涿州天齐庙娘娘殿里“拴娃娃”的，有送了一窝泥儿垛的猪狗来，说是还愿心的。安老爷在庙中读碑文，却被人踩了一脚，“定神一看，原来正是方才在娘娘殿拴娃娃的那班妇女。”其中一位妇女认定安老爷八成儿是个识文断字的，说“我才在老娘娘跟前求了一签，是求小人儿们的”，要请老爷瞧瞧老娘娘这签上怎么说的。安老爷告诉她上面说“病立痊，孕生男”，意思是“准养小子”。“说话间，那班妇女就七手八脚各人找各人的签帖儿，都要求老爷破说”。这下弄得安老爷“真顽儿不开了，连说：‘不必看了，不必看了，我晓得这庙里娘娘的签灵的很呢！凡是你们一起来求签的，都要养小子的。’”[2] 生动地描绘了清代河北涿州妇女在道教庙求签“拴娃娃”以求生儿子的活动。

《中国人的快乐》一书告诉西方读者：“在中国，只有道教信徒进行宗教性的迎神队列仪式。这也完全合乎逻辑，因为他们有这种以拟人化的肖像来代表他们神的习惯。”书中列举了迎接生育女神的场面：为生育女神举行的仪式习惯上在新年开始的时候进行。她的塑像安坐在铺满鲜花的轿子上，沿路两旁，那些不能生育的妇女成群结队地赶来，向女神祈求一个孩子。完全随机地，她们从女神轿子上取一朵花，如果这花是红的，就是说她会有一个女儿；如果是白的，那么，一个男孩将会降临。与此同时，祈求者还会许一个愿，比如供奉一块地毡、一幅帏幔、一个装饰品，或者一件衣服给善良的女神。富裕人家的主人，尤其是女主人，经常会邀请正在路过的神灵进到自己家中。这时就会燃放一通焰火，还给轿子上再添加一些花饰。人们也给参加游行的仪仗队成员提供茶水和点心，在这之后，这位高生育率的女主管就重新上路，如果有需求，不久就再停留于另一处人家。整整一个月，这些妇女们接连不断地走访圣殿：一些人，在实现了她们的愿望之后，去还愿——完成她对神所许诺的供奉；另一些，则是为了祈求这位中国生育女神的救助。[3] 道教的迎神仪式，抬着生育女神的塑像在大街小巷游行，为那些不能生育的妇女提供了一个机会，她们趁此机会许愿，一旦生育的愿望实现，摘掉了“不孝有三，无后为大”的帽子，便兴高采烈去还愿。这已成为古代中国很多地方祈求生育的民俗活动，是中国人婚姻生活中的头等大事。而这一延续香

---

① 刘仲宇《道教与华人的风俗》，收入黄大志主编《道家、道教与民俗文化研究》，世界科技出版公司 2008 年版，第 48～49 页。

② 《儿女英雄传》第三八回，上海古籍出版社 1991 年版，第 525～527 页。

③ 《陈季同法文著作译丛·中国人的快乐》，广西师范大学出版社 2006 年版，第 36、41 页。

火的头等大事，借助于道教的仪式得以实现。

求子应验，生下子女以后，就有养育的问题。如何保证子女健康长大，不至于半途夭折呢？据说有种道教仪式可以保障，那就是“寄法名”，又叫“寄名”。《金瓶梅》三十九回“寄法名官哥穿道服”，讲腊月时分，玉皇庙吴道官使徒弟给西门庆送礼物及天地疏、新春符、谢灶诰。月娘在旁，说起了李大姐生孩儿许下的“愿醮”，西门庆道：“早是你提起来，我许下一百二十分醮，我就忘死了”。又说：“正月里就把这醮愿，在吴道官庙里还了吧。”月娘便道：“昨日李大姐说，这孩子有些病痛儿的，要问那里讨个外名。” 西门庆道：“又往那里讨外名？就寄名在吴道官庙里就是了。”于是西门庆对吴道官的徒弟说：“正月里，我有些醮愿，要烦你师父替我还还儿，就要送小儿寄名，不知你师父闲不闲？”那徒弟忙问“订在正月几时？” 西门庆道：“就订在初九，爷旦日吧。” 徒弟道：“此日正是天诞。又《玉匣记》上我请律爷交庆，五福骈臻，修斋建醮甚好。请问老爹多少醮款？” 西门庆道：“今年七月，为生小儿许了一百二十分清醮。” 徒弟接着又问：“那日延请多少道众？”西门庆道：“请十六众罢。”说完，先封了十五两经钱，另外又是一两酬答他的节礼。又说：“道众的衬施，你师父不消备办，我这里连阡张香烛一事带去。”到正月初八日，西门庆先使玳安儿送了一石白米、一担阡张，十斤官烛、五斤沉檀马牙香、十六匹生眼布做衬施，又送了一对京段、两坛南酒、四只鲜鹅、四只鲜鸡、一对豚蹄、一脚羊肉、十两银子，作为官哥儿寄名之礼。到初九日，西门庆往玉皇庙，到了宝殿上，悬挂着二十四字斋题：“灵宝答天谢地，报国酬恩，九转玉枢，酬盟寄名，吉祥普满斋坛。”西门庆进入坛中香案前上香，行礼叩坛毕。吴道官诵完经，下来陪西门庆叙话：“老爹敬神一点诚心，小道都从四更就起来，到坛讽诵诸品仙经，今日三朝九转玉枢法事，都是整做。又将官哥儿的生日八字，另具一文书，奏名于三宝面前，起名叫做吴应元。永保富贵遐昌。小道这里，又添了二十四分答谢天地，十二分庆赞上帝，二十四分荐亡，共列一百八十分醮款。”过了一会儿，打动法鼓，请西门庆到坛看文书。有绛衣表白在旁宣念斋意：“……庆又于去年七月二十三日，因为侧室李氏生男官哥儿，要祈坐蓐无虞，临盆有庆。又原将男官哥儿寄于三宝殿下，赐名吴应元，告许清醮一百二十分位，续箕裘之胤嗣，保寿命之延长。……谨以宣和三年正月初九日天诞良辰，特就大慈玉皇殿，仗延官道，修建灵宝，答天谢地，报国酬盟，庆神保安，寄名转经，吉祥普满大斋一昼夜。”宣念完斋意，铺设下许多文书符命、表白，一一请看，共有一百八九十道，甚是齐整详细。又是官哥儿三宝荫下寄名许多文书、符索、牒礼，不暇细览。然后合堂道众，一派音乐响起。吴道官身披大红五彩法氅，关发文书，登坛召将。到了午朝，拜表完毕，吴道官把预备好的一套官哥儿穿的小道服，一道三宝位下的黄线索，一道子孙娘娘面前紫线索，一副刻着"金玉满堂，长命富贵"的银项圈，一道朱书"太乙司命，桃延合康"的辟非黄绫符，就扎在黄线索上，用方盘盛着，请西门庆过了目，方才装入盒担内，共约八抬，送到西门庆家。[①] 西门庆为其小名叫"官哥儿"的儿子所作的道教"寄名"仪式，到此完成。

从上面这一大段对"寄名"仪式的描写，我们如果不懂一点道教知识，还真是看不明白在说些什么。原来，西门庆的孩子"有些病痛儿"，为了使其儿子"容易养活大"，便择定于正月初九日到玉皇庙"寄名"，顺便也就把李瓶儿生官哥儿时许下的"醮愿"还了。西门庆为什么选在正月初九去替官哥儿"寄名"？因为这一天正是玉皇大帝圣诞的日子，非常吉祥，正好"修斋建醮"。经吴道官一番法事，"官哥儿寄于三宝殿下，赐名吴应元"。这就等于吴道官成为官哥儿的"师父"，俗称为干爹，而且官哥儿改姓吴，赐名吴应元。吴应元又得到师父给的刻着"金玉满堂，长命富贵"的银项圈和写有"太乙司命，桃延合康"的黄绫符。这些东西，都象征着神灵保佑吴应元没病没灾，健健康康成长，而且长命富贵，吉祥如意。从这一复杂的道教仪式过程中，我们也可观察到，当时有钱人家花在"寄名"上的银子不是个小数，前前后后二十五两银子，还有许多给道众的"衬施"及寄名之礼。《金瓶梅》记录了明代社会上流行的说法："火到猪头烂，钱到公事办"。看起来，这位西门庆大官人不仅在走官府的门路时深深懂得这一套，就是在找庙门烧香时，也是世事洞察、人情练达得很呢！

《红楼梦》第二十五回提到"有宝玉寄名的干娘马道婆到府里来"[②]。但这个贾宝玉寄名的干妈马道婆虽有点神通，却是一个见钱眼开之辈，见利忘义，收了赵姨娘的钱，竟然使用巫术，铰了五个青面鬼要害宝玉，且喜最终未能得逞。《红楼梦》第二十九回写凤姐儿向清虚观张道士要"我们丫头的寄名符儿"，张道士说，"寄名符"早已有了，"还在佛前镇着呢"。等张道士把寄名符放在盘子里送出来，凤姐笑道："你只顾拿出盘子，倒唬了我一跳。我不说你是为送符，倒像和我们化布施来了。"由小说中可见，明清时为保证孩子健康成长的"寄名"风气十分盛行。这位年已八旬的张道士，来历却不简单，他本是"当日荣国公的替身，曾经先皇御口亲呼为'大幻仙人'，如今现掌道录司印，又是当今封为'终了真人'，现今王公藩镇都称为神仙"。[③] 这里所谓

① 《金瓶梅》第三九回，三秦出版社 1991 年版，第 369～373 页。按：月娘即吴月娘，为西门庆正室夫人，俗称大老婆；李大姐即李瓶儿，为西门庆侧室，俗称小老婆。

② 《红楼梦》第二五回，上海古籍出版社 1991 年版，第 174 页。

③ 《红楼梦》第二九回，上海古籍出版社 1991 年版，第 207 页。

“荣国公的替身”，就是指当初张道士代替荣国公出家做道士。为什么要做“荣国公的替身”？原来，富贵人家子弟出生后，担心其半路夭折，为了确保孩子平安成长，于是将其舍身出家，等到健康长大后再还俗。但富贵人家又舍不得真让自己的孩子去庙里吃苦，便买一个穷家子弟，代替自家孩子去庙里做道士，这就叫“替身”。张道士既然是当日代荣国公出家的替身，被先皇呼为“大幻仙人”，当今皇上封为“终了真人”，地位自然不低，和贾府的关系非常密切，凤姐儿丫头的寄名符由他一手包办，贾珍称他为“张爷爷”，与夫人小姐也不用回避。看来，张道士做“替身”牺牲了一辈子，老了来结局还算不错。这种富贵人家送小孩子去道观，以保健康平安的风俗，从道教产生不久就有了。晋代，江南地区天师道有杜子恭一派，据称杜子恭通灵有道术，江南的豪门贵族之家都拜其为师。出身世家大族后来在历史上赫赫有名的谢灵运，家族中因好不容易得到这个子孙，便送谢灵运去杜子恭一派的“道治”，也就是后世道教宫观的前身寄养，一直到十五岁才还家，所以谢灵运的小名就叫做“客儿”。当时还没有“替身”一说，但这种把小孩寄养在“道治”的性质与“替身”是一样的，都是要保佑小孩子能够一帆风顺长大成人，和“寄名”的作用差不多。

此外，妇女怀孕生产，在古代是有风险的。一旦妇女难产，死于家中，这在古代是很不吉利的事，生怕有污秽留存家中，造成“害气相侵”。这该如何解决？《赤松子章历》卷五《生死解殗洗荡宅舍章》提出的办法是向神灵上“章表”，“乞求章文解除殗秽，洗荡宅舍，安稳无虞”。又乞求五方五帝“解殗君”，五方五龙“主水使者”，率领神将用“真精之水”、“五和之香”来清洗家中污秽，千污万秽顿时消灭，皆令清净，“利佑人口”，住宅安宁，“五瘟不染”[①]。通过这一道教仪式，便化凶为吉，使难产之家至少在精神上感到一些安慰，对于“害气相侵”放下心来。

（三）疾病

生病，这是人生一道非常重要的关口，迈不过去，则小命不保。不幸有些病是医生治疗不好的，此时道教便出手了。道教疗病的方法甚多，聊举几种，略见一斑。

1. 信仰治疗

算命先生挂出一块牌子，上写着“信则灵”，意思十分清楚，如果他算得不灵验，那是你自己信仰不虔诚的结果。道教给人治病，无论是心理的疾病，

① 《赤松子章历》卷五《生死解殗洗荡宅舍章》，《道藏》第11册第214～215页。

还是生理的疾病，同样要求被治疗者虔诚信仰，否则便没有效果。而我们知道，恰好中国人对于信仰抱一种怀疑主义态度，信仰并不坚定，大多数人是将信将疑，尤其是读书人。所以道教那一套信仰治疗的方案，难以在读书人身上发挥作用，却往往是在偏僻的山村，针对缺医少药又缺乏文化知识的社会底层民众，反而能够具有一些疗效。《红楼梦》第十二回叙述说：王熙凤毒设相思局，捉弄得贾瑞身患重病，要命心急，无药不吃，只是白花钱不见效。忽然这日有个跛足道人来化斋，口称专治冤孽之症。众人将道士带进来，贾瑞一把拉住，连叫"菩萨救我!"那道士叹道："你这病非药可医。我有个宝贝与你，你天天看时，此命可保。"说完取出个正面反面都可以照人的镜子来，背上刻有"风月宝鉴"四个字，递给贾瑞道：这镜子出自太虚幻境灵殿上，警幻仙子所制，专治邪思妄动之症，有济世保生之功。千万不可照正面，只能照反面，要紧，要紧！三日以后我来收取，管叫你病好。贾瑞拿起"宝鉴"向反面一照，只见一个骷髅儿，立在里面。又将正面一照，只见凤姐站在里面点手儿叫他。贾瑞心中一喜，荡悠悠觉得进了镜子，与凤姐云雨一番，凤姐仍送他出来。到了床上，"嗳哟"了一声，一睁眼，镜子从新又掉过来，仍旧是反面立着一个骷髅。贾瑞自觉汗津津的，底下已经遗了一滩精。如此进出镜子的正面有三四次，只见两个人走来，拿铁锁把他套住，拉了就走。贾瑞叫道："让我拿了镜子再走"。众人看时，已经咽了气了，身子底下冰凉精湿遗下了一大滩精。贾瑞的祖父母命人架起火来烧那镜子。只听空中叫道："谁叫他自已照了正面呢！你们自己以假为真，为何烧我此镜?"出门看时，却还是那个跛足道人，眼看着他抢了镜子飘然去了。[①] 贾瑞的相思症，非药物可医，跛足道人给的所谓"专治冤孽之症"、"专治邪思妄动之症"的"风月宝鉴"，其实是一种信仰治疗法，当中混合着道教与佛教色戒的信仰，如果相信就灵验，就是说假如贾瑞遵守道士的嘱咐，坚定不移地相信按照道士所说的去做，病就会好起来的。不幸的是，贾瑞偏偏不遵医嘱，不相信"千万不可照正面"这些"要紧"的话头，反而"以假为真"，所以命丧黄泉。

读道经防病治病，也是信仰治疗法之一。《洞玄灵宝上师说救护身命经》自称：此经"神力"犹如妙药，能愈毒病，使各种病毒"闻此药气"即散去。因而如果有病痛者，把身体手脚脸面都洗干净，一心为人读诵此经，种种疾病也就痊愈了。灵宝上师告知人们：有七真人名字，第一广维卫真人，第二式法真人，第三随叶真人，第四拘正林真人，第五拘正玄林真人，第六净德真人，第七释龙种真人。如果有病痛者，读诵这七真人名字，诸种恶病全都消灭。又有六神仙人名字，一名罗法真人，二名罗上真人，三名加阳真人，

① 《红楼梦》第十二回，上海古籍出版社 1991 年版，第 84～85 页。

四名勤度真人，五名头刘真人，六名郗林真人。若有病患者，念诵六神仙人名字，所患皆除，各种恶疾气不来挨近身体。能读诵这本经书救人疾病者，平安吉祥，今生今世不再生病。[①]《太上神咒延寿妙经》声称：日夜诵念此经，“五瘟疫毒”，永离家门。[②]《太上老君说安宅八阳经》告诉善男信女们：念诵此经，种种恶鬼“皆自消灭，疾病驱除，身强体轻”。[③]《太上正一咒鬼经》也称：常读此经，没有寒热不调，病魔就破碎了，因为病魔抵挡不住“天师神咒”。应当诵念此经，咒鬼的名字，病即痊愈，因为此经“圣力难量”。[④] 在道教看来，虔诚地相信这些道经，反复读诵，无病防病，有病治病，身体强壮。

2. 符水驱邪治病

人的一生中难免生病，假如生病以后吃药治不好那该怎么办？这时候也许就轮到道教出场了。《金瓶梅》第六十二回叙述李瓶儿生病后服药无效，求神问卜发课，皆有凶无吉。她对西门庆说：“我不知怎的，但没人在房里，心中只害怕，恰似影影绰绰有人在跟前一般。夜里要便梦见他，拿刀弄杖，和我厮嚷，孩子也在他怀里。我去夺，反被他推我一跤，说他又买了房子，来缠了好几遍，只叫我去。”李瓶儿说的“他”，指的是其已经亡故的前夫花子虚，也是西门庆的拜把子兄弟。原来，花子虚还在世时，李瓶儿已经与西门庆勾搭成奸，后花子虚吃官司，两人又合谋把他的财产转移隐藏到西门庆家中，最终算计着将花子虚气死。李瓶儿得以嫁到西门庆家，是做了亏心事的，花子虚之死是与她脱不了关系的。现在病重，精神恍惚，心中有鬼，总是梦见花子虚来纠缠她。西门庆听了李瓶儿的话，便道：“人死如灯灭，这几年知道他往那里去了！此是你病得久，神虚气弱了，那里有什么邪魔魍魉、家亲外祟！我如今往吴道官庙里，讨两道符来，贴在房门上，看有邪祟没有。”等把符讨回来贴在房中，晚间李瓶儿还害怕，对西门庆说：“死了的，他刚才和两个人来拿我，见你进来，躲出去了。”西门庆道：昨日应二哥说，门外五岳观有个潘道士，好符水治病，又遣的好邪，我明日教应二哥去请他来看你，有什么邪祟，教他遣一遣。李瓶儿便道：我的哥哥，你请他早早来。且说潘道士被请来后，“将走到李瓶儿房穿廊台基下，那道士往后退讫两步，似有呵叱之状，尔语数四，方才左右揭帘进入房中，向病榻而至。运双睛，拿力以慧通神目一视，仗剑手内，掐指步罡，念念有辞，早知其意。走出明间，朝外设下香案。西门庆焚了香，这潘道士焚了符，喝道：‘值日神将，不来等

① 《洞玄灵宝上师说救护身命经》，《道藏》第 6 册第 228、229 页。

② 《太上神咒延寿妙经》，《道藏》第 6 册第 232 页。

③ 《太上老君说安宅八阳经》，《道藏》第 11 册第 372 页。

④ 《太上正一咒鬼经》，《道藏》第 28 册第 370 页。

甚？’沾了一口法水去，忽阶下卷起一阵狂风，仿佛似有神将现于面前一般。潘道士便道：‘西门氏门中，有李氏阴人不安，投告于我案下。汝即与我拘当坊土地、本家六神查考，有何邪祟，即与我擒来，毋得迟滞！’良久，只见潘道士瞑目变神，端坐于位上，据案击令牌，恰似问事之状，良久乃止。出来，西门庆让至前边卷棚内，问其所以，潘道士便说：‘此位娘子，惜乎为宿世冤愆诉于阴曹，非邪祟也，不可擒之。’西门庆道：‘法官可解禳得么？’潘道士道：‘冤家债主，须得本人，虽阴官亦不能强。’因见西门庆礼貌虔切，便问：‘娘子年命若干？’西门庆道：‘属羊的，二十七岁。’潘道士道：‘也罢，等我与他祭祭本命星坛，看他命灯如何。’西门庆问：‘几时祭？用何香纸祭物？’潘道士道：‘就是今晚三更正子时，用白灰界画，建立灯坛，以黄绢围之，镇以生辰坛斗，祭以五谷枣汤，不用酒脯，只用本命灯二十七盏，上浮以华盖之仪，余无他物，官人可斋戒青衣，坛内俯伏行礼，贫道祭之，鸡犬皆关去，不可人来打搅。’”及至等“到三更天气，建立灯坛完毕，潘道士高坐在上。下面就是灯坛，按青龙、白虎、朱雀、玄武，上建三台华盖；周列十二宫辰，下首才是本命灯，共合二十七盏。先宣念了投词。西门庆穿青衣俯伏阶下，左右尽皆屏去，不许一人在左右。灯烛荧煌，一齐点将起来。那潘道士在法座上披下发来，仗剑，口中念念有词。望天罡，取真气，布步诀，蹑瑶坛。正是：三信焚香三界合，一声令下一声雷。但见晴天月明星灿，忽然地黑天昏，起一阵怪风。”这股“大风所过三次，忽一阵冷气来，把李瓶儿二十七盏本命灯尽刮灭。潘道士明明在法座上见一个白衣人领着两个青衣人，从外进来，手里持着一纸文书，呈在法案下。潘道士观看，却是地府勾批，上面有三颗印信，唬得慌忙下法座来，向前唤起西门庆来，如此这般，说道：‘官人请起来罢！娘子已是获罪于天，无所祷也！本命灯已灭，岂可复救乎？只在旦夕之间而已。’那西门庆听了，低首无语，满眼落泪，哀告道：‘万望法师搭救则个！’潘道士道：‘定数难逃，不能搭救了。’”[①] 这一大段描述，活灵活现地把潘道士如何烧了道符召来“值日神将”为李瓶儿驱邪祟治病，怎样用道教灯仪祭李瓶儿的本命星坛，与神沟通一番，最后把“获罪于天”、“不能搭救”的结果告诉西门庆，详细展现在我们面前。从中我们可以很清楚地观看到古代社会生活中的道士为人符水驱邪治病的全过程。书中所说的“道符”，既是驱鬼的法宝，也是道士调遣神将的令牌，如同军队调兵遣将的令牌一样，神将按照“道符”听从道士作法的指挥派遣。可以说，《金瓶梅》第六十二回所描写的，主要就是讲潘道士焚了道符，调遣“神将”前来为李瓶儿驱邪治病，无奈李瓶儿气数已尽，“本命灯已灭”，难逃一死。小说《平山冷

① 《金瓶梅》第六二回，三秦出版社 1991 年版，第 578～587 页。

燕》第六回，冷绛雪对她爹说，只消三指阔一条纸儿，即立遣宋信前来考校诗文。她爹冷大户笑道："他又不是神将鬼仙，怎么三指阔一条纸儿，便遣得他来？莫非你会画符?"冷绛雪也笑道："只怕这几个字儿，比遣将符箓更灵。"[①] 小说里所描写的"画符"和"遣将符箓"，即借用道士作法调遣"神将鬼仙"的"道符"来作比喻，以形容冷绛雪的"几个字儿"可以立遣宋信前来考校诗文，比道教符箓调遣神将还要灵验。由此也可见，道教符箓调遣"神将"的威力，在一般民众的心目中早已潜移默化，随口就拿它作比喻。

3．医药偏方治病

《夷坚志》有个故事：扬州名医杨吉老，医术高超。某郡一士人前往求医，杨诊断说：你的热症已到极点，此后三年，当以背疽死，治不好了。士人病急乱投医，听说茅山有一道士医术通神，便以学道为名拜在了道士门下。过了两月，道士得知其实情，笑称：世间哪有医不得的病，我给你号号脉。号了脉，又笑着说：你下山去罢，我也无药给你，只需每天买个好梨，如果新鲜梨吃完了，用干梨泡汤喝，连渣滓一起吃掉，你的病自然会好。士人回去后，按道士说的去做。过了一年，又到扬州，名医杨吉老见其气色十分不错，脉息和平，大惊说：君必遇见异人，要不然怎么会痊愈了。士人把经过告诉他，他立刻就赶往茅山拜道士为师，自责其所学不到家。[②] 这是道士用偏方治病救人的例子。

4．法术治病

《重订虞初广志》卷四《记张真人》：海阳张真人，累月不食，只饮泉水。有人生病求他治疗，摩病人的头顶即可治愈。儿童经他的手抚摩，终身不出疹痘。[③]《重订虞初广志》卷十《劳山道人》：有少年双目失明，听说劳山道士中多异人，便前往寻求治疗之方。道士说，只怕你立志不坚定，徒劳无益。少年发誓，绝无退悔心。于是道士拿出三根针，抛掷山中，告知少年，如能把这三根针捡回来，可以立见光明。从此以后，少年每日入山捞针，寒来暑往，风餐露宿，手脚长满了老茧，身上的皮肤裂了，但少年不畏艰险，不以为苦，几年如一日，终于捡到一根针。道士说，这小孩子可教，但一定要坚持不懈。又过了几年，第二根针找到了。最后，当发现第三根针时，少年不禁狂喜，双目豁然开朗，终于见到光明。少年磕头感谢道士的"异术"使他重见天日，道士说：这是你志向专一，能够守一而坚定不移，则使神凝聚，神凝聚则精气充足，从而慧光内结，双目自然可以复明。主动权操在你自己

---

① 《平山冷燕》第六回，人民文学出版社 2006 年版，第 65 页。

② 《夷坚志·夷坚支景》卷八《茅山道士》，中华书局 2006 年版，第二册第 940～941 页。

③ 《虞初广志》上册《重订虞初广志》卷四《记张真人》，上海书店 1986 年版，第 63 页。

手上，哪里有什么“异术”?[1] 其实，这正是道士修炼的方法——“守一”的灵活应用，少年不知不觉用它治好了病。

从治疗生理或心理的疾病这个角度看，生活中的道教也可以称为治疗道教。这种治疗不像佛教那样追求来世，只求今生的肉体和精神病痛立竿见影消失，顺利渡过难关。这种治疗劝人行善积德，良心成为治疗病痛的灵丹妙药，像贾瑞那样心怀不善，像李瓶儿那样做了亏心事，神通广大的神仙也救不了命。

（四）死亡

1. 葬礼

祖先崇拜是中国人自古以来的传统，由两部分构成，一部分是丧葬仪式，另一部分是祭祖仪式。丧礼由一系列复杂的宗教仪式组成，目的是安顿超度亡灵，使死者在另一个世界过上好日子，保护生者免受鬼魂的侵扰。如果说，死者的灵魂要靠活着的家人举行具有宗教内容的丧礼才能安全地穿过地府，上升天堂，那么，活着的家人也要仰仗死者的灵魂在阴间的保佑。人死之后，首先要“报庙”，把死者去世的消息报告给阎王爷。报庙的地方可以是土地庙、城隍庙或者五道庙，据说这些神的作用之一是看守阴间的门。比如五道神守卫着进入阴间的东南西北中五个入口，向五道神报庙，就可以使死者的灵魂顺利通过阴曹地府，成功升迁天国。其他如给死者穿最好的衣服，口里放入金银珠宝，棺材里放入死者生前最常用的东西，烧毁死者生前拥有的衣物以及纸钱、纸房子、纸船等，是为了使死者跟活着时一样有各种物质享受，甚至过得更好。而在送葬的队伍前撒纸钱则是买路钱，以打发路上所有妖魔鬼怪的阻挡，一路走好。富有的家庭在人死之后七周内，每隔七天请和尚道士念经，以帮助亡灵顺利到达西方极乐世界。这些活动中包括帮助亡灵穿过“奈何桥”，这座桥把阴阳两界分离开来，是死后的必经之地，据说亡灵从这座桥可以最后看一眼人间。还有一个仪式是帮助死者通过阴间的十层地狱，使其灵魂免遭因为生前犯错误而在阴间受惩罚。由于葬礼本身有某种晦气，所以入殓、下葬的日期和时辰都借助黄历或占卜来确定，以避免邪气干扰葬礼。为了把丧事活动中可能产生的邪气从房子里驱赶出去，葬礼最后要烧毁掉丧服。传统葬礼中的“守灵”程序，是与祖先亡灵进行沟通的神秘过程。葬礼最后，把死者的灵牌与其他已故祖先的牌位放在一起，以供后人定时祭祀，也是便于与祖先亡灵沟通的意思。死亡是很可怕的事情，子女尽全力安

---

① 《虞初广志》下册《重订虞初广志》卷十《劳山道人》，上海书店 1986 年版，第 52～53 页。

排好父母亲丧事，也会因此而减轻父母的死亡给自己所带来的巨大心理冲击。[①]

西方宗教对于家人死后，似乎仅能怀念，没有活人帮忙的地方。而在中国，死者家属常会为死者举行道教的救赎科仪，希望借助于活人的努力，帮助死者免除地狱的苦难，有更美好的死后幸福生活，于是有一系列为死者服务的措施。为什么要替死去的先人提供如此优质的服务呢？道教经书说，祖先墓葬的时日及选择的墓葬地方不良，死者因为生前结怨，死后缠讼阴间，这些都将导致后人卧病在床，事业不顺，称之为“鬼注冢讼”，其严重者甚至于出现连续死亡的现象，称之为“复连”。在道教看来，可以把家中发生的疾病、死亡、灾祸、恶梦、财产损失等一系列凶事归结为“鬼注冢讼”，而“鬼注冢讼”以及“复连”之所以产生的原因，则和祖先或者活着的人自己的德行有关，以及祖宗墓葬风水的吉凶有关。那些产生于家族或者个人的恩恩怨怨，使已死的人在阴间继续纠缠打官司。假如已死的先人德行不好，或欠债理亏，甚至欠下了血债，那么在阴间就总是会输掉官司，吃尽苦头，不得安宁。在这种情况下，祖先亡灵就会返回家里索取后人的命来替换，使活着的人“生魂”被摄取，以至卧病在床，精神恍惚，甚至于家族中接二连三有人死亡。这就是道教对生活中出现的这样一些现象的解释。如此解释的目的当然是要对症下药，运用道教的宗教仪式为死者解脱在阴间的官司纠缠，安顿好先人的亡灵，从而也安顿好其子孙后代在阳间的生活。这就是道教为什么热衷于替百姓家死去的先人提供一系列优质服务的原因所在。应客户需求，道教常常上门服务，为客户的“八世祖”、“九世祖”等若干代祖先亡灵做度亡仪式，也就是道教所谓“阴法事”，超度这些亡灵早日脱离苦海，飞升上神仙世界的“大福堂”享清福。超度这些亡灵的目的，与超度刚去世的人一样，是要保证祖宗八代在另外一个世界过上幸福快乐的神仙日子，不仅不回到这个世界来骚扰子孙后代，而且还在冥冥中保佑后人好运，升官发财，光耀门楣。另据道教说，也有受冤屈而死的鬼魂前来找活人算账的，此时也须请道士出马前来驱鬼。道教为客户提供这一系列优质服务，自然没有免费的午餐，收费的多少则依法事活动的规模大小和时间长短而定。可以理解的是，这种收费性服务，是道教得以生存发展的经济来源之一，道士也要吃人间烟火呵。从这个角度看，道教就是中国古代社会老百姓生活中的服务性行业，是农业、手工业之外的第三产业。而从祖先崇拜的角度看，道教这一套度亡仪式比儒家的祭祖仪式更具有实用价值，使得“孝道”不再流于儒家式的空谈，儒家“孝道”就这样落实到道教仪式中，“孝道”借助于道教仪式被发扬光大了。

---

① 参见杨庆堃《中国社会中的宗教》第二章，上海人民出版社 2007 年版，第 44～46 页。

并且，这一套度亡仪式着眼于解决人们生活中遇到迫切要求处理的实际问题，包括心理恐惧感，解除了所谓“鬼注冢讼”及“复连”给人们生活带来的后顾之忧。

由于墓葬选择地方对于家族的影响很大，所以道书中有建吉冢之法，也有用神灵来镇墓，以便产生反凶为吉的效果。道教更主要的方法是地狱救赎科仪，以此来消灾病，救度亡魂。为死者度亡的最佳时间，据道经所说为一七至七七及百日等八个忌日，后来又加入周年忌及三年忌，而成十个忌日，由地狱十王所辖。其仪式，先由太乙救苦天尊及其所属神灵以元始符命破除地狱，救出亡魂，引魂至道坛。如果亡魂是病死或者横死，则由天医为亡魂医疗身心，然后进入“朱陵南宫”炼度，由韩君丈人等神以流火之膏火炼形质，以黄华之水荡涤尸形，然后再由太一五神或九天生神具形，使炼去鬼质，脱去凡胎，重新获得形神，上生天界。在葬礼上，道教所重视的，不仅仅是埋葬祭祀就了事，而是要更进一步帮助死者脱离地狱，得生天堂快乐。这些方面，道教有名目繁多的救苦度亡科仪，唐代以后特别盛行。古代小说中，对此有较为细腻的描写。

我们看看《红楼梦》对丧葬仪式的描写。第十三至十五回描述了秦可卿去世后的葬礼过程：首先“去请钦天监阴阳司来择日。择准停灵七七四十九日，三日后开丧送卜闻。这四十九日，单请一百零八众僧人在大厅上拜‘大悲忏’，超度前亡后死鬼魂；另设一坛于天香楼，是九十九位全真道士，打十九日解冤洗业醮。然后停灵于会芳园中，灵前另外五十众高僧、五十位高道对坛，按七作好事。”这时“又有小丫鬟名宝珠的，因秦氏无出，乃愿为义女，请任率丧驾灵之任。”起好坛台，僧道对坛，榜上大书“世袭宁国公冢孙妇防护内廷御前侍卫龙禁尉贾门秦氏宜人之丧。四大部洲至中之地，奉天永建太平之国，总理虚无寂静沙门僧录司正堂万、总理元始正一教门道纪司正堂叶等，敬谨修斋，朝天叩佛”以及“恭请诸伽蓝、揭谛、功曹等神，圣恩普锡，神威远振，四十九日消灾洗业平安水陆道场”等语。到了五七正五日上，“那应佛僧正开方破狱，传灯照亡，参阎君，拘都鬼，延请地藏王，开金桥，引幢幡；那道士们正伏章申表，朝三清，叩玉帝”，十分热闹。及至“发引日”近，贾珍亲自坐车，“带了阴阳生往铁槛寺来踏看寄灵之所”。“一面又派人先往铁槛寺，连夜另外修饰停灵之处，并厨茶等项，接灵人口。”到出殡日，官客送殡的“不可枚数”。一路上彩棚高搭，和音奏乐，有四棚王府家的“路祭”。刚至城门，又有贾赦、贾政、贾珍“诸同寅属下各家祭棚接祭”。到了铁槛寺，“另演佛事，重设香坛，安灵于内殿偏室之中”。葬礼告一段落。[①]

---

① 详见《红楼梦》第十三至十五回，上海古籍出版社 1991 年版，第 87～100 页。

首先选择好日子，道教与佛教共同参与这“停灵七七四十九日”的“平安水陆道场”。其中一百零八位僧人做满四十九天的“大悲忏”，以超度水陆两界“前亡后死鬼魂”，这就叫“水陆道场”。又有九十九位全真道士“打十九日解冤洗业醮”，即用十九天的时间做道教斋醮仪式，从而解除秦可卿生前的“冤业”，清清白白前往地府报到，免得在地狱遭受折磨。另有五十位高道与五十位高僧一起“按七作好事”，即按头七、二七直至七七的日子进行共计七天的法事活动。做这些仪式的目的，主要就是帮助秦可卿去除生前所犯的过错，祈求三清、玉帝、地藏王等道佛二教的神灵“神威远振”，打破地狱黑暗，以灯光照亮秦可卿亡灵前往地狱的道路，顺利通过阴曹地府的审查，“平安”往生，或成功往生天界，或投胎人间。因此把所做的这个水陆道场称为“平安水陆道场”。

我们再看《金瓶梅》第六十二回至六十六回对丧葬仪式的描写。话说李瓶儿去世，西门庆安放香案，点起一盏随身灯，派人请阴阳徐先生来看时批书。徐先生向灯下问了姓氏并生辰八字，批将下来：今日丙子，月令戊戌，犯天地往亡，煞高一丈，本家忌哭声，成服后无妨。入殓之时，忌龙、虎、鸡、蛇四生人，亲人不避。又看破土安葬日期。徐先生问安放几时，西门庆哭道：须放过五七才好。徐先生道：五七内没有安葬日期，倒是四七内，宜择十月初八日丁酉午时破土，十二日辛丑未时安葬，合家六位本命都不犯。西门庆道：就十月十二日发引罢。又有王尼姑替李瓶儿念《心经》、《药师经》、《解冤经》，请引路王菩萨与她接引冥途。看看到首七，又是报恩寺僧众引领做水陆道场，诵《法华经》。那一日，玉皇庙吴道官来上纸吊孝，就揽二七经。到了李瓶儿二七，玉皇庙吴道官受斋，请了十六个道众，在西门庆家中扬幡修建斋坛。吴道官庙中抬了三牲祭礼来，又是一匹尺头以为奠仪。道众绕棺传咒，吴道官灵前展拜。“那日三朝转经，演生神章，破九幽狱，对灵摄召，整做法事”。到李瓶儿三七，有永福寺道坚长老领十六众上堂僧来念经。至四七日，请宝庆寺赵喇嘛十六众，来念番经，结坛跳沙，洒花米行香，口诵真言。到第十二日发引，徐阴阳择定于辰时起棺，女婿陈敬济跪在柩前摔盆，送殡者填街塞巷，果然好殡。但见清清秀秀小道童一十六众，都是霞衣道髻，动一派之仙音；肥肥胖胖大和尚二十四个，个个都是云锦袈裟，转五方之法事。玉皇庙吴道官应西门庆之请来悬真，将李瓶儿画像捧于手内，高声宣念：某等谬忝冠簪，愧领玄教。愧无新垣平之神术，恪遵玄元始之遗风。徒展崔巍镜里之容，难返庄周梦中之蝶。漱甘露而沃琼浆，超知识登于紫府；披百宝而面七真，引净魄出于冥途。一心无挂，四大皆空。苦，苦，苦！气化清风形归土。一灵真性去弗回，改头换面无遍数。精爽不知何处去，真容留与后人看。吴道官念毕，退下去了。棺舆到山下扛，徐先生率仵作，依罗经吊向。巳时祭告后土方隅后，下葬掩土。众官员并亲朋伙计，皆争拉西门庆递酒，鼓乐喧天，热闹丰盛。吃毕，后晌回灵，吴月娘坐魂轿，抱神主魂幡，陈敬济扶灵床，鼓手细乐十六众小道童两边吹打。回到家，李瓶儿房中安灵已毕，徐先生前厅祭神洒扫，门户皆贴辟非黄符。西门庆与应伯爵商议为李瓶儿的五七做仪式。应伯爵道：东京黄真人，朝廷差他来泰安州进金铃吊挂御香，建七昼夜罗天大醮，如今在庙里住。趁他未起身，倒好教吴道官请他于五七那日来做高功，领行法事。咱图他个名声，也好看。西门庆道：都说这黄真人有利益，请他到好，争奈吴道官斋日受他祭礼，出殡又起动他悬真，道童送殡，没的酬谢他，教他念这个经，表意而已。今又请黄真人主行，却不难为他？应伯爵道：斋一般还是他受，只教他请黄真人做高功就是了。为嫂子，哥只多费几两银子。西门庆一面教陈敬济写帖子，又多封了五两银子，教他早请黄真人，改在二十日念经，二十四众道士，水火炼度一昼夜。到了做仪式那一日五更，道众皆来，进入经坛，明烛焚香，打动响乐，讽诵诸经，铺排大门首挂起长幡，悬吊榜文，两边黄纸门对一联：东极垂慈仙识乘晨而超登紫府；南丹赦罪净魄受炼而径上朱陵。大厅经坛，悬挂斋题二十字，大书：“青玄救苦、颁符告简、五七转经、水火炼度荐扬斋坛。”黄真人穿大红，系金带，日高方到。吴道官率众接至坛所，行礼毕，然后西门庆着素衣经巾，拜见递茶毕。洞案旁边安设经筵法席，大红销金桌围，妆花椅褥，二道童侍立于左右。发文书之时，西门庆备好金缎一匹；登坛时，换了九阳雷巾，大红金云白百鹤法氅。先表白宣毕斋意，斋官沐手上香。然后黄真人焚香净坛，飞符召将，关发一应文书符命，启奏三天，告盟十地。三献礼毕，打动音乐，化财行香。西门庆与陈敬济执手炉跟随。行香回来，安请监斋毕，又动音乐，往李瓶儿灵前摄召引魂，朝参玉陛，旁设几筵，闻经悟道。到了午朝，高功冠裳，步罡踏斗，拜进朱表，遣差神将，飞下罗酆。原来黄真人年约三旬，仪表非常，装束起来，午朝拜表，俨然就是个活神仙。拜了表文，吴道官当坛颁生天宝绿神虎玉札。行毕午香，卷棚内摆斋饭。黄真人前，大桌面定胜；吴道官等，则稍加差小；其余散众，俱平头桌席。黄真人、吴道官皆衬缎尺头、四对披花、四匹丝绸，散众各布一匹。桌面俱令人抬送庙中，散众各有手下徒弟收入箱中。

后晌，道众升坛发擂，上朝拜忏观灯，解坛送圣。到了晚夕观看水火炼度。就在大厅棚内搭高座，扎彩桥，安设水池火沼，放摆斛食。李瓶儿灵位另有几筵帏幕，供献齐整。旁边一首魂幡、一首红幡、一首黄幡，上写着“制魔保举，受炼南宫”。先是道众音乐，两边列座，持节捧盂剑，四个道童侍立两边。黄真人头戴黄金降魔冠，身披绛绡云霞衣，登上高座，口中念念有词。宣偈云：太乙慈尊降驾来，夜壑幽关次第开。童子双双前引导，死魂受炼步云阶。宣偈毕，又熏沐焚香，念曰：伏以玄皇阐教，广开度于冥途；正一垂科，俾炼形而升举。恩沾幽爽，泽被饥嘘。谨运真香，志诚上请东极大慈仁者太乙救苦天尊、十方救苦诸真人圣众，仗此真香，来临法会。人处尘凡，日萦俗务，不知有死，惟欲贪生。鲜能种于善根，多随入于恶趣，昏迷弗省，恣欲贪嗔。将谓自已长存，岂信无常易到！一朝倾逝，万事皆空。业障缠身，冥司受苦。今奉道伏为亡过室人李氏灵魂，一弃尘缘，久沦长夜。若非荐拔于愆辜，必致难逃于苦报。恭惟天尊秉好生之仁，救寻声之苦。洒甘露普滋群类，放瑞光遍烛昏衢。命三官宽考较之条，诏十殿阁推研之笔。开囚释禁，宥过解冤。各随符使尽出幽关。咸令登火池之沼，悉荡涤黄华之形。凡得更生，俱归道岸。兹焚灵宝炼形真符，谨当宣奏：太微回黄旗，无英命灵幡，摄召长夜府，开度受生魂。道众先将魂幡安于水池内，焚结灵符，换红幡；次于火沼内焚郁仪符，换黄幡。高功念道："天一生水，地二生火，水火交炼，乃成真形。"炼度完毕，请神主冠帔步金桥，朝参玉陛，皈依三宝，朝玉清，众举《五供养》。举毕，高功曰："既受三皈，当宣九戒。"九戒毕，道众举音乐，宣念符命并《十类孤魂》。炼度毕，黄真人下高座，道众音乐送至门外，化财焚烧箱库。于是斋功圆满，道众都换了冠服，铺排收卷道像。西门庆又于大厅上酒筵罗列，三个小优弹唱，众亲友都在堂前。西门庆先与黄真人把盏，左右捧着一匹天青云鹤金缎、一匹色缎、十两白银，叩首下拜道：亡室今日赖我师经功救拔，得遂超生，微礼聊表寸心。黄真人道：小道滥膺玄教，有何德以达人天？皆赖大人一诚感格，而尊夫人已驾景朝元。此礼若受实赧颜。西门庆道：此礼甚薄，伏乞笑纳。黄真人方令小童收了。西门庆递了真人酒，又与吴道官把盏，送上一匹金缎、五两白银，又是十两经资。吴道官只愿接受经资，其余不肯受，说：小道素蒙厚爱，自当效劳诵经，追拔夫人往生仙界，以尽其心。西门庆道：真人掌坛，其一应文简法事都是师父费心，此礼当与师父酬劳，何为不可？吴道官不得已，方领下，再三致谢。西门庆又给道众敬酒。小优弹唱起来，当夜在席前猜拳行令，品竹弹丝，直吃到二更时分，众人方告辞起身而去。①

这段描述，比起《红楼梦》，更为详尽。与《红楼梦》中宁国府请官方的"钦天监阴阳司来择日"不同，西门庆的等级地位只能请民间的"阴阳徐先生来看时"，由此可见中国社会的等级制度森严，葬礼也不得越雷池一步。与秦可卿葬礼相同之处在于都请佛道二教一起上，二教同坛共事，完成法事活动。玉皇庙吴道官主动招揽"二七经"。到了李瓶儿二七那天，吴道官请十六个道众，在西门庆家中"扬幡修建斋坛"。道士们绕着棺材念咒，吴道官则灵前展

① 详见《金瓶梅》第六二至六六回，三秦出版社 1991 年版，第 590～625 页。

拜。那一日念道经《生神章》，破开九幽地狱，摄召亡灵，做了一整天法事。这一法事的作用，是使李瓶儿的亡灵炼去鬼质，脱去凡胎，于九天生神具形，上生天界。吴道官应西门庆之请，将李瓶儿画像捧于手内，高声宣念“引净魄出于冥途”、“真容留与后人看”之类的祝词，则是我们研究道教与民俗很有意思的材料。通常，应由亡人家属手捧死者的画像，由此看来也可变通，委托道士干这活儿，且有一套仪式。特别值得我们注意的是这里对道教“水火炼度”仪式的描写。据《上清灵宝大法》卷五九说：所谓“水火”指的是“真水”、“真火”。“真水”是阴中之一炁，为天一生水。所以我们看到小说中高功念道：“天一生水”，就是指所谓“真水”。“真火”又称阳精真火，是阳中之火，为阳中之阳，天之一元真炁，其火能“辟除阴滓，冶炼成婴”。所谓“炼度”是使亡魂“超凡入圣，脱胎换质之道”，斋法最难的就是炼度，是高功行法须做的第一要事。水火炼度的步骤法式：高功先于上帝前跪奏，点三十二天灯，南斗口安火沼，北斗口安水池。后列南极大帝、九天生神上帝；中列三十二天灯，左日右月，十方飞天神王、天道功曹等。接着起灵升座，祝香召十方飞天神王、十方天真大神，请三十二天帝君官童下临坛所监督。然后“引魂受炼”，按程序行事。炼度在晚上进行，用水火的方法：火池用圆炉盛真火，水池用方器盛真水，立水池火沼两个牌子。火池用绯幡，水池用黄幡，五方用五色幡，书五帝符于上。① 小说中写水火炼度时有魂幡、红幡、黄幡，上写着“制魔保举，受炼南宫”，这又是怎么回事呢？《元始无量度人上品妙经注解》卷中有：“南昌上宫”，此即南宫。薛季昭注解说：南昌即丹天世界上宫，即南陵火府，人死之后，必经南宫炼形。同卷又说：“制魔保举，度品南宫。死魂受炼，仙化成人。生身受度，劫劫长存。”薛的注解称：神灵制御其所属的魔众，各令保举死人依南昌受炼度，格皆九年之品升上南宫。已死之魂，鬼质未尽，必须在南宫经受火炼，然后才能消去秽质，羽化成仙。生身是由父母精血而成形的，死魂一经南宫炼度，就不再是幻化色身，可以亿劫长存，与诸天齐年了。这样一解释，小说中魂幡所写“制魔保举，受炼南宫”的意思就很清楚明白了。小说中写水火炼度时黄纸门两边有一副对联，其下联是：“南丹赦罪净魄受炼而径上朱陵”。这里的“朱陵”是什么意思呢？《元始无量度人上品妙经注解》卷上解释经文“（幽魂）受度，上升朱宫，格皆九年，受化更生，得为贵人”时说：朱宫就是南方世界中的朱陵火府。朱陵火府里有流火之庭，大凡被超度的亡魂，都要从朱宫煅炼秽质，而成为仙骨。炼度的格式有三等，上等三年，中等九年，下等二十四年。这

---

① 《上清灵宝大法》卷五九，《道藏》第 31 册第 250～252 页。

里的“格皆九年”指中等炼度格式。[①]“朱陵”即“朱陵火府”，又叫做朱宫，亡魂在此受炼度，按照时间长短而分为上中下三等。将小说对道教“水火炼度”仪式的描写与道教的相关科仪经文作个比较，我们可以发现，《金瓶梅》的作者对道教的“水火炼度”仪式相当熟悉，因此写得中规中矩，惟妙惟肖。看来，作为读者的我们，如果不了解一些道教文化的知识，是很难真正读懂《金瓶梅》、《红楼梦》这一类古典文学名著的！

另外，在道教中，以太乙救苦天尊地狱救苦的修炼法门，除救赎亡魂之外，也有活着的人在每月初一、十五、三十这三个时日，自己预修死后免入地狱的持斋诵经修道法门。活人预修地狱救苦斋仪，目的是为自己死后直接升入神仙世界做准备。

道教的神仙有天仙、地仙和尸解仙，通过修炼能飞升成为天仙的人非常少，有些人成为地仙，活在深山老林。《太平御览》记载了武夷山半崖上的悬棺数千是“地仙之宅”的说法，并说武夷山是神人武夷君居此而得名，为神仙所居之地，有仙人葬在山上。[②]尸解仙指的是人死后成仙。梦想死后成仙的主要方法就是对坟墓的营造，因为功力不够，尸解仙只能做到先死然后成仙，所以需要坟墓。通过画像把葬具或整个墓葬建筑装饰成为仙境，大概在汉代就已流行，以艺术形象表现一个“死而不亡”的境界，表现死后成仙，我们从汉墓的出土文物中可以清晰地看到，也可从墓葬壁画和石刻中观察到。有些壁画描绘一缕云气从坟顶冒出，在众多仙人的迎候下越升越高，最后到达东王公和西王母面前。以此满足墓主人死后成仙的愿望。这是中国人的丧葬与道教神仙信仰的联系，由此也可以看出神仙信仰在不同社会阶层人们生活中的影响。

2. 祭祖仪式

古代家庭生活中，最重要的宗教内容就是祭祖。陆游词：“王师北定中原日，家祭毋忘告乃翁。”所谓“家祭”即家庭的祭祖活动。鲁迅《祝福》中点明：“四叔家里最重大的事件是祭祀”，也就是祭祖。[③]祭祖的供桌上放着历代祖先牌位，祭祖表明去世的祖先在家庭活动中仍然占有一席之地，不仅在阴间继续照看家庭成员的一举一动，而且以看不见的方式保佑家庭的幸福和兴旺发达。在中国古人心中，后人所获得的幸福与成功都是祖先荫庇的结果，于是通过祭祖仪式，以香火供奉来帮助祖先在另一个世界的生活，而去世的祖先则作为精神源泉激励后人奋发向上、保佑后人平安幸福，否则难免会有

---

① 《元始无量度人上品妙经注解》卷中、卷上，《道藏》第2册第449～450、444页。

② 《太平御览》卷四七地部“武夷山”，中华书局1960年版，第1册第230～231页。

③ 《鲁迅全集》第一卷，新疆人民出版社1995年版，第332页。

不测之灾祸降临。在春秋两季祭祀祖先的目的，在于祈求祖先用他们神圣的力量保佑一年四季风调雨顺。秋后丰收祭祀祖先，表示酬谢祖先神灵的保佑获得好收成。清明上坟也是祭祖的重要环节。祭祀中所供奉的各种食物、酒水、纸钱、蜡烛等，都是与祖先神灵沟通的方式。

祖先崇拜是中国人生活中必不可少的重要部分，因为“水有源，树有根”，必须饮水思源，即现代人所谓“寻根”。按照儒家的解释，“慎终追远”、“追念先祖”和“崇功报德”的祭祖仪式有助于培养人的德行，尤其是子女的孝心，从而实现孝道，以维持家族血缘体系中父慈子孝这一基本的伦理道德。祭祀借助于老百姓对灵魂具有超自然因素的信仰，这使祖先崇拜在民众中保持稳定的影响力。作为整合中国宗法血缘社会的主要因素，祖先崇拜不是从哲学角度而是从宗教角度产生其功效，因为普通老百姓能够理解的是宗教而不是哲学。知识分子对普通老百姓的信仰也持宽容态度，因为他们明白，老百姓的鬼魂信仰是维持儒家祖先崇拜的根据所在。可以说，每个传统的中国家庭都是一个宗教的神坛，供奉着祖宗神位以及神明的画像或偶像。由此可见，祖先崇拜是中国文化中的宗教信仰成分，将宗教的所有主要特征都渗透到家庭中，是中国宗法血缘社会最常见的生活现象。① 而在这些家庭生活的宗教现象中则渗透着道教的因素，譬如道教有修炼法术或祭祖仪式，其目的就是使自家的七祖、九祖早日脱离苦海而进入神仙世界。《上清太霄隐书元真洞飞二景经》教诲修道者说，只要一心悔过念善，存神内思，没有其他杂念，就可请求各路神仙下降削灭自己乃至“七祖父母”的罪名，使七祖父母“上升福堂”，享受“福祚”，甚至于“断落死根”，变更成仙。② 这是通过修道者修炼“悔过求生之道”的“飞仙上法”，不仅使自己，而且使“七祖父母”的生命都从罪恶行径中解脱出来，离绝死根，上升到神仙世界。这是道教祭祖仪式不同于儒家的独特社会功能。

从道教与中国老百姓的人生礼仪尤其是其中的死亡这个环节，我们一再看到“神仙之道”成为他们人生意义与价值的活水源头，成为他们超越死亡的终极追求，即便到了另外一个世界，也要由其家人来超度他们的亡魂上升仙界享受福乐，过快活日子，借助于道教的度亡仪式终于获得不朽。这种“不朽”表明，人生绝非“虚无”，虚无主义在道教信徒中找不到市场。这种“不朽”表明，人生并非“苦海无边”，人生就是要找乐子，快快乐乐地过下去，一直延续到死后的神仙世界。当火葬场的火化工在火化前那一刻，把人

---

① 杨庆堃《中国社会中的宗教》第二章《家庭整合中的宗教》，上海人民出版社 2007 年版，第 41～65 页。

② 《上清太霄隐书元真洞飞二景经》，《道藏》第 28 册第 379～380 页。

生的最后一场化妆演出拉上大幕，快乐并没有终结，只不过是转换了场景，而后人则在清明节定时把快乐的祝福送达祖先。生活道教是以大圆满为标志的快乐道教！

三、道教的宗教节日与老百姓的日常生活

（一）重阳节

道教的宗教节日很多，其中不少演变为民俗节日。道教的信仰习俗也是如此，像阴历九月九日的重阳节，就是受道教影响而形成。道教中有个东汉的仙人费长房，神通广大，用符可以驱赶百鬼。当时一位叫桓景的人随他学道，他告诉桓景，九月九日家中有灾，叫桓景赶快回去把茱萸系在臂上，登高饮菊花酒，可以免灾。桓景照他的话去做，家人得保平安。随着道教的传播，这则仙话演为重阳节，世人每到这一天便佩带茱萸，登高饮菊酒。唐代诗人王维《九月九日忆山东兄弟》所谓："遥知兄弟登高处，遍插茱萸少一人。"便是这一习俗的写照。

（二）燕九节

北京的燕九节十分隆重热闹，这一节日即由道教的宗教节日而来。所谓"燕九"又称筵九、宴邱，时间是农历正月十九日。这一天本为道教全真道邱处机祖师的诞辰，为道教纪念邱祖的节日，后来与民俗活动结合起来。依据《帝京岁时纪胜》、《燕京岁时记》等文献记载，京中之人于正月十九聚集白云观，祭拜邱祖，称为与神仙相会。据说这天邱祖必来，游人杂坐以待，希望遇到神仙。这一天游人络绎不绝，车马喧闹，直到夕阳西下，人们才渐渐离去，"归许多烂醉之神仙"。

（三）三会日、斋日、斋月

《太上洞玄灵宝福日妙经》载灵宝天尊说，在"福日"修善建功，可使身体安乐，死后升天。灵宝天尊说，正月七日，天曹迁赏会；七月七日，地府度生会；十月五日，水府建生会。在此"三会吉日"吃长斋者，家门永远不遭瘟气。灵宝天尊说，正月十五日，七月十五日，十月十五日，是"三元斋日"，能于此日吃长斋者，延年益寿，各种苦都不吃。每月的一日、八日、十

四日、十五日、十八日、二十三日、二十四日、二十八日、二十九日、三十日是“十直之日”，吃长斋者，生死受福，永远安乐。立春、春分、立夏、夏至、立秋、秋分、立冬、冬至是“八节斋日”，能行道持戒，长斋诵经，居家欣庆，七祖欢乐。正月、三月、五月、七月、九月、十一月是“长斋月”，能坚持在斋月吃斋者，现世即成仙，举家康泰，七祖无事。[①] 在这些道教特定的时日吃斋念经，成为信徒们日常生活中自觉自愿遵循的规矩，因为这能给他们带来幸福好运。

（四）庙会

道教节日，大都是某某神或某道祖的诞日，道教的神和祖师有很多，故道教宗教节日也非常多。这些宗教节日不仅是道士举行宗教活动的日子，很多也成为民俗的节日，伴随着热闹喧嚣的庙会，形成具有各个地方特色的民俗经济活动、文化娱乐活动，渗透到老百姓日常的经济生活与娱乐生活中去。

《儿女英雄传》第三十八回对清代河北涿州天齐庙的庙会有生动活泼的描写。天齐庙为供奉东岳大帝的庙，因东岳大帝在唐代封为“天齐王”，宋代加封“天齐仁圣帝”，故称天齐庙。书中写道：那庙里头中间儿是大高的五间天齐殿，接着寝宫，两边儿是财神殿、娘娘殿，后层儿是文昌阁，周围七十二司。到了那个地方儿，吃喝穿戴，什么都买得到。庙后头摆着十锦杂耍儿。三月十五，是天齐庙开庙的日子，差不多都要去烧炷香。安老爷到了庙门外，见那些卖吃食的吆吆喝喝，沿街又横三竖四摆着许多笤帚、簸箕、掸子、毛扇儿等类的摊子担子，那逛庙的人是没男没女，出入不断乱挤。进了山门里，便有些卖通草花儿的、香草儿的、瓷器家伙的、耍货儿的、卖酸梅汤的、豆汁儿的、酸辣凉粉儿的、羊肉热面的，处处摊子上都有些人在那里围着吃喝。出了天王殿的后门，便是正殿，只见正中一条甬路，两旁是卖估衣的、零剪裁料儿的、包银首饰的、烧料货的，台阶上也摆着些碎货摊子。到了后殿，见那里又有许多撬牙虫的、卖耗子药的、卖金刚大力丸的、卖烟料的，以至相面的、占灯下数的、起六壬课的，又见一群女人蹲在一个卖鸦片烟签子的摊子上讲价儿。从文昌阁后身绕到东边，有的墙上挂了个灯虎儿壁子猜灯虎儿的，有的三个一群两个一伙踢球的。靠东墙围着个帐子，约莫里头是个书场儿。可以说五花八门，无奇不有，恰如书中所说：这庙里是个“大家的马儿大家骑”，让大伙儿热闹热闹眼睛的地方。[②] 烧香许愿的、做生意的、娱乐

---

① 《太上洞玄灵宝福日妙经》，《道藏》第 6 册第 226、227 页。

② 《儿女英雄传》第三八回，上海古籍出版社 1991 年版，第 522～528 页。

活动的，都在庙会中纷纷登台亮相。

在中国许多地区，都有“东岳庙会”的传统，也叫“天齐庙会”。东岳庙与天齐庙供奉的主神是同一个——东岳大帝。据说东岳大帝执掌人的生死大事，故老百姓对其祭拜非常虔诚。东岳大帝的圣诞，某些地区称为“天齐生日”，是农历的三月二十八日，每年这一天前后，民间要举办盛大的祭祀活动。以流行于浙江黄岩一带的“东岳庙会”为例：活动开始前两天，先确定迎会队伍所经的街道，并打扫干净，俗称“打街”。二十七日开始组成声势浩大的迎会队伍，其成员有因病到东岳庙去许愿还愿者和一般信徒，也有触犯了神灵而自认为有罪者。二十八日清晨，随着一声炮响，迎会队伍由城内温庙出发，前有身着衙役服、手持白藤棍的巡路者开路，后有手举“肃静”、“回避”木牌的仪仗队鸣锣开道，再后是锣鼓和乐队，乐队后有成百上千的儿童和成人所扮的大、小无常以及各种鬼魅。迎会队伍簇拥着温师大神的八抬神轿，后面还跟着一伙身着囚衣、头戴枷锁的“囚犯”。据说，温师大神要将一年以来所关押的各种“罪犯”，一起解往东岳庙，听由东岳大帝发落。迎会队伍一路浩浩荡荡，沿途居民纷纷举行路祭，焚香设供，祭祀神灵。队伍抵达东岳庙后，待一声号令，拥入庙内并绕庙一周，举行交接“囚犯”仪式。然后，一部分人送温师大神返庙，迎会活动即告结束。由于各地风俗不同，东岳大帝生日活动的内容也有所不同。余姚东郊的东岳庙，就把东岳大帝生日作为地方的一个传统节日，并于农历三月二十七日夜开始过节，在庙前观看东岳神灯。二十八日生日这天，当地人还要到三江口观看龙舟竞赛。上海地区的东岳大帝生日活动，则是在道士主持下，在道观内举行。道士诵经拜表，举行隆重的斋醮活动，邻近地区的信众前来拈香礼拜，祈求祷告。[①] 上述《儿女英雄传》第三十八回描写的河北涿州天齐庙的庙会，从三月十五日就开庙了，其时间跨度显然更长。

尽管受篇幅所限，但从上述简略叙事里，我们已经可以清楚地看见，道教无孔不入地渗透到中国古人生活的方方面面，其中有一些作为民风民俗，一直延续到今人的生活中。我们称之为“生活道教”，绝不是没有根据的空口说瞎话。

---

① 胡孚琛主编《中华道教大辞典》“东岳大帝生日”、“东岳神会”（丁常云撰），中国社会科学出版社 1995 年版，第 1517 页。

第三章 文艺道教

道教与中国古代的文学艺术，有一种双向互动的关系。一方面，文学艺术受到道教的影响，吸取了道教神仙思想、神话故事作为创作素材，丰富了中国古代文艺创作的内容，另一方面，道教也借助于文学艺术的形式来宣传自己，塑造自我形象，扩大自己在社会各层面的影响。在古代中国的诗歌以及后来的话本小说中，有不少是以神仙世界为题材的，其中一些本身就是道士们创作的。道教那种异常丰富的想象力，开启了文学家们的思路，带给他们的作品一种神奇怪诞、绚丽多彩的审美情趣与意象，给人以浪漫之美的享受，比如李白、李贺等人的诗歌就是典型的具有道教那种神奇想象力的文学创作。王元化先生揭示说：西方艺术重在摹仿自然，中国艺术则重在比兴之义。中国艺术中的比兴之义，它所代表的艺术精神和艺术特征，与西方是很不同的。摹仿说重自然，在艺术创造过程中，以物为主，以心服从于物。比兴之义则重想象，表现自然时，可以不拘守自然原型，而取其神髓，借以唤起读者或观众的想象，去补充那些笔墨之外的空白。[①] 如果要追寻中国艺术比兴之义重想象的活水源头来自何处，人们的答案自然落脚于道家道教。

---

① 《九十年代反思录·关于京剧与文化传统答问》，上海古籍出版社 2000 年版，第 187 页。

可以说，中国古典浪漫主义文艺作品，无不从道家道教提供的想象力惊人的养料中获得了神奇的意象、生命的意象，使这些作品脍炙人口，具有隽永的意味。

道教的神仙故事是人类想象活动最杰出的作品之一，展现了出人意料的想象力和蒙上浪漫色彩的创造性。在道教文艺作品的笔下，神仙上天入地，天马行空，驰骋在宇宙之间，与风云并驾齐驱，情寄八荒之表，心存四海之外。神仙并无庄严冷漠的面纱罩在脸上，而是和蔼可亲，充满人情味，随时随地化作凡人混迹人间，天上人间都有神仙的踪迹。神仙与人类的距离，若远若近，扑朔迷离，若隐若现。神仙采灵芝充饥，取玉泉解渴，飘浮如游云，矫健若惊龙，纵浪大化中，超越生死而自由自在翱翔。神仙可上九天揽日月入怀，可下四海捉鳖归来，视通东南西北数万里，思接古今上下几千年。神仙世界是瑰丽多彩的奇妙乐园，铺陈着世间从未有过的奇珍异宝，存在着与人间完全不同层次的时间跨度，仙界方七日，世上已千年。道教这些描写神仙和仙界的文艺作品，充满审美创造力，血肉丰满的神仙艺术形象创造出来了，超越现实的神仙世界创造出来了，由此打通了人类与永恒的“互联网”，满足了人的生命创造的冲动。神仙艺术形象的创造，表达了人类美好的愿景，这些形象是现实生活中没有的，是无中生有的创造，是于无声处听惊雷的创造，其焕然如珍珠夺目，把宇宙神奇笼于笔端，于是百世阙文、千载遗韵由此而出。神仙艺术形象的创造与语言文字的创造是同时进行的，道教那些语言文字恍然若“天书”，活灵活现地勾画出神仙风采。赞美仙界的语言，使神仙世界成为审美的世界，览之令人难忘，给人以超越人间的最高审美体验。神仙横空出世的风骨，读来令人心驰神往，神畅情快，使人飘飘然欲凌云登仙，置身仙界，感觉一种我与万物为一，与神仙共舞的永恒，带来审美的快感。读道教文艺作品，假如不充分发挥读者自己的想象力，不把神游不定的想象飘动起来去读，很难领略其中神韵。

至此，我们禁不住要问：究竟是谁释放了中国文艺创作的想象力和创造力？难道是儒家士大夫吗？以儒生们面对“礼”的那种循规蹈矩，诚惶诚恐，研习教条，本本至上，以及屈从权威，抱残守缺，竟然能够爆发如此想象和创造的魅力？简直不可思议！不可遮蔽的事实是：道教文艺作品所展示的想象和创造的魅力，令人倾倒。然而儒学老冬烘往往指责其乘风驾云、周游天界纯属荒诞不经，怪力乱神不合礼数，与儒家所称道的文艺“上以风化下，下以风刺上”的教化功能背道而驰，实属大逆不道。但是，如果完全按照儒家纯教化讽谕的那一套主张搞文艺创作，想象力和创造力难免被埋没，不知有多少充满想象和创造的文艺作品难于出生，而且使中国人的想象力和创造力越来越弱，原创性的文艺作品越来越少。事实真相就是如此。标新立异的道教文艺作品，自创天地，振荡仙风，超然道骨，发明神趣，驰骋想象力，创造出高风亮节的神仙和璀璨绚烂的神仙世界，展示其超越解脱、不甘沉沦于地狱受难的信仰追求、人生抱负、理想情操。道教文艺作品创造翩若惊鸿、宛若游龙的神仙就是在创造美，并在其所创造的神仙世界中反观人自身的灵与肉获得升华，其想象力和创造力震撼人心。难道究竟是谁释放了中国文艺创作的想象力和创造力还不清楚吗?

“气”是道教神仙信仰的核心概念之一，也成为其审美范畴。在道教眼里，气为万物的始基，是构成生命的源泉。道教气功揭示了生命的节奏运动感，生命的韵律美。“气”是生命的创造动力，也是文艺作品的审美创造力。中国人做文章历来讲究“文以气为主”，特别欣赏所谓“气韵生动”的好文章。生命由气构成，只要气不衰竭，生命就永保其活力。文章也如此，其生命就在于“文气”，有了这股气，就有了千古传承的价值，也就有了不朽的生命，成为“不朽之盛事”。同样一个题目的文章，有文气与没有文气，实在是天壤之别。充满灵气的文章，带着其生命的律动，与作者的生命共舞，体现赤子之心的真精神，体现生命的鲜活之美。而缺乏“文气”的东西，自然传之不远。受道家道教“气”理论以及炼气功夫的影响，中国古典文艺理论主张作文应该“梗概多气”，作者慷慨激昂，文气梗直充实，才会收到“志深笔长”的效果。总而言之，人的生命在于气，文章的生命也在于气，文艺创作中的“养气”、“虚静”源于道家道教，而中国人的审美活动进入“气”的境界，也与道家道教脱不了关系。

道教对生命容易失去的感受非常强烈，对生命长存的思绪飞扬浩荡，这些都体现在古典文艺创作及审美之中，讴歌生命由此成为古典文艺作品的重头戏。中国文人历来有“叹老悲秋”、“忧生之叹”的传统，这正是对似水流年的叹息，对生命容易逝去的感怀。旷世英雄如曹操辈竟然也唱出“人生几何”的悲哀之歌，可谓与道教“英雄所见略同”。而诸如“池塘生春草”、“野火烧不尽，春风吹又生”之类作品，则是对生命顽强的礼赞，将诗人的心境投射在生机勃勃的自然界，凸显了诗人对生命的锲而不舍追求。这些作品，不论是悲叹还是礼赞，道教神仙信仰的生命信息都从中暗暗透视于读者，给人以强烈的审美冲击感和生命的律动感。中国人的文艺创作中，“生命道教”的影子可以说无处不在。

道教修炼精气神的养生活动中，强调以“神”为主，认为神即是心，心即是神，并发明创造了“存神”的方法。道教逐步形成了一整套形神理论，其核心思想是形神合一，“形神俱妙”，神与物游，存神于身。这套理论的形成，略早于中国文艺创作所主张的“神思”的提出，应该说对“神思”的影响是显而易见的。所谓“神思”，说白了就是人在创作过程中心的活动，心思荡漾，心神飞越时空，自由翱翔，天上地下，变幻莫测，古往今来，思绪飘逸，忘怀物我，灵感涌现。这与道教“神即是心”的理念以及修炼过程中“存神”的体验颇具异曲同工之妙。实际上，许多道经的创作，即是一种特殊状态的“神思”运作。道士们运气存神，思与神接，迎接神明下降，或经神明点拨，或经神明降笔，赫然点石成金，一部又一部道经问世，因此号称“神书”。这样一种神灵感应的神秘创作方式，流传至今。笔者认识的一位台湾道友，文化素养不高，通常状态下写字都不流畅，然而一旦进入特殊状态的“神思”，运用“扶鸾”，请来神灵降笔，真所谓“下笔如有神助”，不一会儿功夫，洋洋洒洒一篇美文呈现在人们眼前。他的办公室墙上挂着一篇“神思”骈体文，四六句子对偶排比华丽，文采飞扬，诚如柳宗元《乞巧文》所说的“骈四俪六，锦心绣口”[①]，令人倾倒。这位道兄，有好多本著作都是用此等“神思”方法创作，称为“某老师的话”摆放道观中，免费赠阅，以期达到宣教的目的。由此使人想到，道教神仙形象的美妙塑造，千奇百怪，栩栩如生，岂非正是这种“神思”的运用自如，与神仙接通后，感悟神仙存在的结果？“神思”令道士们忘记了苦难的现实世界，进入乐园般的神仙世界，给其创作道经以永不枯竭的活水源头。古典浪漫主义、神秘主义气韵天成的文艺作品，或许有一些就是如此创作出来的吧！作为“谪仙人”的道士诗人李白，或许其诗篇不只是“酒后”的产物，说不准也借用了道教那种“神思”的创作方式。

我们的结论是：古典文艺作品中，温柔敦厚的教化主要属于儒家，而充满活力的艺术想象力和创造力则是道家道教以及佛教的专利。道家道教的“气”论、“形神”论对于中国文艺创作的“气韵生动”、“神思”等理论给予“开悟”式的启迪。可以说，不深入探讨道教与中国文学艺术的关系，就不能全面认识和评价中国文学艺术史，从而对中国文化也就很难有深刻的理解。

一、道教与中国古代诗词

中国历史上曾有过诸如游仙诗、步虚词、青词一类与道教休戚相关的文学形式。创作游仙诗的历史悠久，屈原的《远游》、《离骚》，秦时的《仙真人诗》，汉乐府的《长歌行》[②] 等等，可看做早期的游仙诗，魏晋以后才有游仙诗的大量产生。建安（196～220）以前的游仙之作，大体上有两种情况：一是《楚辞》中有关游仙的描写，一是汉代的游仙诗。《楚辞》中的神仙很多带

① 《柳河东全集》卷十八《乞巧文》，中国书店 1991 年版，第 214 页。

② 旧说所谓《长歌》、《短歌》，大都说人的寿命长短命中注定，不可妄求。

有神话传说的色彩，作者借游仙来表明对浑浊现实的不满和对理想境界的追求。汉代的游仙诗多是相信神仙存在，认为神仙能够主宰人事，因而希冀神仙保佑，梦寐以求成为神仙，长生不老。游仙诗中，郭璞的游仙诗对后世有较大影响。对郭璞的游仙诗，唐人李善这样评论：凡游仙，都以红尘肮脏，于是餐霞倒景，食玉玄都。而郭璞的游仙，文多自叙，辞无俗累，见识不同前人。① 可以说郭璞游仙诗的这种风格并非其首倡，而曹操实为开风气之人。

曹操的游仙诗既带有汉代游仙诗的一些色彩，但又在诗中抒发了对人生抱负的执意追求，对世道不治的忧患之情。曹操的游仙诗业已突破单纯的“列仙之趣”，借游仙之酒杯浇自已胸中之块垒，尽抒人生感慨，直透人性，表白生命情怀。中国文学艺术家们所追求的基本精神境界就是借助于形象化的媒介来表达生命情调。曹操的游仙诗也是如此，他借用道教神仙形象为媒介来讴歌生命，来化解对生命困境的危机感，来寄托对于生命长寿的追求。其游仙诗中的神仙形象喻示的是生命之树常青，是“与天相守”的宇宙生命情怀。他在诗中游进了神仙世界，补偿和满足了生命的有限感，扫除了人生各式各样的忧郁，飘飘然与神仙同乐，永恒地与神仙同在。你瞧，他驾着虹霓，乘着赤云，济天汉，至昆仑，见到西王母。与赤松等神仙交往，接受养生秘道。你瞧，他与神仙一道远游，经过昆仑山，到达蓬莱，遨游八极；他与神仙一道乘云驾龙，共饮食到黄昏，更有女仙为之“起舞”。他绝人事，高枕无忧地做着“寿如南山”的梦；殊不知一梦醒来，神仙已经“升天”而去，“去去不可追，长恨相牵攀。”神仙去了，留给他的是“长恨”、“惆怅”与“自怜”。然而他并不死心，你瞧，作为诗人的他执着地借助于游仙诗言志咏怀，不厌其烦地把“延年寿千秋”，“思得神药，万年为期”，“爱气寿万年”，“万岁长”的愿望表露出来。这是真情的流泻，绝无半点虚夸造作，也正是诗人游仙的目的所在。

诗人游仙是建立在生命短促的忧患意识上的。曹操也不例外。《步出夏门行》悲鸣：“心常叹怨，戚戚多悲”。哀愁什么？叹怨什么？《秋胡行》给出解答：“天地何长久！人道居之短。”“四时更逝去，昼夜以成岁。”《精列》透出消息：“莫不有终期。”“年之暮奈何，时过时来微。”② 人生太短，总有终点；人到晚年，可以过的日子越来越少。哀的是人生有限，叹的是生命苦短，说来说去都是一个意思。悲极生乐，既然人生仓促，何不找乐子化解忧愁？于是有《短歌行》传唱千古之名句：“对酒当歌，人生几何！譬如朝露，去日苦多。慨当以慷，忧思难忘。何以解忧？唯有杜康。”此即所谓一醉解千愁。谁

---

① 《文选》卷二一李善注，中华书局 1977 年版，第 306 页。

② 以上见《曹操集》，中华书局 1959 年版，第 1、2、5、7、8、10、11、12 页。

料到，“借酒浇愁愁更愁”，虽欲慷慨人生，然而对此露水一般短暂的生命，终归“忧思难忘”，只好得乐且乐。曹操以对生命的忧患为出发点，顺理成章地游入神仙世界，在游仙中弥合了生命的不完美。汉末魏晋的社会，各个阶层都有为数不等的神仙长生信仰者，神仙长生思想成为当时的流行观念之一，在社会中广为传播。在这样的时代气息下，曹操游仙诗的产生便不足为奇了，也正是游仙诗使曹操的文学创作和道教结下了不解之缘。

鲁迅先生曾指出：曹操“力倡通脱。通脱即随便之意。此种提倡影响到文坛，便产生多量想说什么便说什么的文章。更因思想通脱之后，废除固执，遂能充分容纳异端和外来的思想，故孔教以外的思想源源引入。”[①] 曹操所提倡的“通脱”，就是在文学创作上打破了“经明行修”的束缚，也就是跳出了两汉文学倾向上的名教传统，任情适性，解放思想，“想说什么便说什么”，而且宽宏大度，充分容纳异端，于是有容乃大，建构起了“彬彬之盛”的建安文学。所谓“孔教以外的思想源源引入”，其最大的引入其实就是道家自然主义和道教神仙思想，我们读曹操的诗歌作品可以深切感受到这点。他在《善哉行》中高唱：“比翼翔云汉，罗者安所羇？冲静得自然，荣华何足为!”飞出礼教的罗网和羁绊，获得人生的闲适自然；与“冲静自然”的人生价值相比，“荣华”又何足挂齿！同一首诗又引入老子戒满戒盈的思想抒发胸臆：“持满如不盈，有德者能卒。”[②] 举一反三，于此可见曹操对待道家自然主义的态度之一斑。其对道教神仙的引用，从上述游仙诗中已表露无遗。由此看来，曹操诗歌创作选择的题材和主题都有道家、道教的影响在其中，特别是他晚年的作品，表现形式和内容都特别突出，并因此而成为那个动荡战乱时代的动人乐章。可以设想，曹操的诗歌作品中，假定没有游仙诗这一部分，那毫无疑义会失色不少，也就不会在文学史上占有今天这样崇高的地位。

林语堂论及中国文学之特性时强调：“中国文学有一种含有教训意味的文学与一种优美悦人的文学二种的区别，前者为真理之运转传达工具，所谓‘文以载道’之文；后者为情愫之发表，所谓‘抒情文学’。”对此我们要补充的是，所谓“文以载道”之文传达了孔孟的理念，所谓“抒情文学”则借助于道家道教乃至于佛教意象。曹操的诗歌作品中除开佛教这两类东西都有。如果按照林语堂的价值标准：“一切有价值的文学作品，乃为作者心灵的发表，其本质上是抒情的，就是发表思考的文学也适用这种原理——只有直接

① 《鲁迅全集》第一卷《而已集·魏晋风度及文章与药及酒之关系》，新疆人民出版社 1995 年版，第 784 页。

② 以上见《曹操集》，中华书局 1959 年版，第 5、10 页。

从人们心灵上发生的思想，始值得永垂不朽。”[1] 那么曹操的诗歌作品中值得人们传诵的便是多与道家、道教意象有关的那一部分，也就是直接从他心灵上发生的那一部分。至于说曹操的诗歌创作受道教意象的刺激，更可以按照这一线索而发现道教与我国古代诗歌的瓜葛，这正是从前搞诗歌史研究的人所忽略的地方。

总的看，魏晋南北朝时期的游仙诗、涉道诗，描写修真养性，追求神仙长生的生活，其诗体有五言、七言等等。昭明太子所编《文选》将游仙诗列为文学体裁之一。涉道诗到唐代还有，晚唐李翔的《涉道诗》其中一首题为《献龙虎山张天师》，歌颂张天师说：“东汉天师直下孙，久依科戒住玄门。环中有位逢皆拜，世上无人见不尊”。

随着道教的进一步发展，道教斋醮仪式的逐步完善，出现了一种道教文学特有的体裁“步虚词”。诗体大多为五言，有四句、八句或十二句。步虚词歌咏众仙缥缈轻举之美，描写高仙上圣朝玄都玉京、飞巡虚空之状，所以称为步虚。这种描写有点像我们今日看太空人做太空行走的感觉。步虚词是种与音乐舞蹈结合密切的文学形式，影响较大的有《洞渊神咒经》卷十五的《步虚》以及《玉京山步虚经》中的《空洞步虚章》。步虚词在唐代从道教醮坛流播到宫廷与民间，文人雅士多有好之者，唐玄宗李隆基曾亲自教道士作步虚声韵。

“青词”是道士在斋醮仪式中上奏神仙的表章，因书写于青藤纸上而得名，又称为“绿章”。青词大约创始于唐天宝时，唐代翰林学士院有《道门青词例》。唐宋道教常在宫廷中举行斋醮仪式，道士、文人、官员都有作青词者，王安石、苏轼等都曾奉旨于宫廷斋醮中作青词。到明代，世宗崇道，臣僚多作青词以求进，有所谓“青词宰相”。青词多为骈文，也有诗体，格式类似于章奏文书。文人中也有以青词来表达忧患意识的，比如清代龚自珍著名的《已亥杂诗》之一：“九州生气恃风雷，万马齐喑究可哀。我劝天公重抖擞，不拘一格降人材。”就是作者过镇江见赛玉皇及风神雷神时，道士请其撰青词而创作的。

除上述与道教紧密相关的文学体裁外，文人创作的诗词中有大量表现道教神仙境界、描写道士生活以及与道士交往的作品，从中可发现道教为诗歌创作提供了丰富多姿的题材和想象力。这里我们以李白与道士的交往为例，了解唐代诗人与道教相关的情况。

李白与道士的交往由来已久。李唐王朝认老子为祖先，崇重道教，至玄宗时尤甚。当时的汉中、巴蜀等地皆为道教热点。李白在青少年时代，即受

---

① 以上见《吾国与吾民》，中国戏剧出版社 1990 年版，第 197、198 页。

到蜀地道教的影响，成长于充满道教色彩的环境中，很早就同道士与隐士们来往，乐于隐居和求仙学道，所谓："家本紫云山，道风未沦落。"① 正讲出家乡山上的道观及家庭信道之风对诗人的濡染。

李白少年时代隐居于戴天山大明寺读书，所谓"五色神仙尉，焚香读道经"②，就是少时读书生活的写照。诗人写过《访戴天山道士不遇》，这首诗写景清丽，描写道观的清新幽静，令人神往。上述表明他的读书生活是和道士交游夹杂在一起的，或许他是要去和道士交流读道经的体会吧？李白曾自述："十五游神仙，仙游未曾歇。"③ 诗人少年时代即开始了求仙学道，这是他一生的生活理想之一。诗人早在出蜀前就与道士有较频繁的接触，道士对诗人生活理想的形成产生了强有力的影响。

唐玄宗开元十三年（725），25 岁的李白"仗剑去国，辞亲远游"④，开始了以湖北安陆为中心的漫游生活。在这个时期里，诗人所交中，有道士司马承祯、元丹丘、胡紫阳等，其中尤以元丹丘与诗人过从最密。

李白出夔门后，旅居江陵时结识了司马承祯，司马承祯是当时的著名道士，字子微，隐于天台山，自号白云子，有服饵之术。李白与他相遇时正当壮年，而后者已年逾古稀，白作《大鹏遇稀有鸟赋》，以大鹏自比，以稀有鸟比司马承祯，后改为《大鹏赋》。诗人回忆当时作赋的情形："余昔于江陵，见天台司马子微，谓余有仙风道骨，可与神游八极之表。因著《大鹏遇稀有鸟赋》以自广。"⑤ 可见，他是受了道教名流司马承祯的鼓励写下此赋以明志，表示要进一步致力于道术的愿望。故当稀有鸟召唤大鹏"我呼尔游，尔同我翔"时，大鹏便毫不迟疑："于是乎大鹏许之，欣然相随。"⑥ 这是诗人第一次和名道士过从，通过与司马承祯的交游，更加坚定了他学道求仙的决心。

李白与道教名人元丹丘情同手足，不啻兄弟。诗人自叙说："气激道合，结神仙交。殊身同心，誓老云海，不可夺也。"⑦ 他们二人间的交游之密非常人所能想见。诗人曾和元丹丘一起过漫游服丹的生活："我有锦囊诀，可以持君身。当餐黄金药，去为紫阳宾。"⑧ 通过与元丹丘的"神仙交"，他又结识了道士胡紫阳。胡紫阳世代以黄老为业，九岁出家，因为遇见真人，受赤丹阳

---

① 《李白全集编年注释·题嵩山逸人元丹丘山居》，巴蜀书社 1990 年版，第 944 页。（以下只注篇名页码）

② 《赠江油尉》，第 9 页。

③ 《十五游神仙》，第 707 页。

④ 《上安州裴长史书》，第 1869 页。

⑤ 《大鹏赋序》，第 1842 页。

⑥ 《大鹏赋》，第 1849 页。

⑦ 《冬夜于随州紫阳先生餐霞楼送烟子元演隐仙城山序》，第 1879 页。

⑧ 《颍阳别元丹丘之淮阳》，第 328 页。

精石景水母。常吸飞根，吞日魂，密而修道。其所居苦竹院置有餐霞楼，手置双桂，游息其下。曾被召为威仪（道教职名）及天下采经使。胡紫阳受道于天师李含光，属陶弘景一派传法世系。天宝初，元丹丘受胡的道箓于嵩山，为弟子之一。李白也向胡紫阳习学了不少仙道，正如诗人所说："予与紫阳神交，饱餐素论，十得其九。"① 李白集中有《题随州紫阳先生壁》、《忆旧游寄谯郡元参军》、《冬夜于随州紫阳先生餐霞楼送烟子元演隐仙城山序》等诗文记与胡紫阳交游事。

天宝元年（742），42岁的李白正游于会稽，与道士吴筠隐于剡中（今浙江嵊县）。吴筠本鲁中儒士，举进士不中，于是入嵩山，拜潘师正为师，学习正一之法，尽通其术。开元中，南游金陵，访道茅山，后东游天台。"筠尤善著述，在剡与越中文士为诗酒之会，所著歌篇，传于京师。玄宗闻其名，遣使征之。既至，与语甚悦，令待诏翰林。"② 有可能李白这时也在文士的"诗酒之会"中饮酒赋诗。当吴筠获唐玄宗赏识后，便把李白推荐给皇帝。据《旧唐书·文苑传》说："既而玄宗诏筠赴京师，筠荐之于朝，遣使召之，与筠俱待诏翰林。"③ 李白与王远知、潘师正、司马承祯、吴筠、胡紫阳、元丹丘这一系的茅山宗道士关系始终密切，在政治上也获得他们当中一些人的帮助而被召进京。

天宝元年，李白到了京师后与贺知章相遇于紫极宫。李白回忆道："太子宾客贺公于长安紫极宫一见余，呼余为谪仙人。因解金龟换酒为乐。"④ 在长安时，李白又与贺知章、崔宗之、裴周南等为酒中八仙之游。杜甫有《酒中八仙歌》记其事："李白斗酒诗百篇，长安市上酒家眠。天子呼来不上船，自称臣是酒中仙。"天宝三年（744），贺知章因年老多病，恍惚不醒，若神游洞天三清上，数日方觉，于是有志入道，上疏请度为道士，归舍本乡住宅为道观。玄宗许之，御制诗以赠行。李白亦有诗作送，盛赞贺归隐作道士之举。李白出长安后，天宝六年（747）再游会稽，拜访贺知章于四明，而知章已去世，于是赋诗悼念。李、贺二位大诗人的相通处就在于求仙好道，这是二人交往甚密、情深意笃的重要因素，而二人的结局更是一致，都成为道教中人。

关于李白政治上的一度春风得意，还有一说。据说：李白久居峨眉，因为持盈法师进入翰林，名动京师。持盈法师是唐玄宗之妹玉真公主的法号，于太极元年（712）出家为道士，筑观京师，法号无上真，字元元，天宝三年

① 《汉东紫阳先生碑铭》，第1919页。

② 《旧唐书·隐逸传》，中华书局标点本，第16册第5129页。

③ 《旧唐书·文苑传》，中华书局标点本，第15册第5053页。

④ 《对酒忆贺监二首序》第826页。

(744）赐号持盈。李白 30 岁第一次入长安时，曾寓居终南山玉真公主别馆，有《玉真公主别馆苦雨赠卫尉张卿二首》。本欲谒见玉真公主，没有见成，赋《玉真仙人词》。按上述说法，那么李白第二次入长安做翰林，便与玉真公主有关。看来，诗人这时期政治上的短暂得意，与道教中人有关无疑，与吴筠、贺知章、玉真公主都有关。

天宝三年（744）三月，玄宗以李白“非廊庙器”，赐金放还，当年秋冬之际，诗人即到山东正式入了道门，请北海高天师授道箓于齐州紫极宫。受箓后，高如贵天师将还北海，李白写《奉饯高尊师如贵道士传道箓毕归北海》送行：“道隐不可见，灵书藏洞天。吾师四万劫，历世递相传。”[①] 从此加入了道士籍，由与道士交游终至于侧身其中，诗人并请道士盖环为之造真箓。李白的入道，应该说是他政治上受打击后的痛苦解脱法，也是他历来信奉道教、与道士密切交往的自然结果，并不令人感到突然。自此后，诗人与道士们的交往更广泛，更紧密了。

天宝三年的初夏，李白与杜甫首次相会于洛阳，秋深时又与高适、杜甫同游于梁宋。在李白影响下，杜甫一度对寻仙学道也发生了兴趣，其《赠李白》诗称：“岂无青精饭，使我颜色好。苦乏买药资，山林迹如扫。李侯金闺彦，脱身事幽讨。”也许是受到李白鼓励，杜甫曾北渡黄河到王屋山去访道士华盖君，其《忆昔行》诗说：“忆昔北寻小有洞，洪河怒涛过轻舸，辛勤不见华盖君。”后来杜甫又写了一首《赠李白》：“秋来相顾尚飘蓬，未就丹砂愧葛洪”，诉说自己学道不成，有愧葛洪。杜甫这些学道求仙之举都是在和李白交往甚密时产生的，显然和李白有关。可见李白与道士交往曾带动了一些诗人同道教中人往来，甚至连恪守儒学正宗的杜甫也一度为其所感染，这就提高了道教在骚人墨客中的地位。以李白当时在诗界的名气和地位，这样说是不为过分的。

透过李白与道士的交往，我们可以看见这样几点：

1. 可窥当时社会崇道风气和诗坛风尚，为社会生活之一瞥。法国史学家丹纳认为，自然界有它的气候，精神方面也有它的气候，这种“‘精神的’气候，就是风俗习惯与时代精神，和自然界的气候起着同样的作用。”[②] 与道士交游就是当时诗人骚客的“精神气候”之一，连正统如杜甫者也曾一度买大药、访道士，诗仙李白即是其中最有代表性的人物，从他的身上充分显现了唐代诗坛风尚的一个断面。至于说李白从与道士交游到最终“身在方士格”，成为了道士，也不足为怪。贺知章不是终于也入了道吗？晚唐著名诗人李商

---

① 《奉饯高尊师如贵道士传道箓毕归北海》，第 695 页。

② 《艺术哲学》第二章，人民文学出版社 1983 年版，第 34 页。

隐也作过道教徒，晚唐著名小说家杜光庭也是道士。可见唐代文人墨客侧身道士队伍是时下风尚，完全可以理解。

2. 与道士交游是李白仕进的手段之一，这是诗人所选择的一条终南捷径。李白平生的政治理想与抱负是“济苍生，安社稷”。他自言其志是“申管晏之谈，谋帝王之术”①。他“不求小官，以当世之务自负”②。他要做管、晏似的“辅弼”，以展平生志向和才学。为了实现远大的理想抱负，他不走科举之途，而是借任侠交游、隐逸求仙、干谒王侯来培养声誉、提高身价，以便有朝一日天子“赤车蜀道迎相如”，一举由布衣而卿相。唐玄宗时道教在政治上颇有地位，李白与道士交往固然与其本身好道不疲有关，但也与诗人主观上有一定的政治目的相关连。诗人通过与吴筠、贺知章、持盈法师等人的交游，终于在政治上短暂地有所际遇，使天真的李白一度误以为自己的抱负就要得以施展了。

3. 与道士的交游，成为李白漫游生活的经济来源之一。李白一生浪游，不事产业，经济收入有一部分就得之于朋友们的解囊相助，其中即有道士，最明显的例子是他与元丹丘的交往。元丹丘在颍阳、嵩山、长安附近等处都有产业，他对诗人的帮助从李白诗文中可见一二，甚至于李白打算“举家就之”，他也有能力接待，可见他是比较富有的道士。另外，当李白成为正式道士后，他无论周游到哪里的名山宫观，都会把他作为游方道士接待，可节省不少旅行费用。

4. 与道士的交游，对诗人一生的创作生活有重大影响。李白作品中谈及道流与道术者百余篇，成为他创作题材的大量来源。从与道士的交游联想到与神仙交，产生了为数可观的游仙诗，如：“天上白玉京，十二楼五城。仙人抚我顶，结发受长生。”③ 又如：“玉女四五人，飘飘下九垓。含笑引素手，遗我流霞杯。”④ 这些与仙人神交的诗可说是与道士交游的折射。李白在与道士的交游中多次受到道士鼓励，越益信道，而越益信道，他的诗作就越益带有“道骨仙风”，终于成就为“诗仙”。李白同道士以诗文会友，对道教中人的文风也发生了积极影响，如史称道士吴筠文风得兼李、杜即是一例。唐代道教文学繁盛，同道士与文人交往必有关连。

5. 与道士的交往是诗人生活的一个坐标点，以此为参照系，可以反映出李白纵横游侠的风度和气质，以及他喜好交结朋友的个性特征，使我们更加

---

① 《代寿山答孟少府移文书》，第 1856 页。

② 《李白全集编年注释附录》刘全白《唐故翰林学士李君碣记》，第 2102 页。

③ 《经乱离后天恩流夜郎忆旧游书怀赠江夏韦太守良宰》第 1476 页。

④ 《游泰山其一》第 412 页。

完整地认识李白的人格，还可得窥李白家庭生活片断。由于诗人乐求神仙，好与道士交，他的妻子、女儿也染上此风，所谓“拙妻好乘鸾，娇女爱飞鹤”正是合家奉道的形象写照。白妻还与女道士交往，《送内寻庐山女道士李腾空》所说：“君寻腾空子，应到碧山家”[①]，正道出了这一点。

李白与道士的交往，是其创作生涯和日常生活的重要组成部分，透过此可以窥见唐代诗人们与道士的关系，探索道教对唐代诗歌的影响，并由此深入观察道教与中国古代诗歌的一个重要方面。

二、道教与戏曲

道教与戏剧的关系怎样？元代有流行的神仙道化戏，直到清代这种道化戏都还不少，如《赤松子》、《黄粱梦》、《张天师岁寒断三友》等。八仙故事也多搬上了舞台，特别是关于吕洞宾的各种故事，如《吕纯阳点化度黄龙》、《吕洞宾三度城南柳》、《吕洞宾花月神仙会》、《邯郸记》、《狗咬吕洞宾》等，成为流行一时的剧目。有关八仙的戏剧，所演的主题是：救度点化人以及自然界的动植物，化恶为善，积善成仙。充分体现了大乘道教那种仙道贵生、超度一切的精神境界。我们可称之为“八仙度化剧”。八仙度化剧中，以吕洞宾做主角的戏最多，其中就有改编自道教的故事，从《道藏》中可找到其原型。比如马致远《吕洞宾三醉岳阳楼》中柳精托生为郭马儿，我们在道经《纯阳帝君神化妙通纪》卷三《度老松精第十二化》、《再度郭仙第十三化》[②]中可看见剧中人物的原型，只不过道经中的老松精改成剧中的柳精，老松精的“后身”郭上灶改成剧中的郭马儿。道经中树精“积阴功，得报人身”，可以教化成仙的信仰理念，也在剧中反映出来。

有的度化剧直接与道教的历史事件相关，譬如以全真道历史背景创作的《王祖师三度马丹阳》、《王祖师三化刘行首》、《马丹阳三度任风子》、《邱长春三度碧桃花》等。这些以全真道祖师王重阳、全真七子马丹阳、邱长春为主角度化世人的戏剧，既有全真道的历史故事作为构思材料，又形象化地宣讲了全真道以“真功真行”济世度人的教理教义。我们可称之为“全真度化剧”。

在中国古代戏剧中，最耐人寻味观赏的恐怕要数“人仙情”、“人鬼情”这一类神仙与凡人、鬼怪与凡人婚配的故事。仙凡配对的戏剧故事大概有这样几个类型：（1）神仙在仙界犯了错误，发配下凡间，令其与凡女或凡男配对，情感受尽折磨，悲欢离合，吃尽滚滚红尘的苦头，等到刑满释放，才得以重返神仙家园。（2）神仙耐不住仙界的寂寞冷清，偷偷下凡来，与凡女或

---

① 《送内寻庐山女道士李腾空》第1599页。

② 《纯阳帝君神化妙通纪》卷三，《道藏》第5册第712～713页。

凡男婚配，享用男欢女爱，只可惜人仙情未了，巫山云雨就陡起风波，神仙被捉拿回天宫听候发落。(3) 神仙世界是一个可以动“情”的世界，“道是无情却有情”的世界。男仙与女仙在仙界本来已经暗种情缘，暗送秋波，乘着仙们一不留神，便暗度陈仓，双双私自跑下凡来，明媒正娶，配成佳偶，夫妻举案齐眉，小日子过得其乐融融，简直就是乐不思仙界了。但好花开不长，最终还是东窗事发，难逃仙界受审的命运。人鬼配对的戏剧故事主要是警告类型，警示人们提防色魔侵身，损耗生命，把自己变成了短命鬼。这是古典戏剧中的“色戒”。在道教仙、人、鬼的三个世界理论看来，神仙属于第一世界，人属于第二世界，鬼属于第三世界。神仙的世界是阳，或者叫“纯阳”，人的世界是半阴半阳，鬼的世界则是纯阴。正如黄元吉《乐育堂语录》卷一《去欲存诚·交媾玄黄》论修炼时所说：只要有一毫昏怠之心，阴气就没消，有一点散乱之心，阳气就不够，就不可称为纯阳。我听古语说过，“人有一分阴没有化，就不可以成仙。”所以吕祖道号纯阳。足见阴阳各占一半是凡人，阴气充盛的是恶鬼，阳气壮满的是天仙。[①] 吕洞宾之所以成为神仙老祖，就因为他已经修成了纯阳之体，阳气壮满。据称，吕祖纯阳与凡女房事能够不泄，其纯阳之体不会受丝毫伤害。在道教观念中，阴阳之气各占一半的凡人与阴气充盛的恶鬼交配情况就不同了，人的身体将在暗中把自己那一半阳气渐渐输送给恶鬼，天长日久，人身上的阴气也就是所谓“妖气”越来越重，等到阳气枯竭，小命便了结了。这一观念，深深浸透到古代文学创作中，不只是戏剧，许多人鬼配的文学作品都对此大加渲染。通过人鬼配的恐怖戏来警醒人们“色伤生”，生命道教的穿透力由此可以看出。人鬼配对的戏剧故事另有一种类型是人鬼恋情，恋恋不舍，爱得死去活来。这类故事以“情”动人，故事中的鬼主角是善良的或遭受冤屈的好鬼，不仅不害人，反而还帮助人。人鬼之间情缘未了，情债未还，便演出形形色色感人肺腑的故事。包括仙凡配对的戏剧，也有不少这一类缠缠绵绵、情天恨海，令观众泪如雨下的故事。这类故事正是中国古代家庭婚姻缺乏恋情的真实反映。按儒家纲常伦理，男女之间经父母之命、媒妁之言结为秦晋之好，夫妇的任务就是生儿育女、传宗接代，完成这一任务就是“孝”，完不成就是最大的不孝。对于生儿育女的头等大事来说，夫妻间的恋情全然不足挂齿，更不用说男女间偷偷摸摸的私情，那简直就是伤天害理，伤风败俗。你想想看，那些个“情种”戏剧家，情深似海，如何受得了假道学家的这等鸟气，自然就要写出感天动地的“人仙恋”、“人鬼恋”的剧本来演出，出了心中这口恶气，也还了自己的情缘债务，满足了自己难以排遣的“情之所钟”。看“人仙恋”、“人鬼恋”的

① 《乐育堂语录》卷一《去欲存诚·交媾玄黄》，宗教文化出版社 2003 年版，第 237 页。

戏剧演出，我们还可以发现一个天大的秘密，就是古代婚姻那种“门当户对”的等级森严的制度被打破了。第一世界的神仙与第二世界的人，在等级地位上完全不匹配，第二世界的人与第三世界的鬼，也是门不当户不对，然而这一切都在卿卿我我的情投意合中被颠覆了、消解了。“问世间情为何物，直教人生死相许。”在“人仙恋”、“人鬼恋”的戏剧中还果真如此呀，既已生死相许，还问什么门第等级？于是穷书生落难便遇见花容月貌的仙女、碰到心地善良的好鬼，获得神鬼大力救援，花好月圆，良辰美景，文章做得锦簇花团，打了翻身仗，金榜题名。这一切，或许是身份为穷酸文人的剧作家，在戏剧中圆了他的梦吧。话又说回来，剧作家也只有借助于“人仙恋”、“人鬼恋”的浪漫主义戏剧，才能颠覆、消解现实生活中无可奈何的“门当户对”的等级婚姻制度，满足现实中无法实现的精神需求。

唐代道士成玄英提出“任性适情”，就是说要恢复人自然而然的真性情。在他看来，只有任性适情，才能获得人生的逍遥游。关于人的“情”，成玄英一方面主张“适情”，即顺任人的自然之情，另一方面又反对“滞情”，主张去除“矫情”，提出“至人无情”、“忘情利害”。儒士李翱《复性书》提出“性善情恶”说，认为人之所以成圣人是性，人之所以迷惑其性是因为情。喜、怒、哀、惧、爱、恶、欲七样东西都是情之所为。情一发昏，性就被淹没了。在他看来，情由性生，性由情明，性与情相互不离，但是，性为“天之命”，情为“性之邪”，邪恶的情欲使人沉溺其中而不能复归善性。假如世俗之人能除掉情欲，回归固有的性，即可成为圣人。这代表了当时儒家的性情说。比较一下以成玄英为代表的道教性情论是很有意思的。成玄英与李翱不同，不以善恶分别性情，他不否认人的自然之情，他反对的是“矫情”。李翱的性情说建立在儒家传统的性善论上，成玄英论性情则以自然主义为基础，只要合乎自然的真情流露，就不在忘掉之列，反对之列。李翱认为，圣人与普通人一样有情，只不过圣人的制作参乎天地，变化合乎阴阳，所以“虽有情，未尝有情”。[①] 成玄英则指出圣人无常人之情，这正是圣人与普通人的一个重大区别。常人之情为物欲所浸染，变得虚伪，圣人则保持了天然之情，真实无欺。成玄英对“情”分别了真伪、自然与人为，作了具体分析，并非像李翱那样笼统否定。成玄英批评儒家仁义礼乐搞形式，做表面文章，把人的自然真情扼杀了，只留下虚情假意。总之，成玄英“任性适情”这一命题的含义，就是破除儒家那种标准很高、普通人根本达不到的假“性情”，主张顺应适合人与物的自然本性和自然真情，从而使天人融为一体，回归“真性情”。从婚姻要回归“真性情”这一角度来说，“人仙情”、“人鬼情”这类神

---

① 《复性书上》，四库备要本。

仙与凡人、鬼怪与凡人婚配的戏剧创作，与道家道教以自然主义为基础的求真求实“性情”论殊途同归。或者说，这类作品，就是自觉不自觉地以道家道教主张自然的“真性情”为创作的指导思想。

前面，我们讨论“生命道教”，揭示出在中国人所看好的人生五种幸福中，第一幸福即最最幸福的就是长寿；中国普通老百姓的生活追求是长命富贵，对中国人来说，富贵是其次的，长命才是最为重要的。中国人因此塑造出天上的寿星，以之作为多寿多福的象征，把过生日的人称为“寿星”，富贵人家并大肆操办祝寿活动。于是祝寿的戏剧应运而生，戏中的神仙纷纷降下凡间向人贺喜庆寿。祝寿为何要由神仙亲自出马？那是因为神仙即长生不老的象征，神仙出马，岂非要顶千万个凡夫俗子？神仙祝寿戏的剧目繁多，至今存录的主要有《瑶池会》、《王母祝寿》、《宴瑶池王母蟠桃会》、《蟠桃宴》、《群仙庆寿蟠桃会》、《瑶池会八仙庆寿》等。戏中群仙手捧蟠桃或者仙丹前往人间祝寿，为过生日的“寿星”增添福寿。这类祝寿戏，不论在宫廷还是民间，都在演出，只是规模大小不等而已。

在第二章，我们讨论“生活道教”时，指出道教满足了其信徒在生活中战胜灾难的实用主义需要，满足了其信徒盼望得救的需要，道教的神圣使命就是为人解除灾难，道教在这些灾难中找到了百姓日用需要的切入点，成为老百姓生活世界中存在的宗教。生活如戏，戏如生活。在戏剧中，道教神仙为老百姓解除灾难的形象，通过神魔斗法、正邪对决的故事情节表现出来。神魔斗法的剧目现在存录下来的主要有《张天师夜祭辰钩月》、《张天师断岁寒三友》、《张天师明断辰钩月》、《旌阳剑》、《许真人拔宅飞升》、《萨真人夜断碧桃花》等。这类戏剧中，有的神仙镇压魔众于地狱，使百姓安居乐业，使自然界风调雨顺；有的神仙斩除水怪，化解了洪水灾害；有的神仙赶走妖魔鬼怪，使病人转危为安。舞台上神仙打败妖怪，正义战胜邪恶，解决了人类力量不能解决的问题，鼓舞起观众的信心，顿感还有战无不胜的力量来解救多灾多难的人们，帮助人们渡过难关。老百姓在生活中消除灾难、平平安安的诉求，在观赏神魔斗法的戏剧演出中得到了满足。

什么样的神仙最招中国人喜欢？当然是有权有钱有势的富贵神仙，其不二首选即玉皇大帝，受各行各业崇拜。除此而外，各行业有各行业喜欢的神仙。比如商人喜欢财神，读书人喜欢文昌帝君，木匠喜欢鲁班。那么，梨园行喜欢什么神仙？戏剧艺人拜的是唐明皇，也就是唐朝最尊崇道教的皇帝玄宗李隆基。据说，是他创立了梨园，并在宫廷中教梨园弟子排练演出。① 清代

---

① 参见《全唐小说》第三卷《明皇杂录》，山东文艺出版社 1993 年版，第 1917～1919 页。

戏剧界尊他为老郎神，建有老郎庙敬奉香火。当然梨园行的神仙不止一个，还有二郎神，一说即《西游记》中与孙悟空斗法的杨二郎，或说是都江堰治水的李冰父子，不管是谁，他们都进入了道教神仙班底，都与道教有关。另外还有地方戏神，如闽台等地所拜的田都元帅，也或多或少与道教有瓜葛。从戏神这个角度切入，道教与古代戏剧水乳交融的关系一目了然。

道教有种曲艺叫“道情”，起源于唐代的道曲，多以道教故事为演唱内容，宣传其神仙信仰。原为无伴奏的清唱，后加上渔鼓、简板等打击乐器，击节伴奏。又逐渐走向民间，与各地民间音乐相结合，形成各具地方特色的“道情”，内容也更为丰富多彩。《儿女英雄传》第三十八回写安老爷去河北涿州天齐庙逛庙会，庙会内“书场儿”见一道士正唱道情。安老爷看那道士时，只见脸上照戏中小丑一般抹着个三花脸儿，左胳膊上揽着个渔鼓，手里掐着个简板，却把右手拍着鼓。只听他“扎嘣嘣，扎嘣嘣，扎嘣扎嘣扎嘣嘣”打着，在那里等着攒钱。忽见安老爷进来坐下，便按住鼓板发科道：锦样年华水样过，轮蹄风雨暗消磨；仓皇一枕黄粱梦，都付人间春梦婆。——小子风尘奔走，不道姓名；只因做了半世懵懂痴人，醒来一场繁华大梦，思之无味，说也可怜；随口编了几句道情，无非唤醒痴聋，破除烦恼。他说完了科白，又按着板眼拍那个鼓。只听他唱道：人生世上浑如梦。春花秋月消磨尽，苍狗白云变态中。安老爷听了，点点头，心里暗说，他这一段自然要算个总起的引子了。因又听他往下唱道：判官家，说帝王，征诛惨，揖让忙，暴秦炎汉糊涂账。六朝金粉空尘迹，五代干戈小戏场。李唐赵宋风吹浪。最难逃，名利关，拥铜山，铁券传，丰碑早见磨刀惨。千秋最苦英雄汉。安老爷听了，想道：这两段自然要算历代帝王将相了。便静听他唱下去：怎如他，耕织图；一张机，一把锄，两般便是擎天柱。春祈秋报香三炷，儿童闹击迎年鼓。一家儿呵呵大笑，都说道完了官租！尽逍遥，渔伴樵，靠青山，傍水坳，手竿肩担明残照。衔杯敢把王侯笑。醉来时狂歌一曲，猛抬头月小天高。安老爷此时倒有点听进去，不肯走了。又听那道士敲了阵鼓板，唱道：学神仙，做道家，踏芒鞋，绾髻丫，葫芦一个斜肩挂。丹头不卖房中药，指上休谈顷刻花。随缘便是长生法。听说他结茅云外，却叫人何处寻他？又听他唱那尾声道：飞鸟各投林，残照吞明灭。俺则待唱着这道情儿归山去也！安老爷在那里想他这套道情不但声调词句不俗，并且算了算，连科白带煞尾通共十三段，竟是按古韵十二摄照词曲家增出“灰韵”一韵，合着十三辙谱成的，或者这道情竟是他自己的一片哀怨。[1] 这应该算是比较雅致的道情，唱道情的游方道士恐怕有不平凡的人生际遇，其目前的处境也很糟糕，看他对世道人生的

① 《儿女英雄传》第三八回，上海古籍出版社 1991 年版，第 529～531 页。

哀怨，对人生如梦、命运无常的诉说，都显示出他的阅历丰富，就连那位“天生的不愿意同僧道打交道”的安老爷，也“着实赏鉴他这几句道情”，犒劳他五两银子。小说真实地把清代庙会中唱道情的场景记录在案，给我们留下有关道情与社会生活的宝贵资料。与步虚词有关联的道情，主要流行于民间，多为游方道士所演唱，后也演为民间艺人所唱，一般浅显易懂，形象通俗。直到现在，在四川成都道教宫观——青羊宫内，人们还不时能看到唱道情的民间艺人，所唱内容多为劝善或教人处理好家庭关系等。

道教戏剧、曲艺在社会上产生了较大影响，其中关于伦理教化的内容尤其对社会底层不识字的民众具有直接的教育功能，另外也教给他们许多戏说历史的知识。

三、道教建筑、音乐与绘画

道教还有自己一套独特的艺术形式，比如道教建筑、道教神像的雕塑、道教音乐、道教绘画等，这些都是道教与中国古代艺术结合的产物，成为中国艺术的重要构成部分。道教艺术既从世俗艺术中吸取营养，又以其独有的构思对中国艺术的诸多方面产生了深刻影响。

道教建筑体现在宫观的建筑上。宫观建筑通常按需要分为供奉祀神的殿堂、斋醮祈禳的坛台、诵经修炼的静室、生活起居室、接待香客的客堂及供人休息的园林建筑等部分。总体布局采取中国传统的院落式，神殿处于建筑群的中轴线上，两侧为客堂、斋堂、道士生活用房等。又巧妙利用建筑群的地形条件，建构园林，形成一种仙居境界。宫观建筑的装饰也鲜明地展示了道教追求幸福快乐、福禄寿以及神仙长生的愿望。现存的道教建筑多修建于明清时，一些重要建筑已列为国家级和省级文物保护单位，其建筑的设计、布局及工艺对于现代建筑仍有值得借鉴之处，是传统建筑文化的宝贵遗产。

道教受到佛教影响，于南北朝时，开始供设天尊神像，以便让人归信。唐宋时，道教造像逐渐普及，至今在四川剑阁鹤鸣山、绵阳西山观玉女泉、大足石刻中尚遗存不少唐宋道教石刻造像。福建泉州巨型石刻老君像，山西太原晋祠彩塑及龙山石窟的道教造像也都比较有名。道教造像艺术除了保持中国传统的造像风格外，还表现出道教自己的信仰宗旨和美学思想，从而形成了别具一格的模式，为中国造像艺术百花园中一朵绚丽的奇葩。

道教音乐的理论基础来源于老子“大音希声”和庄子“天籁”，主张音乐发自天然，不要矫揉造作，于无音处听神仙之大音，进入“至乐”的神仙世界，与神灵沟通交流，天人相感应，与宇宙合而为一。汉代道教经典《太平经》认为，可以用音乐来抵御灾难，保持心情舒畅，守形养生祛病，存思接通神明，从而与道为邻居，最终长生久存。因为音乐是天地善气的精华，可以调和阴阳，使人得道本。美妙的乐曲可以引来青帝及青衣玉女神灵，与人共同欣赏。音乐的要义在于“和合”，也就是阴阳和谐，懂得这一道理，凶气可以除去，太平可以实现。得到上等要义的，可以度世，可以娱乐神灵；得到中等要义的，可以求太平、除凶害，可以娱乐精灵；得到下等要义的，可以娱乐人，可以娱乐自身。[①] 可见，道教音乐一产生，就有娱乐神灵和人自身的功能在内。道教音乐在斋醮等宗教仪式上使用，其目的不仅要警戒凡人，而且要感动神灵，感动神灵的目的在于乞求福愿。道教按照其仪式的需要，吸取宫廷音乐和民间音乐为创作素材，建构了自己独特的表达其神仙信仰的音乐，而各地的道教音乐又具有其所在地的地方音乐特色。道教音乐有歌有舞，法事前有序曲，法事完了有尾声，有独唱、齐唱、独奏、齐奏等多种形式。道教音乐加强了它的宗教仪式的气氛，引导人进入忘怀物我的境界，致虚守静是道教音乐的一大特征。

道教音乐取之不尽用之不竭的养分来自民间音乐，反过来，道教音乐那种飘逸欲仙的神韵又给民间音乐增光添色。关于道教音乐与民间音乐的关系，四川音乐学院的甘绍成教授认为：道教音乐作为民族音乐的一个组成部分，与民间音乐有着千丝万缕的联系。无论是道观还是民间道坛演唱演奏的道教音乐，都直接或间接与民间音乐发生关系，其中有很大一部分可以说既是道教音乐，又是民间音乐。如四川西部地区流传的道教音乐，就与其地方戏曲川戏、曲艺以及民歌有或多或少的关系。从所收集的一首川西道教乐人演唱的《回向赞》歌曲看，就与川戏的高腔曲牌《二郎神》在曲调和风格上完全一致。道教乐班由于经常外出做斋醮仪式，故有机会与民间其他音乐班子或人员合作，共同完成斋醮活动，这在过去的川西农村尤为普遍。这类活动，无疑使道教音乐与民间音乐之间始终保持着相互吸收、相互影响的关系。[②] 道教音乐与宫廷音乐也有关系。唐宋以来，道士们应诏到宫廷进行斋醮仪式或音乐活动，有很多机会学习交流宫廷音乐。唐玄宗于开元二十九年（741），亲自制作《霓裳羽衣曲》和《紫微八卦舞》，献给太清宫；天宝四年（745），又亲自制作《降真招仙之曲》和《紫微送仙之曲》，在太清宫演奏。[③] 太清宫是李唐皇室祭拜其“大圣祖玄元皇帝”太上老君的道观，所以唐玄宗要亲自作曲，以示神圣。其演奏人员，史无明载，按理应由地位较高的道士和宫廷乐师共同担任。道教音乐典籍《玉音法事》卷下收录宋真宗制作的《玉清昭

---

① 王明《太平经合校》，中华书局1960年版，第13～14、633～634页。

② 甘绍成《略述道教音乐与民间音乐的关系》，《宗教学研究》1988年2、3期。

③ 《混元圣纪》卷八、卷九，《道藏》第17册第865、867页。

应宫散花词》十首，宋徽宗“圣制道词”《玉清乐》、《上清乐》、《太清乐》等各十首，这些道词应当可以配上乐曲，在做斋醮科仪时演唱。[①] 明代宫中有专门的音乐机构“神乐观”，道童担任乐舞生，道士则任斋醮乐官，在宫廷演出“玄教乐章”。这些毫无疑问都有助于提高道教音乐的艺术水平。有研究者指出，至今道教音乐中仍然保存了古代宫廷的典雅音韵。

道教音乐是中国音乐文化不可缺少的组成部分，正如研究道教音乐的专家蒲亨强教授所揭示的：道教音乐有很强的辐射力，其影响的突出标志是突破了雅与俗的疆界，渗透于大量音乐品种，直到今天，中国音乐实践中仍屡屡可见其影响的踪迹。“可以毫不夸张地说，不研究道教音乐，不弄清它与传统音乐的真实关系，就难以深化我们对中国音乐神韵及其发展规律的认识，就难以把握中国音乐的全貌和特点。”在他看来，道教音乐形成了以平和、阴柔为主导倾向的审美情趣，具有别具一格的音乐风采，而且道乐的传统能够自成一体地延续发展，从而将古代音乐材料较多保存下来，成为活的音乐文物，具有宝贵的历史价值。道教音乐是古人哲理思维的艺术体现。如苏南吹打中广泛运用的各种数列结构“十八六四二”等就与河图洛书中的天数地数结构遥相呼应；道士世家出身的阿炳所作《二泉映月》，乐曲采用的独特的双主题变奏曲式就与《周易》中的阴阳观念相暗合。道士们将唱经与养生吐纳术相结合，视唱经为练气功的一个途径，显示道教音乐有生理与心理治疗的特殊功能，蕴涵着人体科学的不少奥秘。[②] 早在唐代，道教服气的功夫似已运用于歌曲演唱。唐人段安节《乐府杂录·歌》说：善于唱歌的人必先调他的气，气从肚脐间出，至喉才噫气吐词，发出高亢之音，这样唱歌可收“遏云响谷之妙”。[③] 这里所谓气从肚脐间出，其位置正是道教练气功下丹田的地方，有可能当时的善歌者已把唱歌和道教运气的方法结合应用。除了声乐，古代记载器乐的书中，也可看到道教气功在器乐演奏中的运用。中国音乐文化中道教气功究竟如何运用，究竟发挥了哪些功能，还须我们深入持久地开展研究。近年来，两岸四地以及海外华人道教界合作，先后举办了八届道教音乐会，笔者有幸聆听了其中几届，仙乐飘荡，余音绕梁，令人感慨系之，真所谓“此曲只应天上有，人间能得几回闻”！有鉴于道教音乐的历史价值和现实意义，国家非物质文化遗产已将其收入囊中。

道教书法绘画也堪称一绝，历史上一些有名的书画家都与道教有关，或与道士结方外之交，或以神仙题材作画。像王羲之出身于道教信仰之家，曾

---

① 《玉音法事》卷下，《道藏》第 11 册第 144、137～138 页。

② 蒲亨强《仙乐风飘处处闻·前言》，巴蜀书社 2005 年版，第 3～5 页。

③ 《全唐小说》第三卷《乐府杂录》，山东文艺出版社 1993 年版，第 2094 页。

书写道经《黄庭经》，有王羲之以此经与道士换鹅的千古佳话。著名画家顾恺之、吴道子都画过神仙图像，为中国画增添了几多春色。神仙画像，就目前考古出土文物看，自汉代以来就一直在流传。所画神仙图像主要有太上老君、西王母等。据说孔子曾赞美老子“犹龙也”，后世道教徒书写太上老君的故事便以《犹龙传》命名，而道画中腾云驾雾的龙也就有其特殊的含义。按照老子西出函谷关前，关令尹喜望见有吉祥的紫色云气从东方飘来的传说，以“紫气东来”为名的道画，其主题也是表现太上老君。而《太上老君八十一化图》则是图说太上老君的连环画故事，其在中国连环画史上的地位值得注意，目前的研究还很不够。唐代道士画家张素卿所画《老子过流沙图》，应当就是按照“太上老君八十一化”中的故事之一来作画的。唐代画家吴道子画于河南鹿邑太清宫的玄元皇帝（太上老君）像，本来画在绢上，后于苏州玄妙观刻在石头上，才得以保存下来。宋人武宗元的《朝元仙仗图》，描绘南极天帝君和东华帝君率领众仙官朝拜玄元皇帝。可见太上老君是唐宋神仙道画中最主要的表现对象，地位极其重要。

道教绘画中最有名的是山西永乐宫的壁画，其艺术价值之高令人叹为观止。唐宋时期道教壁画已流行。吴道子的道释壁画，虽以佛教题材占多数，但也不乏道教壁画精品。据称武宗元17岁就画北邙山（今河南洛阳）老子庙的壁画。泰山岱庙天贶殿的大型道教壁画《泰山神启跸回銮图》，描绘东岳大帝巡视和回銮的场景，气势磅礴。唐宋道教壁画的精华为永乐宫的壁画吸取，成为现存道教壁画的集大成之作。这里参照《永乐宫志》予以介绍。永乐宫的壁画和其他道教壁画一样，都是为了宣传道教神仙信仰，借以感化人心，劝人学习神仙修道，最终飞升成仙，解脱生死。永乐宫壁画的作者是享誉黄河中游一带的朱好古、马君祥等一批民间画师。壁画绘制的时间略早于欧洲文艺复兴，差不多和元代共始终。现存壁画面积1005．68平方米，主要分布在龙虎殿、三清殿、纯阳殿、重阳殿四座元代建筑内。龙虎殿与三清殿是以传统工笔重彩勾填画法，描绘了统领山川田野的道教诸神朝拜元始天尊的宏大场面，集中表现了道教“万物归元”的思想。纯阳殿与重阳殿是以连环画的方法，描绘了吕洞宾、王重阳一生的传说故事，表现道教惩恶扬善、扶危济贫的宗旨。在艺术上，它是除敦煌以外我国另一举世公认的艺术瑰宝，素有“东方画廊”的美誉。特别是三清殿的壁画《朝元图》，其规模之大，绘制之精，代表了元代壁画艺术的最高成就。三清殿是永乐宫的主要殿堂，殿内壁画整体上是《朝元图》，总面积429．56平方米，共画神仙290尊，俗称360值日神，构图宏伟，气势磅礴。八位主神像身高近3米，最低的玉女也有1．9米以上，是迄今为止所知的中国古代最大的神仙人物画。整个壁画的神仙以南极大帝、东极大帝、紫微大帝、勾陈大帝、玉皇大帝、后土皇地祇、东华木公、金母元君等八位主神为中心，其余282尊神仙，除青龙白虎二星君外，都环抱八尊主像而立，前后排列四层。这些神仙有三十二天帝君、玄元十子、北斗七星、南斗六星、文昌帝君、雷部诸神等。这里特别要提一下“玄元十子”，今《道藏》收有《玄元十子图》，即关尹子、文子、庚桑子、南荣子、尹文子、志成子、崔瞿子、柏矩子、列子、庄子。《序》称此“玄元十子”即孔门的“宣圣十哲”，借助于图像，“十子之学，彰彰有光”了。[①] 将壁画的玄元十子与《道藏》、《玄元十子图》比较，除了壁画的安南子、士成子与《道藏》南荣子、志成子略有不同外，其余都一致。由此看来，壁画的内容有可能在金元时代的道教中较为流行，为当时人所熟知，民间画师即据此为蓝本进行创作。纯阳殿供奉的主神是吕洞宾，殿内有壁画212. 62平方米，画在东、西和北面墙壁的是《纯阳帝君神游显化图》，画在南面墙壁的是独幅画《道观斋贡》和《道观乐队》图，画在神龛背后的是《钟吕论道图》，北面后门楣上是《八仙过海图》，后门内东西两旁画松仙和柳仙。这些画也是研究宋元社会生活的宝贵资料。《纯阳帝君神游显化图》是纯阳殿的主题壁画，从吕洞宾降生说起，描绘了他一生的事迹和传说故事，共是52幅连环画，上有文字说明。与《道藏》中《纯阳帝君神化妙通纪》用文字书写的纯阳帝君108化故事比较，[②] 壁画《纯阳帝君神游显化图》只有52化，看来限于墙壁的面积，壁画对纯阳帝君显化的故事做了大量的取舍，并不完整。重阳殿壁画描绘全真道祖师王重阳和他的七个弟子即所谓“北七真”马丹阳等人的故事，共49幅。故事的主角是王重阳，他一生的事迹通过图说展现，可将这些画称为“王重阳画传”，画面构图和纯阳殿相同，分幅而兼通景，每幅有文字说明，从王重阳降生开始说起。从整体上看，重阳殿的壁画艺术价值稍差于纯阳殿的壁画，但也不乏精彩处。总之，永乐宫现存元代的道教壁画是世界现存的古代壁画艺术宝库之一，是世界美术史上的杰作，世界文化的宝贵遗产，堪称一绝。[③] 从重阳殿的壁画也可以发现，元代各道派有为其祖师作画立传的风气。其他的例子如：元代著名书画家赵孟頫在《上清传真图序》中说，玉虚真人刘大彬命画工描绘“祖师真像”，自上清派紫虚元君共四十五代祖师像，赵孟頫又作小传附书于画像后，准备藏之山中，传之后代。[④]《道藏》中《金莲正宗仙源像传》，有混元老子、全真五祖和全真七子的图像及文字传

① 《玄元十子图》，《道藏》第3册第257～261页。

② 《纯阳帝君神化妙通纪》，《道藏》第5册第703～733页。按《纯阳帝君神化妙通纪·序》所说共计“一百二十化”，实际只存一百八化，可见《道藏》本也有缺失。

③ 以上参见《永乐宫志》卷五《壁画》，山西人民出版社2006年版，第41～68页。

④ 《茅山志》卷三三《上清传真图序》，《道藏》第5册第703页。

记。[①]《道藏》有《许太史真君图传》上下二卷，以连环画形式为净明道祖师许逊作画立传，后面并附净明道“十二真君”图像，立有小传。[②] 这些都可以视为道教各门派为自己树碑立传的宣传画，以便提高自己的江湖地位。

现存道教图像中还有很大一部分内容值得我们注意，那就是与道士修行结合在一起的修炼图。与道教音乐和气功修炼的相辅相成一样，道教图画有不少是配合修炼使用的。举例如下：《上清长生宝鉴图》、《上清八道秘言图》、《太上玉晨郁仪结璘奔日月图》、《上方大洞真元阴阳陟降图书后解》、《上清太玄九阳图》、《三才定位图》、《上清洞真九宫紫房图》。[③] 这些修仙炼真图，其最初的产生，或许是道士在修行“存神”时脑海中浮出的形象，善画者将其记录下来，逐渐形成图文并茂的经书，给以后的修炼者提供了修炼时所需要“存思”的神像和方法。尽管道教图画有很大一部分是修炼的副产品，其主要功能是为道士们修仙炼真服务的，但在中国绘画史上仍占有其不同凡响的一席之地。

四、道教与中国古典小说

从中国古典小说看，也充满了道教神仙的内容。魏晋志怪小说中包含许多神仙传记体小说，这些小说有的即为道士所创作，如葛洪《神仙传》。另外《西王母传》、《汉武帝内传》及《洞仙传》等都较著名。这些作品本身虽非作为小说来有意识地制作，主要是为了宣传神仙存在，讲述道教神仙长生教义，但已有一定的故事情节，读来引人入胜，初步具备小说的构成要素。而《十洲记》、《洞冥记》一类作品则着力于神仙洞府、仙岛灵药的描述。唐宋传奇小说中，反映道教思想的作品也有一定数量，这些作品借小说阐明，不论何种社会身份的人，只要虔诚修道，最终都会成为神仙。唐末著名道士杜光庭的《墉城集仙录》、《道教灵验记》等都有明显的传奇小说笔法。宋元明清话本小说，以著名的“三言”、“二拍”为例，其中颇有一些反映道士生活、道教神仙的短篇作品，比如《喻世明言》中的《张道陵七试赵升》、《陈希夷四辞朝命》；《警世通言》中的《旌阳宫铁树镇妖》；《醒世恒言》中的《吕洞宾飞剑斩黄龙》、《李道人独步云门》；《初刻拍案惊奇》中的《西山观设箓度亡魂》、《丹客半黍九还》等等。明清还有很大一批长篇章回小说，如《封神演义》、《绿野仙踪》、《历代神仙演义》等以表现道教为主题。可以说中国古典

---

① 《金莲正宗仙源像传》，《道藏》第 3 册第 366～380 页。

② 《许太史真君图传》，《道藏》第 6 册第 716～735 页。

③ 见《道藏》第 6 册第 679～713 页；第 3 册第 118～130 页。

小说中既有大量涉及道教的作品，又有直接以道教为题材的作品，这后一类我们称之为道教小说。

下面，我们就以欣赏古典小说中与道教有关的问题作为案例，看看掌握一些道教文化知识，对于我们阅读欣赏古代小说究竟有何帮助。由此也可以更加深入细致地发现：中国古典文学创作丰富多彩的想象力的确有不少来自于道教，文学作品中处处可见“生命道教”与“生活道教”的身影在晃动。

（一）《西游记》

1. 石头为何能孕育出了猴子？猴子为何要学习神仙之道？猴子为什么能够学习神仙之道并且成仙？《西游记》中的人与神仙是一种什么关系？

《西游记》第一回《灵根育孕源流出·心性修持大道生》，描写花果山上的仙石：“自开辟以来，每受天真地秀，日精月华，感之既久，遂有灵通之意。内育仙胞，一日迸裂，产一石卵，似圆球样大。因见风化做一个石猴。五官俱备，四肢皆全。便就学爬学走，拜了四方。”后来这石猴自称“美猴王”，在那花果山水帘洞的洞天福地中享乐天真，何期有三五百载。一日，与群猴喜宴之间，忽然忧恼，落下泪来。众猴慌忙拜道：大王为何烦恼？猴王道：我虽在欢喜之时，却有一点儿远虑，故此烦恼。众猴笑道：大王好不知足！我等日日欢会，在仙山福地，不伏麒麟辖，不伏凤凰管，又不伏人间王位所拘束，自由自在，为何远虑而忧愁？猴王道：今日虽不归人王法律，不惧禽兽威严，将来年老血衰，暗中有阎王老子管着，一旦身亡，可不枉生世界之中，不得久注天人之内？众猴闻此言，一个个掩面悲啼，俱以无常为虑。此时跳出个通背猿猴，高叫道：如今五虫之内，惟有三等名色，不伏阎王老子所管。即是佛与仙与神圣，躲过轮回，不生不灭，与天地山川齐寿。猴王闻之满心欢喜，说道：我明天就下山，云游海角，远涉天涯，务必访此三者，“学一个不老长生，常躲过阎君之难。”于是“漂洋过海寻仙道，立志潜心建大功。”好猴王，“朝餐夜宿，一心里访问佛仙神圣之道，觅个长生不老之方。”“访问多时，幸遇一老祖”，叫做须菩提祖师，给石猴起个法名叫做“孙悟空”，传授给他“与天同寿的真功果，不死长生的大法门”。[①] 由此演出闹天宫、西天取经的一幕幕精彩戏剧。

这一段故事与道教的几个思想有关联。一是与道教所谓“一切含形之类，悉有道性”思想有关联。以道教的眼光看，像石头这样一些毫无生命的有形

① 《西游记》第一二回，上海古籍出版社 1991 年版，第 2～17 页。

之物也都具有“道性”，即其本身就具有得道的可能性，只要遇见合适的环境，都可以得道成仙，这是道教非常独特的思想。按照这样的观念创作《西游记》，石头里怎么会蹦出石猴，石猴又怎么会有了生命，而且能够不死长生，我们就不难理解了。因为在道教那里，万物都有道，即便在我们人类看来是毫无生命的东西，它们其实与人一样，都具有“道性”，都存在着得道成仙的本性，而且本性难移，故这一故事的理论依据也就在此。二是道教变形为仙的思想，也在中国古代文学作品里打下深邃烙印。《西游记》的孙猴子由石头里蹦出来，后偷吃太上老君仙丹，又在老君八卦炉中冶炼，使身体发生质的变化，一旦变化“则道成，道成则位为仙”。由此可以看出道教变形为仙理念的社会影响力。石头为何受天真地秀、日精月华的沁润，感之既久，便有灵通之意，而且内育仙胞，产下一个石卵，化为石猴？其实，道教《神仙传》中早有石头化为美女的故事。据说会稽人介象入山求神仙，遇见紫色的石头变化为穿着“五采”衣服的美女，并授以还丹方一道。[①] 刘义庆《幽明录》记载小吏吴龛过水溪时，看见一块“五色浮石”，带回家放在床头，到晚上石头变化为一女子，自称是河伯女。[②] 古代神话传说又有人变化为石头的记载。《太平御览》记载了江郎山三个巨石的来历。据说从前有江家三兄弟居住在此山下，后来神化于此，变成三块巨石，形成了三石峰，很有灵气，曾化为三少年救人回家。[③] 在道教和神话传说中，石头变化为人，人变化为石头，都是司空见惯的，而中国老百姓也一点都不会觉得奇怪，《西游记》的作者写起来更是顺理成章的事情。

人能够通过学习与修炼，变化为不死的神仙，神仙大多是由人变化来的，这是道教神仙十分明显的一大特征。经修炼变形为仙的理念，反映了中国文化独特的人神关系。在西方文化中，“神人绝不同质，两个世界区分清楚”。而对于中国文化来说，“由于祖先崇拜始终作为主干，使神人同质，两难分离。”[④] 中国特有的神人同质关系，使人与神仙这两个世界难以割裂和区分，反而是可以相互沟通往来，给人经过修炼可以变形为仙的道教信仰，提供了文化心理的依据。在道教看来，人能成仙是人的身体发生质变、人体变为仙体的结果。司马承祯的《坐忘论·得道七》说：人怀有道，形体得道就能永远坚固。又说：身体与道相同了，则身体无时而不存在。人得道以后，肉体发生质变而“永固”，也就是永恒存在。这种不朽的身体称为“真身”，是形

---

① 《道藏精华录》下册《神仙传》卷九《介象》，浙江古籍出版社 1989 年版，第 36 页。

② 李剑国《唐前志怪小说辑释》，上海古籍出版社 1986 年版，第 470 页。

③ 《太平御览》卷四七地部“江郎山”，中华书局 1960 年版，第 1 册第 230 页。

④ 李泽厚《历史本体论·己卯五说》，三联书店 2003 年版，第 75、76 页。

神不离的产物，即所谓“身神共一，则为真身”。在司马承祯眼中，人的身体只要变化为形神永久性统一的真身，就能长生不死。

在道教的目光中，神仙和人之间，并没有一道不可超越的界限，成仙对于人来说，也并非是可望而不可即的事，所以神仙又多称为仙人。牟钟鉴先生在《长生成仙说的历史考察与现代诠释》中一针见血地指出：“道教的神和仙，严格说是有区别的。神是亘古即有、无始无终的超凡入圣者，如‘三清’、‘四御’、‘三官’、‘真武’等，皆是道教崇拜的高位神。仙则是由人修炼而成，已经超出生死，可以飞腾变化，具有常人不备的特异智能与功能的得道者，如赤松子、广成子、八仙、七真、许逊等，又称为仙真，实际上就是‘超人’。道教的神灵是道徒崇拜和仰赖的对象，道教的仙真则不仅是道徒信奉的对象，同时还是道徒追求的人生目标，也就是说要使自己得道成仙。通常人们所说的神仙，多指仙人。”① 一般人心目中所熟悉的道教神仙，大多是由人修炼而成的仙人。自古以来，有句俗话叫做“神仙也是人做的”，这说出了在道教中，人与神仙的角色转换关系。

道教的神仙也很有些人情味，他们会思念凡尘，往往因此犯错误，被贬谪下凡间，称为谪仙人。像猪八戒原本是天蓬元帅，只因在王母瑶池宴上喝醉酒，撞入广寒宫，旧日凡心难灭，扯住嫦娥要陪歇，犯错误被打入尘世，并惩罚他错投胎，使其变得丑陋不堪。② 而沙和尚本为卷帘大将，在王母瑶池宴上失手打破玉玻璃，遭贬流沙河，忘形作怪。③《水浒传》里的宋江，按照九天玄女娘娘所说，他是因为魔心未断，道行未完，被玉帝暂罚下方的“星主”，不久就会重登神仙府第。④《宋人话本·西山一窟鬼》讲说穷书生吴教授娶了鬼做妻子，后来发觉，做声不得，此时一个癞道人对他说：“观公妖气太重，我与你早早断除，免致后患。”那道人作起法来，念念有词，调出一员神将，令其把在吴教授家中兴妖作怪的鬼都捉来。道人一一审问明白，去腰边取出个葫芦作起法来，那些鬼个个抱头鼠窜，捉入葫芦中。吩咐吴教授把来埋在驼献岭下。癞道人把拐杖望空一扔，变成一只仙鹤，乘鹤而去。吴教授下拜道：“吴洪肉眼不识神仙，情愿相随出家，望真仙救度弟子则个！”道人道：“我乃上界甘真人。你原是我旧日采药的弟子；因你凡心不净，中道有退悔之意，因此堕落，今生罚为贫儒，教你备尝鬼趣，消遣色情。你今既

---

① 牟钟鉴《长生成仙说的历史考察与现代诠释》，载《道教的历史与文学——第二届海峡两岸道教学术研讨会论文集（三）》，南华大学宗教文化研究中心 2000 年版，第 552～553 页。

② 《西游记》第十九回，上海古籍出版社 1991 年版，第 146 页。

③ 《西游记》第二二回，上海古籍出版社 1991 年版，第 172 页。

④ 《水浒传》第四一回，上海古籍出版社 1991 年版，第 350 页。

已看破，便可离尘办道，直待一纪之年，吾当度汝。”说罢，化阵清风不见了。吴教授从此舍俗出家，云游天下，十二年后，遇甘真人于终南山中，跟随他而去。[①] 这个故事后收入冯梦龙所编《警世通言》第十四卷《一窟鬼癞道人除怪》。从故事中我们除了看到道士如何遣神捉鬼，并将其收进法器葫芦中，还可以读出大乘道教那种救度人成为神仙的思想。故事的主人公吴教授原本为上界甘真人的弟子，只因“凡心不净”，道心不坚定，打起退堂鼓，因此被罚堕落红尘，备尝色情中“鬼趣”，吓得魂不附体。此时甘真人出场将他点化，使其看破滚滚红尘，情愿“离尘办道”，终于成仙而去。在仙界生出凡心，堕落凡尘接受再教育，一旦觉悟了，痛改前非，又回归仙界。神仙与人的角色就是这样换来换去的，而且神仙与人同病相怜。

既然“神人同质”，所以中国的神仙也好，菩萨也好，犯有与人一样的通病，那就是神也爱钱，所以人们常说钱能通神。《西游记》第九十八回写唐僧师徒四人历尽千难万险到了西天，奉佛旨领取真经，阿傩、伽叶二尊者却问他们“要人事”，因为没拿到“人事”——礼品，便故意将无字的“白纸本子”经文交给唐僧师徒。师徒四人告到佛祖面前，佛祖笑道：“经不可轻传，亦不可空取。向时众比丘圣僧下山，曾将此经在舍卫国赵长者家与他诵了一遍，保他家生者安全，亡者超脱，只讨得他三斗三升米粒黄金回来。我还说他们忒卖贱了，教后代儿孙没钱使用。你如今空手来取，是以传了白本。”[②] 佛祖也嫌他的经文“忒卖贱了”。到最后，唐僧师徒无可奈何，只好把随身携带的“紫金钵盂”送给二尊者，才终于拿到有字真经。难怪《金瓶梅》中西门庆无耻地笑称：“咱闻那佛祖西天，也止不过要黄金铺地，阴司十殿，也要些楮镪营求。咱只消尽这家私广为善事，就使强奸了姮娥，和奸了织女，拐了许飞琼，盗了西王母的女儿，也不减我泼天的富贵。”[③] 在西门庆眼里，有钱就能贿赂买通各路神仙，有钱就能使鬼推磨，只要给了神神鬼鬼们红包，就可以在他们的保护伞下，放心大胆地胡作非为，奸淫拐骗仙女，甚至于“盗了西王母的女儿”，就算把坏事全都做尽，也不会削减他那“泼天的富贵”一丁点儿。值得我们注意的是，这一切，都是在所谓“消尽这家私广为善事”的名义下运作的，表面上风风光光，冠冕堂皇，西门庆俨然为一大善人形象。用黄金去为佛祖“铺地”，用钱来满足阴司十殿阎王的“营求”，看起来是在向神烧香“行善”，实质上却是在向神行贿，买通神佛为自己的巧取豪夺大开方便之门。人与神之间的关系，就这样通过行贿受贿加以沟通，人与神之间

---

① 《宋人话本·西山一窟鬼》，广州出版社 1996 年版，第 29～36 页。

② 《西游记》第九八回，上海古籍出版社 1991 年版，第 821 页。

③ 《金瓶梅》第五七回，三秦出版社 1991 年版，第 526 页。

的感情，也由此而得到联络。从《西游记》和其他古典小说中，我们都可以看到，中国宗教的“神”虽然不姓钱，但却非常爱钱，人神之间的利益关系，犹如世间普通人求有权力的官员办事要通过行贿受贿一样，二者之间天知地知，你知我知，合作搞腐败，各有所求。反过来说，大小不等的官儿们，那就是现实生活中的“活神仙”、“活菩萨”，你要乞求他为人服务，那就得按照惯例奉送“香火”，准备充足的“随喜”功德。故在中国这样自古以来信仰缺乏神圣性、信仰非常功利化的社会反腐败，十分困难，任重而道远，非从文化基因工程下手，改造我们文化中人向神烧香磕头找庙门的腐朽因子，改造我们信仰中的人神关系，倡导文化反腐，否则即便建立好的制度，试图完全依靠制度反腐败，也不能解决问题。好啦，扯远了，还是言归正传吧。

道教的神仙中除了一小部分牟钟鉴先生所谓“高位神”为“此故事纯属虚构”之外，大多是经由人修炼转化而来的，很多神仙的确是由人做的。既然神仙与人，角色可以互换，人经过自己的刻苦努力修炼可以变化成仙，那么作为长生不死的神仙，对于人来说就有一种亲近感，人会感觉到自己与神仙之间的距离并非那么遥远，感到自己将有希望跻身于神仙行列。这样，神仙不死的形象化示范作用，就不是高悬在空中，令人可望而不可即，而是落到了实处，让信仰者看得见，够得着，以为是切切实实可行的事情。了解到这一点，我们对《西游记》当中神仙与人的角色变过来变过去，石头里蹦出的猴子为什么能学习神仙之道并且最终成仙等这一类问题，就不会感到奇怪了。

2. 什么叫《黄庭》?

《西游记》第一回描写猴王参访仙道，来到一座秀丽高山，忽闻林深处有人歌唱：“相逢处，非仙即道，静坐讲《黄庭》。”美猴王听见，满心欢喜道：神仙原来藏在这里！仔细看时，是一个砍柴汉子。走近前叫道：老神仙，弟子起手。那汉慌忙答礼：我怎敢当神仙二字？猴王道：《黄庭》乃道德真言，非神仙而何？[①] 这里说的《黄庭》是什么意思？为何美猴王听见《黄庭》就叫老神仙？《黄庭经》，作者不详。现传《黄庭经》有内景、外景、中景三种。一般认为中景经出世较晚，故通常所说《黄庭经》未包括《中景经》在内。据《内景经》卷上梁丘子注说，黄为中央之色，庭为四方之中，外指天中地中人中，内指脑中心中脾中，故称“黄庭”。心居身内，存观一体的象色，故称内景。所谓黄庭之景，实指道教修炼时产生的景象。《外景》与《内景》先后出现于西晋与东晋，据称由晋代魏夫人所传。《黄庭经》以七言歌诀形式描述道教的修炼与养生学说，是道教思想与古医学结合的修真书。《黄庭经》为

---

① 《西游记》第一回，上海古籍出版社1991年版，第6页。

道教茅山宗的主要经典，在道教中十分盛行，后成为全真道功课之一。它为现代养生学提供了重要参考价值，收入《正统道藏》洞玄部本文类。既然《黄庭经》是道教修炼神仙的“真言”，那么美猴王听见有人“讲《黄庭》”，便满心欢喜，以为找到神仙，可以拜师修炼了。

3. 神仙身体与人的身体有何不同?

《西游记》第二回说：“原来人得仙体，出神变化无方。不知这猴王自从了道之后，身上有八万四千毛羽，根根能变，应物随心。”[①] 道教的神仙之体，正是这样随心所欲，神通广大，变化多端。孙悟空七十二变，恰恰是道教那种奇妙诡谲想象力的体现。道教对于人的身体产生和孕育的过程，予以特别的关注，在儒释道三教中首屈一指。道教如此关心人体的奥秘，和其终极关怀是紧密联系在一起的。道教讲“形神俱妙”，认定只有这样才能超凡入圣，才能与道合真。在道教看来，人能成仙是人的身体发生质变、人体变为仙体的结果。按基督教所说，人的身体由上帝创造，上帝先造了男人的身体，然后从男人的身体取下一部分制造女人身体。佛教把人的身体看成臭皮囊，完全不予关注。与基督教上帝创造人的身体和佛教轻视人的身体大相径庭，道教对人的生命起源和形成的探讨，对人身体生理构造和生理特点的求索，一直都没有停止过，并与中国古代医学的发展结伴而行。

古代思想家不仅探究宇宙万物的起源，对于人的产生也很关心，追寻人从哪里来。随着医学的发展，人们对自己生命的产生积累了更多的认识，对人体也有了更多更好的了解。《黄帝内经》认为：人是天地之气生，四时之法成。[②]《管子·水地》则说：“人，水也，男女精气合，而水流形。”[③]《淮南子·精神训》在描述人体的形成时说：“一月而膏，二月而胅，三月而胎，四月而肌，五月而筋，六月而骨，七月而成，八月而动，九月而躁，十月而生，形体以成，五藏乃形。”[④] 这些说法对早期道教有一定程度的影响，比如《太平经》除了从终极之处寻找生命的答案外，对一些生命现象也作了解释，体现了汉代人们对身体的认识。《太平经》在探讨人的产生以及人的身体构造等问题时，把男女生殖器官看做生命的根本，赋予其极浓郁的神秘感，正透露了原始人的生殖器崇拜在道教中的遗存。在《太平经》眼光中，正是男女生殖器官的不同划分了二者的尊卑贵贱，这种看法的基本点，其实就是汉代流行的阳尊阴卑说，身体的根本之处与阴阳学说相连，男性为阳器所以尊贵，

---

① 《西游记》第二回，上海古籍出版社 1991 年版，第 16 页。

② 《黄帝素问直解·宝命全角论第二十五篇》，科学技术文献出版社 1982 年版，第 193 页。

③ 《管子·水地》，上海古籍出版社 1989 年版，第 134 页。

④ 《淮南子·精神训》，《道藏》第 28 册第 48 页。

女性为阴器所以卑贱，这是男尊女卑的根据所在。但是人的产生却是阴阳化合的结果，只有阳的施化之功，而无阴的养育之劳断不能生成人。《黄帝内经》曾说："人生有形，不离阴阳。"[①]《太平经》的看法与此是一致的，只是将其神化为天的安排，因此称："一阴一阳，故天使其有一男一女，色相好，然后能生也。"[②]《太平经》还描述了人在母体内与出母体之后的不同状况：人处于胎儿状态，可以不饮不食而不知饥渴，抱元气于自然，但出生后就不行了，所以人总是处于胎儿状态，那是最好的，可以不死。这是它从观察人的身体现象中得出的一种幻想。另外，它运用取象比类法，把人体与自然相比附，如论人体之"脉"时说：三百六十脉，对应一年三百六十日，每日一脉持事，对应四时五行而动。[③] 这同《黄帝内经》的说法比较接近，也是汉代流行观念的反映。《太平经》对人的产生以及人体生理构造的表述在今人眼光中不免显得幼稚可笑，但却反映了道教从一开始就重视探索人的生命现象，对于人自己身体的认识表现出热忱的关怀。

汉代另一部重要的道教经典《参同契》，接受了秦汉医学思想、《周易》生命观和黄老神仙学，并将它们糅合在一起，熔融出天人一体的宇宙生命模型。这套宇宙生命模型以宇宙时空作为人的生命场，认为人的生命发生形成与宇宙的发生形成原理完全符合，人的身体运动节律与宇宙的运行和谐一致，人体生理构造乃是大宇宙的缩小，并由此探索了人类身体现象的奥秘。《参同契》认为人的生命所禀之身体本来是"无"，由于元精之气的造化，使身体得以孕育。元精之气内含阴阳，阴阳的交媾产生人的身体，具体地说就是父精母血（即所谓"男白女赤"）的结合，然后受精卵在母体内孕育十月，最终"脱出其胞"，成为活生生的人。这样讲人的生命来源和身体形成与其宇宙发生论是一致的，深受《易经》的影响。《易·系辞下》说："天地絪缊，万物化醇。男女构精，万物化生。"[④] 天地间阴阳二气的交互作用生成万物，雄雌的构精使万物生息繁育，这当中也含有人类生命的化生。《参同契》所谓"乾坤者，易之门户"，既讲了宇宙化生，又讲了人的生命的产生。《参同契》以乾坤为阴阳变化的关键所在，故其讲房中便以乾坤作比喻，以"乾动而直，气布精流；坤静而翕，为道舍庐"描绘男女交媾，阳施阴受，生命化育。可以说，元气布精，阳施阴受的阴阳之道，既是《参同契》的宇宙生成模式，又是其生命发生模式。

---

① 《黄帝素问直解·宝命全角论第二十五篇》，科学技术文献出版社 1982 年版，第 195 页。

② 王明《太平经合校》，中华书局 1960 年版，第 43～44 页。

③ 王明《太平经合校》，中华书局 1960 年版，第 179 页。

④ 孙振声《易经今译》，海南出版社 1988 年版，第 387 页。

道教对于人的身体发生和孕育的过程，予以特别的关注，这是其神仙信仰一个始终不变的特色。《太上说六甲直符保胎护命妙经》描述人的受生及在母亲身体中的孕育过程。《三元延寿参赞书》卷一《人说》，对于人的身体孕育形成过程，以七天作为一个时间跨度，做了更加细致入微的描写。如此详尽的描绘，虽没有严密的人体解剖依据，但也对人的身体现象作了很仔细的观察，其中不乏丰富的想象力和猜测，显示了道教对人体在娘胎内的情况就予以充分注意，对人的身体现象从一开始就予以思考和研究。《大丹直指》卷上讨论了人的身体发生以及人体的先天气与后天气。《太上老君内观经》则运用道教的“内观之道”，来观察人的身体形成现象，从人体在胞胎中的演变说到人周身之神的生成，使身体发生形成现象以及如何与神的结合历历在目，清清楚楚。道教如此关心人的身体发生和孕育的奥秘，应该说和其终极关怀是紧密联系在一起的。道教千方百计想弄清楚人的身体是如何来的，是要想了解我们的身体最终去向在什么地方，是要探讨人的身体能否长存不朽，人有没有肉体升仙的可能性。

早期道教在世人心目之中，是以“炼形”而著称的。一直到南北朝初期，道教明显区别于佛教的特征，在社会上一般人的眼中就是“练形为上”。《西山群仙会真记》卷二《养形》专门讨论养形之道。《三洞群仙录序》特别强调炼形致仙，炼气存真，养形以存生。[①]《谷神篇序》指出：“修道者即是修身也，炼丹者即是炼形也。”[②] 炼形的目的就是要使人的身体发生一种质变，成为不死的“真身”，从而永远保住修炼者的身体。

炼形而使身体不朽，遭到儒家和佛教的尖锐批评。针对儒家和佛教的批评，道教逐步将其所关注的重点指向“炼神”。《西升经·邪正章》指出：道有真伪之分，“伪道养形，真道养神”[③]。《丹经极论》强调说：“真道养神。……生我者道，活我者神，将神守之，以道养神是也。”[④] 这样，传统道教讲“养形”便成了“伪道”，“真道”在于“养神”，由此也否定了道教传统的肉体不死说。唐代道教学者王玄览《玄珠录》卷下把修道分为上下两个等级：“形养”只能获得较低品位的所谓“形仙”，属于修道方法的下乘；“坐忘”则是炼神，最终“舍形”入于高品位的真常之道，属于修道方法的上乘。《无上玄元三天玉堂大法》卷二十说：炼神而生神，生神则可“登超凌之域”，也就是超越生死。炼神就是要把神留在身体上，神对人之生命的重要性就在于：

---

① 《三洞群仙录序》，《道藏》第 32 册第 233 页。

② 《谷神篇序》，《道藏》第 4 册第 534 页。

③ 《西升经》卷上，《道藏》第 11 册第 495 页。

④ 《丹经极论》，《道藏》第 4 册第 346 页。

神丢失了，人的身体必亡。大体说来，汉魏南北朝道教注重炼形，隋唐以后关注点在于炼神。

不论炼形还是炼神，道教在根本上还是要修炼形神的永恒统一，这样才有身体不死。身体作为神的房子，只要房子的主人“神”没有离去，这房子就不会“崩坏”。身体经刻苦修炼做到不视、不听、不知，清静无为，即可神不离开人身，身神合一，命与道一样长久。神的存在离不开身体，而身体无神则不能成为真身。神与形相守也就是形神的永恒统一。《太上洞玄济众经》从“始生父母”的角度讲身体与神并一，其所谓回归始生父母而成道，实指“身神并一”的“真身”返回到“虚无自然”中去，因为人就是从那里来的。如果能以“真身”回到“虚无自然”去，即是得道。

因此之故，道教反复讲说形神俱妙，认定只有这样才能超凡入圣，才能与道合真。所谓形神俱妙，如果用我们现在的话语来解说，那就是形神统一，永不分离，与不死之道合为一体，从而超越生死。后来，全真道与内丹学虽然没有放弃道教传统的“形神俱妙”说，但这就好像他们仍然坚守传统的神仙长生的话语一样，只保留形式，而完全改换了内容。由于他们坚持神不灭论，主张精神飞升，故其“形神俱妙”的内涵，已经发生了全然不同于传统的变化。全真道与内丹学的“形神俱妙”之说，是形灭而神不灭的“形神俱妙”，与道教传统意义上的主流观点——形灭神灭、形神合一不灭——已经全然不同。

《参同契》在证明物性可变的基础上，以此为根据，进而说明人体也能变，人经过长久地服炼金丹，可以“变形而仙”。成仙是人的身体经长期修炼发生变化的结果，这就是《参同契》的结论。葛洪看到人为的“变化之术”，包括隐身术、现鬼神术、炼丹术、人造云雨霜雪术等等，并由此推论，人为的变化术可以无所不为。于是，在掌握了这些变化术后，能令人飞行上下，隐沦无方，含笑即为妇人，蹙面即为老翁，踞地即为小儿，种物即生瓜果可食，画地为河，撮壤成山，兴云起火，无所不作。人甚至能变化形体为飞禽走兽及金木玉石，分形为千人，因风高飞，坐见八极及地下之物，放光万丈。[①] 既然人们运用变化之术可以为所欲为，那么变化成仙就并非难事。[②] 从变化的无限多样性，人对变化之术的运用无奇不有，因而推导出人能变化旧的身体为仙、长生不死的结论。《云笈七籤》卷五六《元气论》提到易益之道，什么叫“易益之道”？充沛精，变易形，就是所谓“易益之道”。而所谓变易，其实质是“生易其形”，返老还童，越活越年轻，最终成为长生不死的

---

① 《抱朴子内篇校释·遐览》，中华书局1985年版，第337页。

② 《抱朴子内篇校释·论仙》，中华书局1985年版，第14页。

“仙人”、“真人”、“至人”。这很明显继承了《参同契》以来的“变形而仙”说。

南唐沈汾《续仙传序》赞美说：人在刚刚开始修炼时，守一炼气，拘谨法度，及修炼成功，千变万化，混于人间，或藏山林，或游城市。其飞升者，多往海上诸山。积功已高，便为仙官，卑者成为仙民。在十洲之间，有仙家数十万，耕植芝田，有仙官们在治理仙民。“其隐化者，如蝉留皮换骨，保气固形于岩洞，然后飞升成于真仙，信非虚矣。”[①] 人或者像蝉一样留皮换骨，或为仙官，或为仙民，千变万化，神秘莫测，终于进入身体长生不死的理想境界。《道枢》卷一三《鸿蒙篇》载北宋张无梦论变化的观点：至神无方，至道无体，无为而无不为。故得道者，见造化之功，显鬼神之妙，而无所不变。粪虫变蝉，腐草变萤，雀入水变蛤，雉入水变蜃，田鼠变鴽，鱼变龙，此变化之小者。其大者，人可以变仙。[②] 据张无梦的观察，天地万物皆处于变化无常的状态之中，只有“无为而无不为”的“至道”，亦即“常道”是恒定不变的。至道也是“无体”的，得道者神通广大，能做到“无所不变”。自然界万物的变化，诸如“粪虫变蝉，腐草变萤”等等之类，只不过是变化之小者。而人变化为神仙，才是最伟大的变化。能够变化为神仙的人，当然是“无所不变”的得道者。所谓“人可以变仙”，指明了人的身体具有变化成神仙身体的可能性，而把这种可能性变成现实的前提就是“得道”。《真一金丹诀》称：钟离权授吕洞宾“真一金丹炼形之道”，吕洞宾这个凡人，经修炼变化为真人，凡胎肉体变化为神仙体。《还丹众仙论序》说：饵还丹者，返老还童，可以从凡人变化为神仙，因此得以不死。

关于成为神仙之后的身体，在《毛仙翁传》中，杜光庭说：仙的上等，肉体升飞，与天一样无极限；修炼者的身体把阴滓都炼尽，转变为“全阳”之体，于是得道成仙。五代道士彭晓的《红铅火龙诀》中说：天上的神仙，都受的是纯阳之精；修丹术士炼纯阳，“变为纯阳之身”，而“纯阳之真”不死。所谓“纯阳之身”与杜光庭的“全阳之体”都是指神仙的身体，非肉体凡胎可比。另一方面，也有道经说人的身体应变为“无身”、“无形”才能成仙，因为神仙就是无身无形的。如《三天内解经》卷下认为：道就是“无”，一切事物都是从无而生有，所以万物之本是“无”。既然“有”终归于“无”，那么应忘身，神仙就是无身的。《太上太玄女青三元品戒拔罪妙经》卷下肯定神仙之道是“无形”的，身形为万恶之源，也是假幻，故只有入于“无形”才能得道。对传统的肉身成道说进行了驳斥。这清楚地说明道教内部讲身体

---

① 沈汾《续仙传序》，《道藏》第5册第77页。

② 《道枢》卷十三《鸿蒙篇》，《道藏》第20册第674～675页。

有两种不同观点，一种追求有形的肉体成仙，另一种则旨在于无形的精神了道。但无论如何，持两种不同观点者，皆对人的身体生理构造和生理特点的求索锲而不舍，都在言说“形神俱妙”、“神仙不死”（内涵不同），对人的身体与神仙身体的大不相同之处，高度关注。《西游记》中所描写的，无论是孙悟空成仙，还是妖精试图吃唐僧肉以后成仙，都是道教比较传统的东西，即追求有形的肉体成仙。

4. 仙官和地上的俗官有何同异？

《西游记》第四回，孙猴王被招安上天拜受仙箓，官封弼马温。一日闲暇欢饮之间，猴王忽停杯问：我这“弼马温”是个什么官衔？又问：此官是个几品？众监官道：没有品，官不大，只唤做“未入流”，就是最低最小的末等官。猴王听此心头火起，咬牙大怒道：这般藐视老孙，不做它，不做它。一路打出南天门，反下天宫去了。等到太白金星第二次将他招安上天，封为“齐天大圣”，却“只是加他个空衔，有官无禄”。玉帝告诉他：齐天大圣的“官品极矣，但切不可胡为”[①]。原来神仙世界也是讲官本位的，这仙官和地上的俗官有何同异呢？相同之处在于：不论是神仙世界，还是人类世界，都是官本位的世界，都是官的等级森严的世界，都以做官为荣耀，都讲究“官品”，都讨厌“空衔”，都喜欢肥缺，一门心思追求升官发财，所以官做得越大越好。应该说，这是儒家读书做官的官本位思想在道教神仙世界中的“投射”，没有地上的俗官制度，也就没有天上的仙官制度，没有地上的皇帝老官，也就没有天上的玉皇大帝。儒家讲求“仕途经济”，这“仕途”只要走上正道就是经世济时，就成为清官，一旦走上邪道就成了经营银子，堕落为贪官。天上的仙官同样有这种情况，天人是如此的合一。不同之处在于：仙官的本事远远超越俗官，人在衙门里解决不了的问题，只好到庙门中去求仙官啰！

5. 什么叫“火居道士”？

《西游记》第十九回，孙行者打趣猪八戒说：“世间只有个火居道士，那里有个火居的和尚？”[②] 什么叫“火居道士”？《初刻拍案惊奇》卷十七解释说：“况且又有一种火居道士，原是有妻小的，一发与俗人无异了。”[③] 道教正一派道士娶妻生子，吃人间烟火，与一般在家的俗人没有什么两样，这就叫“火居道士”。

6. 什么叫“解尸法”？

《西游记》第二十七回写那个“尸魔”试图吃唐僧一块肉，长寿长生，先

---

① 《西游记》第四回，上海古籍出版社1991年版，第27～33页。

② 《西游记》第十九回，上海古籍出版社1991年版，第150页。

③ 《初刻拍案惊奇》卷十七，岳麓书社1988年版，第157页。

是变做个月貌花容的女儿，正要下手，被孙悟空识破，劈头就打。那怪物有些手段，使个“解尸法”，见孙悟空的棍子打下来时，却“抖擞精神，预先走了，把一个假尸首打死在地下”。接着那妖精又假变一婆婆，孙行者认得是妖精，举棒照头便打。“那怪见棍子起时，依然抖擞，又出化了元神，脱真儿去了；把个假尸首又打死在山路之下”。妖怪第三次出场，摇身变成一个老公公。这一次，孙大圣念动咒语，叫当坊土地、本处山神都在云端里照应，“那大圣棍起处，打倒妖魔，才断绝了灵光”。于是这个“潜灵作怪的僵尸”，终于现了本相，化作一堆粉骷髅在那里，脊梁上有一行字，叫做“白骨夫人”。[①]这一大段描写如何理解？什么叫“解尸法”？“出化了元神，脱真儿去了”又是什么意思？白骨精为何总打不死？最后为什么由众神帮助，“断绝了灵光”，才使“白骨夫人”现了原形？这些个问题与道教的“尸解”相关。在道教《神仙传》中，通常记载尸解成仙者，人们打开其墓葬，不见尸骨，只见其留下的衣物或拐杖、宝剑，称为杖解或剑解。道教又称尸解为蝉蜕，将尸解成仙者比喻为蝉脱壳一样，真身已飞走。《旧唐书·隐逸传》记载：道士刘道合，唐高宗闻其名，召入宫中，深尊礼之。令他炼还丹，丹成上给皇帝。咸亨年间亡故。及至唐高宗营建奉天宫，迁移刘道合的墓，弟子开棺改葬，发现尸体惟有空皮，背上裂开，有如蝉蜕，其身体的骨架都没了，大伙儿说是“尸解”。唐高宗听说后很不高兴，说：刘师为我合丹，自己服了去做神仙。他上给我的丹药，很一般。[②] 刘道合的“真身元神”已经像蝉子脱壳一样飞掉了，只留下一张“空皮”。“白骨夫人”使用的就是道教的“尸解”法。这里还有个问题，“尸魔”既然已经变成了白骨，为什么还能修道呢？这在道教中叫“太阴炼形”之法，就是说即使人死后到了阴间，也能用某种方法修炼还原自己的形体。

《西游记》多处提及正法、妖术，《初刻拍案惊奇》卷十七的解释是：“那学了与民间祛妖祛害的，便是正法；若是去为非作歹的，只叫得妖术。虽是邪正不同，却也是极灵验难得的。”[③] 道教法术本身都是一样的，谁都可以学习，学好后都很灵验，但运用起来却有“邪正不同”。“尸魔”学习道教法术，并不是用来为民除害的“正法”，而是要为非作歹的“妖术”，这是我们在阅读《西游记》时必须加以区分的。

---

① 参见《西游记》第二七回，上海古籍出版社 1991 年版，第 215～218 页。这段故事改编为电影《孙悟空三打白骨精》，风行一时。

② 《旧唐书》卷一九二《隐逸传》，中华书局 1975 年版，第 16 册第 5127 页。

③ 《初刻拍案惊奇》卷十七，岳麓书社 1988 年版，第 156 页。

（二）《水浒传》

1. 什么叫“嗣汉天师”？“虚靖天师”又是谁？“罗天大醮”指的是什么？

《水浒传·楔子》：宋仁宗时瘟疫盛行，天子命在京宫观寺庙做仪式禳灾，不料瘟疫转盛，范仲淹奏称：“要禳此灾，可宣嗣汉天师星夜临朝，就京禁院，修设三千六百分罗天大醮，奏闻上帝，可以禳保民间瘟疫。”于是派洪太尉去龙虎山迎请“虚靖天师”，在东京禁院做了七昼夜法事，普施符箓，禳救灾病，这才使得“瘟疫尽消，军民安泰”。[①] 读到这里的“嗣汉天师”、“虚靖天师”，我们如果不懂道教及其历史，就会一头雾水，什么叫“嗣汉天师”？“虚靖天师”又是谁？为什么宋仁宗要派洪太尉去龙虎山迎请“虚靖天师”来解决瘟疫盛行的问题？“罗天大醮”指的是什么？为何做了“罗天大醮”就可以把盛行的民间瘟疫驱除？所以不懂得道教，一开始读《水浒传》就稀里糊涂，好多问题得不到解释！

这里的“嗣汉天师”是指，张陵于东汉末年创立道教，后人封为“汉天师张道陵”，其子孙后代世袭天师之位，代代相传，故称“嗣汉天师”。[②] 从第四代天师张盛移居今江西贵溪县的龙虎山，到宋徽宗崇宁四年（1105）于上清镇营建“嗣汉天师府”后，历代天师便生活起居在龙虎山天师府。如果说北方有山东曲阜的孔府，那么南方则有江西龙虎山的嗣汉天师府，北方的孔圣人家与南方的张天师家一直传袭至今，香火不绝，成为中国历史上声名远播、影响深远的南北两大世家。

这里的“虚靖天师”是指第三十代天师张继先。张继先是北宋张天师中最为著名者，号修然子，九岁即嗣教，所以《水浒传》将其描绘为“道童”形象。不过，在历史上召见张继先的皇帝，并非宋仁宗，而是宋徽宗。宋徽宗崇宁年间（1102～1106），张继先数次被召进京，因除去盐池水怪和在内廷做斋醮科仪“有功”，赐号“虚靖先生”。按照历史，宋仁宗所召见的是第二十六代天师张嗣宗，令其为国祈祷，赐号“虚白先生”。[③] 可见，《水浒传·楔子》所写宋仁宗嘉祐三年（1058）宣“虚靖天师”与史实不符，因为张继先出生于宋哲宗元祐七年（1092），嘉祐三年张继先尚未出生，如何能够受到召

---

① 《水浒传·楔子》，上海古籍出版社1991年版，第2、7页。

② 关于“汉天师”及历代天师传袭的详情，参阅《汉天师世家》，《道藏》第34册第815～843页。

③ 《汉天师世家》卷三、卷二，《道藏》第34册第826、827页。

见?“虚靖先生”与“虚白先生”虽仅一字之差,但就这一字之差,《水浒传》便成了“戏说历史”。

“罗天大醮”指的是道教中规格最高、规模最大的斋醮科仪。罗天又称“大罗天”,道教认为是天界中最高的地方,故从大罗天请下来的神灵地位最尊贵。《罗天大醮设醮仪》称其所启请的神灵有元始天尊、太上老君、高上玉皇、三十二天帝君、玉虚上帝等这些道教最高规格的神,而且所启请的神灵数量巨大,囊括了“名山洞府,得道神仙,三界官属,一切真灵。”① 再加上参与仪式的道士人数众多,这些都使罗天大醮成为道教最盛大、最隆重的仪式。《太上洞玄灵宝天尊说罗天大醮上品妙经》中太上老君告知善男信女:持念罗天大醮真经,瘟灾不染,横祸不侵,恶星消除,不遭刀兵,不遭火灾、水灾。默念此经一遍,即感动诸天神灵来保护你,然后“玉符保命,金液炼形”,精神不散,万灾消灭,一切不祥之事都没有了。② 除了做“罗天大醮”的仪式,念诵“罗天大醮真经”也能清除瘟疫,并且使所有灾难都远离你而去。《水浒传》写宋仁宗时天下瘟疫盛行,一般的仪式禳灾已经失效,在此情况下,不得不请出张天师做了七昼夜罗天大醮,“奏闻上帝”,这样才把民间流行的瘟疫给灭掉了。透过作者的这种描写,由此也可以看出,罗天大醮在普通老百姓心目中的巨大威力。

2. “九天玄女娘娘”是何方神圣?什么叫“天书”?

《水浒传》第四十一回写九天玄女娘娘传授宋江三卷“天书”,以之替天行道。③ 这里所谓“九天玄女娘娘”、“天书”便与道教脱离不了关系。道教所说的“九天”,指的是太清天、清微天、大赤天、大青天、太玄苍天、太玄天、大昊天、太玄都天、大明天,都是神仙居住的地方。道教经书《洞玄灵宝自然九天生神玉章经解》卷上提到“九天圣母”,称她是“至阴之主”,职能是拔除房事生育中产生的“不祥”。④《灵宝领教济度金书》卷五十七有“九天卫房圣母”。⑤ 此外,道教中以“九天”命名的神多如牛毛,诸如九天真王、九天生神上帝、九天尚父大元帅、九天荡秽神君、九天感化大神之类,数不胜数。在这些以“九天”冠名的神之中,“九天圣母”为女性神的主宰。“九天玄女”在《云笈七籤》卷一百一十四有传。据说九天玄女为黄帝之师,圣母元君的弟子。当黄帝与蚩尤大战时,九天玄女从天而降,授予黄帝“六甲六壬兵信之符、灵宝五符、策使鬼神之书”等法宝,帮助黄帝战胜了蚩尤。

---

① 《罗天大醮设醮仪》,《道藏》第 9 册第 55 页。

② 《太上洞玄灵宝天尊说罗天大醮上品妙经》,《道藏》第 28 册第 371 页。

③ 《水浒传》第四一回,上海古籍出版社 1991 年版,第 350 页。

④ 《洞玄灵宝自然九天生神玉章经解》卷上,《道藏》第 6 册第 430 页。

⑤ 《灵宝领教济度金书》卷五七,《道藏》第 7 册第 280 页。

后来黄帝乘龙升天，这些都是“由玄女之所授符、策、图、局也”。[①] 就是说，九天玄女是中华民族的始祖——黄帝的老师，是她把天上的兵法传给黄帝从而打败蚩尤。而现在，她传授宋江三卷“天书”，要宋江据此替天行道。

关于“天书”，道教的解说是：天书玉字，是凝结“飞玄之气”而成灵文，和五合而成章，巍巍高尊，有中生无，为天地之根。天书尊重，度人无量，贵而享福，如果慢待它则惹祸，得道神仙莫不崇奉天书自然之音而成。[②]《云笈七签》卷七引《诸天内音经》说：天书字方一丈，自然显现空中，书上文采焕烂，八角垂放光芒，精光乱眼，不可得看。天真皇人说，天书尊妙，不比寻常，开大有之始，其字不是凡书之体，应宝其道而尊其文。[③]《秘传正阳真人灵宝毕法》卷下称，只有在人间传道，积累功德，获得了“天书”，才能升到“洞天”，成为“天仙”。[④]《太上说青玄雷令法行因地妙经》说：“五岳万神之首”的“岳渎令”，获得玉帝颁赐的“云简天书”，于是能“永镇岳庭”，种种为善，“广益兆民”。[⑤] 可见“天书”的“神威”和“法力”。

宋真宗大中祥符元年（1008），有所谓“天书下降”，降下天书《大中祥符》三篇，以示意宋朝受命于天，皇图永固。宋真宗下令以正月三日天书下降日为天庆节，放假五天，并于京师上清宫建道场。此后，又有数次天书下降事件发生。而宋徽宗更有过之，他假借道士林灵素请青华帝君降临，颁布帝诰天书册封其为“教主道君皇帝”，既要做皇帝，又要当道教教主，集皇权教权于一身。这些所谓“天书”，无非是要借助于道教神权来证明大宋皇帝世俗权力的合法性和永久性。有趣的是，宋代历史上演出的这些“天书下降”戏剧，却被《水浒传》作者巧妙地借用来安插到了宋江头上，作者是不是要暗示读者，宋江才是真资格“天书”的拥有者，才是真正替天行道的“星主”呢？

3. 罗真人如何能命令黄巾力士？什么叫“五雷天心正法”？

《水浒传》第五十二回写戴宗、李逵去搬请公孙胜出山，以破高廉的妖术，路遇一老汉到九宫县二仙山听“紫虚观”的罗真人“讲说长生不死之法”，并从老汉那儿得知公孙胜的隐修之处。戴宗、李逵找到公孙胜处，他正在屋后炼丹。然后三人上山请示公孙胜的师傅罗真人，同意公孙胜下山，破了高廉妖术，谁知罗真人却不同意。当晚李逵偷袭罗真人，提起斧头劈向罗真人的脑门。“李逵看时，流出白血来。笑道：‘眼见得这贼道是童男子身，颐养得元阳真气，不曾走泄，正没半点的红。’李逵再仔细看时，连那道冠儿

---

① 《云笈七籤》卷一一四《九天玄女传》，《道藏》第 22 册第 796～797 页。

② 《太上灵宝诸天内音自然玉字》卷一、四，《道藏》第 2 册第 532、563 页。

③ 《云笈七籤》卷七《天书》，《道藏》第 22 册第 41 页。

④ 《秘传正阳真人灵宝毕法》卷下，《道藏》第 28 册第 364 页。

⑤ 《太上说青玄雷令法行因地妙经》，《道藏》第 28 册第 378 页。

劈做两半，一颗头直砍到项下。”出门时，李逵又砍了一个青衣道童。不料第二天，三人又上山，罗真人却好端端坐在云床上养性。李逵所砍杀的其实只是罗真人的两个葫芦。于是罗真人命令两个黄巾力士押着李逵，将他丢到蓟州府吃些苦头。李逵被蓟州府尹当做妖人拿下，从头上淋了一盆狗血，一桶屎尿。李逵大叫“我不是妖人，我是跟罗真人的伴当!”原来蓟州人都知道“罗真人是个现世的活神仙”，“是天下有名的得道活神仙”，便不肯下手伤害李逵，反倒买酒买肉请他吃。罗真人笑称：李逵“是上界天杀星之数，为是下土众生作业太重，故罚他下来杀戮。”[①] 从这一回的描述中，我们看到活神仙罗真人的道术好生了得，可以驱使神灵也就是“黄巾力士”为他所用，把个李逵在云中押来押去，还可以把葫芦变化为人形。这些都是所谓道教法术的神力。罗真人作为得道的活神仙，神通广大，派遣黄巾力士完成他下达的任务，这在道教看来都是自然而然的事，正是得道高人的拿手好戏。

《水浒传》第五十三回写罗真人传授公孙胜“五雷天心正法”，说依此而行，“可救宋江，保国安民，替天行道。”[②] 另外，《金瓶梅》第六十二回，应伯爵也称颂：门外五岳观潘道士受的是“天心五雷法”，极遣的好邪，有名唤作潘捉鬼，常将符水救人。[③]《初刻拍案惊奇》卷十七讲，任道元“少年慕道，从个师父，是欧阳文彬，传授五雷天心正法，建坛在家，与人行持，甚著效验。”[④] 许多古典小说都提到“五雷天心正法”。另据《汉天师世家》卷三记载：第三十代天师张继先曾进献“天心荡凶诸雷法”给宋徽宗。[⑤]《宋史·方技传》说林灵素“稍识五雷法”，间或祈雨有小验证。[⑥] 那么，什么叫“五雷天心正法”或者说“天心五雷法”？这正是道教所说的“雷法”之一，与道教神霄派、清微派有关。

神霄派是内丹与符箓融合而产生的符箓新派，形成于北宋末。神霄派的创始人为江西南丰道士王文卿，他托称得唐道士汪君之传，被宋徽宗召见，拜太素大夫、凝神殿校籍，后又拜为金门羽客，升凝神殿侍宸，赐号“冲虚通妙先生”。该派称其符法出于高上神霄玉清真王，又号南极长生大帝，为万雷总司。该派的神霄雷法由于迎合了宋徽宗崇道的需要，很快流传开来。徽宗命天下诸州建神霄玉清万寿宫以祀神霄大帝，神霄派符法由此传承不绝，衍生出许多不同支派。神霄派以融合内丹与符箓为特征，其内丹法渊源于张

---

① 参见《水浒传》第五二回，上海古籍出版社 1991 年版，第 430～447 页。

② 《水浒传》第五三回，上海古籍出版社 1991 年版，第 449 页。

③ 《金瓶梅》第六二回，三秦出版社 1991 年版，第 578 页。

④ 《初刻拍案惊奇》卷十七，岳麓书社 1988 年版，第 156 页。

⑤ 《汉天师世家》卷三，《道藏》第 34 册第 827 页。

⑥ 《宋史·方技传》，中华书局标点本，第 39 册第 13529 页。

伯端南宗，强调内炼外用都需以本性元神为主，以内炼为体，以符箓为用。神霄道士从人身小天地、宇宙大天地之说出发，认为在其雷法中所召摄的雷神将吏，实际上为自身的精气神以及五脏之气。到了元代，该派因为受全真道和儒学的影响，渐渐重视宗教道德的实践，守持戒法，并以守忠孝为先。

清微派是唐末产生的内丹与符箓相结合的新的符箓道派，该派称其符法出于清微天元始天尊，所以名叫清微派。据《清微仙谱》说：该派创始于唐末广西零陵人祖舒，第九代为南毕道。南隐居于四川青城山，将雷法传授给黄舜申，黄于是以擅雷法而闻名京师，受宋理宗召见，到元代授其“雷渊广福普化真人”之号。黄舜申作为第十代宗师，清微法经其阐扬宗旨而大成，门徒甚多，道阐四方。清微符箓和神霄符箓一样，以雷法为主，名目繁多，主张内炼为本，符箓为末。

所谓“五雷”，据《道法会元》卷五十六《上清玉府五雷大法玉枢灵文》说：天上有雷城，雷城中有“五雷都司”，有“五雷使”专门统摄五雷，即天雷、神雷、龙雷、水雷、社令雷。人间有风雨不调，道士用雷法祈请五雷，即可“运雷霆于掌上”，消灾去祸。另据同卷《五雷所部》说：天雷有百官千将，上辅玉帝，下御阴阳，威德极重。如果国土连年亢旱饥荒，乞降天雷，可拯救天下。神雷也有百官千将，代天行化，一年四时发号施令，使雨水下得均匀。假如人世间不忠不孝、不仁不义，上帝即令神雷讨伐，在狂风暴雨时，震动霹雳将不忠不孝、不仁不义者打死。龙雷在龙宫，有万将千兵辅助，保护仙经，并主救一方旱涝灾害。水雷是下元水官所部，上帝令其诛斩水妖，赏功罚过。社令雷是地方上的忠义之士死后英灵之性聚集而成，百姓祭拜及时则风调雨顺，否则作暴雨狂风，疾雷猛电，破坏人们的庄稼，伤人性命。[①]

所谓“天心正法”，据《上清北极天心正法》说：是太上老君降鹤鸣山授予张天师，其任务为辟斥邪魔，拯救民众。从前流传的“天心正法”有三符，一是天罡大圣符，二是黑煞符，三是三光符。三光符上结三皇，道应三境，德表三才，真出三师，故名“天心”，是万道之宗，众法之祖。行天心法中要“运雷局”，召令“五雷使者”。[②] 又据《上清天心正法序》说：这是玉帝的心术，太清的真文，太上的妙法，三洞的灵书，出于道德自然之始。《上清天心正法》卷二说：天心正法辅正除邪，扶危立困，度死济生，为国为民请雨致雷，求晴止水。并称：天心有命，万神则听，急急如天心帝君令。卷一提到

---

① 《道法会元》卷五六《上清玉府五雷大法玉枢灵文》、《五雷所部》，《道藏》第 29 册第 135、139 页。

② 《上清北极天心正法》，《道藏》第 10 册第 645、647 页。

用“五雷”霹雳打破病人家，化为神仙宅。卷六提到凡点斗灯须用“五雷诀”。[1] 这些都表明，“天心正法”是结合“五雷”运用的，故称“五雷天心正法”或“天心五雷法”。

如果说《水浒传》第五十三回是写雷法用于战争，那么，《太上说青玄雷令法行因地妙经》则是讲西蜀境内受到灾疫，太上派雷部神将温元帅前去灭灾驱瘟的故事。雷部神将“掌握风雷统领兵，助法救民兴善利”。温元帅“代天行化，助法救民，统御雷兵”，奉太上老君之令，大逞神威，驱雷掣电，救民疾苦，很快“扫荡蜀瘟”，百姓安泰，永保清宁。[2] 由此可以看出道教雷法在古代社会生活中运用之广泛。

（三）《红楼梦》

1. 无才补天的顽石与绛珠草如何能幻形入世？

《红楼梦》揭示人生“好花不长开，好景不长在”的痛苦真相，借贾府乐极生悲、盛极一时而后衰败的故事，悲叹人生的短暂与荒诞，存在的无奈和虚无。“仙佛合宗”是其人生价值观的基本特征，故一僧一道伴随着全书的始终。

如果说《西游记》第一回写孙猴子由石头里蹦出来，把石头作为由头，那么《红楼梦》第一回也拿石头说事。书中说那女娲炼石补天时，于大荒山无稽崖炼成高十二丈、见方二十四丈大的顽石三万六千五百零一块，娲皇只用了三万六千五百块，单单剩下一块弃在青埂峰下不用。“谁知此石自经锻炼之后，灵性已通，自去自来，可大可小。”又不知过了几世几劫，因有个“空空道人”访道求仙，从这大荒山无稽崖青埂峰下经过，忽见一块大石，上面字迹分明，编述历历。“空空道人”从头一看，原来是“无才补天，幻形入世，被那茫茫大士、渺渺真人携入红尘、引登彼岸的一块顽石”。后面有一偈：“无才可去补苍天，枉入红尘若许年。”此后“空空道人”因空见色，自色悟空，遂改名为情僧，改《石头记》为《情僧录》。后因曹雪芹于悼红轩中，披阅十载，增删五次，又题曰《金陵十二钗》，这便是《石头记》的缘起。故事由此展开：只因当年这个石头，娲皇未用，自己落得逍遥自在，各处去游玩。一日来到警幻仙子处，那仙子留他在赤霞宫中，名他为赤霞宫神瑛侍者。他却常在西方灵河岸行走，看见灵河岸上三生石畔有棵绛珠仙草，十分娇娜可爱，遂日以甘露灌溉，这绛珠草始得久延岁月。后来既受天地精华，又得甘露滋养，遂脱了草木之胎，幻化人形，仅修成女体，终日游于离

---

① 《上清天心正法》，《道藏》第10册第607、610、613、636页。

② 《太上说青玄雷令法行因地妙经》，《道藏》第28册第377～378页。

恨天外，饥餐秘情果，渴饮灌愁水。绛珠草常说："自己受了他雨露之惠，我并无此水可还。他若下世为人，我也同去走一遭，但把我一生所有的眼泪还他，也还得过了。"[①] 从这个故事的缘起看，顽石与绛珠草能幻化人形入红尘，正是道教万物都有道性，草木石头皆可得道思想的形象写照。

唐代道教教义书《道教义枢》卷七《混元义》认为"道"具有一种自我分别的能力，它既能分别内外，又能彻底否定内外，由一生出多，于是"道"使世界从混沌一片中分化产生出来。[②] 道也能使宇宙"复于混沌"，然后再度开创世界，世界就在"道"的支配下循环往复，周而复始。既然"道"支配着整个世界，主宰着宇宙，那么，"道"自然而然就是无所不在的，遍寓于宇宙万物之中。《道教义枢》卷十《假实义》说：大道"无乎不在"，认为无论是物质世界还是人的精神世界，都有"道"存在。[③]《道教义枢》卷八《道性义》进一步阐明："有知与无知，大道无不在"。[④] 意思是说，"道"不仅存在于有知觉的世界，而且存在于无知觉的世界，遍布整个宇宙的任一角落、任一事物。这种"万物有道论"，不禁让人联想到《庄子·知北游》中庄子告诉东郭子：道"无所不在"，"在蝼蚁，在稊稗，在瓦甓，在屎溺"，[⑤] 这样一段名言。

在《道教义枢》中，讨论"道"的普遍性存在是结合"道性"问题进行的。道性普遍地存在于世间一切事物中，不论是有识还是无识，此即《道性义》所谓："一切含识，乃至畜生果木石者，皆有道性也"。[⑥] 果木石这些东西都属于无情无识者，无情而有道性，正显示了道性普遍存在于宇宙万物间。果木石都是有形体之类的东西，无论果木性也好，还是石性也好，都与"道性"相吻合，所以果木石这些无情之物也都含有道性，都会接受"道"的洗礼，将来都有可能获得神仙之道。《道门经法相承次序》载潘师正回答唐高宗的问题说："一切有形，皆含道性"。[⑦] 这就说得十分清楚，凡是有形体的东西，无不含有道性。既然其本身含有道性，凡是有形体的东西最终都有可能成神仙。《红楼梦》说女娲炼石补天未用的这个石头，灵性通了以后，自去自来，可大可小，出入神仙之境，尤其以甘露灌溉的绛珠草也幻化变为人形，修成了女体。若按常理，真是不可思议，但照道教的思维方法，照道教的神奇想象力，这些都是可以理解的。《红楼梦》第七十七回宝玉对袭人讲了段话

---

① 参见《红楼梦》第一回，上海古籍出版社 1991 年版，第 1～3 页。

② 《道教义枢》卷七《混元义》，《道藏》第 24 册第 829 页。

③ 《道教义枢》卷十《假实义》，《道藏》第 24 册第 837 页。

④ 《道教义枢》卷八《道性义》，《道藏》第 24 册第 832 页。

⑤ 郭庆藩《庄子集释·知北游》，中华书局 1961 年版，第 3 册第 749、750 页。

⑥ 《道教义枢》卷八《道性义》，《道藏》第 24 册第 832 页。

⑦ 《道门经法相承次序》，《道藏》第 24 册第 786 页。

很有意思，他说：“你们那里知道？不但草木，凡天下有情有理的东西，也和人一样，得了知己，便极有灵验的。”① 草木也和人一样有灵性，得了知己便极有灵验，这也正是道教万物皆有道性思想的形象化描述。

2. 道士果真有仙药吗？

《红楼梦》第八十回讲述贾母与宝玉一起去天齐庙烧香还愿，众嬷嬷生怕宝玉在庙里睡着了，便请了当家的老王道士来陪他说话儿。“这老道士专在江湖上卖药，弄些海上方治病射利，庙外现挂着招牌，丸散膏药，色色俱备。亦长在宁荣二府走动惯熟，都给他起了个混号，唤他做‘王一贴’：言他膏药灵验，一贴病除。”于是宝玉问：“天天只听见说你的膏药好，到底治什么病？”王一贴道，我的膏药“共药一百二十味，君臣相际，温凉兼用。内则调元补气，养荣卫，开胃口，宁神定魄，去寒去暑，化食化痰；外则和血脉，舒经络，去死生新，去风散毒。其效如神，贴过便知。”宝玉道：“我问你，可有贴女人的妒病的方子没有？”王一贴忙道：“这贴妒的膏药倒没经过。有一种汤药，或者可医，只是慢些儿，不能立刻见效的。”宝玉问道：“什么汤？怎样吃法？”王一贴道：“这叫做‘疗妒汤’：用极好的秋梨一个，二钱冰糖，一钱陈皮，水三碗，梨熟为度。每日清晨吃这一个梨，吃来吃去就好了。”宝玉道：“这也不值什么。只怕未必见效。”王一贴讲道：“一剂不效，吃十剂；今日不效，明日再吃；今年不效，明年再吃。横竖这三味药都是润肺开胃不伤人的，甜丝丝的，又止咳嗽，又好吃。吃过一百岁，人横竖是要死的，死了还妒什么？那时就见效了。”说着，宝玉焙茗都大笑不止，骂“油嘴的牛头”。王一贴道：“不过是闲着解午盹罢了，有什么关系？说笑了你们就值钱。告诉你们说：连膏药也是假的。我有真药，我还吃了做神仙呢，有真的跑到这里来混？”正说着，吉时已到，请宝玉出去奠酒，焚化钱粮，散福。功课完毕，宝玉方进城回家。② 常言说，十道九医。只不过，这王一贴医术并不高明，无非是“弄些海上方治病射利”。可爱的是，他真人面前不说假话，给宝玉摆老实龙门阵，承认自己卖的是假药，如有真正的成仙药，早就自己吃了做神仙去了。

（四）《金瓶梅》

1. 《金瓶梅》与道教有何不解之缘？

据研究人员统计，《金瓶梅》涉及十六个道教人物。吕洞宾为第一号道教人物，其次是林灵素。《金瓶梅》开篇有一首《色箴》：“二八佳人体似酥，腰

---

① 《红楼梦》第七七回，上海古籍出版社 1991 年版，第 607 页。

② 《红楼梦》第八十回，上海古籍出版社 1991 年版，第 632～633 页。

间仗剑斩愚夫。虽然不见人头落，暗里教君骨髓枯。”据说此系：“修真炼性的英雄，入圣超凡的豪杰，到后来位居紫府，名列仙班，率领上八洞群仙，救拔四部洲沉苦一位仙长，姓吕名岩，道号纯阳子祖师所作。”[①]也就是八仙之一纯阳祖师吕洞宾的手笔。《金瓶梅》一开头就借助于吕洞宾所讲的“色戒”，告诫世人跳出七情六欲关头，打破色的圈套，以免到头来与色同归于尽。可以说，《金瓶梅》开篇就以这样的定调与道教结下了不解之缘。而第一回写西门庆与人结拜兄弟，是在道观玉皇庙进行。据西门庆说，结拜的事，不是僧家管的，寺里的和尚又不熟，倒不如玉皇庙吴道官与我相熟。于是“西门庆热结十弟兄”就在玉皇上帝前敬表烧纸，向神发誓，“为桃园义重”，要“安乐与共”，拜了八拜，结为异姓兄弟。[②] 结拜异姓兄弟在道观进行，而西门庆与玉皇庙吴道官的关系非同寻常，从这些都可以看出，《金瓶梅》讲的故事是在与道教有关的地方展开的。而通观《金瓶梅》，多处留下道门踪影。

2. 如何看待《金瓶梅》揭发道门中的害群之马？

《金瓶梅》揭露了道门中不守本分者。第九十三回“金道士娈淫少弟”，写晏公庙庙主任道士令徒弟在码头上开设钱米铺，常将多余钱粮变卖成银子，积攒私房钱。他的大徒弟金宗明，也是个不守本分的，“常在娼楼包占乐妇，是个酒色之徒。手下也有两个清洁年小徒弟，同铺歇卧”。后有西门庆女婿陈敬济打出官司来，家业都没有了，投在这晏公庙出家做了道士。金宗明见陈敬济生得齿白唇红，面如傅粉，清俊乖觉，眼里说话，“就缠他同房居住”。“当夜两个颠来倒去，整狂了半夜。这陈敬济自幼风月中撞，什么事不知道。当下被底山盟，枕边海誓”，把这金宗明哄得欢喜无尽，第二天就把庙里各处的钥匙都交给了陈敬济。从此金宗明不再和徒弟在一处，每日只同陈敬济“一铺歇卧”。描写了当时道观中的同性恋现象。这金宗明又在任道士面前美言，使任道士花钱替陈敬济买了一张度牒（官方发放的道士身份证）。自此以后，陈敬济把任道士积攒的私房钱偷出大半来“宿娼饮酒，骚扰地方”。一日东窗事发，被拿到官府，“打二十棍，追了度牒还俗。”[③] 这些破坏道门清规戒律的败类，其实根本就不信仰道教，甚至于对道教是什么一点都不了解。就像那位“自幼风月中撞”的陈敬济，只不过是因为吃了官司，家道败落了，生活无着落，不得已而混入教内讨口饭吃，入道动机极端不纯。他们披着道袍，干的却是歹徒的勾当，是道士中的败类，完全不能代表道教的形象。《金瓶梅》对这帮假道士的揭露，也反映了道教中确有少数人，由于各种各样的

---

① 《金瓶梅》第一回，三秦出版社 1991 年版，第 34 页。这首《色箴》在第七九回西门庆贪欲丧命前再次加以引用（第 796 页）。

② 《金瓶梅》第一回，三秦出版社 1991 年版，第 42～43 页。

③ 《金瓶梅》第九三、九四回，三秦出版社 1991 年版，第 918～924 页。

原因不是“信教”而是“吃教”，他们根本没有信仰，只是为了混进道教内去讨生活，而且本性难移，披着道袍为非作歹，是混入道教队伍的异己分子。

实际上，许多笔记小说也客观地描写了真正信仰道教的“有道之士”济世救人的感人肺腑的事迹。《西湖佳话》卷之一《葛岭仙迹》说葛洪修道成功，“素心已遂，道念愈坚，因拜谢天地祖先，立愿施药济世，不欲复在世缘中扰扰。”他韬光养晦，不露神仙踪迹。有一年，钱塘大旱，百姓惶恐不安，也有道士设坛求雨，也有儿童行龙求雨，百计苦求，并无半点雨下来。葛洪安慰众人道：莫要慌，我为你们求雨。就在葛岭丹井中，取水吸了一口，立在初阳台上，望着四面一喷，不一会儿，阴云密布，下了场大雨，田野的旱灾解除。又有一年，瘟疫盛行，葛洪不忍百姓染病，便书符投入各个井中，令人饮水，瘟疫就消失了。有人为钱粮逼迫，要卖妻子，其妻情急，往西湖投水。葛洪见了，制止她说：不要寻短见，我成全你夫妇。松厅内有块大青石下，盗贼藏银一包在那里，赶快叫你丈夫去取，还完钱粮的债务后，还剩有本钱度日。其夫往取，果得之，感激不尽。后朝代虽屡经变更，仍有人登葛岭凭吊，好像仙人之遗风不散，故地借助于人灵，垂之不朽，至今称为葛岭。[①]《重订虞初广志》卷八《如皋道人》讲述了一个拾金不昧道士的故事：如皋三元宫道人，失其姓名，贫贱而不能移。曾过江都市中，捡到金子百两，坐在那儿等候三天，失主却没来领取。后得知失主姓倪，便约于三元宫见面。倪姓失主是儒者，对道人的廉洁自律非常感动，要分一半金子给他。道人拒绝说，我如果想要金子，就全部拿走不还给你了，何必现在来分你一半？倪姓失主问，可否等待他日予以报答。道人笑称，我无父母，无妻子，饿了吃，饱了睡，寄放此形于天地之间，先生将拿什么报答我？梦花生就此评论说：儒士的耿直是为了“名”，道人的耿直是真耿直！天下熙熙，为利而来，道人既不图利，也不图名。[②] 另据《旧唐书·隐逸传》记载：道士刘道合，唐高宗闻其名，令于其隐居的地方建太一观以居之。召入宫中，深尊礼之。前后赏赐，刘道合都散施给贫穷的人救急，一点儿都没有积蓄。[③]

鉴于此，我们不能看见古典小说中有对道教阴暗面的揭露，便以偏概全，以为这唯一从中华大地上成长起来的道教，简直一无是处，坏到了极点。实际上，我们应该用一分为二的方法论看问题，虽然其中混进了少数坏人，但道教队伍的主流还是好的，光明面才代表其主要形象。

---

① 《西湖佳话》卷一《葛岭仙迹》，江苏古籍出版社 1993 年版，第 13～17 页。

② 《虞初广志》上册《重订虞初广志》卷八《如皋道人》，上海书店 1986 年版，第 75～76 页。

③ 《旧唐书》卷一九二《隐逸传》，中华书局 1975 年版，第 16 册第 5127 页。

第四章 科技道教

李约瑟博士《中国科学技术史》第二卷《科学思想史》第十章认为：道教中包含着原始的科学和方技，“它对于了解全部中国科学技术是极其重要的”。他指出：“道教被人们所忽视，道家方术被视为迷信而被一笔勾销；道教哲学被说成是纯粹的宗教神秘主义和宗教诗歌。道家思想中属于科学和‘原始’科学的一面，在很大程度上被忽略了。”① 这是很有见地的。道教为了追求长生成仙，十分关心自然，产生了一些有益人类生命的副产品，内容涉及古代天文学、医学、化学、矿物学、养生学等，成为中国古代科技的构成部分。经修道成仙不死，这就是道教徒和“永恒”割不断的联系，是道教徒对生命意义的深切体悟。割断这种联系，消灭这种体悟，道教徒就不成其为道教徒，生命对他们也就完全无意义，他们自然活不下去。道教徒一旦具有了这种与生命意义关联的虔诚信仰，那么真心实意珍爱生命，想方设法地延长生命，绞尽脑汁逃避死亡，就成为其人生价值最重要的追求。美国哲学家怀特海在《观念的冒险·前言》中揭示：所谓“观念的冒险”有两层意思，“一层意思是：某些观念在加速人类通往文明的缓慢进程中所产生的影响。这便是

① 《中国科学技术史》第二卷第十章，科学出版社、上海古籍出版社 1990 年版，第 35、36 页。

人类历史中观念的冒险。"① 道教的神仙不死信仰即是一种人类历史中"观念的冒险"，这一冒险，对于加速中国古代在通往科技文明的进程中所产生的影响是难以估量的。譬如中国古代四大发明之一的火药，就是在对神仙不死的追求中产生的，这或许是道教徒人生价值追求中给予世界最佳的礼物。全部中国古代科学技术前进的动力也要从这里去寻找，正是道教这种对神仙不死的锲而不舍的追求，成为中国古代科学技术向前迈进的强大发动机，成为中国古代科技某些发明创造的一股活水源头。可以毫不迟疑肯定的是，假如没有道教"神仙不死"这一"观念的冒险"，中国古代在科技文明方面所取得的成就将会逊色不少，或许某些发明创造的专利权也就不属于古代中国了。道教的生命理想形成了一个无可比拟的发明创造方案，这个方案一直都是中国古代科技文明演进中的成分之一，这使道教成为非常有价值的宗教。相对道教而言，儒家以读书做官为本位，做官需要的是科举考试八股文一类的东西，只要善于作八股文就行了。至于各种各样的科技活动，在儒生们眼睛里都不过是一些雕虫小技、奇技淫巧，对于官运亨通完全帮不上忙。故大权在握的儒家士大夫对于科技的发展毫不关心，这也是造成近代以来中国科学技术落后的重要原因之一。

道士则不同，为了延年益寿，为了长生不老，他们积极从事科技攻关活动。道士们的发明创造，也有很多与老百姓的日常生活息息相关。比如《重订虞初广志》卷七《邓道士传》就记载：宋代时，罗浮山道士邓守安创建自来水。据说，广州城靠海边，水苦咸。而城北有泉水甘甜可口，但由于离城太远，百姓无法饮用。邓道士眼见老百姓喝了苦咸水，春秋疾病流行时发病率很高，便设计了大小石槽，再接上一万多根大竹杆，把二十多里之外的泉水引入广州城中，从此以后大家喝上了甘甜可口的泉水。作者评论称：邓道士的方法，与今日自来水精粗不同，然而其原理是一致的。②

在道教对神仙不死"乐此不疲"的追求中，产生了一些相当有效的实证手段或者说操作方法，这些方法，虽不能做到使人不死，却可以让人延年益寿，强身健体，进一步提高生命存活的质量。这些具有可操作性的方法，正是道教神仙信仰实证性的具体展示。道教的操作方法可归结为两大类，一类借助外力，一类借助内力。借助外力的如服食丹药等。这类方法在魏晋、隋唐较为盛行，由于产生的负效应较大，服外丹后中毒而死的事件屡有发生，故这类方法渐为道教所不取。借助内力的方法主要是行气服气乃至发展为内

---

① 怀特海《观念的冒险·前言》，贵州人民出版社 2007 年版，第 1 页。

② 《虞初广志》上册《重订虞初广志》卷七《邓道士传》，上海书店 1986 年版，第 63～64 页。

丹学。这类方法宋元后成为道教徒修炼长生不老的主要操作方法。在道教这些用于修炼的操作方法中，即蕴涵着大量中国古代科技的内容。

一、外丹与化学

道教外丹术本身因追求长生不死而遭到批评，但其中又有一些古代科学的副产物，成为近代实验化学的前导。中国古代之所以能够发明火药，即与道教烧炼所谓长生不死的金丹有关。《正统道藏》中的许多外丹经籍，实际上是中国古代化学宝贵的原始资料，很有研究价值。如唐代清虚子所著《铅汞甲庚至宝集成》卷二记载的“伏火矾法”，即为现存最早的一次造火药的实验记录。另外，道士在烧炼丹药的过程中，也炼制了一些确实能疗病并能延寿的药物，比如葛洪《肘后备急方》记录了把黄丹与植物油熬煮后制成膏药以治外伤。外丹在客观上推动了中国古代科学技术的进步。

1. 道教的服食外丹术

说到服食外丹，人们自然就会联想起《西游记》里孙悟空偷吃太上老君仙丹和王母娘娘蟠桃的情景，按《西游记》的说法，服食了这些金丹和仙桃就会长生不死。其实，这正是道教传统的服食外丹术的形象写照。

早在春秋战国时代，就已经出现了从事炼丹术的方士，一些帝王派人四处为其寻找神仙不死之药。《韩非子·说林上》记载：有人把不死之药献给荆王。[①]《山海经》卷十一《海内西经》有“不死树”，又有巫彭等“操不死之药”以却死气、求再生的故事。[②]《淮南子》卷十一《览冥训》说：“羿请不死之药于西王母，恒娥窃以奔月。”[③] 这就是有名的嫦娥奔月的故事，这个神话故事透彻地反映了古代中国人对于不死之药的追求。《史记》卷六《秦始皇本纪》记载：秦始皇派遣徐市发童男女求仙人不死之药；又派韩终、侯公、石生去求仙人不死之药；卢生等人也四处为秦始皇“求芝奇药仙”，并说秦始皇如果能够“时为微行以辟恶鬼”，使真人到来，所居宫室不让人知，然后不死之药即可获得，于是秦始皇自称“真人”，不称“朕”。[④]《史记·封禅书》列举出宋毋忌、正伯侨、充尚、羡门高等这样一些燕地的人，“为方仙道，形解消化，依于鬼神之事”；又说齐威王、齐宣王以及燕昭王均曾派人入海求蓬莱、方丈、瀛洲三神山，因为许多仙人以及不死药都在三神山上；以后秦始

---

① 《韩非子·说林上》，上海古籍出版社 1989 年版，第 61 页。

② 《山海经》卷十一《海内西经》，《道藏》第 21 册第 834 页。

③ 《淮南子》卷十一《览冥训》，《道藏》第 28 册第 47 页。

④ 《史记》卷六《秦始皇本纪》，中华书局标点本 1959 年版，第 1 册第 247、252、257 页。

皇南至湘山，登会稽，并到了海上，希望遇见海中三神山的不死药。[①]

这些寻找不死之药的举动都未能成功，而伴随着古代冶炼术的发展，方士们由寻找天然的不死药转向人工制造，先是搞一些延年益寿之方，继而又想方设法人工合成不死之药。汉武帝时，李少君称：祠灶可以致物，致物就能使丹沙变化为黄金，黄金炼成后以之作为饮食器就延年益寿，而延年益寿，海中蓬莱仙者才可以看见，见到仙者举行封禅则不死，黄帝就是如此。臣下曾游海上，见安期生，安期生食巨枣，大如瓜。安期生是神仙，通蓬莱中，合适就见人，不合适就躲藏起来了。于是汉武帝开始亲自祠灶，派遣方士入海求蓬莱安期生这类神仙，从事变化丹沙各种药物为黄金的实验。栾大也对汉武帝讲，臣的老师说：黄金可以炼成，不死之药可以获得，仙人可以招致。[②] 在汉武帝时，还有淮南王刘安招来了懂得方术的宾客数千人，写作《内书》二十一篇，《外书》更多，又有《中篇》八卷，专门讨论神仙黄白术，计有二十多万字。后来，到汉宣帝时，复兴神仙方术之事，因为淮南王刘安有《枕中鸿宝苑秘书》，书中讲神仙使鬼物炼金之术以及邹衍的重道延命方，世人都没有见过，只有刘更生父亲刘德在汉武帝时得到了这本书。刘更生幼小时即读过，以为是奇书，就把《枕中鸿宝苑秘书》献给了汉宣帝，说黄金可以炼成。汉宣帝命令按书中的配方炼金，虽然花费很多，但并没有炼出黄金来。[③] 可见汉武帝、汉宣帝时，人们对神仙不死之药的追求，不再像从前那样仅仅到自然界去寻求天然药物，他们设想由人通过某种方法来加工制作，并且进行了初步试验，但这一试验失败了。

到东汉，服药求长生的风气在社会上形成，人们认为服草木之药只能延年，要想不死就得服用金丹。正如阴长生《自叙》所说：不死的要道在于获得神丹。如果只是行气导引，俯仰屈伸，服食草木，可以延年益寿，但不能超越人世，以至于成仙。[④] 可惜，服金丹也并不能使人不死，反而可能中毒，过早失去生命，无怪《文选》卷二十九《古诗十九首》会发出这样的感叹："服食求神仙，多为药所误。"[⑤]

尽管服食丹药造成一些人的意外死亡，尽管已有人对服药的效果表示怀疑，但人们渴求不死的心情太迫切了，他们不惜冒风险以求一试，万一侥幸成功，不就可以不死长生么？抱着这种侥幸心理的人并未因"为药所误"而

---

① 《史记》卷二八《封禅书》，中华书局标点本 1959 年版，第 4 册第 1368～1370 页。

② 《史记》卷二八《封禅书》，中华书局标点本 1959 年版，第 4 册第 1385、1390 页。

③ 参见《汉书》卷四四《淮南王安传》及《汉书》卷三六《刘向传》，中华书局标点本 1962 年版，第 7 册第 2145 页、第 1928～1929 页。

④ 《全后汉文》卷一〇六阴长生《自叙》，中华书局 1958 年版，第 1 册第 1048 页。

⑤ 《文选》卷二九《古诗十九首》，中华书局 1977 年版，第 411 页。

减少，反而在不死的奢望刺激下渐渐增多。到魏晋时，社会上形成了一股服药之风，皇帝贪爱仙药，士大夫辈也以服寒食散为时尚。据说魏尚书何晏服寒食散，首先获得神效，由此大行于世。魏晋社会的服药之风，同魏晋人们对延年不死的强烈追求分不开，文人诗中充满了生命短促的哀叹，他们企求通过服药延长人生乃至长生不死，这是他们服食丹药的一个重要原因。王瑶先生《中古文学史论·文人与药》指出："不只是诗文，整个魏晋名士的生活都和药有不可分离的关系。过去一向为封建士大夫所景羡的那种所谓飘然的高逸风格，简傲的名士派头，所谓'魏晋风度'，不营物务，栖心玄远，都可以在这里找到了他们一部分的根源。"①

服药既然成为魏晋士大夫们生活不可分割的一部分，那么在他们当中产生出葛洪这样伟大的炼丹家，就自然不会令人感到迷惑。葛洪由儒入道，最终成为一名虔诚的道教信徒，坚定不移地信奉神仙长生不死。为了追求不死，他长期从事炼丹，试图发现通向不死的阳关大道。葛洪认为，人服食金丹之后，完全有可能获得不死。为什么呢？他在《抱朴子内篇·金丹》中说：五谷尚且能使人存活，又何况像金丹这样的上品神药呢，其对于人之有益岂不比五谷多出一万倍吗？金丹这种药物，烧之愈久，变化愈妙。金丹的主要原料之一是黄金，而黄金入火后，百炼不消，埋进土里，又永久不朽。既然如此，人们服用了丹药，就会炼入身体，使人体像金丹一样不会朽坏，所以能令人不老不死。这是借助于外物使自身坚固，好比火借助于脂类而不熄灭，用铜青涂脚入水不腐，靠了铜的功效保护了肉体。当金丹进入人体内，与肉体融洽化合，其坚固肉体的效果，就比用铜青涂脚好得多。葛洪运用类比思维，以黄金之性不败朽，设想人服食金丹之后，就会获得此种不朽性，因此长生不死。这也是对道家道教"道法自然"观念的一种具体实证，尽管其不能够获得成功。

《金丹》篇还列举了许多具体的丹药，以说明服食金丹的确可以长生不死。首先是"九丹"，据说此九丹是获得长生的关键，非一般人所能见到。这九丹是：

第一丹名为丹华。先作玄黄，用雄黄水、戎盐、卤盐、牡蛎、赤石脂、滑石、胡粉等各数十斤，捣合如泥，以火炼之三十六日而成，服后七日成仙。

第二丹名为神丹，又称神符。服后百日成仙。将此丹涂于脚下，可在水火之上行走。只须服用少许，便能使百病皆愈。

第三丹也名神丹。服少量，百日成仙。六畜服后，也终不死。

第四丹名为还丹。服少量即可百日成仙。用此丹涂在钱物上，用了当日

① 王瑶《中古文学史论·文人与药》，北京大学出版社 1998 年版，第 164 页。

即可以物归原主。

第五丹名为饵丹。服之三十日成仙。

第六丹名为炼丹。服之十日成仙。与汞合炼，可成黄金。

第七丹名为柔丹。服少量，百日成仙。与缺盆汁和服，九十老翁，亦能有子。

第八丹名为伏丹。服之即日成仙。以丹书写在门上，万邪众精怪不敢来侵犯，又能辟盗贼虎狼。

第九丹名为寒丹。服少许，百日成仙，飞行轻举，不用羽翼。①

据葛洪说，这九丹只要得到其中一种便可升仙，任意出入人间天上，自由自在。《金丹》篇又记载了“九转丹”，称：一转之丹，服之三年得仙。二转之丹，服之二年得仙。三转之丹，服之一年得仙。四转之丹，服之半年得仙。五转之丹，服之百日得仙。六转之丹，服之四十日得仙。七转之丹，服之三十日得仙。八转之丹，服之十日得仙。九转之丹，服之三日得仙。这九转丹，转数少了则药力不足，故服后日子用得多，得仙比较慢；其转数越多则药力越盛，故服后日子用得少，得仙较快。

《抱朴子内篇·金丹》还记载了许多丹法，兹不一一赘述。这些丹药有的具有祛病延年的功效，有的据说服后令人长生不死、羽化成仙，对于人们有很大的诱惑力，难怪当时的一些人对其趋之若鹜。从这些记载看，魏晋时道教的炼丹方法已相当发达，服食的丹药花样繁多，其目的都在于延年益寿，不死成仙，从根本上解决人的生命存在问题。可以说，葛洪总结了早期的炼丹理论和方法，成为道教服食外丹术的集大成者，对后世发生了极大影响。从科学技术史的角度看，炼外丹促进了中国古代化学的发展，葛洪也因此而成为国际化学史上的杰出人物。葛洪在医学上也有突出贡献，他的《肘后方》（又名《肘后备急方》）对某些疾病作了世界上最早的记录，如天花、结核、黄胆性肝炎等。从《肘后方》中可以发现，葛洪有丰富的治疗经验，他的医疗术与炼丹术紧密结合在一起。葛洪如此醉心于炼外丹和医药事业，显然与其神仙不死的生命哲学观念有不可分的关系，他试图用这些可操作的方法，来证实神仙不死并非是虚诞不经的海外奇谈。道教生命哲学的实证性，在葛洪身上强烈地体现了出来。

葛洪之后，南北朝时期，道教服食金丹术仍在发展，并依然受到了统治者青睐，统治层中服食丹药者不乏其人。《南史》卷七十六《隐逸下·陶弘景传》记载：陶弘景得到神符秘诀，以为神丹可成，但苦无药物原料。梁武帝萧衍得知后，资助其黄金、朱砂、曾青、雄黄等。陶弘景以这些原料炼成

① 参见王明《抱朴子内篇校释·金丹》，中华书局1985年版，第71～75页。

“飞丹”，色如霜雪，服之体轻。梁武帝服飞丹后有效果，更加敬重陶弘景。每得到弘景的书，即烧香虔诚接受。以崇信佛教而著称于世的梁武帝竟然也服用道教丹药。陶弘景除了进行炼丹的实践，还写成了《太清诸丹集要》、《合丹药诸法式节度》等外丹著作。在医药学上，陶弘景也取得了很大成就，著有《本草集注》、《补阙肘后百一方》、《效验方》等。他的这些成果，进一步发展了道教的服食药物术。

在北方，北魏道武帝拓跋珪好黄老。天兴（398～404）中，仪曹郎董谧献《服食仙经》数十篇，道武帝于是置仙人博士，立仙坊，煮炼百药，封西山以供其薪蒸。令犯死罪者试服丹药，因非其本心，故多死无效果。道武帝仍不死心，还打算扩大规模，“炼药之官，仍为不息”。北魏太武帝拓跋焘亦喜爱丹药，曾经问方士金丹事，很多方士都告诉他可炼成。又派遣京兆人韦文秀与尚书崔赜去王屋山炼丹，未能成功。①

上述表明，南北朝时，宫廷贵族服食丹药求长生之风不减魏晋，道教外丹术因社会大量需求而获得进一步发展。

到唐代，由于社会需求更盛，许多文人骚客也热衷丹道，于是道教外丹术走向鼎盛，产生了较多的炼丹术士和炼丹著作。当时炼丹之盛，从诗人们的吟咏里也透出个中消息来。李白《颍阳别元丹丘之淮阳》自豪地唱道：“我有锦囊诀，可以持君身。当餐黄金药，去为紫阳宾”。在《题嵩山逸人元丹丘山居》中表明自己心志：“提携访神仙，从此炼金药”。杜甫《赠李白》诗云：“岂无青精饭，使我颜色好。苦乏买药资，山林迹如扫。”其另一首《赠李白》又有：“秋来相顾尚飘蓬，未就丹砂愧葛洪”，述说自己炼丹不成，有愧于葛洪。白居易有一首《寻郭道士不遇》的律诗描述道：“药炉有火丹应伏，云碓无人水自春”，并问道：“欲问参同契中事，更期何日得从容？”从许多唐诗中都可窥见当时道士们的炼丹生活以及文士们对这种生活的神往。

唐代，道教外丹理论很兴盛，取得了不少理论成果，形成了不同的炼丹流派。这些流派可粗略区分为三大派别：主张金砂服食的传统派；主张铅汞为至宝大药的时兴派；主张硫汞转炼合成的晚起派。金砂一派的基本服食思想源出医家，相信服药可以治病，可以保命，进而可以成仙不死。铅汞派长于玄学思辨，创说十分丰富。硫汞派用易学阴阳之说作为其理论基础，相信用硫和汞合炼即可得到神仙不死的大还丹。这些不同流派的交流，促进了外丹术新的发展。

唐代皇帝，出于长生不死的动机，也大力倡导外丹道，召道士为之炼长生药，给道教丹士加官晋位，有的道士甚至官至公卿。在帝王的尊崇支持下，

---

① 《魏书·释老志》，中华书局标点本，第8册第3049、3054页。

道教的金丹服饵流行一时，成为全国性的风气。[①] 这种风气与当今的人们服用滋补药物和保健食品相比较，有过之而无不及。当然，服丹药也需要冒很大的风险，搞不好反而因此丧生。清人赵翼《廿二史札记》卷十九《唐诸帝多饵丹药》说：秦皇汉武之后，人们已知服食丹药误人，及唐诸帝，又惑于其说而以身试之。唐太宗之死，其实是由于服丹药。宪宗也以药自误。穆宗、敬宗、武宗、宣宗都为丹药所误。他们其实都是由于贪生之心太过分了，反而加速其死亡。但有个例外是武则天饵丹药，却长寿至八十一岁，赵翼的猜测是“岂女体本阴，可服燥烈之药”。按道士的解释，服食道教丹药有许多禁忌，一般人不遵守禁忌服食后，只会取得相反的效果。特别是帝王，一边大肆纵欲，一边服食金丹，这只能加速其死。

中国人是重经验的民族，金丹术不能验证长生不死，反而造成了某些服丹者的死亡，于是信奉服食金丹者逐渐减少，唐末五代，外丹术开始衰落。宋元明清，虽仍有道士从事炼外丹，但已是强弩之末，在社会上的影响远不如内丹。另外，唐以后，外丹所用的原料中，矿物药的成分渐渐减少，取之于动植物的药料成分增多，服丹药实际是服草木药，于是危险性降低了，人们主要希望借服草木药养生长寿。直至今日，社会上仍有服食养生、以求健康长寿的风气流行，所服各类保健药品，多以动植物为主要原料。这大约可以说是承传了道教服食药物求长生的遗风，而又进行了现代改良。

尽管道教外丹术在探索生命之道的过程中出现了失误，没有能证实道教神仙不死信仰的可靠性，但它却产生了好些有益的副产品，在客观上推动了古代中国科技的发展，我们现在要写中国古代科学技术史，大量的内容都与道教外丹术有瓜葛。

二、医药养生学

南怀瑾先生《禅宗与道家》一书说：“我们姑且不管‘长生不老’的神仙，是否真能做到？至少对于因此目的出发，而形成养生学、生理学、药物学、物理治疗学等的雏形，实在是生命科学的先进，也是为好古者所自豪的了。”就是说，道教对神仙长生的追求所派生出的医药养生学等，其实是当今生命科学的原始形态，当今的人们在探讨生命问题时应该予以借鉴，从中获得有益的经验。因此，南怀瑾先生紧接着比较了现代卫生学和古代养生学的差别：“我们所谓的养生学，在它的命名和内容的观念上，却不尽然同于现在

① 以上参见任继愈主编《中国道教史》第十章《唐代道教外丹》，上海人民出版社 1990 年版。

的卫生学，所谓卫生，还是消极的抗拒，养生，才是积极的培本；尤其现在的生理学，是根据从死人身体上的解剖和动物生理的研究而来，因此，它的流弊所及，用在对人体生命的医学观点上，与医事的修养上，看待一个人，也如对待一个动物一样，甚之，把他看成一个唯物机械的死人一样，这正是因为在医药学的本身上，缺乏哲学理论修养的结果。”① 显而易见，与道教的医药养生学比较而言，现代医学就显得消极被动，更为严重的是缺乏哲学理论的修养和人文的关怀，看待人就像是在审视一个动物，或者是把人看成死人，一具有待解剖的尸体。假如我们在医德的修养上能够充分吸取道教“人命贵重”的思想感情，在预防疾病上多向道教医药养生学讨教一点东西，更为积极主动地“培本”以防病养生，那么，当代医学、生命科学就会取得更为重要的发展，这是毫无疑义的。

道教医药养生学不只对当代医学、生命科学将有所贡献，其实在历史上对中国传统医药养生学的贡献也是不小的，比如葛洪著《肘后备急方》和《金匮药方》，陶弘景撰《本草集注》和《补阙肘后百一方》以及唐道士孙思邈的《千金要方》等，都是祖国医药养生学的宝贵遗产。由于道教追求长生不老，故特别重视医药养生学，以之作为延命保生的方术。葛洪曾经讲，古之为道者莫不兼修医术，他自己也是这样身体力行的。在长期的实践中，道教医药养生学在继承中国传统医药养生学的基础上，形成了自己的特色。道教医药养生学重视疾病的预防，强调以摄生养性增强体魄，防止疾病；又特别强调医德，指出医家志在救济人们的生命，必须高度负责任，审慎行事，精诚习业，对求医者不分贵贱贫富，平等对待。道教医药养生学中还有一部分巫医的遗存，即以符咒等作为治病养生方法，这就是所谓“信仰治疗”，在古代缺医少药的情况下以及无钱治病的贫苦百姓中起到了一定的疗效作用。道教对肺结核病的认识有较高的历史价值。葛洪、陶弘景都曾指出肺结核具有传染性，宋代道书《无上玄元三天玉堂大法》进一步指明：肺结核病有“屋传”、“食传”、“衣传”等传染途径，并对病症状态作了详细描述。这种对肺结核病传染途径的认识比西方学者要早五六百年。可以说，道教医药养生学在许多方面都给今人留下了宝贵的经验。

我们这里把道教医学和养生学相提并论，是因为道教医学强调以预防为主，是典型的预防医学，而预防的手段就是养生，道教并由此而形成一整套养生的学问。所以，我们讲道教医学的时候就离不开其养生学，二者已浑然一体。如果追根溯源，道教起家靠的是医学。世界上很多宗教都重视医学，并借助于行医来传教布道，道教也不例外，并由此而形成了道教医学。所谓

---

① 南怀瑾《禅宗与道家》，复旦大学出版社 1991 年版，第 153 页。

道教医学指什么？按照日本学者吉元昭治在《道教与不老长寿医学》一书中的解释："所谓道教医学，可以说就是以道教为侧面的中国医学。这些被看做是道教经典中的主要内容。不过现在，就像道教湮灭在民间信仰（民俗宗教）之中那样，道教医学可以在民间医疗，或民间信仰中的信仰疗法中见到其踪迹"。他认为，道教追求长生不老和现实生活的利益，谋求布教的扩大，而其手段正是道教医学。[①]

的确如此。早期道教即懂得借助于道教医学传教，比如汉末五斗米道的道师张修为人疗病，招来徒众。五斗米道治病的方法，通常是先让病人自己悔过念道，然后由其教职人员"鬼吏"为病者请祷。请祷之法，书写病人姓名，说明服罪之意，做三份文书，一份上之天，放在山上；一份埋入地下；一份沉到水中，称为天地水的"三官手书"。通过这些疗病方法救人性命，从而招来信徒，这就扩展了道教队伍。早期道教经典《太平经》也有比较丰富的医学思想，如其从自然环境寻找疾病的成因，认为四时五行之气不和谐等等都能导致人体产生疾病，这是较早的道教医学的病因论。《太平经》还讲究精神疗法和信仰疗法，具有明显的巫术治病倾向，反映了道教医学的特征。如其"神祝文诀"，宣称天上有常神圣要语，时常下凡来授人以言，人民得之，称之为神祝。如果人病重，用药或针灸均不能治愈，则念此神祝，可以挽救生命。这就是早期道教的信仰治疗。道教初起，主要解决普通老百姓缺医少药的问题，从而获得人们信奉，后来进入上流社会，又要满足贵族服食养生的要求，终于完成其医药养生学。在道教医药养生学的形成过程中，像葛洪、陶弘景、孙思邈都为之作出了不可磨灭的贡献。

道教实证生命之道的方术繁多，医药养生术是其十分看重的方法之一。下面，我们以葛洪、孙思邈的医药养生术作为案例，来看看道教医药养生学在日常生活中的应用价值。

晋代葛洪，进一步将道教医学发扬光大。他在《抱朴子内篇·杂应》中强调：古代初为道士者，莫不兼修医术，以抢救身边的病人。[②] 葛洪本人便是这一主张的践行者，他精通医道，并撰有医药学著作，在中国医学史上占有重要的一席之地，作出了令人钦佩的贡献。葛洪的医道具有预防医学的特点。《抱朴子内篇·地真》指出：至人消灭未起来的病患，治疗还未发生的疾病，医之于无事之前，而不是在已经发病之后。[③] 就是要人以预防为主，防病于未然。葛洪的道教医学，毫不隐讳其与神仙长生的关系，明明白白告诉世人，

---

① 《道教与不老长寿医学》，成都出版社 1992 年版，第 8 页。

② 王明《抱朴子内篇校释·杂应》，中华书局 1985 年版，第 271 页。

③ 王明《抱朴子内篇校释·地真》，中华书局 1985 年版，第 326 页。

能够令人长生的药是最好的药。《抱朴子内篇·仙药》引《神农》四经说：最上等的药令人身体安稳，寿命延长，升为天神，遨游天上地下，差遣众多神灵为我所用，体生毛羽。又说，五芝及饵丹砂、玉札、曾青、雄黄、雌黄、云母、太乙禹余粮，分别可以单独服用，都令人飞行太空而长生。又说，中等的药物养性，下等的药物除病。[①] 葛洪所追求的，当然不是养性除病的中下等药，而是令人飞行太空、长生不死的上等药物。

葛洪不仅精通医药，而且对养生也有独到研究。《抱朴子内篇·极言》认为，人体“易伤难养”，养生的总原则就是“以不伤为本”。[②] 在这一指导性原则下，养生防病应采取多种方法综合调理。正如《抱朴子内篇·杂应》所说：养生最高的道理，既要服用神药，又要行气不懈，早晚导引，以使身体的器官动起来，使其不要静止不通，再加上房中术，节制饮食，不犯风湿，不强迫自己做力不能及的事，如此可以不病。[③]《抱朴子内篇·微旨》亦认为，凡是养生的人，应该多闻博见，从中选择好的东西，不可“偏修一事”。在不伤不损的原则下，养生应采取各种方术的精华结合起来进行，这样才有良好的效果。葛洪告诉人们一些具体的养生方法，如《抱朴子内篇·极言》说：养生之方，口痰不要吐太远，走路不要太快，不要听太吵闹的声音，看东西不要太久，坐也不要过久，不要疲倦极了才躺下休息，先寒而增加衣服，先热而减衣服，不可以极饥而食，食也不可过饱，不要渴极了才喝水，喝水不宜过多。凡吃的过分则易肥胖，喝的过多则成痰癖。不可太疲劳或太安逸，不可起晚，不可多睡，不可奔车走马，不可饮酒后被风吹。善于养生的人，卧起有四时之早晚，兴居有至和之常制；调利筋骨，有偃仰之方；杜疾闲邪，有吞吐之术；流行荣卫，有补泻之法；节宣劳逸，有与夺之要。忍怒以全阴气，抑喜以养阳气。先服草木以救身体的亏缺，后服金丹以定无穷，“长生之理，尽于此矣”。[④] 这些养生方法简便易行，直到现在，仍不失其可贵的价值。葛洪作为一位伟大的养生家，对中国养生文化作出了令人钦佩的贡献。把医药与养生结合起来，以养生作为先导，也就是预防先行，这是葛洪的一贯主张。所以，我们阅读葛洪的著作时，一定要把他的医药与养生思想结合起来理解并加以运用。

隋唐时，道士中也有许多精通于医药养生者，其代表人物自然当推孙思邈。孙氏善于老庄、阴阳、医药之术，其著作中给后人影响最大的是《备急

---

① 王明《抱朴子内篇校释·仙药》，中华书局1985年版，第196页。

② 王明《抱朴子内篇校释·极言》，中华书局1985年版，第244页。

③ 王明《抱朴子内篇校释·杂应》，中华书局1985年版，第271页。

④ 王明《抱朴子内篇校释·极言》，中华书局1985年版，第245～246页。

千金要方》。这本书收集整理了东汉以来至唐以前的许多医论、医方、用药、针灸的基本素材和理论，兼及服饵、食疗、导引、按摩、房中等养生方法，总结了他对古代医药养生的研究成果，极大地丰富了中国医药养生思想的宝库。我国古代的医药养生思想和理论模式较为早熟，与古代的思维模式和哲学思想有较紧密的联系，形成了一整套独具特色的传统的医药养生文化。这个传统的医药养生文化无疑给予孙思邈巨大影响，而他在吸取学习前人的基础上，又提出自己的独到见解，在医药养生学上取得了较高成就。他的医药养生思想主要表现为：

（1）强调养生可以延寿。他继承了《黄帝内经》关于养生延寿的观点，认为人的寿夭不是固定不变的，关键在于摄养。他在《千金要方》卷八十一《养性序第一》中说：人的寿命是长还是短，在于如何保养。如果保养得恰当，就可以长生不死；假如放纵情欲，则命同朝露。[①] 其后在《千金翼方》中，他又进一步发挥了这种思想。如《千金翼方》卷十二《养性》明确提出了神仙之道难致，养性之术容易实行。故善于养生的人，常常须慎于忌讳，勤于服食，则百年之内不惧怕夭伤。孙思邈关于人的寿命可以通过摄养而延长的观点，阐明了医药养生学说的积极意义，也是道教传统的“我命在我不在天”这一思想的发挥。

（2）积极的预防医学。预防医学是我国医学的优良传统，而孙思邈的养生学成就高于他的前辈葛洪、陶弘景之处，就在于他自觉地将养生学与预防医学结合起来，并贯彻在内、外科杂症的各个方面。《千金要方》卷一《论诊候第四》认为：五脏未虚，六腑未竭，血脉未乱，精神未散时，服药必活；若病已成，可得半愈；如果病势已过，命将难全。孙思邈继承了《内经》“治未病”的思想，明确指出：上等的医生医治“未病之病”，中等的医生医治“欲病之病”，下等的医生则只能医治“已病之病”。[②] 他强调说：民心散失去，国家就灭亡，气血枯竭，身体就死亡。死去的人不可复活，亡故者不再存在。所以高明的医生把病患消灭在未起之时，治疗还未发生的疾病，医之于无事之前，而不是医之于发病之后。[③] 这种治未病的观点对于预防疾病、保健延年有极大意义。为了预防疾病发生，他提出了许多具体的保健事项，比如主张不随地乱吐痰，饮食要有节制，不吃腐败食物，经常换洗衣服，饭后散步，适当参加体力劳动，贮藏药物以防备不测等。对于运动保健，他也很强调，提倡每日进行调气、补泻、按摩、导引等运动，以强身健体。他劝告人们：

---

① 《千金要方》卷八一《养性序第一》，《道藏》第 26 册第 530 页。

② 以上见《千金要方》卷一《论诊候第四》，《道藏》第 26 册第 28 页。

③ 《千金要方》卷八一《养性序第一》，《道藏》第 26 册第 532 页。

不要以为身体健康便麻痹大意，经常都要注意安不忘危，预防各种疾病的发生。[①] 这样一些预防疾病的主张，是他医药养生学说的重要特色。

(3) 强调养性的重要性。在孙思邈的著作中，养生与养性往往是并提的，养性的关键是什么?《千金要方》卷八十一《养性序第一》说：所谓养性，是要通过养成良好的习惯而“习以成性”，性自身是为善的，养成良好的习惯无往而不利。性既然自身是善良的，身体内外百病自然不生，祸乱灾害也没有理由发作。这是养性的基本精神。善于养性的人，就能治疗还未发生的疾病，这是养性的要义。可见，关键就在于养育善性，说明他把道德修养放于第一位；而养性的要义是治未病之病，这是其预防医学思想在养生上的发挥。他在《养性序第一》中反复强调了道德修养在延年益寿中的功用，认为养性不仅仅是饵药餐霞，更重要的在于百行周备。如果德行不好，即使服玉液金丹，也不能延寿。老子所谓“善摄生者，陆行不遇虎兕”，就是指要把道德修养搞好，而不是假借服药来祈求延年益寿![②] 说到底，养性和道德修养是一致的，如果没有良好的道德修养，那么养性就免谈。

在具体谈到养生之理时，他不仅要人们注意生理卫生，如唾不至远，行不疾步，耳不极听，目不极视，食不可过饱，饮不欲过多等，而且更深层次地要人们讲究心理卫生，注意调节自己的情绪。他完全同意陶弘景实行“十二少”，除去“十二多”的主张，并认为实行十二少的关节点是“屏外缘”，如能做到这一点，可居瘟疫之中无忧疑。屏外缘的具体方法为守五神、从四正及黄帝内视法等。这些方法使人除去种种杂念，从而净化心灵，不为外在的物欲所动摇，经常保持一种合乎养性之道的平和心态。注重心理卫生是道教的一大传统，孙思邈对此作了理论上的阐发和方法上的总结。

在养性的具体方法上，他还谈到了居处法、按摩法、调气法、服食法、黄帝杂忌和房中补益。“居处法”要求人们的居止之室必须周密，勿令风气进入以及居家与外出远行的诸禁忌和注意事项。“按摩法”举了天竺国按摩法和老子按摩法，集合了中印两种文化中的养生精粹。“调气法”引用彭祖的“和神导气之道”，主张除了不思衣食，不思声色，不思得失荣辱，不思胜负曲直之外，还须“兼之以导引、行气”，因为“凡人不可无思”，故当通过调气来逐渐“遣除”胡思乱想，这样“亦可得长年，千岁不死”。[③] “服食法”认为，服饵必先去“三虫”，三虫去掉后服草药，次服木药，最后服石药，依此次序，得其药性，才能安稳，可以延年。他并举了二十四个服食方子供人选择。

---

① 《千金要方》卷八一《居处法第三》，《道藏》第 26 册第 536 页。

② 以上见《千金要方》卷八一《养性序第一》，《道藏》第 26 册第 530 页。

③ 《千金要方》卷八二《调气法第五》，《道藏》第 26 册第 538 页。

“黄帝杂忌法”举了种种应当禁忌的事项，如清早常言善事，不要恶言，不要嗔怒，不要嗟叹等。“房中补益”讲房中术。《千金要方》卷八十三《养性·房中补益第八》议论说：人的年龄在四十岁以下，就比较多地放纵自己的情欲，到了四十岁以上，即很快感觉自己的气力一时衰退。衰退既然来了，许多病就开始生起，久而不治，以至于不救。所以彭祖说：以人来治疗人，才能真正得其真。所以年至四十岁，须求助于房中术。房中术的道理其实离我们很近，可惜人们不能实行它。其方法是一晚上即使与十人性交，精液也闭固不泄，这就是房中术的要点。加上兼服药饵，四季不绝，那就气力百倍，而且智慧日新。然而房中术的运用，并非是要满足于骄奢淫逸，苟求当下快感，而是要务存节欲，以扩充养生方法。并非是用房中术增强身体的力量，幸女色以纵情，而是意在补养身体以驱除疾病。这是房中术的宗旨。① 一般人往往误以为，道教的房中术就是放纵情欲的辅助术，其实大谬不然，与此完全相反，它是要人“务存节欲，以广养生”，“补益以遣疾”，是一种修道养生的方法，目的在于延年益寿，这才是房中术的主旨之所在。

(4) 首创老年医学体系。他在谈到《千金要方》论方的次序时指出：“先妇人小儿而后丈夫耆老”。此所谓“耆老”，其实当中就包含了他的老年学思想。他围绕老年医学提出了不少精辟见解，归纳出一套养老之道。对于老年病的防治，他将其归纳为食疗和药补两个方面。他针对老年人的生理特征，特别强调：养性之道，常有小小的劳顿，但不要大疲劳，以及勉强自己做力所不能及的事。② 对老年病患者，则主张积极就医。由于他本人经历了较长的老年期，故他对人的衰老过程，老态表现，生理特征，病理特点，情性心理变化，老年疾病、保健、医疗等方面都观察入微，分析透彻。这也使他能进一步将其养性学说同防治老年疾病紧密结合，成为我国古代老年医学体系的奠基人。

(5) 饮食养生治疗。《千金要方》卷七十九、八十专门讨论“食治”。他认为养生之本“必资于食”，不知道如何饮食者不足以养生。饮食得法可以排邪而安脏腑，资血气，除去疾病。作为医生，须要洞晓病源，知道病人犯了什么病，首先“以食治之，食疗不愈”，然后再用药，因为药性刚烈，不可乱用。有些人身体所以多病，就因为春夏吃冷食太过，饮食不节制。如果“食味不调”，就会损伤身体，所以善于养生者先用“食禁”以存性，后“制药”以防命。③ 他列举二十九种“果实”的食疗作用，比如大枣，味甘辛，热滑无

---

① 《千金要方》卷八三《养性·房中补益第八》，《道藏》第 26 册第 544～545 页。

② 《千金要方》卷八一《道林养性第二》，《道藏》第 26 册第 532 页。

③ 《千金要方》卷七九《食治·序论第一》，《道藏》第 26 册第 516、517 页。

毒，主心腹邪气，安中养脾气，可和百药，补中益气，久服轻身，长年不饥。又如葡萄，味甘，辛平无毒，益气强志，令人肥健，耐饥忍风寒，久吃轻身，不老延年。可做酒常饮，利小便。他还列举五十八种“菜蔬”的食疗作用，比如瓜子，味甘，平寒无毒，令人光泽，好颜色，益气不饥，久服轻身耐老。又如苋菜实，即马齿苋菜，明目，除邪气，利大小便，去寒热，久服益气力，不饥轻身，治反花疮。[①] 这些食疗的具体运用方法和原理，既是孙思邈对前人经验的继承总结，又是他自己生命体验的结果。

总之，葛洪、孙思邈的上述医药养生理论和方法，充分体现了道教医药养生术的内容和特色。他们这一整套的医药养生术，既是道教体证生命的操作方法，又是道教进行长期的生命实证的总结。由这两个案例，我们可以看出道教医药养生术的大体面貌，而由道教医药养生术，我们可以观察到道教医药养生学在日常生活中的应用。

三、气功内丹学

现代生物学认为，人体生命活动的独特原则是节奏性，所有生命都是有节奏的。道教早已注意到人的身体的节奏性，并探讨怎样从“气”的角度把握这种节奏，使身体协调健康不生病，于是有道教气功的产生形成。道教气功内丹学以人的身体作为炉灶，以身中精气神为药物，在人体内炼成丹，结出“圣胎”，其中不乏养生的科学道理，也蕴含着某些人体科学的成分，探讨了人体的奥秘，对于人体科学、气功学和预防医学都作出了贡献，与我国古代医学及生理卫生学、心理卫生学紧密相关，值得发掘与研究。

在道教之前，道家已看到人的生命与“气”休戚相关的联系。《庄子·知北游》说：人的生命，就是气的聚集；气聚则生命存在，气散则生命消失。关尹子也讲过：生与死，其实就是气的聚与散。[②] 与庄子意见一致。《淮南子·坠形训》指出：“食气者神明而寿”。高诱注解说：这指食气的神仙一类。也就是认为人吃五谷生百病，难免一死，只有食气者才能神仙长生。也许食气是先秦楚文化圈的产物。《楚辞·远游》就讲食气：“餐六气而饮沆瀣兮，漱正阳而含朝霞。保神明之清澄兮，精气入而粗秽除”。由于道家发现人的生命离不开气，所以在老庄书中已经谈到炼气。《道德经》第十章有：“专气致柔，能如婴儿乎？”《庄子·大宗师》指出：真人的呼吸方法是与众不同的，

---

① 《千金要方》卷七九《食治·果实第二》、《菜蔬第三》，《道藏》第 26 册第 518、519 页。

② 《文始经言外旨》卷四，《道藏》第 14 册第 711 页。

"真人之息以踵，众人之息以喉"。《庄子·刻意》说：吹响呼吸，吐故纳新，熊经鸟申，为延长寿命而已；这是导引之士、养形之人、彭祖长寿者之所好。道家对气的讲究，为道教所进一步发展。

道教探讨何种"气"使人疾病缠身，何种"气"令人长生不死：人身中有三魂，一名胎光，是太清阳和之气；一名爽灵，是阴气之变；一名幽精，是阴气之杂。如果阴气制阳，那么人心不清净，阴杂之气，则人心昏暗，神气阙少，肾气不续，脾胃五脉不通，四大疾病缠绕身体，死亡就快到了。早晚常为尸卧之形，将其奄忽而谢，怎么不伤呢！人常欲得到清阳气，不为三魂所制，则神气清爽，五行不拘，百邪不侵，疾病不上身，长生可学。人的身体最宝贵。天地委形，三元真气之所戴。如果合三气百神，而不至于死。混沌元始，本是一气化散为三万六千神。气都在流动，只能大约统计其数。天地神气，新旧交续，岂能用数量来限定气。百川因气而不绝，天地因气而长久，维斗得气而不穷，绵绵接续而生。圣人指一气为归，交接降约，令人不死。[①]

道教提出了道即是气、以气为本的学说。《养性延命录》卷下《服气疗病篇第四》引《服气经》：所谓道，其实就是气，保气则得道，得道则长存。[②]把气提升为"道"的高度，保气则可得道长存。《云笈七籤》卷六十《诸家气法》也主张：道，指的是气。而气则是心之主。精是命之根。爱惜精重视气，然后身心可保。人是以元气为根本的。[③]《长生胎元神用经》引《仙经》说：道者，气也。气者，身之主。主者，身之命。命者，身之根本。如果惜精、保气，始全其生。又引《行气诀》说：道即是气。保气得道，即可长生。[④]《道教义枢》卷二《三洞义》阐述了道教以气为本的观点：洞真教主天宝君为迹，本是混沌太无元高上玉皇之气；洞玄教主灵宝君为迹，本是赤混太无元上玉虚之气；洞神教主神宝君为迹，本是冥寂玄通无上玉虚之气。这实际上是南北朝以来道教流行的一气化三清之说，三洞教主都不过是迹象，其所产生的根本是"气"。以气作为身体根本的学说，这是道教气功内丹学的理论根据所在。

早期道教已对人的生命与气的关系有认识。《太平经》认为：真人积气·聚集神明，故道终常独行，万民失气所以死去。总的说来，人与万物都是"失气则死，有气则生"。人的精神有赖于气而存在，无气则无神，气绝神即

① 《云笈七籤》卷五四《说魂魄》，《道藏》第22册第373、374～375页。

② 《养性延命录》卷下《服气疗病篇第四》，《道藏》第18册第481页。

③ 《云笈七籤》卷六十《诸家气法》，《道藏》第22册第424、416页。

④ 《长生胎元神用经》，《道藏》第34册第315页。

亡，人的生命就终止了。也就是所谓：神者乘气而行，所以人有气就有神，有神就有气，神去就气绝，气消亡神就去。所以无神亦死，无气亦死。[①]《抱朴子内篇·至理》一针见血地指出：人生存在气中，气在人体中，自天地至于万物，都必须依靠气而生存；“气竭则命终”。《云笈七籤》卷六十也点出：人都是具备天地的元气而有身体；人在气中，气在人中，人不离气，气不离人，人人借助于气而生，因失气而死。死生的道理，尽在于气。如果能把气调节好，就可以不死。[②]生命既由气生化而构成，生命无气便不能存在，炼气对于生命之重要便可想而知。

《抱朴子内篇·释滞》讲了炼气的方法之一——“行气”，认为求神仙的至要点在“宝精行气，服一大药”；行气或者可以治疗百病，或者可以入瘟疫而不染病，或者可以禁止蛇虎伤害自己，或者可以止住疮血，或者可以居水中，或者可以行水上，或者可以不饥渴，或者可以延年命。行气具有多种功能，可使人避开生命中的各种磨难与危险，但其最根本的功能在于使人延长生命，乃至成仙。行气的关键在胎息，懂得胎息者，能不以鼻口嘘吸，如在母胎之中，则道修成了。《释滞》还谈到行气具体应怎样运作，选择什么时间。它告诉人们：初学行气，鼻中引气而闭之，阴以心数到一百二十，于是以口微吐之，呼吸时，不要让自己的耳朵听见气的出入之声，常使气入多而出少，吐气以鸿毛不动为好。逐渐练习增加心中所数之数，久久可以上千，到了千数便返老还童。行气应当在生气之时进行，切勿于死气之时动作。一日一夜有十二时，从半夜到日中六时行气无益。此外，行气还有所禁忌，主要是不能多食以及食生菜肥鲜之物，这样会令人气强难闭。又禁恚怒，多恚怒则气乱，达不到行气延命的目的。《抱朴子内篇·至理》说：善于行气的人，内用来养身，外用来却恶。行气用以辅助服药，可以加快长生的速度。但行气应该知道房中术，所以如此，是因为不知阴阳交接之术，屡为房事劳损，则行气难以获得力量来进行。可见行气尚有种种的讲究和规则，一旦违背，就会走火入魔，与长生的初衷背道而驰。

魏晋以降，道教行气服气渐渐形成较为系统的理论，在实践中探索人的生命体如何进行自我调节，使生命体获得持久性。陶弘景《养性延命录》卷上《教诫篇第一》开首即引《神农经》说明：服食元气的人，地不能埋，天不能杀。接着解释《道德经》“玄牝”为：玄指天，天于人为鼻；牝指地，地于人为口。天食人以五气，从鼻入藏于心，鼻与天通，故鼻为玄。又解释“玄牝之门是谓天地根”说：鼻口之门是天地元气往来的通道。而所谓“绵绵

① 王明《太平经合校》，中华书局1960年版，第309、96页。

② 《云笈七籤》卷六十《诸家气法》，《道藏》第22册第421、425页。

若存”则指鼻口呼吸喘息当绵绵微妙，若可存又若无有。“用之不勤”指用气当宽舒，不应当急疾勤劳。这样一来，《道德经》第六章便被陶弘景解释成炼气的不死之道，道教的炼气功夫由此也就有了理论依据。《养性延命录》卷下《服气疗病篇第四》讲怎样通过气功治疗人体疾病。引《元阳经》说：常用鼻纳气，含而漱满舌料唇齿咽下，一日一夜得千咽为佳。应当减少饮食，因为饮食多了则气逆百脉闭，百脉闭则气不行，气不行就会生病。凡是行气以除百病，应随所在作念，头痛念头，足痛念足，和气往攻之，到一定的时候便自消。时气中冷，可闭气以取汗，汗出辄周身解病。这是运用意念调动气在人体中运行，使人体恢复正常的生理节奏，除病强身。篇中提出了六气治病法：凡是行气，以鼻纳气，以口吐气，微而引之，名叫长息。纳气有一，吐气有六。纳气一指吸，吐气六指吹、呼、唏、呵、嘘、呬。吐气之法，冷时可吹，热时可呼。用于治病，吹以去风，呼以去热，唏以去烦，呵以下气，嘘以散滞，呬以解极。心脏病者，体有冷热，用呼吹二气治疗。肺脏病者，胸背胀满，用嘘气治疗。脾脏病者，体上游风习习，身痒疼闷，用唏气治疗。肝脏病者，眼疼愁忧不乐，用呵气治疗。患者依此恭敬用心去做，病无不愈。这是陶弘景所发明的一套炼气的“愈病长生要术”。

道教气功，至隋唐而发生一巨变，这是传统的行气、服气实践上升为服气理论系统的时期，道教服气的理论和方法臻于成熟，并逐渐向其高级形态——内丹转化。这一时期，由于炼外丹风气还相当兴盛，故即使极力主张内炼的炼养家们，同时也不排斥外丹，通常主张内外兼修，以内为主，并沿用外丹术语阐释内炼服气，这是隋唐服气说的一个特色。这时，已开始出现“气功”的提法，譬如《中山玉柜服气经》胎息羽化功第三说：“气功妙篇，气术的道数略同。”[①] 又比如《延陵君修养大略》引桑榆子说：“只说气功已晚，自我的事不及了。”[②] 但通常称为“服气术”、“气法”，如《云笈七籤》卷五十六至卷六十二即以“诸家气法”为标题。当时，服气也被运用于医疗治病，在《诸病源候论》、《千金要方》和《外台秘要》中都谈到了服气疗病的问题。在唐代道教服气法日臻成熟的同时，这方面的经籍也日见增多，仅《新唐书·艺文志》就存录有：张果《气诀》一卷；孙思邈《气诀》一卷；司马承祯《修生养气诀》一卷；康仲熊《服内元气诀》一卷，《气经新旧服法》三卷，《康真人气诀》一卷；《太无先生气诀》一卷（失名。大历中，遇罗浮王公传气术）；《菩提达摩胎息诀》一卷；崔元真《灵沙受气用药诀》一卷等

---

① 《云笈七籤》卷六十《诸家气法·中山玉柜服气经》，《道藏》第 22 册第 420 页。

② 《云笈七籤》卷五九《诸家气法·延陵君修养大略》，《道藏》第 22 册第 408 页。

等。[1] 今《云笈七籤》卷五十六至六十二所载诸家气法，一般认为多是隋唐时作品，我们据此介绍当时道教的服气理论。

司马承祯《服气精义论》中记录了所谓“服真五牙法”、“太清行气符”、“服六戊气法”、“服三五七九气法”、“养五藏五行气法”、“服气疗病”等功法，探讨了服气养生与治病等有关人类自身生命的问题。他认为：气是道之机微。机而动之，微而用之，于是生一，故混元全乎太易。这是从宇宙化生的角度讲气的功用。从气对于人的作用看：气是胎之元，形体之本。胎既已证实，而元精已散，形体既已活动，而本质渐弊，因此必须纳气以凝精，保气以炼形。精满而神全，形休而命延，元本既得到充实，可以固存。观察万物，未有有气而无形者，未有有形而无气者，养生的人，难道可以不专气而致柔吗？气能使人的生命固存，这是所以要服气的根本原因。他强调说：隐景入虚无之心，至妙得登仙之法，所学有多条途径，至妙到了极点，其归而为一。或消飞丹液药效法升腾，或斋戒存修以至于功成羽化。然而，炼金石之药花费许多资金而难以得到，习学之功需要很长久的时间。如果为了要效果加速体现出来，一心一意使修炼成功，从而与虚无合其道，与神灵合其德，恐怕只有服气！黄帝说过：食谷者智慧而夭折，食气者神明而长寿，不食者则不死。真人说：可以久于其道者，靠的是养生；常可与久游者，靠的是纳气。气全则生存，然后能养志，养志则合真道，然后能久登生气之域，岂可以不勤勤恳恳养生纳气？在众多的求仙道路中，他认为炼外丹费用昂贵，费时费力，而服气则简易便捷，可获“速效”进入神仙之域，因此应该勤于炼气。退一步说，服气也可去除疾病而延年：吸引早晨的霞光，餐漱风露，养精源于五脏，导荣卫于百关，既去疾以安形，又延和而享寿。关闭视听用胎息，从衰朽返回童颜。[2] 既然服气在修仙中有如此巨大的功用，故他劝人们专气致柔，并列举了以下服气功法。

1. 服真五牙法

此法，每以清早密念咒语：（经文未讲，应当面朝各个方向，平坐握固，闭目即叩齿三通而从中央祝向四方。）

东方青牙，服食青牙，饮以朝华。密念咒语毕，舌料上齿表，舐唇漱口，口水满而咽之三次。

南方朱丹，服食朱丹，饮以丹池。密念咒语毕，舌料下齿表，舐唇漱口，口水满而咽之三次。

---

① 《新唐书·艺文志》，中华书局标点本，第5册第1521～1524页。

② 以上见《云笈七籤》卷五七《诸家气法·服气精义论》，《道藏》第22册第392～394页。

中央戊巳，昂昂太山，服食精气，饮以醴泉。密念咒语毕，舌料上玄，应取口水舐唇漱口，满而咽之三次。

西方明石，服食明石，饮以灵液。密念咒语毕，舌料上齿内，舐唇漱口，口水满而咽之三次。

北方玄滋，服食玄滋，饮以玉饴。密念咒语毕，舌料下齿内，舐唇漱口，口水满而咽之三次。

都漱口完毕，以鼻内气极而徐徐放之，令五次以上，真道毕。（意调各个方向，也应该纳气，各依其数，即东方九，南方三，中央十二，西方七，北方五。）

司马承祯指出：这是《灵宝五符经》中的方法，《上清经》中另有四极云牙之法，秘不可轻言。他讲解说：凡是服气都要先行五牙，以通五脏，然后依照通常的方法为好。凡服五牙之气，都应当思入其五脏，使其气液在体内宣通，各依所主，既可以周流形体，亦可以攻疗疾病。为什么呢？因为形之所以保全，本于脏肺，神之所以安宁，质于精气。虽然禀形于五神，已具备其象，而体衰气耗，乃至凋败，所以需要纳云牙而溉液，吸霞景以孕灵，使荣卫保其纯和，使容貌不衰老。

2. 太清行气符

这一方法的主要内容有：

凡欲服气者，皆宜先治疗身疾，使脏腑宣通，肢体安和，即使没有老毛病，亦须服药去疾。然后清斋百日，敦洁操志，其间所吃东西，渐去酸碱，减绝滋味，以服茯苓、蒸曝、胡麻等药物，预先断谷为佳。服气开始，亦不得顿绝其药食，宜日日减药，渐渐加气，气液流通，体藏安稳，才可绝诸药食，但仍须兼用膏饵消润之药辅助。不要食滓滞冷滑之物，久久自觉肠胃虚全，除了食气之外，不再需要其他食物。

宜于春秋二时月初三日后八日前，先服太清行气符。于静室朝东向，得早朝景为佳。于东壁开一窗，令日光正对卧面。子时之后，先解发梳头数百下，便散发于后，东向正坐，澄心定思，叩齿导引。安坐定息，乃西首而卧，床须厚暖，温度以自得稍暖为佳，腰脚以下左右宜暖。枕宜低下，与背高下平，使头颈顺身平。解身中衣带令松展，两手离身三寸，仍握固，两脚相去五六寸。徐吐气息令调，然后存想东方初曜之气共日光合丹于流晖，引此景至于面前，以鼻微引吸而咽之，咽三次乃入肺中，小开唇，徐徐吐气。入气有缓急，宜任性调息，不得马上引气。又引咽三次，若气息长加至五六咽，得七尤佳，以觉肺间大满为度。然后闭气，存肺中之气，随两肩入臂至手握中，下入于骨至两肾中，随髀至两脚心中，觉皮肉之间如有虫在爬行为度。完毕，任微喘息少时，待喘息调，依法引导送之，觉手足润温和调畅为度。

此后直接将气引入大肠小肠中，鸣转通流脐下为度，以肠中饱满乃止。闭气鼓腹九次，鼓中仍存其气，散入诸体，闭之欲极，徐徐吐之，慎勿长。完后，以手摩面，从胸心而下数十次，并摩腹绕脐十数次，展脚趾向上，反偃数次，放手纵体，忘心遗形。良久，待气息关节调平方可起来。

为什么这一服气法强调气停于肺之上，入于胃至于肾呢？他解释说：肺藏气，诸气属于肺，通于肺，肺为诸藏之长，呼吸之津源，为传送的器官，故令气停于肺而后流行。胃是五脏六腑之海，水谷皆入于胃，五脏六腑皆禀于胃，五味入胃各走其家，以养五气，因此五脏六腑之气都出于胃。肾为产生气的源头，五脏六腑的本，十二经脉之根，左为正肾，右为命门，故令气至于肾以益其精液。[①] 说明了肺、胃、肾在服气中的地位与作用。

3. 服六戊气法

气最先从甲子旬起向辰地，舌料上下齿，取津液周旋三至而一咽止。然后向寅，然后向子，然后向戌，然后向申，然后向午。又：法起甲子日，匝一旬，恒向戊辰咽气，甲戌则向戊寅，余旬依此为之。六戊法是一家之义，以戊气入于脾为仓廪之本。

4. 服三五七九气法

徐徐以鼻微引气，纳之三，以口吐死气，久久便三气。次后引五气，以口一吐死气，久久便五气。然后引七气，以口一吐死气，久久便七气。次引九气，以口一吐死气，久久便九气。因三五七九而并引之鼻，二十四气纳之，以口一吐死气，久久便二十四气。咽逆报的方法，因从九数下到三，复顺引之咽，可九九八十一咽气而一吐之，以为节。此法以入气多而吐气少为妙。

5. 养五脏五行气法

春以六丙之日时加巳食气百二十，至于心，令心胜肺，无令肺伤肝，此养肝气。夏六戊之日时加未食气百二十，以助脾，令脾胜肾，则肾不伤于心。季夏以六庚之日时加申食气百二十，以助肺，令肺胜肝，则肝不伤于脾。秋以六壬之日时加亥食气百二十，以助肾，令肾胜心，则心不伤于肺。冬天以六甲之日时加寅食气一百二十，以助肝，令肝胜脾，则脾不伤于肾。此法是五行食气之要。

以上为静功，在保持身体姿势不动的情况下控制呼吸，吐故纳新，以意念控制气在体内的周行。另外，司马承祯也赞成动功，他在“导引论第三”中指出：肢体关节，本借助于动用，经脉荣卫，实理于宣通。今既闲居，而无运动，故须导引，以致和畅。户枢不蠹，这个道理令人信服。人的血气精

---

① 以上见《云笈七籤》卷五七《诸家气法·服气精义论》，《道藏》第 22 册第 393、394、395 页。

神，是用来奉生而周其性命，人的脉经，是用来行血气。因此所谓荣气，是用来通津血、强筋骨、利关窍。所谓卫气，是用来温肌肉、充皮肤、肥腠理、司开阖的。此外，浮气循于经者称为卫气，精气行于经者为荣气，阴阳相随，内外相贯，如圆环找不到开端。主张以导引致荣气、卫气的和畅宣通，使气在体内“升降有效”。他介绍了一种“有宗旨”的导引法：凡导引，当以丑后卯前，天气清和日为之。先解发散梳四际上达头顶三百六十五次，散发于后或宽作髻。烧香，面向东平坐握固，闭目思神，叩齿三百六十下，乃纵体平气，依次为之。先闭气，以两手五指交叉反掌，向前极引臂，拒托之良久，即举手反掌向上极臂，即低左手，力举右肘，使左肘臂按着后项，左手向下用力牵之，仍亚向左，开右腋努肋为之，低右举左亦如此。即低手勾项，举两肘偃胸，仰头向后，令头与手前后竞力为之，即低手勾项，摆肘戾身，向左向右。即放手两膝上，微吐气通息。又从头为之三遍。这一功法讲究五体平和，依常数为之，如一处有所偏，疾病即发于其处，宜在发病处加数用力行之。可见在服气上他是主张静功与动功结合着练习，不可偏废。

在服气的同时，他又主张服药。为什么应当这样做呢？他认为：五脏通荣卫之气，六腑资水谷之味。今既已服气，则藏气有余，又已绝谷，则腑味就不足。《素问》曰：谷不入体半日则气衰，一日则气少。所以需要用各种药物来替代米谷，使气味兼致，脏腑而全。具体应该服何种药物呢？他说：今以草木之药性，味于脏腑，所宜用安脏丸，理气膏。从前无病疹、脏腑平和者可常服此丸膏，并茯苓、巨胜等丹服之药。假如脏有疾患者，则以所宜服的药增加或减少服用量。如果先有痼疾及别得余患者，当用别的医术来治疗，则不是这些药物所能治愈的。[①] 他且开出这些药方，以供练功者服用。

服气服药，不仅能养生，而且某些疾病也可借服气而消除。他在前人的基础上进一步发展了道教的服气疗病论。陶弘景《养性延命录》的“服气疗病篇”曾讲到行气满而足实，可使“众邪自出”，并指出气功治病之法：经常闭气纳息，从早晨至日中，可轻坐拭目，摩搦身体，舐唇咽唾，服气数十，才起来行言笑。其偶有疲倦不安，便导引闭气以攻所患。必存其头面九窍五脏四肢至于发端，都令所在觉其气运行体中，起于鼻口，下达十指末，则澄和真神，不须针药灸刺。凡行气欲除百病，随病状所在的地方念之。头痛念头，足痛念足，和气往攻之，花上一定时间，便自己消除了。司马承祯继承并发展了这些思想与方法，使道教的气功治病法进一步完善。

他在《服气疗病论第八》中指出：气的功用，广泛美妙。所以天气下降，

---

① 以上见《云笈七籤》卷五七《诸家气法·服气精义论》，《道藏》第22册第396～398页。

那么寒暑有四时的变化，地气上腾，那么风云有八方的差异，兼天地而为一体，总形气于其人。因此能存气于家，则神灵俨然守护，用气于治病救人，则功效显著。何况以我的心，使我的气，适我的体，攻我的病，有什么治疗不好的呢？通过练习服气存气，使许多已有的疾痛，都可按一定的服气方法加以治疗。说明了“气”在治病中的功效。那么，究竟应当如何以气来治疗疾病呢？他讲述说：凡欲治疗疾病者，可于日出后，天气和静之时，面向太阳，在室内也面向太阳光存气。平坐闭目，握固叩齿九通，存太阳的红色光芒，将阳光长引吸而咽下，存入所患病的脏腑。如果不是脏肺的疾病，而是肢体筋骨的病变，也最好先存入所患病的脏。闭极又引，凡九咽，觉其脏中有气，于是存其气攻于病痛之处，闭极微微吐气，其息稍定哽咽而攻之，觉患处温暖汗出为佳。若在四肢，应运用导引法，先导引其患处，以后用气攻之。即使在体上，亦宜按念，令其气通。若在头中，当散发梳头皮数百下，左右摇头数十次，于是吸气，完毕，以两手指于颈项上急攀之，以头向上力拒之，仍存气向上入脑，于顶上的头发毛孔冲散出去。完毕，放手通气，重复做，以觉头颈汗出，痛处感到宽畅为好。如果病在脏腑中，仰卧吸引，存气入其患处，得五六咽则一度闭息攻之，都以意念消除其病或久有的痼疾。如有坚硬的肿块，那就不是气所能治愈的，但最终也会感觉肿块减小了一些。在用气攻病的同时，兼药同疗亦无所妨。[①] 这是种存气治病的方法，同时兼之以药疗。

在道教中以气功治病的功法是较为普遍的，成为炼养家们关注的课题。如《幻真先生服内元气诀法》就多处讲到气功疗病法。其中说：假如忽然有修养不当，偶生疾患，宜速于密室依服气法摆布手脚，完了后则调气咽之。念病患之处闭气，以意想注，以意攻之，气极则吐之，完了又咽气，相继依前攻之气，急则止气，调复攻之，或二十至五十次，攻觉所患处汗出通润即止。如未奏效，即每日夜半或五更，昼日频作，以意攻之，病在头面手足，但有病患处则攻之，都可治愈。由此可知心之所使气，甚于使手，有如神助，功力难比。这是种引气攻病的功法，强调以意念攻病。又说：六气指的是：嘘、呵、呬、吹、呼、嘻。五气各属于一脏，剩余一气属三焦。呬属肺，肺主鼻，有寒热不和及劳极，依呬吐纳，兼理皮肤疮疥，有这样的病变则按症状治疗，很快治愈。呵属心，心主舌，口干舌涩，气不通以及中了邪气，用呵气将其除去，大热大开口，小热小开口，呵若须作意，是宜理之。呼属脾，脾主中宫，如微热不和，腹胃胀满，气闷不泄，以呼字气理之。吹属肾，肾主耳，腰肚冷，阳道衰，以吹字气理之。嘻属三焦，三焦不和，嘻以治之。

① 《云笈七籤》卷五七《诸家气法·服气精义论》，《道藏》第 22 册第 400 页。

气虽各有所治，但五脏三焦，冷热劳极，风邪不调，都属于心。心主呵，呵气，所治诸病都愈，不必六气。嘘属肝，肝主目，赤肿昏眩等都用嘘气来治疗。这是六气诀治病法，其中强调“呵气”疗效最佳。另外，作者还谈到气功师发放外气为人治病的问题。他说：凡是想布气与人治疗病，首先须依面前病人五脏患病之处，取方面之气，布入面前病人的身中，令病者面对方面之气，息心静虑，这是与气。布气完毕，便令病人咽气，鬼贼自逃，邪气永绝。[①] 这是布气诀治病法，可见当时道教中人，已有发放外气为人治病者。《混元八景真经》卷三说：修身的人，须懂得天道真气运动的机宜。天道真气，有聚有散，有往有来，人的真气也是如此。人的身体最初得暗合天地机宜，而且人的真气也是如此，有聚有散，有往有来，聚则元宫为宝，散即周身为气。如果想要修身，只要与天地气候相合而用，自然有效。假如不懂天地的机宜，虽得根源而进行修炼，大多效果不佳，只因为真气聚散往来不定。凡是想修身，首先须除病，无病即身安，身安即神宁，身患即神乱。正因为人的身体有病患，自然神不宁，自身与神尚不能宁，又如何能够更取外气与内气相合，又如何能够达到修身的目的？故当先令身无病患，然后再依法修行，自然有效果。人之所以生病，都因五藏不和，荣卫难通，致使患生。但先修身，令自身气顺，气顺则神明，然后调和五藏，次治荣卫，使气往来，不违背通常的准则，使气没有滞留。气顺则五藏相生，气逆则五藏相克；气顺则有病自除，气逆则无病生病。五藏气顺，荣卫周行，往来无滞气；五藏气逆，百脉俱滞，荣卫难相通。故知神乱则周身神气都乱，如何能够更取外面的神气呢？[②] 修道者，须认识天道真气运动的机宜，以人之真气与天地真气相合而用，令自身的气顺，气顺则有病自除，否则，气逆则无病生病。此处的要害是怎样经修炼使“气顺”，令疾病“自除”。这些都表明，气功治病的问题，在道教气功中，虽不如对气功养生问题那样论述得十分精密系统，但已引起道教炼养家们的高度重视，并作了一些有益的尝试。这都是值得我们发掘、推陈出新的宝贵遗产。

在《服气精义论》中，司马承祯还提出了有关服气的种种“慎忌”。首先，他指出应惜气：“有关气的道理，纳气难固，吐气易竭。难固故须保而使全，易竭故须惜而勿泄。真人说：学道常如忆朝餐，未有不得之者，惜气常如惜脸面，未有不全之的。又说：如果懂得惜气，常把它摆在一身的首位和最紧要处，我就很难看见枯悴的身体了。对于接谈言笑，务必要注意省约，

---

① 《云笈七籤》卷六十《诸家气法·幻真先生服内元气诀法》，《道藏》第 22 册第 422～423 页。

② 《混元八景真经》卷三，《道藏》第 11 册第 440 页。

运动呼叫，特别需要调缓，触类爱慎，才能减少身体的损失。”气是易竭难固的，懂得这个道理就应爱惜气，慎而勿泄，这就不会有所损失。其次，他认为：“人之性与天地合体，阴阳混气。皮肤骨体，脏腑荣卫，呼吸进退，寒暑变异，莫不均乎天地，应乎五行。因此可知天地否泰，阴阳混乱，脏腑就不调，经脉就出现病态。因外而起的病，百病起于风；因内所致的病，百病生于气。有人说：恬淡虚寂，真气居于体内，精神内守，病又从何来？此话可信。因此须知形神之性而保全之，辨内外之疾而小心谨慎对待。”这是说，保养真气，内守精神，则可防病，因为由内而引发的病“生于气”。再次，他指出因天时而调血气的道理：“天温日明，则人血淖液而卫气扬，天寒日阴，则人血凝而卫气沉。血气喜温而恶寒，寒则凝固而不能流，温则喜而去之。苍天之气，清静则志意治，从之则阳气固，贼邪不能容，这是因时而孕。新月始生时则人血气始精，卫气始行，月郭满时则血气实，肌肉坚，到月郭空时则肌肉减，经络虚，卫气去形独居。所以要因天时而调血气。”最后他强调人的情绪和饮食对炼气的影响。他说：“忧愁思虑则伤心，形寒饮冷则伤肺，恚怒气逆上而不下则伤肝，饮食劳倦则伤脾，久坐湿地强力入水则伤肾。人有五气，即喜怒忧悲恐。怒则气上，喜极气缓，悲则气消，恐则气下，寒即气聚，热则气泄，忧则气乱，劳则气耗，思则气结。喜怒不节，寒暑过度，气就不固。五味所入，苦入心，辛入肺，酸入肝，甘入脾，碱入肾。阴之所以生，本在于五味。因此味过于酸，则肝气以津，肺气就绝；味过于碱，则骨气劳短，肌气损折；味过于苦，则心气喘，满色黑，肾气不卫；味过于甘，则脾气濡，骨气就厚；味过于辛，则筋脉松弛，精神不振。所以要谨和五味，则骨正筋柔，气血以流，凑理以密，这样则气骨以精谨，道如法，长天有命。……此论饮食的五味，而药性也有五味，服用丸药，特宜谨慎。服气的人，不宜食辛味，为什么？辛走气，气走即容易生病，所以不要食辛。”[①] 可见调节精神情绪，注意饮食，这在服气中是必须遵守的原则。从司马承祯《坐忘论》、《天隐子》的论述看，其中也特别强调了修炼中心理因素的功用。可以说，他的服气理论的“精义”之处就在于心理的调整操作，通过自我意念的调节与控制，从而达到去病延年、长生成仙的目的。这是其服气论的特色，这一特色对宋元内丹家和宋明理学家都有不同程度的影响。

孙思邈，也是一位对道教气功学颇有建树的学者，他对于存神炼气给予很高的评价。他认为：“身体是神气的窟宅，神气如果保存，身康力健，神气如果散失，身就死了。如果要保存身体，首先安神气。”[②] 人的生命现象与神

---

① 《云笈七籤》卷五七《诸家气法·服气精义论》，《道藏》第22册第398～399页。

② 《存神炼气铭》，《道藏》第18册第458页。

气相连，神气是存还是散，生死攸关，因此保存生命的首要条件就是“安神气”。怎样才能安神气呢？他指出，因为“气为神母，神为气子”，因此，“如要安神，须炼元气。气在身内，神安气海，气海充盈，心安神定。定如不散，身心凝静，静至定俱，身存年永。常住道源，自然成圣。气通神境，神通慧命，命住身存，合于真性。日月齐龄，道成究竟，依铭炼气。”“气如果不散，则气海充盈，神静丹田，身心永固，自然回颜驻色，变体成仙。”在存神炼气中，炼气是第一位的，保持气海充盈，就能心安神定，从而与天地齐年，日月同寿。具体用什么方法来炼气？他提出“五时七候，入胎定观”。他说：“这一方法不服气，不咽津，不辛苦，要吃但吃，须休即休，自在自由，无阻无碍。”

所谓“五时”指的是哪“五时”？“学道的人，进入境界有五时。第一时，心动多而静少，思缘万境，取舍无常，忌虑度量，犹如野马一般，此常人心”。这是心猿意马的常人境界。“第二时，心静少而动多，把动摄入静，心境多散逸，难可制伏，摄之勤策，追道的开始”。这是心难以制伏的初始阶段。“第三时，心动静相半，心静似摄，心常静散相半。用心勤策，渐见调熟。”这是心处于动态与静态各为一半的阶段。“第四时，心静多动少，摄心渐熟，心动即摄之，专注一境，失而遽得。”此时动静在心中已发生量的颠倒变化，由动多静少转化为动少静多。“第五时，心一向纯静，有事无事，触也不动，由摄心熟，坚散准定。从此以后，处显而入七候，任运自得，不关造作。”到这时心中动静发生质变，心进入纯静之境，不管是否有外物干扰，都能不动心了。到达第五时以后，炼气便运用自如，从而进入“七候”的境界。

哪“七候”？“第一候，老病都销，身轻心畅，停心入内，神静气安，四大适然，六情沉寂，心安悬境，抱一守中，喜悦日新，名为得道。第二候，超过常限，色返童颜，形悦心安，透视通灵，移居别处，拣地而安，邻里知此人，老熟人却不认得（因为返老还童）。第三候，延年千载，名叫仙人，云游名山，飞行自在，青童侍卫，玉女歌唱，腾云驾雾，绿云捧脚。第四候，炼身成气，气绕身发光，名叫真人；存亡自在，光明自照，昼夜常明，游诸洞宫，诸仙侍立。第五候，炼气为神，名叫神人，变化自在，作用无穷，力动乾坤，移山竭海。第六候，炼神合色，名叫至人，神既已通灵，色形即不定，对机施化，应物现形。第七候，身超物外，跳出常伦，与大道玉皇，共居灵境，圣贤都聚集，弘演至真，造化通灵，物无不达。修行至此，方到道源，万行休停，名曰究竟。”这七种练功境界中多含道教神学内容，但也有一些合理因素，如老毛病消除，返老还童，身心轻畅等。所谓“七候”，也是指练功带给人们的良好的生理心理效应（除去其中的神学因子）。

要修炼“五时七候”，其程序为：“先须不吃米粒，安心于气海，存神于丹田，摄心静虑。气海如果具足，自然就饱了。专心修炼者，百日可小成，三年即大成。初入五时，后通七候。”[①] 其中之关键就在“摄心静虑”，也就是把心静下来。事实上，“五时”就是修炼过程中“心”由动入静的五个阶段，最终入于心纯静的境界，所以其着重点在静心去欲，这与司马承祯的《服气精义论》有相同之处。同司马承祯的《坐忘论》等一样，孙思邈也吸收了佛教的止观学说，他明确地提出“入胎定观”，所说定观即指禅定内观。这与孙氏熟读佛教经书有关。此外，《洞玄灵宝定观经》、《太清经》和司马承祯的《坐忘论》等道经也都提到过“五时七候”，与孙思邈所说略有差异，而以孙氏之说最为简明扼要。

在《千金要方》卷八一至八三《养性》中，孙思邈介绍了这样几种气功修炼法：

1.“常当修习黄帝内视法，存想思念，看见自己的五脏如悬磬一般，五色了了分明而勿辍。仍于每早初起面向午，展两手于膝上，心眼观气，上入头顶，下达涌泉，每天早上如此，名叫迎气。常以鼻引气，口吐气。微小吐气，不得开口，并且要达到出气少、入气多的效果。每欲食，送气入腹中。每欲食，气为主要的食物。”这是存想内视法，一名黄帝内视法，一名迎气。

2.“如果患心冷病，气即呼出；假如是热病，气即吹出；若是肺病，即嘘出；若是肝病，即呵出；若是脾病，即唏出；若是肾病，即呬出。夜半后八十一次，鸡鸣七十二次，早上六十二次，日出五十四次，辰时四十五次，巳时三十六次。欲作此法，先左右导引三百六十遍”。“冷病者，用大呼三十遍，细呼十遍。呼法：鼻中引气入，口中吐气出，当令声相逐，呼字而吐之。热病者，用大吹五十遍，细吹十遍，吹如吹物之吹，当使字气声似字。肺病者，用大嘘三十遍，细嘘十遍。肝病者，用大呵三十遍，细呵十遍。脾病者，用大唏三十遍，细唏十遍。肾病者，用大呬五十遍，细呬三十遍。这十二种调气法，若有病，依此法恭敬用心，没有治疗不好的。皆须左右导引三百六十遍，然后乃为之。”这是治五脏之病的一种动功，这种六气诀治病功法在当时道教中较为流行。

3.“彭祖说：和神导气养道，当得密室，闭户安床暖席，枕高二寸半，正身偃卧，瞑目，闭气于胸膈中，以鸿毛放鼻上而不动，经三百息，耳无所闻，目无所见，心无所思。如此则寒暑不能侵，蜂虿不能毒，寿三百六十岁，与真人为邻居。每日早晚，面向午，展两手于脚膝上，缓缓按捺肢节，口吐浊气，鼻引清气。良久，慢慢以手左托右托、上托下托、前托后托，瞋目张口，叩齿摩眼，押头拔耳，挽发放腰，人为咳嗽，发扬振动。双手交替，反

① 以上见《存神炼气铭》，《道藏》第18册第458～459页。

手为之，然后掣足仰振，数八十九十而止住。仰下慢慢定心，作禅观之法。闭目存思，想见空中太和元气，如紫云成盖，五色分明，下入毛际，渐渐入头顶，好似雨初晴，云入山；透皮入肉，至骨至脑，渐渐下入腹中，四肢五脏，皆受气润，如水渗入地。如气透彻，则觉腹中有声汨汨然，意专思存，不得外缘，很快即觉元气达于气海，一会儿则自达于涌泉，则觉身体振动，两脚蜷曲，使得床坐发出拉拉之声，这叫做一通。一通二通乃至于日别得三通五通，则身体悦怿，面色光辉，鬓毛润泽，耳目精明，令人食美，气力强健，百病皆去。”托名彭祖的“和神导气之道”与禅观法结合起来修炼，这实际上是把道教气功与佛教气功揉为一体。引佛教功法入道教，在这点上孙思邈也和司马承祯一致。

4.“凡是调气之法，夜半后日中前，气生得调；日中后夜半前，气死不得调。调气之时，须仰卧床，铺厚软，枕高下共身平，舒手展脚，两手握大拇指节，去身四五寸，两脚相去四五寸。数数叩齿，饮玉浆引气从鼻入腹，足则停止，有力更取。久住气闷，从口细细吐出完毕，还从鼻细细引入气，出气一按前法。闭口以心中数数，数令耳听不见，以防出现误乱，兼以手下筹码，能达到千数则去仙不远了。假如天阴雾恶大风猛寒，就不要取气了，但闭之。”这是一种闭息法，以逐渐延长闭息的时间为修炼功夫，闭息数至一千以上则入于道教所谓“胎息”的境域。

5. 关于房事中的调气问题，他认为：“凡与女性发生性关系，不要令气未感动，阳气还微弱时，即与女交合。必须先缓缓调和，使神和意感很久，才能够得到阴气。在阴气的推动下，一会儿阳气即自然强盛起来。”“如果与多位女性发生性关系，可以采气。采气的方法，但深接阴道不要动，过了很久，气上来脸发热，以口对口，引取女气而吞之。阳具可以慢慢地进退，意动了便停止。缓息闭目，偃卧导引，身体更强”。① 这是房中术与气功的综合运作。

在孙思邈的气功思想和功法中，既有治病功又有养生功，而以养生为主；既有理论又有方法，而以介绍大量的练功方法为主。所以孙氏的服气理论色彩不如司马承祯，他的主要特色是以简便实用的方法见长。

唐代张果的服气法也较著名，而且其服气理论已达到较高层次，与内丹接通。有关张果内丹服气的著作，《通志·艺文略》诸子类道家吐纳著录《气诀》一卷，辟谷著录《休粮服气法》一卷；《云笈七籤》卷五十九有《张果先生服气法》。今《正统道藏》洞真部方法类收张果《太上九要心印妙经》，将内丹分为三品，以九转大还丹为上品，认为九转丹成，每转各有枢要，即为

---

① 以上参见《千金要方》卷八一至八三，《道藏》第26册第533～545页。

“九要”。他在《太上九要心印妙经序》中解释说：“所谓九要的要，指机要，以对应大丹九转。故以道分九篇，法显九门。九门合理，篇篇归根。虽然没有得到老师亲自指点，但得此九要，就如老师亲自教训。得九要者坐获天机，悟之者为之心印。如依此而行，在欲无欲，居尘出尘。分立九门，还元天地，学道君子，细意详之。先序显用，次要应体，以体兼用，性命备足了。”[①] 体用一源，性命双修，这种思想已为宋元内丹学的先驱，而对宋明理学的影响也是明显的。依此“九要”而行，可使身在欲中而“无欲”，居于尘世而“出尘”，得此“九要”者坐获“天机”，悟者为之“心印”。可见其九转大还丹重点在于内心，既是炼气的功夫，也是炼心的功夫，以便除去情欲。在这一点上和司马承祯的坐忘说有相通之处。这是他对《太上九要心印妙经》一个总的说明。他对“九要”的具体阐释究竟如何？

第一，“真一秘要”。什么叫“真一”呢？他的答案是：“纯而无杂叫做真，浩劫长存称为一”，“真是人的神，一是人的气。长久以神抱于气，气抱于神，神气相抱，固守于气海。造化神龟，这是人的命，神则是人的性。性为南方的赤蛇，命为北方的黑龟，龟与蛇相缠绕，二气相吞，贯通为一气，流行上下，无所不通。真正的抱元守一之道就是如此。”这里所谓“真”等于神、等于性，“一”等于气、等于命。神与气相拥抱，性与命不可分，二者“贯通一气”，周身上下流通，这就是正宗的“抱元守一之道”。可见，他主张神与气交融，性与命一体。所谓“真一”就是神气皆炼，性命双修，从而入于“纯而无杂”、“浩劫长存”的神仙境界。

第二，“橐钥秘要”。什么是“橐钥”？“橐钥是指人的心肾。心是神的宅，肾是气的府。既以心为宅，以肾为府，又岂有造化？”橐钥为古代冶炼鼓风用的器具，《道德经》第五章曾讲：“天地之间，其犹橐钥乎，虚而不屈，动而愈出。”把天地之间看成为一个大风箱。张果则借橐钥来比喻人体的“心肾”器官，以说明心肾在炼养神气中的功能。橐钥是冶炼的工具，是工具必有其功用，其功用表现为虚静而不穷尽，“动而愈出”，是动与静的统一。所以接下来他从动静来说炼养神气之道：“神是心的主，气是肾的本，因此圣人返本还元。所谓还元，就是补髓。补髓之机，还元之道，命就了却了。圣人立法说：借助于一神调气，藉一气定神，神气调定，才懂得动静。动是气，气即是命。静是性，性即是神。神不离气，气不离神，神气不相离，道本于自然。”心为神的住宅，肾是气的府第，神与气寄居于心肾，这都是自然而然的，非造化所为。故心肾在炼养神气之道中起一种工具的作用，真正主宰心的是“神”，作为肾之本根的是“气”，因此圣人要返归“本元”，以获长生。

---

① 《全唐文》卷九二三，上海古籍出版社 1990 年版，第 4 册第 4262 页。

返归本元的方法就是以神来调气，以气来定神，神气调定就能动静自如。动——气——命，这是动的一条线，静——性——神，这是静的一条线。这两条线互不分离，也就是所谓动静一如，神气相交，就能回返本元之道。他批评说："当今学道的人，使心运气，乱作万端，屈体劳形，背离了自然之道。"炼养之道本于自然而然，违背自然之道则难成正果。

第三，"三五一枢要"。什么叫做"三五一"？他的答复是："所谓三五一，指的是三阳、五行、一气。三阳指三火。以精为民火，以气为臣火，以心为君火。君火就是性火，只有性火不可发，也不可用。性火若发，如火生于木，祸发必克；不用是说必不可动。因为神定则气定，气定则精定。三火既定，共同相会于丹田，聚烧金鼎，返炼五行，运于一气，绵绵一昼一夜，一万三千五百息。按周天三百八十四爻，气血行八百一十丈，脉行五十度，这就是周天，方为火候。火候有二等，分内火外火。外火有形有象，可炼五金，造化五谷，滋养于人。外火是不能炼丹的火候，炼丹的火是内火。内火有名无形，借助于五谷之气，即生真火。真火既生，返炼其精，精返为神，炼神合道，道本自然，不离一气，一气既调，百脉都顺了。"[①] 可见，他认为只有内丹才算得上"炼丹"，外丹仅仅"滋养于人"。炼内丹的过程他描述为：先借助于五谷之气产生"真火"，然后返炼"精"，精返归为"神"，神契合于道。这是一个朝向"道"逆返而行的过程，也是个"调气"的过程，因为自然之道"不离一气"。

第四，"三一机要"。什么是"三一"？他这样解释："所谓三一，指三成一气。上有神仙抱一炼神之道，中有富国安民炼气之法，下有强兵战胜炼精之术。道分为三成，但不离一气。所谓一气指的是天，是天的清虚自然之气。气中有神，神抱于气。因气抱于一神，炼神合道，道本自然，这就是神仙抱一炼神合道。中有富国安民炼气之法，中指的是人，把身比喻为国，把气比喻为民，把心比喻为帝王。帝王爱民而民自安，帝王正则心不乱。心不乱则气自调，气调则神和，神和则精悦，精悦则身安泰，这就是富国安民炼气之法。以重浊而为地，其浊中有清，在欲而无欲，称为强兵，心不动而气不交，叫做战胜，这就是强兵战胜炼精之术。"这是讲精气神三者在炼养中的关系，并运用《黄帝阴符经》的原理来阐明这种关系，对"上有神仙抱一炼神之道，中有富国安民炼气之法，下有强兵战胜炼精之术"这三条逐条进行阐释。他进一步阐述精气神的关系说："当人还未出生时，在于混沌之间，也就是神不曾离气，气不曾离神，神气不相离，精神内守，精散为气，气结成神，炼神合道，道法自然。依据道建法，法就显术，道、法、术分开为三，混合而为

---

① 以上见《太上九要心印妙经》，《道藏》第 4 册第 311 页。

一。一就是精。精是元气的母，人的根本，在身为气，在骨为髓，在意为神，都是精的分化。因为万物都禀一气，依据气造化五行，五行即是五谷。五谷之气，入于脏腑，精住在丹田。精是人的根本。因此圣人返其本而还其元，这就是返本还元之道。”一再强调神气不可分离，可见这是他服气理论的一贯思想。精神气三者关系表现为：“精散为气，气结成神”。其中“精”为本根，“是元气的母”，所以三一的“一”最终是指“精”，前面所讲的“三成一气”，只是“精散”的结果。神气都是“精之化”，这里他突出强调了“精”为“人之本”。这样他所谓“返本还元”之道的内涵就清楚了。

第五，“日魂月魄真要”。什么是“日魂月魄”？他指的是“阴阳”，日属阳魂，月属阴魄。他用周易的象数学来说明练功的过程：“日中有鸡，西方金肺之象，属阴，是日魂藏月魄，魄满于魂，因此日以精。月中有兔，东方木肝之象，肝属阳魂，是月魄藏日魂，魂满于魄，因此月以明。魂魄是人的铅汞。铅汞有数，铅八两，汞八两，一斤之数，十六两。凡二十四铢为一两。按周天三百八十四爻，日月运度之数，天地造化之机。圣人建立数，后人依数而实行。大小之法，依据数来定，大者一年之法，小者一时之用，一时正就可以夺一年的造化。密语说：凡每月初一日为首，正子时，坎卦进汞一两，离卦进铅一十五两，次日坎卦进汞二两，离卦进铅十四两，至十五日抽添数足，周而复始。其大小月，细审详之。铅汞是人的魂魄，魂魄是人的神气。神好静，气好动，动静常在坎离之间。动静的口诀，上十五日魂守魄，下十五日魄守魂。一时之用，可以夺一年的造化。”从象数到时辰，“日魂月魄真要”已进入到练功的具体步骤，特别强调了“一时正”即“一时之用”，此“一时”运用巧妙，可以夺一年的造化。

第六，“日用五行的要”。什么叫“日用”呢？他说：“所谓日用，指的是长久以神守于气，气守于神。神气相守，能够聚而不散，才是真日用。神能够通应，意到心成。如果神定，那么不论行住坐卧，昼夜都相同。神伏气在，气在神，神在形，三物都在，又回归到真一，大功告成了”。可见，所谓“日用”仍是在继续申说上面阐发的神气相守、聚而不散的道理。什么叫“五行”呢？他指出：“所谓五行，指心主神，肝主魂，脾主意，肾主志，肺主魄。五行聚合而化为丹。聚合五行的口诀说：要专于一神，志于一意，守于魂魄，会于丹田。”“丹”为五行相聚所化，他并且举了聚五行的口诀。接着他又谈到性命问题：“气就是命，神就是性。一性固命，一命固性，性命相固，共成一气。”这仍是他一直主张的性命双修、缺一不可的思想，这种思想给宋元内炼家以很大影响。他把“气”比喻为炼内丹的“真火”：“一气即是火。这个火是无形的，但发之有焰。此火只可炼丹，不可以别用。如果能内守真火，聚而不散，这是真正的抱元守一之道。”

第七，“七返还丹简要”。这是讲：“七返还丹，天有七星，运斡四时，人有七窍，唯听视闻。眼看外色，视之不见，耳听声音，听之不闻，鼻不闻香，口受无味，这是真正的七返。一心归命，称之为还。五气不散，称之为丹。”所谓七返，就是要关闭七窍，做到视而不见，听而不闻……不为外界所动。只有这样才能“一心归命”、“五气不散”，这就是七返还丹。他认为丹有两种，即内外二丹，二者关系是：“内丹得不到，外丹就不成，外丹得不到，内丹就无主”。表明他主张内外兼修，以内为主。具体地说：“内丹是真一之气，外丹是五谷之气。以气接气，以精补髓。补接之功，离不开阴阳二气。阳气升，即为返，阴气降，即为还，昼夜还返，到达丹田。阳不得阴而不能上升，阴不得阳而不能下降，自然还丹的要点，秘密就在于此。”

第八，“八卦朝元统要”。这也叫“八卦还元归根之道”，其内容为：“八卦以心肾为坎离，坎离为阴阳。阳即是魂，阴即是魄。魂用来应对东方甲乙木，叫做青龙。魄用来应对西方庚辛金，叫做白虎。因坎离生龙虎，于是成四象，内分八卦。八卦即东方甲乙木。甲主乾，乙主坤，木生丙丁。丙主艮，丁主兑，艮兑合序成为一气，即是火。火生戊巳，戊巳无形，分散在四季，内生庚辛。庚主震，辛主巽，合而为一即是金。金生壬癸，壬主离，癸主坎，坎离即是阴阳。阴阳即是内外之气。内气为阳，外气为阴，阴阳升降，动静自然，不是神在操作，而是天地冲和之气，常在坎离之间，绵绵昼夜，息息无穷。这就是八卦还元归根之道。”在八卦之中，心为坎，肾为离，心坎肾离，一阴一阳，一为内气，一为外气，都是天地冲和之气，运行于其间，无穷无尽，这就是“八卦朝元”。此可与前述“橐钥秘要”参照来加以理解。

第九，“九还一气总要”。他认为：“九”为阳数，“还”指聚合，“一”指气。这“九阳既相聚合，于是性命相守。上为天的清虚日月行度之数，下为地气生产万物之源，中为人身阴阳造化之理。”在天地人之内，又各分为三，所以说“三共之道，是名九要”。天之三为日月星，以对应人的眼耳鼻。地之三为高下平，以对应人的魂魄精。而魂魄精又对应人的精气神。神为精的主，精为神的本名，虽分而为三，但不离一气。接着，他讲解胎息：“一气即是胎息。胎是藏神的府，息是胎化。元因息生，息因神为胎。胎不得息就不成，息不得神就无主。神是息的主，息是胎的根，胎是息的宅，神是胎的真。在腹当中称为胎，一呼一吸称为息，因此叫胎息。胎是形体中气的子，息是形体中神的母，形体中的子母，为何不加以存守？所谓存守，就是存其神而守其气。”[1] 据史载，张果善于胎息，此处所讲胎息，当是其练功实践的总结。张果对于胎息十分推崇，他在《大还丹契秘图》中唱道：“九还七返三五一，

---

① 以上见《太上九要心印妙经》，《道藏》第4册第312、313页。

龙虎相将入神室。灰池闭炼天地间，方知大还功已毕。乾坤不合相违避，志士元知在天地。十月怀胎母子分，贤者何曾更运气。”[①] 这种思想，与其《太上九要心印妙经》所讲是一致的。如何才能到达胎息境界，从而炼成内丹呢？他说：“十二时中，天门借气，紧闭地关，神室内守，自有神龟。呼吸有名，无形有动，无名非所用，升降自然。借助外气则上升，随气的上升而腹自鼓；外气上升而内气下降，内气下降而腹自纳。鼓纳之机，就是天地的橐钥。橐钥是指天地动作之气，真阴真阳之气。内气为阳，外气为阴，内气不出，外气不入，神符气定。外气符即为至宝，内气符即为金丹。金丹是纯阳之物，浩然之真，直指天机，归根之道就穷尽了。”[②] 修炼至此，神仙之道便得了。

综观上述，实是一套服气的功夫，在隋唐道教的服气理论中可以算上乘之作，比较成体系。另外，关于张果的服气思想，在《云笈七籤》卷五十九《张果先生服气法》中也可看到一些。其中讲：“每日常偃卧，摄心去掉胡思乱想，闭气握固，鼻引口吐，使耳朵听不见呼吸声，做到呼吸细微。气满即闭，使足心出汗。数一至二数到百以上，闭极，微引少气，还闭。热呵冷吹，能数到一二千，即不用粮食，不须药物，需要时饮一两盏好酒或者水，以便通肠。数到五千，即可随处出入。知道自己有功夫，就可以进入水中卧了。”这是一种胎息的功夫，具有可操作性。[③]

在隋唐的道教服气思想中还非常强调服元气、内气和内元气，即要求人们保持自身体内的元气勿泄，惜精握固，以求长生。因为人禀一元之气而生成，元气为人之本根，守住此本根，则可谓得道，而坚守本根的方法就是服元气、内气。《尹真人服元气术》说：“人身中的元气，常从口鼻而出，今制止元气令不出，便满丹田，丹田满即不饥渴，不饥渴就成为神人了。是故人之始胎，不饮不吃。不饮不吃，故无出入息，即元气回复，元气回复即长生的道机。”可见服元气或内气的一个总原则就是保守自身元气，使其不泄漏。

服元气的具体方法不止一种，大体有这样一些：

1．服元气

先须澄其心，令无思无为，恬淡平静。出息任其自然而出，未至半，口鼻俱关，徐徐而已，气即上行，举首以声咽之。仰息左，伏息右，以气送通下胃气，或以意引气送之至胃，转下流至丹田，又从容如初咽下。咽下余息，息即丹田不隔，丹田不隔即入四肢，以意运行即流布。大抵气息不出于玄牝，但令通流须出，皆须调适，不得麁喘。如果隔气未达丹田，虽欲强为，终于

① 《云笈七籤》卷七二《内丹·大还丹契秘图》，《道藏》第 22 册第 507 页。

② 《太上九要心印妙经》，《道藏》第 4 册第 313 页。

③ 《云笈七籤》卷五九《诸家气法·张果先生服气法》，《道藏》第 22 册第 414 页。

难致。故初服者多防满，但资少食，必在勤行。勤行即气自流转，自然之功著。这就是饮自然以御世，朝神以入微，始于三五，成于七九。用仰势法低枕卧，缩两肩两膝，伸两手，着两肋。用伏势法以腹着床，以被搘胸，手足并伸。其仰咽即令气从左下，伏咽令气从右下。咽气之时，皆令作声，有津液来亦须别咽，乃须出息。气之若用，入息即生风随入，不可不慎之。咽气中间，不要任意休息，待心喘俱定，然后可以复为之。初用气时，必须心中安稳，坦然无事，气则流通，若心有所拘，即窒塞不流注。初学者先觉胃中防满，噫气不休，但少食为之，即觉通于生脏，后自觉到丹田，然后始觉气周行身中，身中调畅，即神明自然招致了。

2. 服元气于气海

气海是受气之初，传形之始，当脐下三寸。婴儿诞育时，惟有脐带与母胞相连，其带空中如管，则传气之所形，从此渐凝结。人欲长生，必修其根本，人不知根本，向外求修助，万无一成。气海与肾相连，属北方壬癸水，水归于海，故名气海。气以水为母，而水为阴，阴不能单独生成，必须与阳相匹配。心属南方丙丁火，是盛阳之主。既知气海，以心守之，阳下临，阴上报，因此化为云雾，蒸熏百骸九窍，无所不达。凡是气困者，身都有疾病沉结在内，或医药不能疗，尤须精诚，除去外想，闭气于气海。以手于脐下候之，气应之，候冲容，如喘如触，或鸣或痛，如掣如物，动于掌下，亦须静候之，兼以目下注。是阳气照阴，阴气腾上，又能为津液，如此久久，鼻中喘息，都无出入喉。良久，元气遍身，无处不暖。每用气后，必须微调息使散，如果不散，他日为疮肿，终不为佳。常能如此，长生之道。[①]

3. 茅山贤者服内气诀

身子侧卧，以右肋着地，微缩两足，头向南，面朝东，两手握固。闭取内气，极力开喉咽之，如此七咽，一吐气。若病时服气，一咽两咽一吐，然后一七咽一吐气。又调息，令出入气均，依前又咽，共四十咽，然后坐起来练习。竖膝坐，两手相叉抱膝，闭气鼓腹二七或三七，气满即吐，又调息，特不得令气喘粗。调息完毕，又闭气二七或三七，然后一吐气，使腹部感觉调适乃休。或汗出，头足皆热，此气遍，即当饱满，使三关百节，宣通畅适。旧的经书都讲存想，恐怕只能增添烦劳，却使心意难行。服气本于胎息，但无思念，自合元化之功。常法：能爱精握固，闭气吞液，则气化为血，血化为精，精化为液，液化为骨。常行之不倦，精神充满。行之十年登仙。[②]

---

① 《云笈七籤》卷五八《诸家气法·尹真人服元气术》、《服元气法》，《道藏》第 22 册第 405、406 页。

② 《云笈七籤》卷五八《诸家气法·茅山贤者服内气诀》，《道藏》第 22 册第 403 页。

4. 幻真先生服内元气诀法

服内气的妙处在于咽气，一般人咽外气以为内气，不能分别，吐纳之士，宜审而为之，或无错误。人皆禀天地元气而生身，身中自分元气而理，每咽及吐纳，则内气与外气相应，自然气海中气随吐而上，直至喉中。但喉吐极之际，则辄闭口连鼓而咽之，令郁然有声，汩汩然从男左女右而下，纳二十四节，如水沥沥，分明闻之。如此则内气与外气相顾，皎然而别。以意送之，以手摩之，令速入气海。气海在脐下三寸，亦叫下丹田。下丹田近后二穴通脊脉，上达泥丸，每三连咽即速存下丹田。所得内元炁以意送之，令入二穴，因想见两条白气夹脊，双引直入泥丸，熏蒸诸宫，下入胸至中丹田。中丹田为心宫神，灌五脏入下丹田，至三星下达涌泉，涌泉即是足心。这就是所谓分一气而理，鼓之以雷霆，润之以风雨之状。服气炼形，稍暇入室，脱衣散发，仰卧展手，勿握固，梳头令通，垂席上布之，则调气咽之。咽气完毕，便闭气，候极，乃冥心绝想，任气所之通，闷即吐之，喘息即调之。候气平又炼之，如此十遍即止。初服气之人未通有暇，渐加一至十，候通，渐加至二十至五十，如能全身出汗即是其效果。安心和气且卧，勿起冲风。这是却老延年的极佳法术。又有委气之法，体气和平，身神调畅，无问行住坐卧，皆可为之。但依门户调气，或伸于床，或兀然而坐，无神无识，寂寂沉沉，使心同太空。因而调闭，或十气二十气皆通，须任气，不得与意相争。良久，气当从百毛孔中出，不复口吐。如此勤行，身体百关打通，颜色光泽。[①]

在强调服元气的同时，隋唐道教服气也很重视胎息法。实际上，胎息法和服元气术休戚相关，服元气时大多要运用它。《云笈七籤》卷五十八记载了《胎息精微论》、《胎息根旨要诀》、《胎息杂诀》、《胎息口诀》；卷六十记载了《服气胎息诀》、《胎息经》，专门讲胎息法。另外，散见于诸家气法中，也有不少是关于胎息的。这应该说是当时道教服气的一大特征。

什么叫胎息?《延陵君修养大略》说：人能够依照婴儿一样在母腹中自服内气，握固守一，这就叫胎息。[②]《胎息口诀》说：长久修行胎息，口鼻俱没有喘息，如同婴儿在胎以脐通气，故称为胎息。[③]《胎息杂诀》认为：所谓胎息，内外之气不混杂，此名胎息。《胎息根旨要诀》指出：古时修炼胎息者，寻其所著述，都未达到今日道门的水平，按照其文字所讲，全都互有得失。或说无气是胎，闭气不喘是息，各执一边，未有定论，迷误后学。胎息是天地阴阳二气最初结精的气，气结而为形。形体既成立，则精气光凝为双瞳子，

---

① 《云笈七籤》卷六十《诸家气法·幻真先生服内元气诀法》，《道藏》第22册第421～422页。

② 《云笈七籤》卷五九《诸家气法·延陵君修养大略》，《道藏》第22册第408页。

③ 《云笈七籤》卷五八《诸家气法·胎息口诀》，《道藏》第22册第407页。

双瞳子即是父亲的精气，号为纯阳之精，故能观看万物。又受母亲的阴气而成玄牝，即口鼻。因此可知形为受气之本，气为成形之根，此父母的阴阳二气为形体的根蒂。根蒂既成，就能随母呼吸，绵绵十月，胎体成而生。所以修炼的人效法此道而成胎息。所谓回到生命的根本，这是胎息的要点。① 可见，道教内部对胎息的解释虽有不同，但以婴儿在胎内的呼吸状态作比喻则是一致的。

胎息的具体方法也各有各的主张。《胎息精微论》说：凡是胎息服气，从夜半以后服内气，七咽。每一咽既调气六七息，即更咽之，每咽如水流过，坎声表示气通。直下气海中凝结，腹中充满，如含胎之状，气从有胎中息(气海中有气充，然后为胎息之道)。气成，即清气凝结为胎，浊气而出（从手脚及头发散出去)。胎成，即万疾自遣，渐通仙灵。凡服气之时，须关节通畅，胃海打开，纳元气固，纳毕即关节还闭，徐徐鼻出，纳外气，自然内外不离，胎中气也不流出。屈指数息，从十至百数，从一百至二百三百，此为小通，即耳目聪明，百病皆愈。假如抑塞口鼻，模拟胎息，没有道理。口鼻气既已不通，即损害脏腑，有何益处？凡是服内气者，用力少而见功多，只须安神静虑，不烦不扰，就能气道疏畅，关节开通，内含元和，终日不散。从夜半后服七咽，即闭气，但内气不出，鼻口常徐徐出纳，外气内气都不相杂，至五更又服七咽，早晨又服七咽，都二十一咽止。假如不吃谷物者即不限此数。肚空即咽内气，咽内气常满，自然不会饥渴。开始看似小难，久而习惯，自然内外之气不相混杂，渐渐关节开通，毛发疏畅，气自来往，也不须假借鼻子来徐徐通外气了。胎息的妙用穷尽于此。②

《胎息杂诀》介绍了两种操作方法：(1）徐徐引气出纳，则元气亦不出。练功之人闭固内气完毕，鼻中微微通气往来，便令气不至咽喉而返，气则逆满上冲，不可抑塞，如此即徐徐放气，令通畅。候气调，即又闭之，关键在于徐徐引气鼻中出入，勿令至喉，极力抑忍为之，过一会儿，忽然自得，调畅内外舒泰，到此即千息亦不疲倦。胎息之妙，关键在于无思无虑，体合自然，心如死灰，形如枯木，如此百脉流畅，关节打通。假如忧虑百端，思虑起灭相继，想要求至道，徒费艰勤，终无成功。此道至微至妙，出离红尘之士，方可为之，未能看破名利，修炼就是徒劳的。(2）咽气满了后，便闭气存想，意如流水，前波已去，后浪续起。凡是胎息，用功后关节开通，毛发通畅，即依此。但鼻中微微引气，相从四肢百脉孔出，往而不返，后气续到，

---

① 《云笈七籤》卷五八《诸家气法·胎息杂诀》、《胎息根旨要诀》，《道藏》第22册第404页。

② 《云笈七籤》卷五八《诸家气法·胎息精微论》，《道藏》第22册第403页。

但引气而不吐，要点在于徐徐。虽说引气而不吐，所引气也不入于喉中，微微而散，如此内气也就不会向下流散。[①]

《胎息口诀》介绍说：凡欲行胎息，先须于静室中，勿令人入。正身端坐，以左脚搭右脚上，解缓衣带，徐徐按捺肢节，两手握固于两腿上，即吐纳三五次，令无结滞之气。涤虑清闲，虚心实腹，左右徐徐摇身，令脏叶舒展。完毕，即鸣天鼓三十六次，漱满华池，然后想眉间一寸为明堂，却入二寸为洞房，却入三寸为丹田宫（亦名泥丸宫）。次存中丹田，次存下丹田，次存五脏。从心起，遍存五脏六腑。存思五脏中，各出本方气，与三丹田中素云合为一气，于头后出，焕焕分光，九色上腾，可长三丈余，想象身在其中。此时应当口鼻俱闭，心存气海中，胎气出入，喘息只在脐中，如气急即鼻中细细放通息，候气平，还依前用心存之，以出汗为一通，不限次数。如觉身体热闷，即心存气遍身，如饭甑中所出的气，这叫满息。再咽，洞观身体中的五脏六腑及大小腹。绵绵不闻，经三十年以绳勒住颈项，不让通气，也不会喘息。喘息常在肚脐中进行，所以坐在水底十日五日不通气都可以。[②]

《胎息经》说：胎从伏气中结，气从有胎中息。气入身来为之生，神去离形为之死。知道神气可以长生，固守虚无以养神气。神行即气行，神住即气住，若欲长生，神气相注。心不动念，无来无去，不出不入，自然常住。勤而行之，这是真道路。注解称：修道者，常伏其气于脐下，守其神于身内，神气相合而生玄胎。玄胎结成后，于是自生身，即为内丹不死之道。要想使元气不离玄牝，应当先拘守其神，神不离开身，气也不散去，自然内实，不饥不渴。[③] 这种方法与上引各种方法都不相同，注重固守虚无养神气，神气相守不分离，注重不动心。可见，诸家对胎息的认识并不完全一致，在具体操作中也各有主张。也可看出，胎息与服内气（或元气）在根本的方法上是一致的，隋唐道教服气理论在强调服元气的同时提出胎息的重要性是自然而然的。这就是当时道教服气的方法特征。

另外，道教还结合炼气宣讲“道性”。这样做的目的何在呢？证明道性无处不在、遍寓万物，意图就在于为众生得道成仙找到一条内在的根本依据，证明众生都有成仙了道的可能性，使生命解脱死亡之厄，得大圆满。这也是受佛性论影响的结果。佛性讲的是成佛的原因、根据和可能性，佛性的另一重要内蕴是境界，包含心和境这两方面，心如果没有一定的“缘”，尤其是境

---

① 《云笈七籤》卷五八《诸家气法·胎息杂诀》，《道藏》第22册第404～405页。

② 《云笈七籤》卷五八《诸家气法·胎息口诀》，《道藏》第22册第407页。

③ 《云笈七籤》卷六十《诸家气法·胎息经》，《道藏》第22册第425页。

界这一“缘”是不能起作用的，不能建构佛性。①道教所讲道性的中心内容，也是围绕这些问题来求得答案，最终对人能不能成仙了道给予回答和论证，引导人们修道求道，萌发向道之心。与佛教不同的是，道教讲道性并未抛弃道教传统的“道气”论，认为众生要恢复本来所具有的道性，还必须借助于气的接引，就好像竹子须借助于天雨而生成一样。《道教义枢·道性义》说：贷气禀气，这是表明众生之本，本来是清净的，但因为颠倒妄起，因知有识神，一念神起即滞染，故有欲望。凡业既弱，不能自生，须假应气，贷生接引。既生之后，方假研修，智慧若圆，即成至道。就如同竹笋未生起之日，本为虚无，一念笋生，即带皮出，生力既弱，不能自生，须借天雨，助令成笋。及其作竹，渐渐除皮，皮尽竹成，无皮如本。竹成之日，不更生皮，所以智慧圆满时，不更起倒。② 众生本来具备清净道性，具备得道的先天根据，但为外欲所染，使道性不能自己萌生，于是必须借助于气的“贷生接引”，使道性生发出来后，再经研习修炼，智慧圆通，终于获得“至道”，而一旦得道，也就不会失去它，即所谓“不更起倒”。在这里，“气”的贷生接引之功是必不可缺少的，没有这一外因条件发生作用，作为内因根据的“道性”也就无法萌发出来，使人自己走上修习“道”的大路。把“气”作为引发道性的外在条件，这是道性论不同于佛性论的个性特征，也是道教讲求实证性的特色之一。

道教气功为中华养生文化的上乘精品，它积淀了中国文化的优良传统，其中固然不免有一些神学的糟粕，但其主体部分仍不失为原始生命科学的结晶，是道教对于中国古代科学技术的一大贡献。这一贡献，对当今人类的人体生命科学及医疗养生学的发展仍有巨大的借鉴价值，值得我们深入发掘，认真总结，正确引导运用，以造福今人。隋唐道教服气理论与方法，则是道教气功演变史上的一个重要时期，它接承汉魏南北朝道教气功已有的成就推陈出新，总结提高，又为唐末五代及宋元内丹的崛起准备了条件，打下了基础。这是一个从外丹转向内丹的重要的过渡时期。

所谓内丹，相对于以身外的药物炼成的外丹而言，指以人体为炉灶，以身中精气神为药物，在人体内炼成的丹。它是在行气、胎息等基础上发展起来的，是宋元以后道教体征生命的主要方法。内丹始于何时有不同的说法，一说东汉末已有，认为《参同契》便讲内丹；一说魏晋南北朝已有，如《黄庭内景经》“琴心三叠舞胎仙”即讲内丹；一说始于隋代青霞子苏元朗，以其《旨道篇》为代表。至唐代修内丹的道士逐渐增多，内丹书也不断出现。唐末

---

① 参见吕澄《中国佛学源流略讲》，中华书局 1979 年版，第 119～120 页。

② 《道教义枢·道性义》，《道藏》第 24 册第 832 页。

五代，研讨内丹更成为一种风气，这是内丹道发展的关键时期。《内丹毕法》、《钟吕传道集》、《入药镜》、《指玄篇》、《无极图》等经籍的相继产生，表明内丹理论与方法越来越系统化。入宋以后，更形成了内丹道的南北二宗。南宗以张伯端所传丹法为祖，其丹法主要流行于南方，代表作有《悟真篇》、《还源篇》、《复命篇》、《翠虚篇》、《传道集》等，主张先命后性。北宗以王重阳为祖，主张性命双修，以修性为先，代表作有《重阳全真集》、《立教十五论》、《洞玄金玉集》、《水云集》、《仙乐集》、《摄生消息论》、《大丹直指》、《磻溪集》等。在南北二宗推动下，内丹成为宋元以后道教追求长生成仙的主要炼养方术。南北二宗后又有元代李道纯创立的中派、明代陆西星所创的东派、清代李涵虚所创的西派等诸多流派。

内丹虽有不同的流派，但诸家均讲性命，以“性命”二字作为内丹学的纲领，主张性命双修。何谓“性命”?《灵源大道歌》咏唱道：“神是性兮气是命”，意思说“性”指的是神，“命”指的是气。王重阳《授丹阳二十四诀》也说：“性者是元神，命者是元气”。李道纯《中和集·性命论》解释说：性指“先天至神，一灵之谓”；命指“先天至精，一气之谓”。意即性为神灵，命为精气。大抵内丹家的经书很多以神气解释性命。《抱一子三峰老人丹诀》的解释则有所不同：修长生不死的内丹，先要识性命根源。人以心为离卦，以肾为坎卦，坎离二卦即是性命根源。阴阳二理即是真性命，阳是性，阴是命。[①] 这是以阴阳解释性命。性大体相当于现代人说的精神、心理，命大略相当于现代人说的肉体、生理。通过修炼性命，使生理和心理平衡、协调、健康地成长，乃至于神仙长生，这就是内丹家所谓的性命双修。内丹家基本上都强调性与命的相互依存关系。《中和集·性命论》指出：性无命不立，命无性不存。两者的“名”虽不同，但道理却是一致的。并批评当时学道之徒以性命分为二，各执一边，互相争执是非，殊不知修命者不明其性，难逃劫运，见性者不知其命，没有归宿。

这种对性命二者统一不可分的强调，旨在要人们性命双修，只修性或者只修命都失于偏颇，唯有性命兼修，可以得仙道。在性命双修的程序上，南北宗主张有所不同。南宗是从炼精修命入手，循序渐进，从而了彻性源。张伯端《悟真篇》继承吕洞宾性命双修、禅道双融的内丹学说，以先命后性作为内炼法诀，进一步阐明了炼精化气、炼气化神、炼神还虚的内炼步骤。北宗在修炼程序上则与南宗相反，主张先性后命，从明心见性、除情去欲入手，然后循序炼化精、气、神。尽管两派下手功夫不同，修炼步骤有差异，但都强调性命双修，体用一源。

---

① 《抱一子三峰老人丹诀》，《道藏》第 4 册第 976 页。

内丹家以“精气神”作为修炼内丹的药物，称之为三宝。《玉皇心印妙经》说：“上药三品，神与气精。”陆西星注称：灵明知觉叫做神，充周运动叫做气，滋液润泽叫做精。以其功能来说，神主宰制，气主作用，精主化生，各专其能。[①] 在精气神三宝中，以元神作为主宰，是炼内丹的关键所在，最为道教所看重。道教认为，神是主，精、气是客，因而内丹之道始终要以神驭气，以神炼精，即所谓以神而用精气，精气得神而王。故内丹修炼，关键在炼神。

内丹功法，大体上可分为三大层次或者说有三大步骤。这三大层次是：

(1) 初关炼精化气，又称小周天。是在似觉非觉中采取先天元精，行河车运转，数足三百六十，如同天体黄道的划为三百六十度，又如一年三百六十天，故称小周天。小周天系有为之功，主要内容为采、封、炼、止。“采”指采药，从外丹术语中借用，从而说明化精为气的过程。在静坐中发生微动的元精称为药，使其升华的过程叫做“采”，所采为外药。采药须灵活运用，小周天功夫讲究活子时，即一日十二时辰中，可以不拘时辰，只要练功出现了子时的症候，就到了该起火的子时，故称为“活子时”。“封”指采药之后，将下行的精气摄归于下丹田内封固。“炼”包括升降运转三百息、三百候、炼外药、小鼎炉烹炼等等。小周天必须用逆呼吸法，才能将药送至鼎炉内。“止”指河车运转到一定时停止，一般为三百六十候完成，主要待阳光三现为准。内丹家认为，人成年以后先天之精枯竭，须用先天元气使之充足，并重返先天元精，这就是炼小周天的目的。

(2) 中关炼气化神，又称为大周天。这是以十月怀胎作比，孕育灵药。在炼精化气的基础上，使气与神合炼，以气归神。内丹家认为，功夫进于此，便到达了理想阶段，如果修炼成功，就可返老还童，延年益寿，为炼神还虚做好准备。炼气化神的具体功法，一般分大药过关服食与守中。这一阶段是进一步的炼药功夫，是神气相凝结合为一的过程，是内丹功法中从有为到无为的阶段。中关炼气化神，属于内丹功夫的高层次，能够炼到这一层次的人并不多见。

(3) 上关炼神还虚，又称九年关，这是内丹理想的最高境界。“虚”指的是超越语言思虑，与道合为一，与宇宙同体，入于虚空，故在丹经中常以“O”代虚。所谓“九年”，借用佛教禅宗达摩面壁九年的典故，以比喻这一阶段纯入性功，常定常寂，一切归元。道教认为，九载功成，人的无为之性就会自圆，无形之神就会自妙。“神妙”就会变化无穷，隐显莫测；“性圆”就会慧照十方，灵通不破。人于是能够分身百亿，应显无方，而其神形性命

① 《方壶外史》，江苏广陵古籍刻印社 1994 年版，第 1 页。

都与道合。

内丹炼成的感觉，《抱一子三峰老人丹诀》这样形容：圣胎完备，蓦然间身体发动，脐下丹田也动，如妇女怀孕的胎动。温养十月，圣胎产出，有如金蝉脱壳，身外有身，阳神出现，如婴儿一般肌体鲜洁，神采焕然。这时，身体如同虚空，聚则成形，散则无穷。①

道教修炼气功内丹术的目的，在于羽化登仙，长生不死，尽管这一目的并未达到，而且看起来似乎永远也实现不了，但对于探索人的生命问题却不无有益的启示；对于激发人的生命活力与潜能，延年益寿，亦不无功效；对于现代人体生命科学来说，也是一笔宝贵的文化遗产，其中大有宝贝可以发掘。

四、道教与天文历法

在天文历法方面，道教也有贡献。道教修炼讲天人合一，对天文历法十分重视。尽管道士观测天象、把握时节的目的是为了返老还童，长生成仙，但在客观上对中国古代的天文历法有所贡献。以隋唐道士为例，当时有较多的道士参与了天文律历的制定工作。隋代道士张宾主持制定了“开皇历”，又著有《历术》一卷，《七曜历经》四卷，可见他是个懂天文历法的道士。隋道士马赜，解天文律历，隋炀帝时引入玉清观，令他章醮。由此可见，道士上章斋醮也需要天文知识，解天文律历是其宗教活动的副产物。道士的这些天文律历知识和占星术又为帝王利用，或为宫廷做宗教仪式，或预卜政治前途，如道士薛颐，解天文律历，尤其精通杂占，隋炀帝引入宫内道场做章醮。到唐高祖时，薛颐又根据星象情况，密告秦王李世民当坐天下。李世民做皇帝后，便为他建置紫府观，拜他为中大夫，主持紫府观。又下令在观中建一清台，观察天象。薛颐在其天文台所观察预报的天象与国家天文台的报告相差不多。据《新唐书·历志》记载，唐代建国的290余年中，历法共改了八次。这八个历法中，最早的《戊寅元历》和《麟德甲子元历》就是由道士及道教世家出身的人制定的。东都道士傅仁均的《戊寅历》于唐高祖武德二年(619)实行，它基本上采用隋代张胄玄的历法，但它是首次正式颁布实行采用定朔法的历法，并主张不用上元积年，很有些对历法实行革新的气象。唐高宗麟德二年(665)，颁用李淳风制定的麟德历。李淳风的父亲是位道士，博涉群书，尤明天文历算之学。他的麟德历以隋代刘焯的皇极历为基础，也采用定朔法，但为避免戊寅历中连续出现四个大月或三个小月的现象，采取

---

① 《抱一子三峰老人丹诀》，《道藏》第4册第977～978页。

了变通迁就的方法。从此定朔取代了平朔，为后世历法所沿用。李淳风不仅在天文历法上颇有成就，而且在注释十部算经、使我国古算术得以保存流传上也功绩显著。仅以隋唐为例，已可看出道教与中国古代天文历法的关系。

上述表明，谈到中国古代科技就离不开道教，理解道教中的科技内容，的确如李约瑟所说，对理解全部中国科学技术是极其重要的。道教科技的内容，博大精深，涉及方方面面，非本书所能全面介绍，只是点到为止。读者诸君如有兴趣，可以翻看李约瑟博士的《中国科学技术史》，里面可以看到道教科技的全貌。

第五章 古代道教

从东汉顺帝时（126～144）算起，道教已有一千八百多年的历史，如果把道教前身方仙道、黄老道算在内，那么道教的历史有二千多年。在这漫长的历史中，道教经历了发生发展、兴盛衰落的过程，形成了不同的道派。假如我们要问：道教的现状如何？道教的未来会怎么样？那就让我们先来看看历史，历史将告诉我们道教如何在风尘仆仆中走到现在，道教又怎样从现在经受洗礼奔向未来。

一、道教发生的历史渊源

道教的发生不是偶然的，有其深刻的历史文化渊源，既有原始宗教意识的积淀，又有古代哲学思想的渊源，可以说“杂而多端”。具体有这样一些：

（一）古代巫教

中国远古社会曾流行过自然崇拜和鬼神崇拜的原始宗教，这为道教的产生奠定了社会文化基础。当时社会上的宗教职业者是巫祝，专门从事勾通人与鬼神的关系，请神除邪，解说吉凶，转达神的旨意。《国语·楚语》说：在男叫觋，在女叫巫。合称为巫觋。在殷商卜文中，巫字很像事神之形。当时的巫以歌舞取悦神灵，并有一套符咒驱鬼的巫术。祝是宗教祭祀活动中负责迎神祈祷的礼仪者，卜则替人预测吉凶以决疑难。巫、祝、卜都是当时社会生活中不可缺少的人物，且社会地位较高。殷人尚巫，社会上巫风盛行。春秋时代，理性主义高扬，巫的地位渐渐降低，但社会上巫风仍浓，特别是荆楚、巴蜀等地方，原始巫教并没有消失，还在民间继续活动。古代巫教中的许多内容都遗留给了道教。道教宫观中的司香火者被称为庙祝，这就是古代巫祝留下的称呼。古人以为生病是恶鬼缠身，须请巫师用符咒驱鬼的法术加以除病，以后道教有符水治病，道经中有所谓驱鬼、斩鬼品，这都是古代巫风的遗传。早期道教如五斗米道和太平道，其巫术色彩更深。米道被人称为“米巫”，佛教指责其为“三张之鬼法”。道教中的符水一派以咒语符箓打鬼捉鬼杀鬼，迎神请神，斋醮活动，上章诵宝诰等，可以说都含有古代巫教遗风。

（二）先秦道家思想

先秦道家是学术上的派别，并非宗教，《老子》、《庄子》都是学术著作，而非宗教经典，它们成为道教的思想理论来源之一是历史形成的，也是道教主动地大加利用的结果。道教之所以能利用先秦道家的思想作为其宗教教义的基石，是道家思想中有一些可供选择的因素。道家比较注重养生，其中有些思想便说到“长生”，如《老子》中有“谷神不死”、“长生久视之道”；《庄子》中说：无劳你的形，无摇你的精，便可以长生，千岁厌世，去而上仙，乘着白云，到达帝乡。这些都成为后世道教神仙长生思想的理论依据。先秦道家哲学的“道”具有神秘蕴义，道教将其进一步神秘化，把它人格神化，使之成为有意志、有感情的造物主，从而使道家哲学宗教神学化。有学者认为，老庄思想与原始宗教本有渊源，道家和道教来自一种古老的宗教根源，故二者关系极为密切，道教是道家思想的延伸。这种紧密联系正是先秦道家演化为后世道教的内在契机。从道家的发展阶段看，有先秦老庄道家、秦汉黄老道家、魏晋玄学道家。先秦道家成为道教教义的理论基础，其关键的演变阶段正是秦汉的黄老道家。近人蒙文通在《古学甄微·道教史琐谈》中指出：魏晋以后老、庄诸书入道教，后世道徒莫不宗之，成为道教哲学的精义所在，不可能舍去老庄而谈道教。先秦道家思想是道教形成的重要思想理论渊源。

（三）神仙思想

“神”的观念充满了先秦古籍，为一种超自然的存在，具有神秘的主宰力。“仙”是种长生不死的信念，《说文解字》说仙是“长生迁去”，《释名》也说老而不死叫仙。神仙连用是后世道教术语，但神仙思想早已经萌发。《庄子·逍遥游》描绘藐姑射山的神人不食五谷，乘云御龙，游于四海之外。《庄子》中多处对神人、至人、真人等神仙的生活与法术作了形容。《山海经》记载有“不死之国”、“不死之药”、“不死树”、“不死民”等。古代又有许多长寿不死的神仙人物的传说，如说彭祖在世八百余岁，广成子修身二千余岁而形不衰。古代神仙思想在燕齐沿海地区较为流行，在荆楚、巴蜀一带神仙传说也比较多，可以说春秋战国时的燕齐文化和荆楚、巴蜀文化孕育了中国人的神仙思想。特别是燕齐，由于位临大海，海市蜃楼的幻景激发了人们的无限遐想，幻想海上有神仙，居住着不死的仙人。于是在燕齐大地兴起了宣传神仙不死和播弄神仙方术的神仙家。这些先秦的神仙思想发展到秦汉时期，由于统治者的热衷而盛行不衰，秦皇、汉武掀起了大规模的求仙浪潮。至道教产生后，继承发展了自古以来长生不死的神仙思想，使之成为道教最基本的信仰，这是道教不同于世界上其他宗教的显著特点。

（四）鬼神信仰

鬼神崇拜为中国古代原始宗教意识之一，早在原始社会便已存在，到殷商时演变为信仰上帝和天命，建立了以上帝为至上神的天神系统，遇到事情便由巫祝通过卜筮向上帝请求答案。先民由于不懂得人的生死现象及做梦等生理活动，以为有独立于人体之外的灵魂，人死了便成为鬼，遂产生鬼魂崇拜，这种崇拜又与祖先崇拜交织在一起。周代把崇拜祖宗神灵与祭祀天帝统一，称为敬天尊祖。周人所崇拜的鬼神已形成天神、人鬼、地祇三个系统，成为后世道教多神信仰的渊源，尤其是符箓派的符咒科仪，多与古代的鬼神祭祀有关。春秋战国时，理性主义高扬，但社会上仍有人力图证明天的意志与鬼神是存在的，这从《墨子》的《天志》和《明鬼》等篇章即可看出。墨子的尊天、明鬼思想为道教所吸取，道教并将某些神仙方术依托墨子，把墨子列入神仙之林。章太炎曾指出道教依托墨家，墨子学派为道教的思想渊源之一，实际上即墨子的鬼神思想为道教所附会。还有，鬼神信仰与五行观念结合形成的五方五色神灵，反映了五行思想与鬼神信仰的互相影响，也为道教吸收，成为其鬼神系统的重要来源之一。秦汉时代，对天帝鬼神的祠祀日渐增加。汉初刘邦增加祭祀五帝。汉武帝即位后，尤敬鬼神之祀，封泰山，遍祀五岳四渎，新增许多神祠，最尊者为太一神，治病和征战等都向太一神祈祷。秦汉社会这种强烈的鬼神信仰与崇祀为道教的产生培植了适宜的宗教氛围，并为道教所继承发展。

（五）谶纬神学

在汉代统治者的大力倡导之下，谶纬神学非常盛行。谶是一种宗教性的神秘预言，又称谶语，以之预测吉凶，因通常配有图，故又叫图谶。古人多用于政治斗争中，比如秦始皇晚年，卢生奏《箓图书》说：亡秦者胡。当时又有“始皇帝死而地分”、“今年祖龙死”等谶语。纬是相对于经而言，指用图谶等神秘含意解释儒家经典，又称为“纬书”，如纬书《孝经援神契》说孔子已经预言了刘邦当皇帝。实际上，谶纬神学是古代的具有宗教神学色彩的政治宣传心理学，以此为谋求权力者或已登上权力宝座的统治者大造舆论，从而俘获具有传统天命观的民众之心，收到得民心者得天下的效果，另外也证明其权力的合法性。谶纬神学在西汉末年的哀、平之际大兴，在王莽与刘秀的推波助澜下，到东汉更成为占统治地位的思想。本来，董仲舒以神秘的阴阳五行学说附会儒家经义，提出天人感应的神学目的论，使儒家学说宗教化。儒生与方士的结合造成了汉代社会浓郁的宗教气氛，这样的社会环境也就给神仙方士创立宗教提供了方便。道教发生于东汉，这决不是偶然的，与谶纬神学的流行分不开，并得到其启示，如受纬书对孔子神化的启示，早期道教逐渐装扮老子，终至捧老子为道教教主太上老君。后世道教也曾大量造作和利用图谶，如魏晋南北朝时“老君应治，李弘应出”的谶语。唐代道教徒为李渊打天下而制作的“桃李谣”等即属于这一类。

（六）方仙道

方仙道一名最早见于《史记·封禅书》：宋毋忌、正伯侨、充尚、羡门高都是燕人，为方仙道，形解销化，依于鬼神之事。战国时候，燕齐一带的方士将其神仙学说及方术与邹衍的阴阳五行说糅合起来形成了方仙道，主要流行于燕齐的上层社会，其法形解消化，依于鬼神，企图长生求仙。其所谓“方”，指不死的神方，所谓“仙”，指长生不死的神仙。神仙思想，由来已久，春秋战国时逐渐形成了以追求神仙不死为目的的方士集团，他们以神仙方术活跃于社会上并渗透到贵族上层，以此作为谋生手段。齐威、宣王时，邹衍之徒论说阴阳五行，为方士所吸收，成为学术上蹩脚但在神仙术上却颇有几下子的神仙家，迎合统治者贪生怕死的心理，大力鼓吹神仙长生。从战国中后期到汉武帝时，神仙家与帝王相互鼓动，掀起中国史上有名的入海求不死药的事件。齐威、宣王和燕昭王、秦始皇、汉武帝等都曾派方士到海上三神山寻求神仙及不死之药，其规模越来越大，但都毫无结果。故方仙道的兴盛期为战国后期到汉武帝时，其代表人物有宋毋忌、正伯侨、徐福、卢生、李少君、李少翁、栾大、公孙卿等。方仙道信仰的神仙长生说成后世道教最基本的信仰，其神仙方术也为后世道教所继承发展。方仙道是道教的前身，后世神仙道教即由此发展而来。方仙道逐渐与黄老学结合向黄老道演变。

（七）黄老道

黄老道继方仙道之后兴起，并由此过渡到道教，是道教产生的重要一环。黄老道是黄老学和方仙道的神仙术结合的产物。黄老学大约产生于战国中期的齐国，稷下黄老学派都学黄老道德之术，并发明其旨意，一直流传到汉初。汉初黄老学的主流是帝王南面之术和阴阳五行思想，但又包含神仙思想。汉武帝时，方士们更以黄帝附会神仙学说，逐渐将神仙学与黄老学捏合在一起，宣讲神仙者都托名黄帝。因为黄老学兴盛于齐地，而燕齐的神仙家也最活跃，二者成长于同一环境中，互相影响，终至结合发展为黄老道。二者的结合是一个长期的过程，大体分为三阶段。其一是汉武帝独尊儒术后，黄老学和方仙道初步结合。其二是汉宣帝到西汉末，二者进一步结合。汉宣帝通达黄老学，又“复兴神仙方术”，促成了二者的进一步结合。到东汉桓帝时（147～167），黄老道形成。东汉明、章帝时，黄老道流行于宫廷上层，桓帝时黄老道的名称已经正式见于史籍。《后汉书·王涣传》说：延熹（158～167）中，桓帝事黄老道，毁掉诸房祀。桓帝公开承认黄老道，一年内两次派宦官到苦县祠老子，又祠黄老于濯龙宫，这是黄老道的形成阶段。到灵帝时，又有张角自称大贤良师，奉事黄老道，蓄养弟子，百姓信向。在黄老学和方仙道的结合过程中，方士化的儒生起了推波助澜的作用，今文学派的谶纬之学推动了黄老道形成。黄老道与方仙道一样，没有系统的教义和宗教理论，没有形成宗教组织，是道教的前身，不了解黄老道，就不能完整地认识道教历史。

二、汉魏两晋南北朝道教

从东汉道教的发生到魏晋南北朝，道教经历了从民间兴起到被统治者加以改造，分化发展，演变为官方宗教的历程，这一历程具体如下：

（一）汉魏道教的发生

道教的发生以巴蜀汉中的五斗米道、中原的太平道以及《太平经》等早期道教经书为标识。

东汉顺帝时（126～144），沛人张陵来到蜀中，创立了五斗米道。根据《三国志·张鲁传》、《后汉书·刘焉传》等史书记载：张陵于顺帝时入蜀，学道鹤鸣山（今四川大邑县境内）中，造作符书，向百姓传教。受其道的出五斗米，当时被官方称为“米贼”。五斗米道的创立与当时西南少数民族的原始宗教有一定关系。近代学者向达以五斗米道信仰天地水三官，联系前秦氐族苻坚、后秦羌族姚苌笃信三官的事实，认为张陵入蜀鹤鸣山所学之道是氐羌民族的宗教信仰，而缘饰以《老子》。近代学者蒙文通也认为：天师道原本为西南少数民族的宗教。汉末西南民族向北迁徙，賨人、氐人北入汉中及汉水上游，五斗米道也于此时传入汉中。五斗米道的创立，既有燕齐滨海地域神仙文化的内容，也有西南少数民族的巫教成分。古代中国的部落都信仰巫鬼，而以氐羌苗等巫风最盛，《山海经》中对此有较多的记载。张陵在西南少数民族环境中学道传教，难免受少数民族原始巫鬼教的影响，从而吸收其中的某些内容，以便更多地招来少数民族百姓的信仰。另一方面，张陵又对原始巫鬼教进行了改造，与燕齐神仙文化相结合，产生了具有新特点的五斗米道。张陵将其道传给儿子张衡，张衡又传其子张鲁。他们祖孙三人被后世道教呼为“三张”，称张陵为天师，张衡为嗣师，张鲁为系师，即所谓“三师”。张陵创道的事迹历史记载很少，张衡仅是提及，事迹较详的是张修和张鲁。《三国志·张鲁传》注引鱼豢《典略》说：光和（178～184）中，汉中有张修，为五斗米道。教病人叩头思过，饮符水，加施静室，使病人在室中思过。又让人为奸令祭酒，“祭酒”主持《老子》五千文，入道者都修习，号为奸令。又有“鬼吏”为病人请祷，方法是书病人姓名，说服罪之意，作天地水三官手书。病人家出米五斗，故号称五斗米师。一般百姓，“竞共事之”。后来张鲁到汉中，袭杀张修，因百姓信行张修之道，便在其基础上加以增饰。教入道者作义舍，以米肉置其中以供行人。又教道民自隐，有小错的修路百步则罪恶除去。又按照月令，春夏禁杀，又禁酒。张鲁自号师君，初来修学道者叫鬼卒，学道较久而虔诚者叫祭酒，各领道众，多的叫治头大祭酒。张鲁在汉中实行政教合一制度，雄据巴汉近三十年，各族百姓安居乐业，至建安二十年（215）投降曹操，五斗米道也随之传往北方中原地区。以后随着晋的统一，它又向东南沿海传播，从而遍及全国。

与五斗米道差不多同时，有太平道。太平道因为《太平经》而得名，大约发生于东汉灵帝的熹平（172～178）时，由河北巨鹿人张角所发起。最初，张角自称“大贤良师”，奉事黄老道，收养徒弟，跪拜认错，符水咒说以治病，病者大多痊愈，百姓因此信仰。太平道最初的起因，也和于吉、宫崇的太平青领道有关。汉顺帝时，琅邪宫崇向朝廷奉献其师于吉在曲阳泉水上所得到的神书《太平青领书》，共一百七十卷，内容以阴阳五行为主而多巫觋杂语，朝廷以该书妖妄不合经典而收藏起来。后来张角得到这本书，利用其中的宗教政治思想，创建起太平道。据说张角“以善道教化天下”，转相传播，十几年间道徒就发展到数十万人，青、徐、幽、冀、荆、扬、兖、豫八州之人都起来响应，于是建置了三十六方，大方万余人，小方六七千，各立将帅。又打出口号说：“苍天已死，黄天当立，岁在甲子，天下大吉”。到中平元年(184)，张角便利用太平道这一宗教组织发动起义，此即历史上有名的黄巾起义。当时三十六方一起发动起义，以黄巾为标帜，张角称天公将军，张角弟张宝称地公将军，张宝弟张梁称人公将军，烧毁官府，攻占州郡，京城震动。黄巾起义遭镇压而失败，张角病死，其弟阵亡，太平道从此也就传授不明。太平道信仰中黄太一神，奉持《太平经》，建立了宗教与军事合一的组织“方”；和五斗米道一样具有较浓的巫教色彩；崇尚黄色，头戴黄巾，身穿黄服。这些是太平道的宗教特征。后世民间秘密宗教——明教，尊张角为教主，表明太平道仍有影响。

汉魏发生的道教，其宗教活动大都采用了古代长期流传的巫觋杂语、阴阳五行、符水咒说、鬼神崇拜之类。除太平道传授不明外，五斗米道后来的发展继续朝着符水章醮方向，被称为符水道教，其中更多地保存了巫觋杂术。

汉魏发生期的道教，其主要的代表经书有《太平经》、《老子想尔注》以及《周易参同契》。这些经书不仅反映了道教发生期的教义，而且为道教的发生准备了条件，尤其是《太平经》。这些经书加上五斗米道、太平道等道团组织，于是有汉魏道教之发生。

(二) 晋代道教的分化

道教发生于民间，并组织了起义，威胁到统治者，于是从魏晋起，当政者即对道教采取两手政策，一手限制甚或镇压，一手改造和利用。这样的政策促使道教发生分化，加上士族知识分子的加入道教，使道教队伍的成分构成出现新的情况，于是道教的一部分从民间走向官方，演变为官方宗教，一部分则继续活动于民间，组织起事，还有些士族知识分子道徒则隐居山林修道。这是两晋道教的大体情况。

自黄巾起义失败后，由于太平道遭残酷镇压，而五斗米道张鲁归降曹操后获得高官，与曹氏联姻，具备了比较有利的传播条件，所以五斗米道逐渐流传到原来太平道活动的北方地区，取而代之，以后改名换姓为天师道，传播南北各地。三国时，曹魏有方术之士甘始、左慈、却俭，各有一套道术，这些道术在北方的民众中产生了一定的诱惑力。建安二十年（217）北方瘟疫流行，老百姓都挂起道教的符咒以避疫，可见道教符水治病的传统在这些地方很深厚。东吴有化名于吉的道士在进行宗教活动，主要是以符水治病，其影响上达宫廷和军队将领，下及一般百姓与士兵，终于为当政者孙策所杀。还有一个叫李宽的道士由蜀入吴，祝水治病，于是避疫的吏民，依附李为弟子者近千人，升堂入室道术较高的弟子学的是祝水三部符和导引行气，这些人再转相传授，一时徒众布满东吴，动有千许。西晋时，五斗米道在原来太平道活动的地方徐州琅邪郡已经流行，一些士族大家开始奉道，如王氏、孙氏等。孙氏一族中的孙秀成为赵王伦的心腹宠臣，用五斗米道帮助赵王伦作乱。西晋末年蜀地六郡流民拥李特为首起义，特死，其子李雄继续率流民战斗，青城山道教首领范长生资给其军粮。李雄破成都后，将范迎到成都，封为丞相；雄称帝后，又加封范氏为天地太师、西山侯；优待其部曲免除兵役，租税归范所有。很显然，五斗米道在巴蜀之地的活动一直没有停止过，其首领保持了张陵、张鲁私养部曲、收租税的习惯。

东晋十六国时，门阀士族信奉道教的家族更多，出现了所谓道教世家，譬如南方的琅邪王氏、兰陵萧氏、高平郗氏，又有北方的清河崔氏、京兆韦氏，道教进一步深入上层社会的门庭，成为统治层精神生活的重要组成部分。这时候，南北方都有人托名道士李弘起事，这种情况一直延续到南北朝。北方有些汉族人士在少数族统治下托言老君治世，具有强烈的民族情绪，他们希望“六夷宾服”，恢复汉族的统治。还有的人期待救世主太上老君降临，使人们摆脱苦难的命运，“天下大乐”。道教在乱世的苦难民众中广泛流传，给他们一线隐隐约约的希望。东晋末年，五斗米道士孙恩利用道教暴动，这场暴动是在东晋王朝乔迁士族和土著士族矛盾的基础上发生的，暴动虽然失败了，但东晋王朝不久也就垮台了。在东汉末到东晋末的短短两百年中，以道教名义组织的起事如此之多，其中黄巾起义和孙恩暴动竟危及东汉和东晋王朝的生命，这迫使统治者思考对策。

迎合统治者治平天下的需要，一些士大夫出来按照自己的构想改造道教，其代表人物为东晋葛洪。葛洪出生在道教世家，其叔祖葛玄随从有名的术士左慈学道，被后世道徒尊为葛仙公。葛洪师承仙公之道，并发展起一套有系统的神仙理论，完成了神仙道教的理论建构工作。葛洪本有治国平天下的抱负，政治上不得志后，转而独善其身，道教成为他修身养性的最佳补品。他的主要著作是《抱朴子》内外篇，内篇以道教为主，外篇以儒家为主，内道用以养生求仙，外儒则用于兼济天下，充分体现了魏晋玄学家儒道互补的特色。当时门阀士族迫切需要解决生死问题，幻想能够不死，葛洪回答了这些问题。他从自然的本体说起，证明“玄”、“道”、“一”都是超越时间空间而永恒存在的，天地万物由它们所生成，它们神秘莫测，不可名状，人只要守住这些神秘的自然本体就可与天地同在，神仙长生。为维护金丹道教，他频频攻击符水道教的修炼方法，认为用符水修行的人根本就不懂得不死之道。葛洪的理论，坚定了帝王将相和士大夫们对道教神仙长生说的信仰，他们当中历代都有人服食金丹。葛洪的理论丰富了道教较为贫乏的宗教教义，开了南方道教注重教理研究的风气。更重要的是，葛洪将道教神仙学体系和儒家纲常名教紧密结合，强调修仙必须以遵守儒家伦常为先决条件，这样就将道教改造为符合统治者要求的宗教。

两晋时代，这是道教逐步从社会底层走向上层化的时代，也是道教为士族上层知识分子所逐渐认识并加以改造和接受的时代，由此也引起了道教本身的分化。这种情况一直向南北朝延伸。

（三）南北朝道教的改造提高

南北朝的道教，继续做着改造提高的工作，基本上改造为官方宗教，教理教义有了进一步的充实提高，完成了向所谓“高级宗教”的转化，社会影响力不断增加。

这一时期，加入道教的士大夫更多了，道教信徒中文化水平较高者相对增加，制作道经有了更多的人手。为了提高道教，使之更合士大夫们的口味，以便和佛教抗衡，大量道经涌现。早在葛洪时，据《抱朴子内篇·遐览》统计，已有道经六百七十卷、符箓五百余卷，合计有一千二百卷。葛洪本人看见二百多卷。葛洪以后又相继产生《灵宝》、《上清》两大系统的道经，到刘宋时，陆修静便能依据这些经书编出《三洞经目录》，共计有一千二百二十八卷。陆修静模拟佛教《三藏》编纂道经目录，不仅是对道经作了分类，实际上也是初步做了判教的工作，划分出三个大的道派。尽管这种工作在他本人并不是十分明确的，但其实际效果就是把已经萌芽的道教中对教义有分歧的团体划分开来，促进了道派的发展。陆修静以前，产生了不同方法修行的道术及其理论总结，有了不太严密的传授系统，经过陆修静的编目工作，分别了“三洞”的品级先后高低，道派的意识便明显强烈起来。陆修静没有明确宣布自己赞成哪一派，而是兼收并蓄，所以他之前的几种道术在其手里得到集中，又从他手里扩散出去，各自向独立方向发展。当然，道教道派之间的界限不像佛教那样严密和明确，它们各有自己的特色，又融合了其他道派的许多内容，这和道教之术杂而多端的总特点是相一致的。这样，在陆修静之后，南方道教除了原有的天师道之外，又发展成熟了两个各有特色的道派——灵宝派和上清派。

灵宝派以《灵宝五符经》为看家经典。灵宝的说法，东汉方士已有，起源于一种神秘的“符”，据说是护身法宝，所谓“无上灵宝谒”正是《太平经》对这种宝符的赞颂。葛洪从孙葛巢甫将其引申，托称元始天王传经，制作《灵宝经》几十卷。到陆修静又加增修，立成轨仪，于是灵宝之教大行于世。灵宝派的修炼方法主要是看重符箓科教，又受到上清派的影响，也讲存神、诵经之类，它似乎介于新旧之间，既有天师道的老法式，也有上清派的新手段，比起上清派来，更能招来多层次的信徒。灵宝派比较重视集体的宗教活动，这点和五斗米道相仿佛。大家一起唱经一起吃斋，又不同于五斗米道的聚众闹事，而是要通过斋醮科仪让信徒懂得：我们的身体会做出杀、盗、淫种种罪恶行为，所以要用礼拜来约束它；我们的口会出“恶言”，所以要唱经来净化它；我们的心怀着贪欲与恶念，所以要用存神的方法来驱赶它。劝善度人，这是灵宝派的特征，它的斋醮科仪不仅是只达到个人成仙的目的，而且要借此帮助别人行善得道。所谓“仙道贵生，无量度人”，类似于佛教的普度众生。

上清派的成立，和陶弘景的努力是分不开的。在陶氏之前已有上清派的雏形，造作了一些经典，但在社会上影响不大。陶弘景有意识地构造上清派自身的传授系统和演变历史，并且总结和发展了遗留到他手里的上清派经典，集其大成，以众真告诫的方式宣布上清派的成立。陶弘景是使道教在教理上进一步提高的一个重要人物，他出身在具有较高文化传统的士族家庭，幼年即喜读《神仙传》之类的道书，由于仕途上不得志，于 36 岁便归隐茅山修道。他性好著述，尤明阴阳五行、风角星算、山川地理、医术本草。他是一个多才多艺的人物，特别在药物学上有重要贡献。他的著作很多，重要的有《真诰》、《登真隐诀》、《真灵位业图》、《神农本草经集注》、《合丹法式》等。他虽然身在山林，但仍热衷于政治活动，只不过他的活动同汉代道教徒不同，他是要帮助统治者稳固统治秩序。他的《真灵位业图》把神仙划分等级，来源于人间社会的现实，反过来又替人间的等级制度找到了根据，以便维护这种制度。经过陶弘景的坚持不懈努力而形成的上清派，并没有致力于大规模的集体宗教活动，而是注重个人闭门独户进行修炼，故其信徒多是知识分子。除了吸收道教内部其他各派修行方法，上清派的独到之处就在于：它坚持通过炼神的方法去达到炼形的目的，把佛门炼神的义理吸取进道教。上清派极看重精神的修养，认为要获得形体永存的高级方法就是存神和行气。灵宝派向佛教学习，上清派比灵宝派学习得更多。主张三教合一，借用佛教理论来完善本派，这是上清派的又一大特征。正因为如此，上清派在宗教理论上比灵宝派更有系统，更富于理论思维。这些是南北朝时南方道教的情况。

而在当时的北方，道教有天师道和楼观派。北天师道得到寇谦之的改革。寇谦之早年信仰天师道，修张鲁之术，并对其进行了改造。他假托自己在嵩山见到太上老君，太上老君封他“天师之位”，并赐给他《云中音诵新科之诫》二十卷，启示他说：今运数应出，你宣传我的新科，清整道教，除去收租米钱税及男女合气之术的三张伪法。大道清虚，应专以礼度为首，而加之以服食闭炼。这是寇谦之清整改革道教的总纲，一是废除传统五斗米道的“伪法”，建立符合统治者需求的“新科”，二是新道教“专以礼度为首”，即采取儒家的礼教为道教的第一要义。清整改革道教的目的是辅佐太平真君实现天下太平，维持封建的统治秩序。寇谦之改造道教主要是制定了一套戒律轨仪，从组织上进行清整，革除早期道教和国家争租税的经济措施，在教理上没有什么新的制作。此后，北天师道再也没有像在寇谦之时期这样兴旺。北方道教还有楼观派，以陕西终南山楼观台为中心聚集，相传老子西出关曾于此讲说《道德经》，留下说经台。这些传说使楼观派道士深信老子化胡说，与佛教争先后。该派习《老子》和灵宝经，既主炼丹又以符箓修行，糅合金丹道教与符水道教的修炼方法，自成一家。

综观南北朝道教，南方道教比较注重义理，对道教理论的建设做得更多，和佛教之争主要是理论之争，灵宝派和上清派组织松散，南天师道此时不活跃，很可能在孙恩暴动失败后受到重创；北方道教比较重视轨仪，发展宗教组织，和佛教之争主要是政治地位之争，北天师道一度被统治者抬在佛教之上。然而，不论是南方道教还是北方道教，都经过改造成为官方宗教，完成了道教从民间走向官方的进程。南北朝的道教虽不如佛教阵容庞大，但也制作了大批经典，丰富了神仙长生的理论，具备了一些宗教仪式和清规戒律，形成某些道派，完全可以与佛教和儒学在思想文化界鼎足而立了。

三、隋唐五代北宋道教

道教经过南北朝的改造充实提高，登上统治者的殿堂，成为较成熟的宗教，而随着历史的演进，它也迈入了发展的兴盛时期，获得理论上的大发展，进一步提高了社会地位，受到统治者的尊崇。

（一）道教在隋至盛唐时的兴盛与教理大发展

隋至盛唐时代的文化，可以用“交融”二字来概括，在这一大文化背景下的道教，亦以“交融”作为特色。南北方道教的大汇合带来了道教发展的大兴盛，统治者的狂热崇道则推波助澜，使道教对社会上的人们产生了极大的诱惑力。尤其令人惊叹的是，道教教理的精彩纷呈，在中国思想史上留下了不可磨灭的业绩。

从道教的发展史来看，隋代道教正处于一个转折点上，为唐以后道教的兴盛与教理大发展做了准备。这种转折是道教自身发展的结果，也与隋统治者的宗教政策有关。隋文帝实行佛道二教并重的政策，利用道教来达到现实的政治目的。他利用道教符谶，为其夺取政权造舆论，并为其统治地位的合理性作神学论证。他十分关注并积极支持道观的修建和道徒的发展，并在晚年对道教神仙长生说产生了信仰。隋炀帝与其父一样，既笃信佛教，又利用和扶持道教。隋炀帝还曾集中学者撰作新道书，并编撰道经目录。隋代佛道并重的政策，不仅对道教的发展关系重大，而且对唐统治者也有深远影响。

隋的统一，使南北方道教的交流更为便利，南方的上清经法传到北方，南北各具特征的道教逐渐融汇在一起，这是隋道教不同于南北朝的一个特点。这时候，由上清派演变而来的茅山宗，不仅巩固了在南方的传统范围，而且逐渐占据了北方，这与当时的茅山宗领袖人物王远知的活动分不开。王远知从南方到北方进行传道活动，大业（605～618）中收潘师正为弟子，潘后来成为茅山宗在北方传教的重要人物。总的来看，隋代道教南北的融汇，是以南方茅山宗为主，直接为唐代道教以茅山宗为主流的格局奠定了坚实基础。从隋代道教的地理分布来看，除了京畿之外，还有汉中、巴蜀、江南等热点区域。隋代道教徒大多积极参与了上层统治集团的政治斗争，民间道教的活动逐渐衰落。据《隋书·经籍志》记载，隋代道教主要有以下几个特征：第一，尊崇元始天尊，奉为最高神。第二，授道者必须有四十九年以上的道龄才获得传授他人的资格。第三，传授道法的要旨归于仁爱清静，经过渐渐的长期修行而致长生。第四，传授道法的先后品次依序是，先受《五千文箓》，次受《三洞》，次受《洞玄箓》，最后受《上清箓》。第五，讲经以《老子》为首要，依次讲《庄子》及《灵宝》、《升玄》之属。第六，道术以符箓为胜，符箓派占主导地位。综合上述，隋代道教沿着上层化的方向继续发展，又形成了自己的许多特色，并且以茅山宗为主使南北方道教融汇合流，为唐代道教的兴盛准备了内在的条件。这种承上启下的作用，使它在道教发展史上具有特殊重要的意义。

唐代开国君主高祖李渊在夺取政权的过程中，即广泛利用道教为他制造舆论，称帝后确认道教教主太上老君为其祖先，在羊角山修建了老君庙，取名伏唐观，祠祀老子。高祖李渊又努力提高道教地位，力图把道教排在佛教之前，还派使臣把天尊像送给高丽，派道士到高丽宣讲《道德经》，使道教传播到了国外。唐太宗李世民和其父李渊一样，未登基之前，即和道士有密切的关系，道士王远知曾预告其“做太平天子”，登上帝位后即优宠王远知。太宗李世民崇道的特点，集中表现在贞观前期以《老子》清静无为思想治天下这一方面。他也尽量设法提高道教地位，实行崇道抑佛政策，于贞观十一年（637）明确宣布道教在佛教之上，崇道就是发扬“尊祖之风”。唐太宗晚年追求“神仙轻举”，服长生药，终于因此而丧生。继位的高宗李治，追号老君为“太上玄元皇帝”，“圣母为先天太后”，规定王公百僚都习《老子》，并令士子加试《老子》，贡举人都须兼通。女皇武则天，虽号称佞佛，但也利用道教图谶为其登上皇位制造根据，并拉拢利用道士为其政治目的服务。武则天在信仰上毫无疑问是笃信佛教的，但对道教的神仙长生也是有所追求的。到了晚年更是如此。她曾令道士为其章醮、投龙做功德，又令道士炼药，供其服食。总的看，武则天与道教的关系较为复杂，既利用又抑制，视政治上的需要而定。

唐代皇帝尊崇道教的第一人当数唐玄宗李隆基，在他大力扶持下，唐代道教的发展也达到了顶峰。他采取了一系列崇道措施，不仅在当时，而且对后世特别是宋代皇帝的崇道之举都产生了深远影响。唐玄宗崇道主要表现为：第一，尊祀玄元皇帝，也就是道教的教祖太上老君，掀起狂热崇拜，利用种种机会颂扬李唐圣祖玄元皇帝，所上尊号越来越多，并亲自导演了玄元皇帝降临的神话剧。第二，唐玄宗登基得到了道教人士的支持，称帝后便提高道教的政治与社会地位，特别优宠茅山宗和张天师一系道士。第三，唐玄宗将崇道纳入科举教育体系，官吏考选，多有道举出身者。第四，唐玄宗崇道还有一个重要内容是服丹药，而且常将药物赐于臣下。

总之，从唐高祖到唐玄宗，除武则天时崇佛超过崇道外，基本上是以崇道为主，在崇道的同时也不排斥佛教。由于崇道，使道教在此期间获得迅猛发展。又由于统治者积极向周边地区及邻国传播道教及其经典，此时的道教国际影响也比较大，在一些邻国流传开来，它作为中国传统文化的使者加强了唐帝国与各国的友好往来。盛唐的道教同样充满了一种“盛唐气象”，这从当时道派的融合兴盛中透露了出来。

道教经过魏晋南北朝的分化发展之后，到隋唐呈现融合之势，这种融合在南北朝末已发生，隋的统一打破地域分割，为融合进一步创造了条件。唐承隋而继续推进融合，带来了道教的繁荣兴盛。由于融合，使原先个性特征十分鲜明的各个道派，逐渐在教理教义和宗教仪式上，互相渗透，呈现出我中有你、你中有我的状况，难以区分，甚至像南北朝时发展一度超过上清派的灵宝派，此时却似乎“泥牛入海无消息”，其传承关系已不十分清楚了。此时的道派融合以茅山宗为主进行。茅山宗是唐代道教主流派，善于吸取各家各派之长，它在教理上受重玄学派的影响，又吸取了灵宝斋法，正一法也融入茅山宗。到唐玄宗朝的司马承祯时，北方的嵩山、王屋山和南方的茅山、天台山等，均成为茅山宗传道的热点区域，茅山宗还传到了蜀中。这些都与司马承祯的努力分不开。茅山宗之所以成为唐道教的主流，从内在因素说，主要是由于它能兼收并蓄，吸收三教之长，并融汇三洞经法，且有一个独立而严密的传承体系，人才辈出，使茅山宗的发展得到组织上的保障。从外在因素说，茅山宗的历代宗师大多具有较强的政治活动能力，经过他们的活动，使茅山宗在政治风云中不仅未遭受打击，而且还获得不同统治者的扶持，使它具有相对稳定的外部发展环境，这也是它兴盛发展最重要的原因之一。

隋唐道教南北方不同派别的进一步交流和融合，为道教教理教义的发展提供了比较好的内在条件；而南北朝以来的三教理论之争，到隋唐更是经常进行，这种论争锻炼了道徒们的思辨能力，促使他们从理论上进一步提高自己；再加上这个时期统治者对道书研究的重视和提倡，因此到隋唐时，道教理论的发展进入了新的阶段，采取了新的形态。这不仅为宋元道教理论的进一步拓展创造了条件，而且对宋明理学的产生也有相当的影响。可以说，隋唐道教思想，在中国思想史和哲学史上占有重要的一席之地。这个时期，涌现了许多著名的道教学者，如孙思邈、成玄英、王玄览、李荣、司马承祯、吴筠、李筌、张万福等，他们对道教理论的发展都作出了各自的贡献，成为道教思想发展史上有影响的人物。

（二）安史之乱后至五代十国时道教的曲折发展，教理的总结

安史之乱后，处于顶峰的道教跌入低谷，道教经典遭受战火的焚烧，道教宫观福地也受到破坏。但唐统治者崇道尊祖的既定政策并未改变，中唐以后道教又逐步恢复发展，到唐武宗时，又掀起一个崇道的高潮。武宗崇奉道教多继承玄宗之遗风，主要表现为：第一，崇奉玄元皇帝，以老子降生日二月十五日为降圣日，休假一日，在全国推行。第二，用大祠之礼祀九宫贵神，这是恢复玄宗时的旧制。玄宗时以九宫贵神为佐上帝司水旱的天神，给以很高的礼遇。文宗时降为中祠，武宗复玄宗之制用大祠，成为其崇道的一部分。第三，重用道士赵归真等，亲受道教法箓，并拜归真为师。第四，于宫廷内修筑望仙观，炼丹药，追求服食成仙。由于崇信道教，加之佛教寺院经济的过度扩张，武宗于会昌四年（844）下令废除佛教，僧尼还俗。武宗崇道之举使道教又获得一次新的发展机遇。

由唐末藩镇割据发展而形成的五代十国，统治者沿袭唐代崇信道教的遗风，进行了许多崇道活动。后晋高祖石敬塘拜道士为师，问以治国之道，并请道士宣讲《道德经》。后唐庄宗李存勖，沿承李唐崇道尊祖国策，以玄元皇帝为圣祖，称圣祖旧殿生枯桧新枝显示了“中兴之运”。后周世宗召见华山道士陈抟，问以黄白飞升之术，赐号“白云先生”。前蜀高祖王建优礼道士杜光庭，命其为太子的老师，封蔡国公，进号广成先生。建子王衍更以杜光庭为传真天师、崇真馆大学士。又塑王子晋像，仿效李唐尊圣祖玄元皇帝的做法，

尊王子晋为“圣祖至道玉宸皇帝”，以图江山永固。后蜀后主孟昶，道号“玉霄子”，信房中术，用道教科仪祈福禳灾，赞赏道士张素卿所画八仙真形图。吴王杨行密崇信道士聂师道，使为人祈福，号问政先生。综合上述，可见从安史之乱后到五代十国时期，统治者的崇道政策并未改变，只是程度不同而已，都在设法利用道教以巩固自己的统治地位，其中极度崇信道教的皇帝及权贵，则迷恋于道教的神仙长生说和丹药方术。

这一时期，占主流地位的仍然是茅山宗。据刘大彬《茅山志》所载，此期茅山宗的传法由十四代至十九代，凡六代，其宗师都不太有名，发展缓慢，处于低潮时期。这期间，由茅山宗衍生的南岳天台派，以居住于南岳、天台而得名，传授上清大洞秘法或三洞经箓，其中闻名于世的道士较多。如闾丘方远，曾取舍《太平经》为三十篇，有弟子二百余人。又如聂师道，有弟子五百余人，传上清法，袭真风而行教，影响较大。上述二人都是传播南岳天台派的重要道士。

这一时期，道教思想教义、斋醮仪式仍有发展，到五代杜光庭便作了总结。杜光庭应举落榜后，师事天台道士应夷节，行上清诸法。中和元年(881)，随唐僖宗入蜀，遂留在成都。后奉事前蜀王建，赐号广成先生，晚年隐居青城山修道，著述很多，对道教教理和科仪进行了总结。从道教发生以来，即开始神话老子和《道德经》，唐代统治者更将老子认为“圣祖”，尊《道德经》为真经。在此基础上，杜光庭创造性地把各种太上老君的传说系统化，使老子作为道的化身更加全面充实，并完善了老君创造天地的神话。可以说，道教教主太上老君的形象塑造到杜光庭手中做了系统总结。《道德经》经汉代道教的改造，成为道教教义的主要理论基石，此后道教中人十分重视诠解《道德经》，形成道教老学。杜光庭的代表作品之一《道德真经广圣义》归纳总结了汉代以来的道教老学，特别发扬了老学重玄派的观点，使道教老学的思辨化程度进一步提升，并开辟了宋元道教老学的新路向。杜光庭兼采道教各宗派之长于一身，既有茅山宗传统的参政意识、“山中宰相”风度，又有重玄学派富于思辨的气质，还有龙虎山张天师法箓的真传，总结完成了道教斋醮仪式。他是道教史上一位重要人物。

（三）北宋道教的恢复发展，教理教义出现的新特色

北宋统治者崇道，以真宗和徽宗为代表。真宗仿效唐玄宗尊奉圣祖老子的手法，制造了赵玄朗天尊作为其始祖，并演出了“天尊降临”的戏剧，上天尊号为“圣祖上灵高道九天司命保生天尊大帝”。真宗时又有所谓天书下降，据称有神人告诉真宗当降天书《大中祥符》三篇，因此改元大中祥符，

以应“上天眷佑”之意。徽宗崇道更甚，且托称“天神下降”而复兴道教，道士林灵素遂迎合旨意，称徽宗是长生大帝君下降于世，为道教之主。在徽宗授意下，道录院正式册封他为“教主道君皇帝”。徽宗任用茅山道士刘混康，赐以“葆真观妙先生”之号。又多次召三十代天师张继先进京，赐号“虚靖先生”。特别受其宠爱的道士是林灵素，赐号“通真达灵先生”，令其删定道史、经、箓等，并拜其为师，道教亦因此而显贵。徽宗还大兴宫观，铸造九鼎，设立道学制度，亲自注解《道德经》，扩展道教队伍，使道教获得较大发展，道士社会地位很高。真宗和徽宗是北宋统治者崇道的两个高峰期，崇道的目的，依旧是借此巩固统治地位。

北宋道派，还是以茅山宗最盛，传授世系也清楚，统计起来共有八位宗师，符箓道法在此时获得大发展，特别是所谓“五雷法”，呼风唤雨，甚得统治者青睐。张天师道也逐步走向兴盛。自盛唐统治者大力扶植张天师世系起，张天师道开始复苏。至中晚唐时，逐渐形成江西龙虎山天师道，并构造出传承世系。南唐统治者在龙虎山新建了张天师庙，对之大加褒扬，使之在社会上发生了越来越大的影响。入宋以后，由于受到统治者更加有力的扶持，龙虎山天师道一步步兴盛发达起来。到宋真宗时，召见第二十四代天师张正随，赐封“真静先生”，吏部尚书王钦若为之奏请设立了“授箓院”。又赐钱在龙虎山扩建上清观，免除其田租，并批准其世袭。从此以后，宋代嗣任天师均袭封“先生”号，这是当时道士中最高阶位的称号。

道教教理的建设，由于道教著名学者如陈抟、张伯端、张无梦、陈景元等的努力，出现了一些新的特色。陈抟《易龙图》以象数解易，开创了易学图书学派，以图像和数字显示世界发生及构成，所说道器、体用等范畴，对宋代理学有明显影响。自杜光庭总结汉以来的道教老学后，北宋道教学者解注《道德经》者虽不算多，但也有一定影响，并有新特征。像张无梦结合易老，又以内丹为用，发挥道教修炼养身之旨。张无梦弟子陈景元注《道德经》二卷，今《正统道藏》收其《道德真经藏室纂微篇》，以治身治国为老学之要，认为《道德经》以重玄为宗，自然为体，道德为用，在哲学上继承了唐代重玄学派的观点，又作了政治上的发挥，在宋代产生较大影响。宋代道教易、老之学融通开展，这是其教理的特色之一，另一个特色就是内丹学理论的体系化。自隋代苏元朗著《旨道篇》以示弟子，又用《参同契》指导内丹修炼。唐代绵州昌明县令刘知古，著《日月玄枢论》讲述内丹修炼之理。唐代陆续产生了一些内丹著作，如张果《太上九要心印妙经》、《大还丹契妙图》，还阳子《大还丹金虎白龙论》等等。到了唐末五代，内丹术更为发展，特别是五代到北宋时期，这是道教内丹取代外丹的关键时期。唐末，至一真人崔希凡撰《入药镜》，对内丹理论和方法作了简明扼要的论述。五代道士彭晓精研《参同契》，著有《周易参同契分章通真义》三卷，借《参同契》来发挥自己的内丹思想。唐末五代，又有钟吕金丹道的崛起。社会上关于钟吕的传说非常多，加上后来钟离权、吕洞宾跨入八仙的行列，钟吕传道的事迹更是家喻户晓。北宋陈抟将其内丹思想形象化于《无极图》中，由无极出发，得窍入手，经炼精化气、炼气化神、炼神还虚，最后复归于无极。这是对道教内丹学的一次重要的理论总结。北宋神宗时，张伯端尽其毕生精力撰写《悟真篇》，继承钟吕金丹道的性命双修说，主张先命后性，又将陈抟《无极图》的内丹思想加以阐发，自成一家，与魏伯阳《参同契》同被道教推为正宗，是内丹学史上一部极其重要的著作，对此后道教内丹学的发展产生了重大影响，并因此而形成金丹派南宗。内丹学的兴盛及其理论体系化，是道教思想史的一个转折点，北宋以后，道教教理教义多从内丹学中体现出来。

总之，隋唐五代北宋的道教经历了一个从兴盛到衰退再到兴盛的历史过程，这一过程恰似个马鞍形状，两头高，中间低。唐代道教的兴盛以各道派的融合作为标志，而符箓派占主流。北宋道教的兴盛仍以符箓派为主，但金丹派从民间崛起，且从外丹转向内丹，道派的发展出现新趋势，为南宋金元道教的大整合创造了条件。

四、南宋金元道教

南宋偏安，与金、元对峙，形成继南北朝之后中国历史上又一次南北分治的局面，由此带来道教发展的新格局，宗派纷起。南方除了正统的符箓三山正一派，又出现民间新兴的神霄、清微、净明等派，还有所谓金丹派南宗，先后被整合进道教。北方产生了太一教、大道教、全真道等新兴宗教，也都被整合进道教。这是道教史上的又一个转折时期，教义教制都呈现了新的面貌，内丹学大为流行，形成以炼内丹为主旨的道派，而符箓派吸取内丹术，形成新的符箓道派。道教在此时出现一种大整合的新气象。这个大整合不像南北朝的道教改革是要完成从民间到官方的任务，而是道教发扬其“有容乃大”的传统精神，将民间出现的一些新兴宗教整合起来，吸收入道教，使其具有合法性身份，由此获得生存发展空间。这一方面壮大了道教的队伍，另一方面也输入了新鲜血液，使道教自身的教义教制有了新内容，并因此形成新的道派。这个大整合是在政府、道教和被整合者三方的协同动作下完成的，使某些新兴民间宗教找到了合法化生存的出路，避免了被打入地下成为民间秘密宗教而走上与政府对抗的路。由这段历史，我们可以清楚地看见道教在整合民间宗教和民间信仰中所发挥的强大功能，并因此而起到的稳定社会的巨大作用。由此也使我们进一步加深理解了鲁迅先生为什么要讲中国根柢全在道教，以此读史，有多种问题可以迎刃而解。

（一）南宋道教

南宋统治者对道教不再像宋真宗、宋徽宗那样狂热，南宋高宗还对徽宗崇道的流弊作了纠正。对道教的管理也加强了，建立宫观、度道士出家等皆有严格限制。但统治者对道教仍然信奉，并将崔府君、四圣真君作为皇室保护神而加以崇祀，以庇佑其半壁河山。道教法术同样获得统治者信赖，加以运用，凡遇灾祸或节庆，都命道士做法事，以求风调雨顺、国泰民安。南宋统治者对道教伦理思想大加提倡，比如宋理宗推荐道教劝善书《太上感应篇》给社会，亲笔为其刊本题写了“诸恶莫作，众善奉行”，劝人行善做好事，免遭神灵报应。经统治者大力提倡，《感应篇》广泛流行于社会上，继之而起，形成了一批道教劝善书，以收拾人心，维护社会秩序为使命。南宋统治者对于道教，不外也是利用它的教化功能，安定社会，巩固皇权。

南宋道派以符箓派居多，以龙虎山、茅山、阁皂山所谓“三山符箓”为中心，即仍以传统的符箓派正一、上清、灵宝为主，另外还有从民间信仰演化而来的净明道，由修炼丹道而逐步形成的内丹派南宗，以及民间新兴的东华、神霄和清微等符箓派。

茅山宗在南宋，共立十五代宗师，这些宗师虽不乏以道术名世，受到朝廷征召赐号，但除蒋宗瑛外，皆无著述传世，在教义的发挥上，较茅山宗鼎盛的隋唐时代已呈衰退之象。南宋时茅山宗在道教中已不居主流地位，这一地位已由龙虎山张天师道所取代。

南宋高宗、孝宗、宁宗、理宗等对张天师道都十分崇奉，除了大修龙虎山上清宫，又优礼天师。尤其是宋理宗时期，加封张陵为“三天扶教辅元大法师正一靖应显佑真君”，钦定龙虎山为江南符箓道派的统领，主管三山符箓，龙虎山张天师道从此取得了统领符箓诸派的显赫地位。

阁皂宗是由灵宝派衍化而来，或者说就是灵宝派进入宋元之后的另一名称。灵宝派道士多活动于民间，罕见有受朝廷征召赐封的高道，其影响和地位故不及茅山、龙虎二宗。南宋时，灵宝派在民间影响较大，以江西阁皂山为本山，但传行灵宝法者不仅仅是职业道士。

净明道缘起于对许逊真君的民间崇拜，是一典型的民间信仰被整合进道教的案例。唐代开始盛传许逊事迹，将其仙化，出现崇拜热。唐高宗和武则天时，洞真先生胡慧超修复了许逊的纪念地——西山游帷观，又著书宣传许逊的孝道，为南宋净明道的形成作了准备。北宋时，经统治者大力倡导，许逊的忠孝形象树立起来，民间对其崇拜日渐加温，奠定了南宋以奉许逊为开山祖的净明道形成的群众基础。南宋何守澄的《灵宝净明新修九老神印伏魔秘法序》称：许逊真君于南宋初降灵西山（今江西新建），用灵宝净明秘法，化民以忠孝廉慎之教。其实，这位何守澄（净明道称之为何真公）便是南宋净明道的开创人。何守澄传度弟子五百多人，并明确亮出“忠孝”作为旗号，这与唐代的许逊崇拜重点讲“孝”有所不同。净明道的义理与法术大多从灵宝派而来，有人认为它渊源于灵宝派。实际上，净明道原本为民间信仰，而灵宝派又多活动于民间，地缘接近，都以今江西为活动中心，净明道吸取灵宝派的东西为自己所用，便是自然而然的事。而这种吸取也使净明道更容易被道教认同，从而为其整合进道教扫清了障碍。净明道整合进道教后，从此取得了合法化生存的条件，也不再是偏居一隅的地方民间信仰，成为道教的一个道派而得以在全国传播。

两宋金元时，出现了以炼内丹为宗旨的社会群体，流行于南宋的金丹派南宗是其代表之一。所谓“南宗”，严格地说只是内丹的一个修炼门派，而且是后人在追溯历史时为其所命名。南宗师法宗承张伯端的《悟真篇》，主张大隐混俗，不倡导出家，与全真道不同。南宋时，南宗一派凡四传。第一传陈楠，为张伯端三传弟子。从张伯端到陈楠，并无团体组织和本派宫观，仅在个别人当中以丹诀秘传。第二传白玉蟾，为南宗团体的创建者。第三传有彭耜等。第四传有李道纯等。张伯端、石泰、薛道光、陈楠、白玉蟾这五人，被南宗尊为“南五祖”。张伯端之后，南宗在修炼上可分为重内丹传统与重禅道融合两大类，重内丹一类又分清修、双修二派，重禅道融合一类以糅合释道二家的“以心契道”说为理论基础。入元之后，南宗团体力量弱小，作为道团整合进全真、正一派而消失。

（二）金代道教

金统治者一方面尊玄重道，另一方面也对道教加以了限制，以防道教“惑众乱民”。北方社会的战乱，民族矛盾的尖锐，金统治者对道教上层人士的笼络，道教自身发展演化的需要等等复杂因素，都使金代道教发生大整合，使得太一教、大道教、全真道等从民间涌现的新兴宗教整合进道教，成为史家所谓“新道教”。

太一教由卫州（今河南汲县）人萧抱珍创建于金熙宗天眷初（1138～1140）。太一教的得名起于该教对太一神的崇奉。该教传行“太一三元法箓”。太一的含义是元气混沦，太极剖判，至理纯一，又是秦汉以来道教所奉祀的神。三元指天、地、水三官。从渊源上说，太一教吸取了正一派的东西。萧抱珍所传行的太一三元法箓，祈禳呵禁，治病驱邪，十分适应民间需要，不久以符法灵验闻名于世，信从者很多，其影响及于山东、河北一带。太一教以符水祈禳为主事，但也重内炼。它以心灵湛寂、冲虚玄静的内修功夫为本，以符箓为辅，二者并行不悖，这与同时期的神霄、清微诸派特征一致。太一教遵行《道德经》，以“弱”为道要，又受到儒学影响，重视忠孝等纲常伦理。太一教整合进道教后，至元末仍在活动，但其传承情况不详。至今仍有道士自称其属于太一教。

大道教创始人为刘德仁，金皇统二年（1142），他托称有老人授其玄妙道，此即大道教的创立。刘德仁以九条戒法传习门徒，其内容主要为忠君孝亲，诚以待人，清净无邪，安贫乐道，力耕而食，量入为用，不盗窃，不饮酒，不骄盈。这些得到许多人信仰，“传其道者几遍中国”。刘德仁逝世后被追赠真人号，相继掌教的有二祖陈师正，三祖张信真，四祖毛希琮。金哀宗正大六年（1229），大道教曾一度被禁止，此后几十年间一直隐于民间传播，没留下什么记载。到元宪宗时，传给第五代祖师郦希诚，得到统治者认同宠信，改称其教为“真大道”。元以后，真大道逐渐衰落并消失，或已整合于全真道。

全真道兴盛于金元时代，是所谓“新道教”中最大也是最重要的一派。元以降，与正一道作为两大道派延续至今。

全真道创教人王喆（1113～1169），号重阳子，陕西咸阳人，出身富家，曾参加科举考试，仕途无进，于是转而修道。他自称于正隆四年（1159）在甘河镇酒店中遇异人授以真诀，自此弃家入终南南时村居于穴中修炼，号其穴为“活死人墓”，并在四边各栽海棠一株，以表达其“欲四海教风为一家”的志向，这个志向表明他要自创一新宗教。他自称“王害风”，或许真的因为科举考试失败，一度精神失常、疯疯癫癫，与后来洪秀全创教之前的情形一模一样。[①] 大定七年（1167），他一把火烧掉其所住的茅庵，云游至山东半岛，正式亮出全真旗号，先后收了马钰、谭处端、刘处玄、邱处机、王处一、郝大通、孙不二七大弟子。这七大弟子成为全真道兴旺发展的骨干，各自形成门派，后称“北七真”。王重阳在山东半岛创教、传教的时间只有三年。从大定八年（1168）八月起，用了约一年时间，便建立起“三教七宝会”、“三教金莲会”、“三教三光会”、“三教玉华会”、“三教平等会”五个全真会社。这些团体都以“三教”开头命名，表明他心目中要创的教是融会贯通了儒释道三教的一种新宗教。大定九年（1169）秋，他留王处一、郝大通在昆嵛山修

① 有学者研究当代新兴宗教的创教人，发现其中多在创教前有精神病史，处于发疯状态时，有所谓先知启示他们，到后来病好时，即自称其创教灵感从先知而来。王重阳自称遇异人授以真诀，或许就是在疯癫状态中感觉有异人前来授以真诀，从此开始创教活动。

炼，自己携邱刘谭马四大弟子返回关中，抵开封而去世。弟子搜集其遗留诗词千余首，编为《全真集》刊行。王重阳之后，大弟子马钰继任掌教，其余六真在山东、河北、陕西、河南等地传教，在民间逐渐扩大了影响。马钰掌教期间，教旨以无为为主，离尘去俗，识心见性，以修道的朴素苦行吸引社会人士信向，尚未与统治者结上关系，也未营造宫观。这是全真道发展的第一阶段。从公元 1187 至 1219 年，为全真道发展的第二阶段。这是全真道进一步发展而渐渐壮大的时期，并在统治者的承认下整合进道教。此时刘处玄、邱处机先后掌教，以山东半岛为活动中心。这一时期的全真道，特别注意争取金朝统治者的承认和重视，并开始营造宫观，建立宗教活动基地。随着全真道在民间势力的增大，金王朝也日益重视它。大定二十七年（1187），“全真七子”之一的王处一被召至京，金世宗向他咨询养生之道。此前全真道基本上没有和朝廷攀上关系，只在民间默默经营，而王处一被召见，使全真道整合进道教的机遇来了。道号玉阳子的王处一，受其母虔诚信奉道教的影响，自幼好道，这为他后来将全真道引入道教埋下伏笔。王处一以神异著称，又擅长道教科仪，金章宗即位后命其为金世宗设醮求冥福。承安二年（1197），金章宗召见王处一问养生之道，赐紫衣并封以“体玄大师”称号。泰和元年（1201）、三年（1203），王处一再度被召，参加在亳州太清宫举行的罗天大醮，为金章宗祈嗣。王处一成为这个时期被金廷召见最多的全真道领袖人物，是全真道获得金朝统治者承认从而得以整合进道教的大功臣。金朝皇帝的一再征召，提高了全真道地位，促进了它在民间的流传及势力的扩展。从 1219 年起，全真道的发展进入第三阶段，到达鼎盛，而促成这一局面的关键人物是道号“长春子”的邱处机。邱处机应成吉思汗之召，以七十多岁高龄率领弟子远赴西域雪山（今阿富汗境内），劝成吉思汗在征服天下时“戒杀”，得到成吉思汗尊敬，称他为邱神仙，令他掌管天下的出家人，并赦免全真道士差役赋税。邱处机于 1224 年东归，回到燕京（今北京），住于太极观（后改名长春宫），该观从此成为全真道首脑机关所在地。邱处机提出“立观度人”，此后全真弟子大建宫观、广收门徒的活动蓬勃展开，全真道观逐渐遍布北方。1227 年，邱处机卒，葬于长春宫处顺堂，即今天的北京白云观。邱处机掌教后，全真道已经整合进道教，有了很大发展，终于走向鼎盛。

（三）元代道教

入元以后，在统治者的扶持下，道教出现兴盛局面，这种兴盛与隋唐道教相比，主要不是教理教义上的，而是教团组织上的，新老道派呈现合流的趋势，形成了北方以全真道为代表，南方以正一道为中心的发展格局。

太一道元代仍受统治者礼遇，元世祖忽必烈赐号太一道第四祖萧辅道为“太一中和仁靖真人”，并赠太一道前三代祖师以真人号，其后五祖萧居寿、六祖萧全佑、七祖萧天佑都被元室封为真人。七祖以后，史料失载，流传不详，教祖及道士都未留下著述。

元代，全真道的发展进入鼎盛期。全真道大建宫观，广收门徒，出现许多知名道士，一派道门兴旺景象。邱处机去世后，继起掌教者尹志平、李志常进一步拓展全真事业，争取统治者支持，使全真道获得进一步发展，步入顶峰。全真道不仅在北方成为道教重心，还渡江南传，江、浙、鄂、闽等地都有了全真道的活动踪迹。元初，江南全真道最大的活动地点在湖北武当山，徒众甚多。全真道南传之前，在江南已有金丹派南宗修炼内丹，自称丹法出于钟离权、吕洞宾、刘海蟾，与北方全真道同源异流。南宗团体不大，未受元室重视，于是南宗徒裔在元代纷纷整合于全真门下，其著名者有李道纯、陈致虚等。至此，全真道传遍了大江南北，盛大一时，与正一道的势力不相上下。全真道政治地位因元室册封全真祖师而有了很大提高。至元六年(1269)，元世祖诏封全真道所尊东华帝君、钟离权、吕洞宾、刘海蟾、王重阳五祖为“真君”，后人称为“北五祖”；又封王重阳七大弟子为真人，世称“北七真”。至大三年（1310），元武宗又加封全真五祖为帝君，七真为真君，邱处机弟子尹志平等十八人为真人。不少全真道高道知集贤院道教事。大略从元中期至元末，可算全真道发展的第四个阶段，呈外盛内衰之象，教风有变，趋于蜕化，教内高道缺乏，落入发展平平的局面。与此相比，正一道成为元代中后期较兴盛的道派。

南宋末年，张天师道即与元室结上关系，元世祖忽必烈灭南宋之前，效法成吉思汗对邱处机的礼聘，遣密使入龙虎山，向三十五代天师张可大密求符命，可大称元室二十年当统一天下。南宋亡后，忽必烈于至元十三年(1276) 召见可大之子第三十六代天师张宗演，待以客礼，命主领江南道教，赐银印。次年(1277)，又醮于长春宫，赐号“演道灵应冲和真人”，给二品银印，命主江南道教事，准许自给度牒人为道士。此后，历代正一天师皆被元室封为“真人”，命袭掌三山符箓、江南诸路道教事。元世祖对张宗演的两次接见，使他获得了不同寻常的头衔和职务。首先是天师头衔。元世祖在其《制》文中称宗演为“嗣汉三十六代天师”，等于以官方名义正式承认了“天师”头衔。在此之前，张陵后人虽然自称天师，民间也以此相呼，但从未受到官方认可，宋代皇帝仅赐以“先生”号。正式用官方名义承认张陵子孙为天师始于元始祖忽必烈，也只有元朝政府如此做，到明太祖即位就取消了天师称号。其次是主领江南道教的权力。南宋末张可大受命提举三山符箓，权限不及此，现在张宗演主领江南道教，便与全真道分治南北，成为道教诸派中发展最盛、势力范围较广的一个派别，其发展远远超过了茅山宗和阁皂宗。入元以后，从第三十六代天师张宗演到第四十一代天师张正言，均受元室尊崇，封为真人，尊称天师，命掌江南道教，获得了前所未有的殊荣，是龙虎山张天师道获得较大发展的时期。历代天师受命主管江南道教，不仅江南符箓派的教务受其统领，全真道之在江南者，亦受其统辖。江南道教各派宫观的赐额，道官、道职的任命，以及道官封号的赐予等，都须经天师的首肯和转达。这一切使得历代天师的首领地位日渐巩固，以至到元代中后期，以天师为首领的龙虎宗逐渐成为南方道教的重心，其余道教符箓派一步步结合到它周围，最后组成一个大的道派——正一道。

综上所述，可知南宋金元是道教发展史上又一重大转折时期，经过一场大整合，逐步形成了全真、正一两大道派各据一方的格局，为明清乃至于近当代道教的发展、教派的地理分布等奠定了基础。直到今天，仍然是正一道主要分布于江南，全真道占据北方的宗教地理格局。比较起来，全真道分布更为广泛，在南方的不少地方也建立起全真宫观，这一格局是在明清时最终完成的。

五、明清至民国道教

一般认为，道教历史走到这一步，已成强弩之末，特别是明中叶以后，道教已衰微。实际上，这是道教从组织上、教理教义上所表现出来的现象，在这些方面的确没有新的建树和发展，很不景气。然而，道教对老百姓日常生活的渗透力，与民情风俗的结合，却得到了进一步加强，这从明清乃至民国的小说中可以清楚地看到。起自民间的道教，此时又出现一个回归民间的过程，这从它与明清民间秘密宗教的关系中可以透视到。

道教从产生之初便是种民间宗教，以后发生分化，其主体经改造成为官方宗教，但仍有一部分道士和道派活跃于社会底层，表现为民间宗教的形式，如南北朝以“李弘”名义组织的起义。到宋元时，道教与民间秘密宗教仍有关系，如明教即是摩尼教传入中国后吸收道教某些内容而成的秘密宗教，尊太平道张角为教主，宋代方腊起义曾加以利用。明清时代，道教在组织、教理上日趋衰落，新的民间秘密宗教兴起，便大量吸取道教的内容与形式以充实自己，而道教的很大一部分也趋于民间宗教化。明清两代，北方广为流传的红阳教即与道教有密切关系。清代红阳教的许多经卷，曾由道教宫观刊刻印刷，道士对于这些经卷不仅妥善保管，而且在官方追查时将其秘密转移。红阳教全名是“混元红阳教”，其“混元”二字即取材于道教教义，道教祖师老子曾被宋真宗封为“混元上德皇帝”。红阳教所推尊的最高神“混元老祖”

也与道教有关，其所供奉的神当中就有三清、玉皇、真武、全真、清微等这样一些道教神仙，所奉经典中也有道教经典。红阳教注重建坛诵经，善于作斋醮，其经卷多为供斋醮用的经忏，这些都受到道教影响。明清时代的黄天教也深受道教影响，是一个以外佛内道为特征的民间宗教。黄天教早期经书中贯穿一条修炼内丹长生的主线，这正是对宋元道教内丹道修炼宗旨的继承。明代统治者以正一道为正宗，全真道失势，一部分便转向下层社会，与民间宗教合流。黄天教吸取了全真道的部分教义，也讲究性命双修，并以兼修性命作为结丹出神的条件。全真道三教合一的思想对黄天教也有很大影响。可见，明清时道教与民间秘密宗教有许多内在的联系，道教底层的一部分或某些道派的一部分在不同程度上民间宗教化了。道教的衰落具体地表现为在上层士大夫群体的衰落，士大夫信仰道教者极少，这导致了道教自身的文化素质日益下降，高道凤毛麟角。这样一来，道教更大程度上在下层民众中默默无闻地流传，融化进民情风俗，给人以衰落不振的印象。

回归民间的道教，与百姓的日用生活更趋紧密，尤其在农村，不少习俗与道教有关。明清的岁时节令也多与道教相关，从清人《帝京岁时纪胜》、《燕京岁时记》等著作中，可以看到北京地区的岁时节令和风土习俗出自道教信仰。比如农历正月十九的燕九节，即为纪念长春真人邱处机的节令，这一天，北京居民云集白云观，希望与邱神仙相会。又如农历二月十五太上老君圣诞日，禁止屠割，各道观立坛设醮，开讲《道德经》等等。都表明道教在一般百姓生活中有较强的活力，道教的一些仪式成为民众的日常活动。上述清人著作记述的虽是北京地区的情况，但举一反三，我们从局部可以窥全国的面貌，看见道教对民众社会生活的影响。从明清道教与民间秘密宗教的关系和渗透民情风俗这两方面的情况看，我们不能笼统地讲这一时期的道教就已经衰落了，而应作更具体地分析，从而说明道教在社会上层与下层的不同发展态势。

（一）明代道教

明代道教可以划分为前后两段，即以明世宗为界限。明世宗之前，道教尚能得到统治者扶持，在上层社会有一定地位，特别是在明世宗时，受到尊崇，道教一度兴盛（主要是正一道）。世宗之后，道教与统治者的关系日渐疏远，社会地位下沉，加之自身不能与时俱进作调适更新等原因，道教在组织规模、教理教义等方面走向衰微。

明太祖朱元璋立国后，制定了以儒教为主、三教并用的政策。他运用道教来证明其君权神授，并对正一道优礼扶持。明成祖朱棣继续尊崇正一道，尤其崇奉真武神，大建武当山宫观，使武当道教兴旺起来。明代皇帝中最为崇道的当数世宗，可与唐玄宗、宋徽宗媲美。他喜爱道教斋醮，尤爱建醮时所奏的青词，甚至以此提拔官员，出现所谓青词宰相，如有名的奸相严嵩即以青词起家，终至进入内阁。世宗又宠信道士，对龙虎山上清宫道士邵元节优礼有加，封为真人，领道教事。对邵元节推荐的道士陶仲文更授以“神霄保国宣教高士”，领道教事，并特授少保、礼部尚书，加少傅，尊之为师。世宗还迷信道教方药和各种方术，希望以此求长生，并对进方药方术者封官赏赐。继世宗之后的穆宗，对道教予以抑制，革去正一真人名号，夺其印，改为上清观提点。到神宗时，又恢复正一真人名号，但天师地位已远不如前。明世宗之后，统治者对道教的崇奉日渐降温。

明王朝在尊崇道教的同时，也加强了对道教的管理，建立起更为完善的机构，以强化对于道教的约束。明洪武元年（1368）立玄教院，洪武十五年（1382）改置道录司，执掌天下道教。道录司设左右正一、演法、至灵、玄义等官各二人，其中正一官品最高，为正六品，显示出明室对正一道的器重。地方上则设道纪司、道正司、道会司管理道教。这些机构的官员都由道行高洁、精通经戒的道士担任，负责检束道士行为，核实道观和道士名数，道士申请度牒（道士专用的身份证）等工作。管理机构的进一步健全，使道教的发展处于政府的严格控制下。

在明朝政府尊崇和控制下的道教，其发展是不平衡的。正一道受到重视，其政治地位高于全真道。明太祖朱元璋认为，全真道修身养性，独为自己，正一道益人伦，厚风俗，对于稳定社会“其功大矣”。由于这样的认识，统治者更注重扶植正一道，正一道因此而较全真道兴旺。第四十二代天师张正常以预告朱元璋“天运有归”的符命，受到优待，后被命掌天下道教事，由道教一派的首领升格为掌管整个道教。第四十三代天师张宇初继领道教事，授“正一嗣教道合无为阐祖光范真人”，并诏命编修道教典籍。宇初博学能文，著书较多，所撰《道门十规》针对当时道教积弊，提出清整之方；所著《岘泉集》讲论天人之学以及老子之学与内丹道的关系，将内丹与符箓统一起来。此后历代天师都领道教事，地位较高，除此之外，很多正一派道士受明室尊崇封赐，如刘渊然、邵元节、陶仲文等。明中叶以后，正一道由于道流素质低、对教理教制无建树等自身因素，加之统治者的疏远，在上层社会的地位日渐衰落，社会影响也减弱，组织发展停滞。

全真道因与元室关系密切，加上明室起自南方，器重正一道的社会功用，故在明代主要活动于民间。明初全真道士最著名的是张三丰，关于他的传说民间流传很多，明太祖、成祖都曾多次派人寻访不得。以后英宗封之为“通微显化真人”，宪宗封“韬光尚志真仙”，世宗加封为“清虚元妙真君”。明代武当山全真道较引人注目，成为全真道以后发展的基地之一，如清代四川青城山的全真道龙门支派碧洞宗即由武当山传来。除张三丰外，明代全真道很少有影响的高道，受明室封赐者更少，与正一道士的显贵形成对照。政治上的失意，使全真道士更能集中精力拓展内丹学，创立了新的学派如东派，出现了博采众家之说的内丹学著作《性命圭旨》。明代全真道表面上沉寂，实际上却在民间活动，积累能量，为清代全真龙门派的中兴打下了基础。

（二）清代道教

清室对道教缺乏信仰和了解，为笼络汉人，政治上也利用道教，但由于当时道教和民间秘密宗教、秘密会社的关系密切，故对道教是严加防范，以防其“蛊惑愚众”。顺治要求正一道“不得惑乱愚民”，对全真道在北京的阐教活动予以支持。康熙认为长生久视于世道无补，求方药是愚蠢的，对正一道首领照例行封赐。雍正提倡三教各有所长，缺一不可，故对道教的功用也给予了肯定，优礼天师后嗣及龙虎山道士娄近垣。从乾隆起，清廷对道教活动的限制日趋严格，道教的地位不断下降，组织发展基本停滞，教理教义毫无创新。乾隆将正一道的组织发展限制在龙虎山，禁止到其他地方传道授箓，又将正一真人的品秩由二品降至五品，道光时更下令停止正一真人上京朝觐，正一道与统治者的关系被隔绝。但正一道在民间，其活动还在进行，对民众生活的影响还是有的，并向边远地区和少数民族中传播。

全真道在明代默默无闻，入清以后，全真龙门派第七代律师王常月为中兴本派进行了大量活动，使龙门派实力增加，出现中兴气象。王常月的阐教活动，不仅发展了为数不少的教徒，而且争取到了清室的庇佑和支持，并进一步扩大了全真道传播的地域范围，使龙门派扩展到南方，江浙、武当、四川都有龙门弟子的身影。王常月以强化戒律来规范道徒行为，使之合乎统治者要求，又将内丹修炼与戒律结合起来，要求徒众明心见性，以心性持戒，自觉守持戒律，从而“戒行精严”。经王常月中兴的全真龙门派，既符合清廷口味，又给一些明朝遗民提供了精神安抚，起到了稳定社会秩序的作用。王常月之后，全真龙门派得到进一步发展，在南北方的广阔地域传播。在江浙，龙门派弟子日益增多，又相继分衍出一些龙门支派，一派兴盛之景。一些文化素养较高的士大夫加入了教门，成为中兴龙门的骨干，有些道士如龙门派第十一代宗师闵一得著述甚多，对道教思想作了阐发。江浙地区的龙门派，在发展中又逐渐与正一道相融合，透入到世俗的日常生活之中。在江西新建西山，所谓净明道的祖庭，龙门派支系也在传衍。在湖北武当山，龙门派的传播更为盛大，学道者百余人，其中一些后来又先后去河南、山西、四川、陕西等地传衍龙门派。一直到今日，全真龙门派仍是全真道中势力最大的一派。

可以说，明清两代正一道和全真道的地位角色正好作了个转换，明代正一道较活跃，比较受统治者器重，到了清代则是全真道较兴旺，较受统治者青睐。而总的说来，道教在官方的地位在走下坡路，在民间和少数民族边远地区则仍在传衍，伴随着华人向海外的移民，台港及东南亚都能发现道教的踪迹。

（三）民国道教

民国元年，当时的江西都督府取消了龙虎山正一道的“天师”称号，道教长期以来赖以生存的宫观田产也受到冲击。1928 年，国民政府颁布神祠废存标准，决定废止的神庙中如太上老君、三官、吕祖、文昌等都属道教，许多道观改建为学校、机关、军营。另一方面袁世凯称帝复辟时一度复“天师”称号，封六十二代天师为“正一嗣教大真人”，重颁正一真人之印，但以后龙虎山张天师的分封只是按正一道惯例进行，已不再有往日的特权。全真道在民国时仍以尊邱处机为祖师的龙门派力量较大，分布较广，其中北京白云观较著名，曾有日本学者小柳司气太于 1932 年前往考察，并著《白云观志》。白云观所藏明版《正统道藏》也影印流传，既方便了学者研习，也使道教的社会影响得以留存。在近代社会急剧变化的形势下，道教界人士为维持本教生存，成立过某些道教徒的群众组织。1912 年北京白云观成立全真派的全国性教会组织“中央道教会”。与此同时，第六十二代张天师在上海筹建正一派的全国性教会组织“中华民国道教总会”，但未取得政府核准，只成立了“中华民国道教学会本部上海总机关部”，开展了一些活动。在上海还成立过地方性的道教组织“中国道教总会”、“中华道教会”等。此外，道教学者陈撄宁（1880～1968）曾经创办了“中华仙学院”，主编《仙学月报》、《扬善半月刊》等道教学杂志。民国道教基本上停滞不前，对于社会的影响及所发挥的功能越来越弱，其斋醮仪式以及服饵丹术，在民间社会还有较多信奉者，道教具有了更多的民间宗教色彩。

第六章 当代道教

一、道教文化在当代社会的价值

道教文化在当代社会是否还有价值，在现代文明中是否寿终正寝了，是否已成为毫无生机的隔日黄花？道教文化是不是一种博物馆文化，仅仅陈列起来让人们参观，就像我们参观出土文物一样？不是这样的，道教不是化石，而是活生生地存在于民众文化中，有其活的生命力，它还在活动，还在表现自己。为什么它还活着，还受到一部分人的欣赏？因为它有其自身存在的现实意义和价值，人们感到还能从中发现医治现代社会顽疾的妙方，它所提出的问题有一些与当代人所面临的问题是心有灵犀一点通的，对当代人解决这些问题不无启迪意义。已经有不少学者对道教文化的现代意义写出了自己的答案。英国科学史家李约瑟博士在其《中国科学技术史》第二卷中指出："中国如果没有道家思想，就会像是一棵某些深根已经烂掉了的大树。这些树根今天仍然生机勃勃。"[①] 欧美学者通常使用 Taoism 以概括道家与道教，这里所谓"道家"即包含道教的成分在内。当代学者所说道家多涵盖了

① 李约瑟《中国科学技术史》第二卷第十章，科学出版社、上海古籍出版社 1990 年版，第 178 页。

道教在内。他认为道教文化在现代社会仍然充满着生机，这种生机，不仅存在于中国社会，而且具有国际意义。董光璧在《道家思想的现代性和世界意义》一文中认为："在当代科学技术的社会危机中，道家思想的现代意义被科学人文主义者重新发现。李约瑟、汤川秀树、卡普拉等人发现现代科学的世界观向道家思想归复的某些特征，并以此为契机试图建构一种科学文化与人文文化、西方文化与东方文化平衡的新的世界文化模式。"该文把道家思想的现代性概括为四个方面：第一，"道"的概念提供了一种适合新科学的潜实在观。第二，生成原理替代19世纪启蒙哲学"分析重构"的方法论大有前途。第三，循环论对于克服资源、能源和信源危机是一种伟大的回天之力。第四，"自然无为"的思想为科学人文主义者的"人与自然的和谐"准备了深邃的生态智慧。从自然科学和人文主义结合的视角坐标上，对道家思想的现代性和世界意义进行了审视，指出其当代价值之所在。董光璧还从这一角度提出"当代新道家"的概念，认为当代新道家的思想几乎是同当代新儒家并行发展的，它是在科学和技术的社会危机情势下，由一批科学家发展的。[①] 从作者的叙述中，可以发现道家思想受到一批当代科学家的注重，并将其与之所从事的科学研究结合起来，取得新成果、新突破。但所谓"当代新道家"的内涵与外延似乎稍嫌过窄。

之所以这样说，是因为关注道家、道教思想的现代人，那些将其与现代价值观念相接通的人，并非局限于这样一批科学人文主义者。国际上有些所谓非理性主义哲学家，从事中国思想文化研究的学者，国内研究道家道教的专家学者，甚至社会上热爱道教文化的人们，都在努力将道家道教中值得发扬的思想加以光大，古为今用，挖掘其中闪光的宝藏。所以我们感到，应当从更广阔的范围去界定当代新道家，而且还应看到其外延仍在扩展，其主体群仍然是在道家道教文化的发祥地——中国。不可否认，西方世界对道家道教文化的兴趣正日益增浓，世界上出现了一股道家道教热，这股热浪还有升温的趋势。早在1750年就有了《道德经》的拉丁文译本，19世纪又有各种不同的译本。19世纪及20世纪前半期，西方学者致力于译注《道德经》和《庄子》，介绍道家思想。近20年来，他们的视线更扩大于道教，研究老庄思想与道教的关系，道教和佛教，道教与科学技术，道教和日本文化，道教音乐及仪轨等等，召开了多次有关道教的国际研讨会，发表了为数可观的论著。当然，研究道家道教的主力队伍还是在中国，近十余年来形成了力量雄厚的群体，尤其是道教研究，虽起步较晚，但是发展势头猛，成果令人目不暇接。

国内道家道教文化热既是对国际上热浪的回应，也是学者们越来越深刻

① 见《道家文化研究》第一辑，上海古籍出版社1992年版，第39～41页。

地认识到道家文化在当代的价值的结果。葛荣晋的《道家文化与现代文明引论》发现："在当代社会的各个领域，老子及其道家思想的灵魂还在以各种不同方式发生着这样或那样的作用，渗透在各个生活领域和学术领域，具有重要的社会价值"；"老子及其道家思想并没有死亡，这一道家文化的优秀传统正在或隐或显地在当代社会中发生着重要的积极作用。"[①] 冯达文的《回归自然——道家的主调与变奏》认为："缓解人与自然的过分紧张的关系，协调人与自然的活动节奏；消解人的过分膨胀的欲望，缓和人与人之间由过分物欲追求所带来的冲突；在这些问题上，无疑都可以容纳道家所倡导的基本精神与生活情趣，使道家获得现代意义。"从道教是对道家的继承、改造和延伸来说，道教中的某些内容亦有其现代价值，且有与道家相同的地方。我们以道教哲学为例，从一个侧面看看道教文化在当代社会中的价值。

道教哲学是中国哲学这棵主干上的一个分枝，是中国哲学不可分割的重要组成部分。道教哲学思想的演变，伴随着中国哲学的演进而发展，与之有同步对应关系，它既受当时社会思潮、时代精神和理论思维水平的制约，又将自己独特的理论价值奉献给中国哲学和中国文化，促进了中国哲学的发展和理论思维的进步。道教哲学在历史上曾作出了特有的贡献，那么它还有没有现实意义呢？回答当然是肯定的，它的现实意义至少表现为这样几方面：

（一）对当代科学的发展有启迪意义，从中可以"温故而知新"

张岱年先生在《当代新道家·序》中说："尊奉老子为教祖的道教虽多荒唐迷误之谈，但对于化学与养生学有所贡献，在中国科学史上亦有一定的地位。"[②] 道教哲学中的生命哲学和自然哲学思想把道教引向对自然，对人体自身的探索，由此产生了一系列中国古代的科技成果，从这个意义上可以说道教哲学中含有古代的科学哲学成分。道教哲学的原始科学主义思想可以与当代科学相接通，从而建构新的科学殿堂。事实上，已经有一些当代自然科学家在道家、道教的哲学思维方式中发现了与最新科学之间的某种相似性，并运用这些方式来解释当代科学所面临的新问题。可以说，道教哲学的某些成分对于当代化学、物理学、宇宙学、人体生命科学等仍具有借鉴意义，特别是当代从事探索性的理论自然科学工作者，能够从中受到启示，获益匪浅。在当代科学技术的理论危机中，一些著名科学家和学者如日本的汤川秀树、美国的卡普拉、英国的李约瑟等，发现当代科学理论有向道家思想复归的趋

---

① 《道家文化与现代文明·引论》，中国人民大学出版社 1991 年版，第 1 页。

② 张岱年《当代新道家·序》，华夏出版社 1991 年版，第 1～2 页。

势，特别是借用“道”的哲学理念重新建构科学理论模式。汤川秀树认为物理学的发展，不断更新了“道”的观念，在探索最新的物理学概念的过程中，老子的话会获得非凡的新意。美国物理学家卡普拉认为“道”与现代物理学中“场”的概念十分相似。英国宇宙学家霍金提出了“宇宙自足”的理论，即宇宙的发生，并不借助外力，“宇宙创生于无”。显然这和《道德经》第四十章“天下万物生于有，有生于无”的思想十分相似。当代西方的一些自然科学家在解释最新科学发现时，理论上碰到难题，就向老子的书里去寻找智慧，道家道教的智慧开启了西方科学家们的头脑。[①]

（二）道教生命哲学对当代长寿学的启示

道教十分重视生命，它依据道的生命法则提出“生道合一”，认为修道者如果能够炼养而与大道相合，则将获得永恒生命，超脱生死之限。在道教看来，凡是热爱自己的生命又关怀他人的生命，并进而泛爱万物生命的人，他便会与大道相通，便会“死而不亡”，使自己的生命超脱个体的局限，具有不朽的价值。道教神仙长生的生命哲学从根本上说是反科学的，就像人类追求永动机一样徒劳，但其中却有追求长寿的合理因素。长生不死是梦呓，长寿却是合乎理性的。至今为止，人类仍在孜孜矻矻地寻求长寿的坦途，形成了长寿学，相信将来的人们也一定十分关注这一问题。从现在到将来，人们都会在道教生命哲学中发现对于长寿之道有价值的宝藏，特别是道教生命哲学中的某些操作方法如气功、静养功等。道教各种气功和养生方法受到欢迎，形成较大范围的持续的气功养生热，其原因就在于气功的性命之学能祛病健身，优化人的生理功能，净化人的灵魂，改善人与人之间的关系，缓解人的紧张情绪，使个体的生命能够旺盛持久，而不是让紧张的工作和生活状态压迫人喘不过气来，甚至于过劳死。据报载，“四十不惑”，还是“四十不活”？这是基金圈的饭桌上最近常出现的关键词。普遍处于“奔四”或者四十出头的中国基金经理们，对十多天内连续两位四十出头的基金经理去世而感叹不已，他们一个死于肝病，另一个死于胃疾——这两个部位的疾病，通常与长期压力最密切相关。[②] 如果这些基金经理们学会一些道教气功和养生方法，用以调剂其紧张的工作和生活状态，缓解压力，也许他们就不至于把“四十不惑”变成了“四十不活”。

道教生命哲学中的种种心理治疗方法，对当代人无疑也是有效的方剂。

---

① 详见董光璧《当代新道家》，华夏出版社 1991 年版。

② 参见《南方周末》2009 年 7 月 16 日第 18 版《基金排名之惑》。

放眼当今商品社会，竞争激烈，信息爆炸，瞬息万变，令人心理紧张，情绪焦虑，感情波动，心理病人数量增加。如能学习借鉴道教的心理疗法，忙中偷闲，可以缓释个人的焦虑情绪，减轻心理上的巨大压力，保持良好心态，从而促进心理健康发展。当代人在生命理想的追求中有时不免产生某种莫名的失落感，导致心态失衡，借助于道教心理疗法，亦可恢复心理平衡，保有赤子之心。事实说明，道教生命哲学的许多操作方法对当代人的生理和心理生活都能贡献有益的补充。

（三）道教人生哲学中不乏人类生活的经验总结，可资现代人借鉴

道教人生哲学给人一种安身立命的智慧，一种待人处世的智慧，这种智慧让人知道生命的价值意义在于归真返璞，要安顿我们的生命，便应过一种清静无为的生活。道教的安身立命之道，在于超越世俗社会的利害计较，超越人生得失成败，淡漠功利物欲，追求无忧无虑、安时处顺的精神自由境界，让人发现自我，把持自我，重内而轻外，重身而轻物。这是种超越的人生观，恬适自在的人生观，它向往自然纯朴、自足和谐的生活。这种人生观对于物欲横流、泛滥成灾的当代社会，对于利欲熏心、不择手段猎取财富以致为物欲所异化的某些当代人来说，不啻是副清醒剂，是警钟。当代社会的激烈竞争给人们的精神带来某种新的失落，归真返璞的价值取向，也许会在一定程度上使人获得一种更合乎人性的人生体验。道家道教的人生哲学还教给人处于逆境时的应付方略。当人们处于逆境时，柔弱胜刚强、祸兮福之所倚等思想总是一再闪现，把人从逆境中解脱出来，起着调节人的心理平衡的作用。国内外不少学者都已经指出，道家道教哲学是“失败者”的哲学。李约瑟《中国科学技术史》第二卷第十章引德效骞的话说：“儒家思想一直是‘成功者’或希望成功的人的哲学。道家思想则是‘失败者’或尝到过‘成功’的痛苦的人的哲学。”并认为此话“说得好”。[①] 林语堂《吾国与吾民》深刻揭示：“每一个中国人当他成功发达而得意的时候，都是孔教徒，失败的时候则都是道教徒。道家的自然主义是服镇痛剂，所以抚慰创伤了的中国人之灵魂者。”[②] 的确不错，道家道教的人生哲学能起到安慰人们精神上遭遇的幻灭与痛苦的作用，使人即使跌入逆境，也不气馁悲观，而是顺其自然，以豁达平静的心态来对待失败。但另一方面也应看到，道家道教哲学亦可以是成功者

---

① 李约瑟《中国科学技术史》第二卷第十章，科学出版社、上海古籍出版社 1990 年版，第 178 页。

② 林语堂《吾国与吾民》，中国戏剧出版社 1990 年版，第 107 页。

的哲学，成功者以此人生哲学作为明镜，不时地提醒自己“福兮祸之所伏”，不飞扬，不骄横，功成不居，使其“成功”长盛不衰；即使从顺境掉进逆境，也不惊不诧，应付裕如。这一点晋人郭象早已看到，他在注解《庄子·逍遥游》时说：“圣人虽在庙堂之上，然其心无异于山林之中。”位处庙堂，在朝为官，建功立业，名垂青史，这是中国士大夫传统的人生理想与价值追求。庙堂为官即是成功的标志，这是典型的儒家人生价值观，但就在此功成名就之际，内心深处也必须保持道教啸傲山林的人生价值观。因为庙堂与山林的场景是随时都会转换的，一旦从庙堂下野，步入山林为庶民百姓，就不致产生心态失落感，不会有大的反差，自然而然地应付了人生紧急的转变关头。所以在郭象那里，道家道教的人生哲学也是成功者——“圣人”的哲学。道家道教这套大智大慧的人生哲学对于当代人正确处理人生的成败得失，冷静对待人生的顺境与逆境不无指导意义。

（四）道教哲学中的生态伦理观，对生态环境的高度重视精神，保护自然意识，都值得现代人好好吸取

我们的地球就好比一艘巨大的宇宙飞船，载着地球村的居民在太空中遨游。这艘飞船我们可以命名为“大道”号，已有六十亿乘客。然而大道号宇宙飞船正在遭到人为的破坏，环境遭到污染，飞船的保护层——臭氧正在减少，生态失去平衡，危及乘客们的生命安全，这一切都是人对地球资源无休止的破坏性掠取所造成的。在西方思想中，特别是近代以来，天人相分占据主导地位，认为人可以无条件征服自然，战胜自然，人与自然的关系是对抗、矛盾的。基于这种思想指导，西方人开发了大自然，取得了越来越多的物质财富，生活享受越来越好。然而另外一面，当代工业化造成了人与自然的对抗，人对自然的破坏性掠取以及自然对人的报复，环境污染、能源危机、地球沙漠化等等，已成为危及人类生存的严重问题，照此下去，总有一天要带来人类的自我毁灭。面对这样严重的问题，回忆一下道教哲学中的某些古训，总结一下道教的生态伦理观，或许是十分有益的，或许对当代人有不少启示。道教认为人与自然是有机的同构互感整体，人与自然应和谐相处，对自然环境的开发应遵守某些道德准则，应充分认识自然界的规律，如果违反自然规律而“妄作”，势必危害人类自身。作为小宇宙的人和作为大宇宙的自然在不断地进行物质能量的交流，这种交流一旦被人为地破坏，失去和谐与平衡，那么人是得不到安宁的。当代生态平衡失调的问题，用道教的眼光看，实际上就是由于人忘记了自己与自然之母的生身关系，以为可以随意从母亲身上攫取自己需要的东西，而不顾及母亲身体所受的伤害。道教生态伦理观主张对宇宙万物都施以仁慈的爱心，主张尊重自然界万物的属性，让宇宙万物自

足其性，自然得到发展，不横加干涉。在道教看来，人和自然万物之间存在因果报应关系，人与宇宙万物是互相感应的，感应的基础是人和万物都有灵性，都有精神，人与物信息相通。比较起来，人是万物中最有灵性的。他属于自然，又区别于自然，两者有互益之处，也有相害的地方，但总的来说人依赖自然界而生存，人与自然的关系，只要人类存在，便是个永恒的主题。在人类面临新的发展，走向未来的进程中，道家道教关于尊重自然，服从自然，歌颂自然的人天观和生态观，发人深省，对解决人类的生存危机是有意义的。

总之，道教哲学所提出的某些问题，与我们当代人面临的人生问题、社会问题、环境问题具有一定的共通性，其解决这些问题的方式对当代人也有参考价值，道教哲学的现代意义是不言而喻的。从这一侧面我们可以透视出道教文化的当代价值之所在，值得我们去了解认识它。梁漱溟先生有著名的“中国文化早熟论”，道家道教文化中某些早熟的思想在当时或许不合时宜，甚至被儒家正统观点认为是荒诞派作品，然而在今日世界定会觅到知音，重现异彩。当代“新道家”已经发生并正在成长，这就是最好的证明。我们所要认识和理解的道教，不仅仅是历史的，而且是现实的，它对我们未来的生活仍具有其特定的意义，不可一概抹杀，也不可对其一知半解。

“人建功立业，但他诗意地栖居在这大地上”。这是德国哲人海德格尔所引用的19世纪诗人荷尔德林晚期的一首诗。由此，海德格尔得出的结论是：诗所筑造起来的，正是栖居的本质，诗与栖居不仅不排斥，相反却是相属共在，每一方都在呼唤着另一方。诗意是人的栖居必备的基本能力，只要纯真的善与人的心同在并持续下去，人就根据诗意的本质来创造诗，而当这种诗意恰当出现时，人就人性地栖居在他的大地上。[①] 海德格尔关心人怎样以诗的态度去生活，他相信人只要回归纯真的善，就能过一种合乎人性的、诗意般的生活。

诗化人生，过一种诗意般的生活并将其永恒维持下去，这也正是道教文化所追求的理想目标。道教以逍遥快乐、长生不死的神仙作为人的生命最终的理想目标，而神仙形象可以说正是道教诗化生命的一种折射、一种艺术的体现，道教在神仙世界中找到了自己的生命价值所在，寄托了诗化生命的理想。试看道士笔下的神仙，或自由自在，天真如婴儿，或棋琴书画，潇洒似行云流水，或玄珠无心，坐忘返璞，或林下论道，海阔天空，或往来无拘束，谈笑有高朋，或适性忘情，圆满自足，长生不老。这种神仙过的日子，也正是道士们所孜孜以求的日子。

---

① 《海德格尔诗学文集·人诗意地栖居》，华中师范大学出版社1992年版，第194、206、207页。

神仙过的日子说到底是一种归真返璞的生活样态。道教要实现诗意般的生命，首先便主张归真返璞，回归自然。抛弃了名利的诱惑、城市的喧哗，避开了人与人的勾心斗角、你争我夺，过田园风光式的宁静生活，与大自然融化为一体。阳光、空气、水分，一切都是那么平和与自然，充满了诗意，给人以美的享受。更为重要的是，返归自然不仅仅是回到大自然界，而且还要回到精神上的自然而然，回到自我的真实本性。初唐著名道士成玄英提出“复归真性”的复性论。他认为人君宰割了人的真性，造成人的矫伪无实，对此他呼唤人们“复于真性，反于惠命”。[①] 所谓“真性”在他看来就是人的自然之性，就是人的纯真本性。为引导人们恢复真性，他提出“率性任真”的命题，即听任人的真实自然的本性充量发展，让人实现真实的自我。他又要求人们做到“率性而动”、“率性合道”、“率性保分”、“任性适情”，意即使人在天性的范围内动作，使性合于自然之道，守住各自的性分，顺适自我的性情，以尽逍遥之妙致。成玄英的“复归真性”，是要寻找回人生所失落的精神家园，是在追求对生命的超越，是要从生命的桎梏中求得个性的自由、精神的解放，是要从功名利禄的生存压力下求得舒适自在、诗意般的人生。

道教的主流思想并不主张出世，独自一人跑到深山修道，而是在入世中出世，即在尘俗之境修心养性、炼养神仙长生之道。东晋著名道士葛洪曾说：“山林之中非有道也，而为道者必入山林，诚欲远彼腥膻，而即此清净也”。他完全赞成这样一种观点：“上士得道于三军，中士得道于都市，下士得道于山林”。[②] 葛洪的生命理想并非是纯粹栖遁山林，隐修神仙，他没有忘记建功立业、平治天下。他主张在现世活动中获得精神解脱与肉体飞升，亦即既经时济世，又超凡入仙。既能“佐时”，又能“轻举”的上士，是葛洪心目中最理想的修仙者形象，也是他追求的最完美的生命的价值目标。人们会追问：追求诗化生命却又遵守儒家伦常，这是可能的吗？道教巧妙地处理了二者间的不和与断裂，不是将其对立起来，而是将其联系起来，加以和合与协调，互补互惠，用道教的话语来讲，那就是外混俗务，内修真道，和光同尘。这也就是人们通常所说的出于污泥而不染，大隐隐于世。

现代人整天忙忙碌碌，劳心劳力，疲惫不堪；汲汲于追求物质享受，精神家园丢失，物质文明的进步并未解决生命存在问题。不少西方思想家把当今人类的问题描写成一个孤立和疏离的过程，也就是人与自然、人与人、人与上帝的疏离，最后剩下的是人的孤独。他们认为，现代人不再和自然做获

---

① 成玄英《老子注》卷一，严灵峰《无求备斋老子集成初编》（3），台湾艺文印书馆1965年版。

② 王明《抱朴子内篇校释·明本》，中华书局1985年版，第187页。

益匪浅的对话，他只和自己的产品做毫无意义的独白；都市人想借旅游来逃避都市生活，回到自然去享受自然的治疗，但现代旅游常常沦为肤浅的、只求感官满足的活动。海德格尔称当代为“技术时代”，“技术”是“原子时代的形而上学”；精神萎弱是这个时代的突出征候，精神被曲解为智能，计算的能力，“无家可归成为一种世界命运”；飞机、电视在没有存在的存在者的熙熙攘攘中，使时间和空间都大大缩小了，但是距离的缩小并没有带来人们之间的亲近，“因为邻近丝毫不在于距离远近”。[①] 法兰克福学派代表人物马尔库塞《单向度的人》称：现代社会是物质富裕而精神空虚的单向度社会，人也是如此而成为单向度的人。[②] 针对现代人生中存在的种种问题，反省道教诗化了的人生哲理，不无启迪意义。道教启发人们生命的意义在于归真返璞，过清静无为的生活，将生命提升到充满艺术精神的境界，而不只是纯粹满足人的物欲。这对沉溺于物欲之海、滞落在名利之场的某些现代人来说，无疑有净化其心灵、重振其生命活力的功用。道教的养生方法和心理疗法，对现代人的心理紧张、情绪焦虑具有一定程度的缓解作用，对现代人的身体健康，以充沛的精力投入工作学习亦不无可取之处。道教的不少养生方法，经过推陈出新，可以为现代预防医学体系的建立提供值得借鉴的养分，可以为现代人的健康长寿服务。

二、新生态、新问题、新挑战下的道教文化

21世纪，中国宗教的发展面临着新生态、新问题、新挑战，道教文化同样如此。它要想更好、更充分地在历史舞台上扮演角色、发挥功能，不是没有条件的。这个前提条件是什么呢？一言以蔽之，就是通过变革，通过重新建构教理教义，实现古老的、传统的道教文化的现代化转型，与新时代相协调，与当代突飞猛进的高科技社会相接轨，以崭新的面孔出现在21世纪，从而适应未来世界的发展和挑战。道教经过自身的改革，将在21世纪的世界舞台上登台亮相，并且不仅仅是跑跑龙套而已，将扮演更加重要的角色，发挥比上个世纪更多更重要的功能，产生世界范围内的社会影响，这是题中应有之义。

罗马俱乐部的研究报告《人类处在转折点》一针见血地指出：“目前，人类正处在转折点上，必须做出抉择，是沿着老路继续走下去，还是开辟一条

---

① 参见陈嘉映《海德格尔哲学概论》第八章《当代技术社会》，三联书店1995年版，第355～360页。

② 参见马尔库塞《单向度的人》第一章《新的控制形式》，重庆出版社1988年版，第3～17页。

新的道路。如果人类要探索新的发展道路，那么必须对若干旧的观念进行重新评价”。[①] 可以说，道教文化也正是处在一个非常非常关键的转折点上，它是沉睡在旧梦中，照老路不变走下去，还是另辟新径，对其陈旧的、不合时宜的某些价值观念、教理教义加以扬弃与改造，通过与时俱进变革，实现自身的飞跃、健康发展和不断创新，这是我们关心道教文化前途的人必须认真思考的。在21世纪的曙光初照之时，道教文化急迫地面临着寻找新的发展途径，建构新的神学理论，存在着全面改革自身的需要，充满着无量的希望、挑战和机遇。

从世界各大宗教的历史看，它们历经了改朝换代、社会的巨大演变而生存下来并且取得进一步发展，这表明宗教有很强的适应社会变化、与社会相协调发展的能力。道教也同样是如此，它发展至今已有近两千年的历史，经过许多朝代，随社会的演进变迁而曲折发展，或盛或衰，生存到现在，其适应性之强是不言而喻的。这种适应性与其对自身的变革调整是分不开的，近两千年来道教至少做了三次大的变革，一次是魏晋南北朝时代，再一次是金元时代，还有一次是近现代以来（这一过程仍然在进行之中）。每一次变革都使道教文化再度焕发青春容颜，出现新的活力，更加生机勃勃，重新适应了社会发展变化的需求。道教能够适应21世纪的新生态、新问题、新挑战并获得拓展自身的机遇吗？答案当然是肯定的。但一个重要而不可缺少的条件就是，必须在更大程度上进行自我调整和自我嬗变，对社会的急剧变动作出更加积极的回应，加快步伐重树自我的形象，树立起与21世纪新生态、新问题、新挑战同步的自我意识，增加自身时代特色，只有如此，才能与21世纪的世界相适应，才能得到更为充量的发展。唯有变才能通，而通泰才有道教文化的青春长在。随着社会结构的变换、文明的进步而相应做大的变革，是道教文化生命力旺盛的体现。道教文化演进到今天这一步，其传统模式正面临新的问题、考验和挑战。怎样与21世纪对话？怎样关怀和参与21世纪的社会生活，在其中发挥独具特色的影响和作用？怎样从中国走向世界，在世界宗教市场上占有一席之地？要应对这些问题，没有观念上的大转变，思维方式和行为方式的重新塑造，没有组织制度、传播方式以及科仪上的创新等，归结到一点，没有改革开放是不行的。

（一）道教文化面临的问题

如果道教要进行自身的更新，如果道教文化要探索新的发展道路，寻找

① 《人类处在转折点》，中国和平出版社1987年版，第9页。

到新的机遇，在面临新生态、新问题、新挑战时从容不迫地应对，并很快与之相适应，那么首先就要直面当前所存在的问题而且将其加以厘正。当前有哪些问题是急待厘正的？我们认为至少有以下五个方面：

1. 文化素质和信仰素质都较低，队伍良莠不齐，缺乏一批名扬海内外的有神学理论素养的“高道”，弘道事业缺乏人才

道教教内的有识之士已经发现：“各种人才的培养提高，是道教发展的当务之急。”“道教要发展，关键在于人。现在的问题是道教不仅道士少，而且高道大德少，整体素质亟待提高。”[①] 针对这一问题，应当首先抓教育，从文化建设、人才建设入手，普遍提高道教队伍的文化品位，在文化水准已经普遍提高的基础上，刻意培养造就出一批弘道传法的人才，甚至从中能产生有国际影响的“高道”。人能弘道，非道弘人。因此，人才的培养，高道的辈出，这是关系着道教文化兴衰存亡的关节点所在，决不能等闲视之！所谓百年大计，教育为本，这对道教也是完全适合的。香港道教界汤伟侠先生提出“道化教育”的宏伟蓝图，这是一个非常有意义的口号，值得我们予以高度重视。按照我的理解，“道化教育”不仅仅是用道德教化世俗社会，更重要的内容、更直接的任务就是以道为教，教育培养出教内的优秀人才。教内如果没有一大批弘道传法的人才，即使花费巨额投资把宫观装修得富丽堂皇，也是守不住的。此即《道德经》第九章所谓：“金玉满堂，莫之能守”。因此，对道教来说，当务之急不是花大力气、花大量的钱去修筑宫观，而是必须把最主要的精力和物力投入到“道化教育”中去，培养出一大批教内的优秀人才，这才是当今道教迫在眉睫的大事要事。十分可惜的是，目前在道教界内部能够明确地认识到这一点的有识之士还不多，多数人只把目光盯在修建宫观上，误以为把宫观建设得越大越多越快越好，就可以给道教树碑立传，就可以使道教文化扬名百世。因此有些人在宫观建设上互相攀比，你好我还要更好，你大我还要更大，不惜血本，舍得大投入，而一提到道教文化建设，开展道教教育，诸如召开道教学术研讨会，资助道教研究成果的出版，资助道教研究生、博士生的培养，创办道教学校等，则显得犹豫不决，投入较少甚至舍不得投入。诚然，修建宫观，建设好道教自身的家园，给信众们提供一定数量和一定规模过宗教生活的场所，这是无可非议的。问题就在于，过度铺张浪费，过度追求形象工程，过度讲求形式主义，对于道教文化的真正弘扬从而使道教文化走向世界并无太大的帮助，反而造成一种错误的导向，就是见物不见人，忽略了队伍的素质建设，没有建立完善的教内教育系统，把人才

---

① 叶至明《传承中创新 弘扬中发展——关于道教与时俱进发展的思考》，收入《道教与伦理道德建设》，中国言实出版社2004年版，第188、189页。

的培养摆在首要的地位。

日本学者梅棹忠夫《文明的生态史观》把宗教观念的持有者比喻为“带菌者”，并指出宗教要流行，没有这些带菌者的传播是实现不了的。[①] 道教文化要想在21世纪的世界宗教文化市场上站住脚，成为重要角色，在东西方广为流传，没有这样的“带菌者”也就是我们常说的“高道”，肯定是不行的。而道教眼前所紧缺的恰恰就是这种“带菌”的高道，能够弘扬道法的大师。没有善于讲经说法的高道，在建构适应新生态、新问题、新挑战的道教信仰体系方面便无人去操作，新型的道教信仰体系的建构就会落空。没有善于讲经说法的高道，道教文化在国际间的传播，也落不到实处。而此种建构和传播一旦落空，道教要在21世纪的世界宗教舞台上占有重要的一席之地并且成为世界宗教的种种努力，便会付诸东流。可见，面对新生态、新问题、新挑战，道教徒自身文化素质和信仰素质的提高与完善是至关重要的，这关系着道教文化的生死存亡！用上海市道教协会名誉会长陈莲笙的话来讲就是：“道由人显，道教的存在归根结底依靠道教徒的存在。道教的发展也取决于道教徒素质的提高、道教人才的多寡。”[②] 李养正先生也曾谈到，已故香港青松观董事会主席、道教学院院长侯宝垣大师认为：“振兴道教，首务当为树‘标’培‘本’。树‘标’，即树立好道风；培‘本’，即兴办道教教育事业，培育人才。”[③] 兴办道教学院，培育人才，这的确是有远见卓识之举。人们期盼着高道大德的不断出现。

2. 内部不够团结，为了眼前利益和小团体利益而扯皮，组织内部人际关系紧张，搞窝里斗，不能同心同德、目标一致地去弘扬道教文化，使本来在宗教界就处于弱小地位的道教更为乏力，与其它宗教的发展规模相比之下明显不占优势

这是自己削弱自己，自己挖自己的墙脚，自毁长城。实事求是地讲，大陆和港台两岸三地的道教界内部都不同程度地存在着不团结、闹内耗的现象。这严重地制约着道教的进一步发展，也有损于道教在社会信众中的形象和威望。针对此，应当加强道风建设，树立顾全大局的观念，以和为贵，以道教发展的大局为重，促进组织内部的和合，培育一个良好的修道弘道的人际关系环境。我们看道教的历史，道风好坏和道教内部的是否精诚团结，与道教的兴衰紧紧相连。因为团结就是力量，历史上凡是道教团结一致的时期，道

---

① 《文明的生态史观》，上海三联书店1988年版，第235页。

② 陈莲笙《道风集》（增订本）中《培养人才、加强联合、适应时代——关于中国道教文化的当代发展的三个问题》，上海辞书出版社2006年版，第5页。

③ 李养正《道教教义与现代社会·序》，上海古籍出版社2003年版，第2页。

教都有很好的发展势头。如何才能搞好道教界的内部团结？只有树立清静无为、见素抱朴、知足不争、功成身退、有容乃大、顾全大局等优良道风，才能有助于道士们提高自身素质和操行，团结合作沿着大道精进。搞好了道教界的内部团结，才能去更好地团结社会信众，凝聚人心向道，从而树立起道教文化良好的社会形象和威信，取得社会理解和支持，赢得更多的信众。而赢得更多的信众，也就是在宗教市场上赢得了更大的份额。此外，只有道众的团结，才能搞好宫观的各项建设，使宫观在友好合作的氛围中正常运转，并从中产生一些有名于世的大宫观。从历史经验看，这种经济、文化等各项事业都取得辉煌业绩的有名的大宫观，正是孕育高道大德、藏龙卧虎的地方。总之，道教应该协调好自己内部事务，处理好内部矛盾，求大同，存小异，步调一致地去面对21世纪。不仅大陆的道教要团结，香港的道教要团结，台湾的道教要团结，更为重要的是，大陆与港台两岸三地的道教要拧成一股绳，为了两岸的和平统一，为了中华民族复兴和中国在世界上的和平崛起，心往一处用，劲往一处使，以同一个声音向21世纪的世界讲话，显示我中华道教精诚团结的巨大力量。

3. 信仰淡化或者说信仰不坚定，使命感失落甚至于根本就没有使命感，导致对道教信仰体系认识不够甚或毫无认识，道教常识也掌握不够

更有极少数人，入道动机不纯，把入道作为一种谋生手段，带有极其浓厚的功利主义色彩，因而入道后不务本业，专以追求“孔方兄”为目的。上海市道教协会名誉会长陈莲笙不无忧虑地说：“当代中国道教的神职教徒即道士在成长中出现的新问题……归结起来，就是人们议论的道士理应具有坚定的道教信仰的问题。”[①] 中国道教协会副会长丁常云在论及当前少数道教徒“信仰淡化、道不像道”的问题时尖锐地指出：“当今社会，特别是社会主义市场经济的高速发展，在不同程度上影响着道观，也影响着道观中的道教徒。于是，一些道教徒出现了：‘戒律松弛’、‘信仰淡薄’、‘世俗化味过浓’等不良现象。”“这一问题的存在，归根结底是道教的信仰建设问题，而对于这一问题的解决，归根结底也是道教的信仰建设问题。”[②] 可见，抓紧信仰建设，完善信仰体系，形成满足21世纪信众所需要的道教教义，树立道教徒神圣的、坚定不移的使命感，是目前不可或缺的紧迫任务。“当代道教只有发扬道教的优秀传统，从强调道教信仰的神圣性出发，来加强和强化道教的信仰建

① 陈莲笙《道风集·增订本序》，上海辞书出版社2006年版，第2～3页。

② 丁常云《坚定信仰 持守规戒——关于道教信仰建设问题的三点思考》，收入《道教与神仙信仰——道教思想与中国社会发展进步研讨会第二次会议·泉州》，人民日报出版社2004年版，第79、68页。

设，这样道教在今天的社会中才能保持它的生机与活力。”“所谓‘道心要坚’，就是要有坚定的道教信仰。信仰‘道’，并且坚信‘道’能够因修而得，就是得道。”[①] 对于极少数不务本业的人，应劝说其还俗，或予以淘汰，否则其恶劣影响散布开来，传染到一批人，则后果不堪设想。明眼人都很清楚，如果不务本业就会失去道教独具特色的存在，就不能保持其超越性，失去道教信仰的神圣性和纯洁性，还谈何面对新生态、新问题、新挑战时发挥道教的种种功用！加强信仰建设的一个重要任务就是建设新的道经，整理好明代《正统道藏》以外的道教经书，搜集新出道经，编纂当代的《中华道藏》，留给后人一笔遗产。在此基础上，形成新的、符合现代人精神需求的道教教理、教义学。这是道教面对新生态、新问题、新挑战的一项重任，重任在肩，只有提升素质，坚定信仰，才能不辱使命。

4. 较为保守，开放不够，包容心态不足，形成一定程度上的自我封闭，尤其是在道教学术文化的建设上，与学界和其它宗教的互动步子迈得不够大，对学界的支持力度也不够大。这就给道教文化品位的迅速提升造成一些不利因素

应该说，中国历史上的道教，秉承老子海纳百川，“有容乃大”的教诲，以宽广的胸襟呼吸着八面来风，吸取着种种养料，尽管被人讥称“杂而多端”，但终究建立起自己的一套信仰体系。佛教传入后，又大胆借鉴佛教在理论、组织上的长处，采取拿来主义，使道教在理论思维、教理教义方面迈上了新的台阶，道教文化的品味一步一步提高。此诚如已故中国道教协会会长闵智亭所指出的：“纵观道教历史，道教与国运兴衰息息相关，这就是道教的民族性。正是这种民族性锻炼养成了道教容纳百川的胸怀，所以道教对外来文化不排斥，而是择其善者为我所用。”[②] 可惜从明清以来，道教渐趋于保守封闭，丢失了早年的开放精神和创新精神，面对西风欧雨，不再有当年那股热切学习借用外来佛法的劲头，于是在理论上难以有新的建树，更勿论建构适应时代需求的新的信仰体系。看来，在开放和信息化的21世纪社会，道教应当学会在开放中求得生存发展，打破封闭保守的心态，主动地与外来宗教文化互相撞击，互相对话，在相互竞争和对话中，取他人之长，补自己之短，丰满完善自己，再加上进一步加大力度与学界互动，携手合作，道教文化之复兴指日可待。

---

① 丁常云《坚定信仰　持守规戒——关于道教信仰建设问题的三点思考》，收入《道教与神仙信仰——道教思想与中国社会发展进步研讨会第二次会议·泉州》，人民日报出版社2004年版，第71页。

② 闵智亭《道教教义的现代阐释·序言》，宗教文化出版社2003年版，第2页。

5. 整合民间信仰和民间宗教的功能发挥不够

历史上，“杂而多端”的道教已经很有效地发挥过这一作用，如我们前面讲到的南宋金元时期，今日港澳台道教仍然在充分发挥这一作用，收到很好的社会效果，满足了基层民众尤其是乡村百姓的精神需求。值得我们注意借鉴，值得我们加以发扬。

总结上述问题，正如陈莲笙道长所指出的：“当代中国道教在复苏过程中遇到了许多道教历史上从未遇到过的新问题。这些新问题，道衲以为，归结起来，就是人们在议论的‘世俗化’和宗教要求的神圣化的矛盾问题。”① 我们不是医生，在此并非要给道教文化开处方治病，我们只是想站在旁观者立场上给当局者多少贡献一些清醒剂。良药苦口利于病，忠言逆耳利于行。我们更有一种恨铁不成钢之心态，内心深处暗暗祝愿道教文化革故鼎新，清除积弊，以崭新的姿态勇敢地面对新生态、新问题、新挑战，大踏步走向未来，为21世纪的人类文明贡献绵薄之力，为21世纪的社会祥和安泰发出自己的光和热。道教文化之所以能在21世纪的舞台上演出有声有色的剧目，获得信奉它的观众们的喝彩，其原因就在于经过革故鼎新的道教文化，对于这些人的生活还具有某种特殊的现实意义，还有其价值存在，它并非是博物馆中陈列起来让人参观的文物和化石，而是一种活生生的有顽强生命力的文化，人们从其中还能发现某些医治现代社会顽疾的妙方，它对解决当代人生问题不无启迪意义。

（二）道教文化将扮演发挥的角色功能

分析起来，面对新生态、新问题、新挑战的道教文化将扮演发挥以下角色功能：

1. 透过伦理建设以稳定社会的功能

曾经有人讲，中国的宗教是社会安定的一个自我控制系统。可以说道教在历史上也是如此，它的宗旨是要扶国保民，劝人为善，消灾延寿，具有协调社会的功能，凝聚和认同人际关系的功能。那么，在21世纪的社会中（不论国际还是国内），道教仍然能作为稳定发展的助力而非阻力么？我们认为，在21世纪中，道教在一定范围内仍将有助于社会的稳定与和谐发展，促进社会整合，创造良好的社会氛围。道教文化讲慈爱和同，贵生重死，替天行道，济世度人，倡导信众服务社会，造福人群，这是其有益于社会进步的助力所在。此种助力是透过其社会教化功能来实现的，具体地说，就是以其独特的

---

① 陈莲笙《道风集·增订本序》，上海辞书出版社2006年版，第2页。

道德精神风貌来施加影响，并努力促进21世纪社会的健康存在和良性发展。

上个世纪以来，中国传统美德遭受重创，道德水准大幅度滑坡，乃至于一些人患上了道德冷漠症，严重者甚至不知人间有“羞耻”二字。而“当社会失去了耻辱感时，腐败就开始流行，什么事都可能出现——这时习俗和法规不再受人尊重，平等导致了怂恿，卑鄙和妒忌取代了仁爱”。[①] 这样，在21世纪，道德重建便成为摆在我们面前的一个重要课题。然而道德重建不是玩空手道可以获得的，它必须要有资源，否则即成无米之炊。中外学者都有人发现当代道德资源匮乏，现代人把伦理学变成一种纯外在性的社会规范问题，而对人的内在心性理想、对人的生命终极走向缺乏关怀，由此不能为现代人提供充分有效的道德建设资源，不能料理和解决全部道德问题。此正如万俊人《宗教与道德之间：关于“信念伦理”的对话——论宗教作为一种可能的现代道德资源》一文所说：“人们越来越清楚地看到，这种现代性规范伦理既难以满足现代社会哪怕是最基本的道德生活需要，也缺乏足够的文化解释性资源，亦由于它自身固有的外在化特征所致，使它无法洞察和切入现代人的内在精神世界和终极关怀问题”。[②] 现代伦理的这种不足或许可由传统宗教道德的某些因素予以弥补。道教伦理观作为有特色的道德资源，其中精华的东西完全可以成为道德重建的结构成分，对道德下滑、道德冷漠症起到某些对治作用，从而在一定程度上增进人们的道德修养，提高国民素质，改善社会道德风气。

道教伦理的约束力不仅仅是一些外在的戒规戒条，而更主要的还是某种深层次的宗教心理活动，它能够洞察和切入信仰者的内在精神世界，以此左右信徒的行为，使之成为社会互爱的亲和力，减少越轨和犯罪，对社会秩序起到积极的调节作用。道教经典当中所确定的基本道德规范，凝结了中华传统文明发展的部分成果，这些成果可以为21世纪的道德重建工作服务。而道教神仙人格的魅力，在信徒心目中那就是圣人和先知，是光辉的道德典范和榜样，给信众以安身立命的力量源泉，令他们肃然起敬。内藏无价之宝的经典与高尚的神仙人格，这就是道教发挥社会教化功能不可或缺的道德资源。

道教伦理的核心是劝人“诸恶莫作，众善奉行”，而其规劝的特征则是把行善和人的生命联系起来，形成一种生命伦理学，此即道教独具特色的伦理价值观。道教生命伦理以“劝善成仙”为主题，解决人的生命存在、终极关怀问题，是其出发点，又是其目的地。生命存在的长短和生活质量的高低都

---

① ［美］丹尼尔·贝尔《资本主义文化矛盾》，三联书店1989年版，第215页。

② 万俊人《宗教与道德之间：关于“信念伦理”的对话——论宗教作为一种可能的现代道德资源》，见《东西方宗教伦理及其它》，中央编译出版社1997年版，第110页。

与人的善恶行为有关，而善恶产生的渊源得从心性上去找，只要找回人失落的“天性”，心不为外色所动，善就伴随着人的生命，生命即可获得永恒。道教生命伦理学把人的行善去恶变成一种自由的内心情感，使之出于主体的自由，而不仅是被外在压力所逼迫。尽管有外在神的严密监视，但最终是要形成个人的发自内心的自觉自愿行善，只有这样才能“成仙不死”。基督教以外在的最高神——上帝来公正地审判万民，道教生命伦理学则除了设立外在神的审判，还讲求内在心性的自我审判，是他律与自律相结合的伦理学。总之，道教生命伦理以个人的生命存在价值和意义为出发点，劝人通过为善去恶来提高自己生命的质量，延长生命的时间，最终为人类的生命寻找到一个光明的、充满希望的归宿。这样的道德观，作为21世纪道德重建的资源之一是具有开采价值的，当属道德重建大合唱中不可或缺的一个声部。人们听到这样的声音，就会为了珍惜生命、获得永恒而争先恐后地做善事。所以我们说，道教透过其生命伦理学将为21世纪社会的和谐稳定奉献一分能量。

2. 反战止杀，更反对任何形式的恐怖主义，维护世界和平

道教追求长生成仙与强烈地反对战争是紧密地连在一起的，道教经典中不乏反战的言论。如《老子想尔注》就说：“兵者非吉器也”，“以兵定事，伤煞不应度，其殃祸反还人身及子孙。……兵不合道，所在淳见煞气，不见人民，但见荆棘生”；“兵者非道所喜，有道者不处之”；“道人恬淡，不美兵也”。[①] 道教更坚决反对任何形式的恐怖主义，因为在战争和恐怖主义的残酷状态下，生灵涂炭，生命朝不保夕，何来长生成仙可言？尤其是恐怖主义，滥杀无辜，造成多少家破人亡的人间悲剧。英国著名历史学家汤因比曾经预言，第三次世界大战将以恐怖主义的形式发生。由此可见，恐怖主义是战争的一种特殊形式，它不是在传统意义的战场上进行的，而是以屠杀手无寸铁的无辜民众为手段来达到目的，其对平民百姓的伤害远超过历史上的战争。所以道教是坚决反战反恐的。历史上，曾经有过邱处机劝导成吉思汗止杀的美传。1993年，中国道教界在北京举行罗天大醮，这是一场大型的和平祈祷法会，为生命祈祷，为世界和平祈祷。成都市道教协会会长张明心说得好：“道教反对轻启战端，认为‘兵者不祥之器，非君子之器，不得已而用之，恬淡为上’。而且一旦发生战争，就会‘师之所处荆棘生焉，大军之后，必有凶年’。希望‘以道佐人主者，不以兵强天下’。尤其在当今世界政治、经济、文化多元化的时代背景下，这种包容广大、反对战争的胸襟气度更显珍贵。如果世人明白在中国人的民族精神中深深熔铸着道教文化的思想烙印，就会知道包容万物、反对战争、和平共处、共同发展已经成为中国人的民族性格。

① 《老子想尔注校证》，上海古籍出版社1991年版，第38、39、40页。

因而所谓的‘中国威胁论’也将会不攻自破。”① 综观道教历史及其现实的表现，我们坚定不移地相信，在21世纪的国际舞台上，道教将为缓和世界紧张局势，消除战争因素，为反对形形色色的恐怖主义，维护世界和平，维持世界的稳定发展而竭尽全力奔走呼号，将充分发挥它应有的反战止杀和反恐的作用。和平与发展，这是当今世界的潮流，道教将以其“仙道贵生，无量度人”、“和合为贵”的信仰宗旨为这一浩浩荡荡的潮流推波助澜。

3. 增进中国文化与世界文化的交流贯通

21世纪的世界文化格局，显然将是多元并存的，互相交流和学习，互为补充，融会贯通，国际之间的文化交流将大为增加。道教作为具有中国文化个性的土特产品，将作为中国传统文化的友好使者出访世界各国，进一步增强国际社会对于中国文化的认识、理解和同情，从而促进中国文化与世界文化的交流贯通。在历史上，道教就曾作为中国文化的种子传播到东亚，比如唐代朝廷派道士携《道德经》前往高丽宣讲，而新罗国也有金可记前来中国做道士，对促进与邻邦的文化交流方面起了重要作用，这是为历史已经证明的。上个世纪以来，在国际范围内又掀起了道教文化研究热，已多次召开有关道教方方面面的国际学术研讨会，道教文化借助于学术的机缘，向世界展示自己的个性、灵气，迎接着四方宾客，八面来风。从道教文化的自身发展来说，闭门造车是最不可取的，道教将不再与世隔绝，而是要加强与世界各宗教的联系，建立友好交流合作关系和建设性对话的渠道，在交流和对话中学习他人的长处，丰富自己，完善自己，从而走向世界，取得更高程度的世界性影响。十分可喜的是：“中国道教逐步走出国门，走向世界。2000年8月，在联合国纽约总部，首次响起了道教祈祷世界和平的声音；2002年6月，‘亚宗和’第六次会议主席台上，第一次出现中国道教领袖的身影。中国道教开始成为‘民间大使’，在世界各国和地区人民中间的影响不断增强，道教文化也成为各国和地区人民关注的热点，为中国道教与世界接轨奠定了基础。”② 国外的学者已经注意到：“全球性传播道教的养生术。在外国人的眼里，中医、武术、饮食和园林文化等都与道教有密切的关系。”③ 总之，道教文化在21世纪当中，对于扩大中国的国际交往和文化合作，对于从文化建设

---

① 张明心《道教与现代社会》，收入《道教与伦理道德建设》，中国言实出版社2004年版，第206页。

② 叶至明《传承中创新 弘扬中发展——关于道教与时俱进发展的思考》，收入《道教与伦理道德建设》，中国言实出版社2004年版，第192页。

③ 施舟人（K. M. Schipper）《道教的现代化》，收入《道教教义与现代社会》，上海古籍出版社2003年版，第9页。

方面树立起中国在世界上和平崛起的形象，都有其不可替代的独特作用。

4. 促进海峡两岸和平统一，增强台湾同胞对中国的认同感，加强海外华人对中国文化的认同感

台湾道教界曾经有人提出以道教文化来统一中国的理念，主张未来海峡两岸实现和平统一大业的纽带应当是道教文化。尽管这一理念不无商榷之处，但我们完全可以理直气壮地这样说：道教文化无疑在促进海峡两岸和平统一中将会发挥其独特的文化纽带作用，把海峡两岸的中国人在文化心理、风俗习惯和情感上紧紧连接起来，形成了一种事实上割裂不开的状态。不管台独势力如何兴风作浪，这种文化上割不断的联系具有坚不可摧的凝聚力，使那些台独分子就像孙猴子一样跳不出如来佛的掌心。这是道教作为中华民族本土的传统宗教，作为“中国文化根柢”的价值魅力之所在，是其他宗教文化所取代不了的。我们知道，在台湾民众中信奉道教的人是不少的，可以说，道教文化几乎已经浸透到所有寻常百姓家的生活方式和行为方式当中，成为人们共同的精神支柱和感情需要。因此，道教文化可作为对台联络感情的方法之一，在海峡两岸和平统一进程中起到桥梁作用。这是一条跨越和接通海峡两岸的共有文化的桥梁，这是一条通过传统文化来铺设和平统一之路的桥梁。把这道桥梁架设好了，就会增强台湾同胞对中国的认同感，就会发自内心地承认自己是中国人。得人心者得天下，得台湾同胞之人心，才能最终使台湾回归祖国的怀抱。而要获得台湾同胞之人心，实施加固文化纽带的战略，从血缘、地缘到文化之缘，以攻心为上，以不战而屈人之兵为上。江西龙虎山嗣汉天师府的张金涛道长曾经探讨妈祖信仰的当代功能，他认为妈祖信仰具有一种看不见的：“弘扬爱国思想，促进祖国和平统一的功能。大陆和台湾，同根共祖。千余年文化传承，形成了坚不可摧的民族意识。妈祖是中国的‘神’，妈祖之爱国也决定了其信众的爱国。”他特别强调说：“五十余年来，海峡两岸的对峙，本是一种民族的悲哀。一小撮台独分子企图分裂祖国，更为全体华夏子孙之不容。1989 年 5 月 6 日，200 余名台湾同胞冲破台湾当局的禁令，乘船直抵湄洲朝拜妈祖祖庙；2002 年 7 月 25 日，妈祖金身直航澎湖，万人朝拜，其情景使人热泪盈眶。这就是妈祖信仰的凝聚功能。如今，妈祖已成为海峡两岸通商、通航的和平象征，成了统一祖国，沟通两岸往来的和平女神。妈祖信仰中的这一功能还将继续地发挥作用，直至祖国的完全统一。”[1] 由妈祖信仰的凝聚功能这一个案可以观察到一般。除此而外，道教

① 张金涛《略论妈祖信仰的当代功能》，收入《道教与神仙信仰——道教思想与中国社会发展进步研讨会第二次会议·泉州》，人民日报出版社 2004 年版，第 321 页。

文化在海外华人中也占有相当可观的市场，颇具影响力，信仰人数较多。弘扬道教文化，对于进一步强化海外华人对中国本土的亲和力、向心力，对于加强海外华人对中国文化的认同感，都有其不可估量的意义。

5. 启迪化导人生，调节信仰者的情感心理，净化他们的灵魂

人们越来越清醒地看到，当代社会，人生病态甚多，诸如人际关系的隔膜，孤独症，自我心理紧张，精神空虚，理想贫乏，人格认同的困惑，人的本性迷失，卷入物欲漩涡，随物流转的异化状态，等等等等。这些病态正延续到21世纪。有人把当今时代存在的人生困扰、环境污染、生态失衡、战争威胁等等问题归结于科技的高度发展和物质生活的富裕，这种看法值得商榷。实际上，科技是由人来操纵的，如果人类自身病态多多，持有的仅仅是追求物质万能的片面价值观，那么，人类自身的问题不首先予以解决，上述问题是得不到解决的。人自身的不完美，使人的精神素质远远不能适应现代科技发展的方向。现代科技文明只有在精神品格、道德情操十分高尚的人指导下，才能更好造福人类社会，否则将可能异化为危害人自身的大魔头。因此，21世纪的和平发展、人类进步取决于人的自我完善，攻克人自身的病态，解决人自身异化的问题。在这方面，道教文化有它独具魅力的优势作用，它可以给需要它的人们提供精神信仰，安顿信众的精神家园，也可以教给信徒们修持生命、净化灵魂的可操作的道术。道法与道术将给21世纪的道教信仰者提供解决生存问题的智慧，使他们拥有一个充实美满的人生。

21世纪，人们的生活将更为丰富多姿，其心理需求和信仰需求也会显现出更多的层次和侧面，是科学和理性所无法完全予以满足的，人们的心灵慰藉有一部分还需要从宗教中去寻求。21世纪的社会生活节奏将更为加快，社会发展演变的动荡无序，使得人心更加难以稳定，浮躁不安，出现心理迷茫和失落感，并伴随着愈来愈强的不安全感。我们已经知道，宗教对于人的情绪、心态有一种较强的调节、控制功能，可以对人进行心理治疗。具体落实到道教来说，到21世纪，它仍可满足信奉者的心灵祈盼和渴望，给他们提供一种自得其乐的心理家园，安抚其创伤的心灵，消解在激烈的社会竞争当中所产生的紧张的心理压力，使他们在处世当中荣辱不惊，处之泰然，真正获得心灵的解脱，灵魂的净化。道教有一整套心理炼养的理论和切实可行的心理治疗术，这样一些宝贝至今还埋藏在浩如烟海的道教典籍中，相信对于它们的开发，不仅将有助信徒而且也将有助一般人的不断超越自我，完善自我。而信徒之间基于宗教情感上的心灵沟通，也将加强人与人、人与社会的联系，克服孤独感。无休无止的物质欲望正在使人迷失理性，如何召唤回人的理性，净化人心，保护好人的心态环境，化导信众们的人生走上坦途，这是21世纪

道教文化的神圣职责所在。

6. 道教那种尊重自然、人与自然和谐发展的生态智慧将为21世纪的环境保护工程出谋划策

自近代以来，西方文化当中那种人与自然二元分离的思维方式，为人们普遍所运用，“征服自然”、“战胜自然”成为非常流行的口号。美国学者史华慈把当今西方文明危机的特质总结为“浮士德/普罗米修斯精神”。这种精神是一种全方位开发人的潜在能量，用来无止境地控制、主宰包括自然界和人类社会在内的整个外在世界，从而几乎完全忽视了人类内心世界的调控，特别是精神、道德品质的提升。无限扩张是这种精神最珍视的价值，它的恶性发展不仅导致天人关系断裂，精神价值源头枯竭，而且造成纯粹的物质享乐主义泛滥，自我喂养的消费主义失控。[①]《人类处在转折点》对此也深刻指出：“人类取得了如此伟大的成就，以至于‘人定胜天’被认为是理所当然，人类今天又遇到了新的危机，证据表明，这次人类的对手还是大自然。大自然并未被征服，而是更加难以捉摸，更加难以对付，这是人们未曾想到过的”。[②]人类更没有想到的是，意欲征服自然带来环境的严重污染，生态失去平衡，臭氧正在减少，人类所赖以生存的地球母亲饱受创伤，人类从来没有像现在这样，面临着因生态环境恶化所带来的如此多的问题和压力。

面对这一“生存还是死亡”的选择，人类需要东方古老的生态智慧，其中包括道家道教的生态智能。西方的有识之士对此已有充分的认识。物理学家卡普拉《转折点——科学、社会、兴起中的新文化》一书认为：“在伟大的宗教传统中，道家提供了最深刻和最美妙的生态智能的表达之一。它强调本源的唯一性和一切自然与社会现象的能动本性”。[③] 历史学家汤因比则一针见血地指出：“东亚人对宇宙的神秘性怀有一种敏感，认为人要想支配宇宙就要遭到挫败。我认为这是道教带来的最宝贵的直感。……人的目的不是狂妄地支配自己以外的自然，而是有一种必须和自然保持协调而生存的信念”。[④] 的确，道教认为人与自然是有机的同构互感整体，人与自然应和谐相处，对自然界的开发应遵守某些道德准则，对大自然应抱有深切的伦理关怀，应充分认识自然界的规律，否则反其道而“妄作”，势必危害人类自身。作为小宇宙的人和作为大宇宙的自然，相互在不断地进行物质能量交流，这种交流一旦被人为地破坏，失去和谐平衡，那么人是得不到安宁的。当代生态平衡失调

---

① 参见林同奇《人文寻求录》，新星出版社2006年版，第77页。

② 《人类处在转折点》，中国和平出版社1987年版，第18页。

③ 转引自畲正荣《生态智慧论》，中国社会科学出版社1996年版，第92页。

④ 《展望二十一世纪——汤因比与池田大作对话录》，国际文化出版公司1985年版，第287页。

的问题，以道教的眼光看，实际上就是由于人忘记了自己与自然之母的生身关系，以为可以随意从母亲身上攫取自己需要的东西，而不顾及母亲身体所受的伤害。在道教看来，人和自然万物之间存在因果报应关系，人与宇宙万物是互相感应的，感应的基础是人和万物都有灵性，人与物信息是相通的。比较起来，人是万物中最有灵性的，他属于自然，又区别于自然，但人必须依赖于自然界而生存，故人当爱护、尊重、敬畏自然。地球生命是一个整体，人与自然万物不可分割地存在于同一个生态环境之中。在人类面临新的发展，在21世纪的进程中，道教关于尊重和保护、歌颂自然的人天观和生态智慧，发人深省，对人类解决生存危机是有其参考价值的。

7. 对21世纪科学尤其是生命科学的启迪和善导

道教对于自然、对于人体自身的探索，产生了一系列中国古代的科技成果，从这个意义上，可以说道教含有古代的科学成分，为中国古代的科技发展作出过重要贡献。道教的原始科学主义可以与当代科学相接通，从而建构新的科学殿堂。事实上，已经有一些当代自然科学家在道教中发现了与最新科学之间的某种相似性，并运用联想方式来解释当代科学所面临的新问题。比如在当代科技的理论危机中，一些著名科学家都借用了“道”的理念来重新建构科学的理论模式。日本的汤川秀树认为，物理学的发展，不断更新了“道”的观念，在探索最新的物理学概念的过程中，老子的“道”会获得非凡的新意。美国物理学家卡普拉认为“道”与现代物理学中“场”的概念十分相似。可以说，“道”对于当代化学、物理学、宇宙学，尤其是人体生命科学，具有重要借鉴意义。道教对于老庄之“道”的诠释作了许多创造性的发展，丰富了“道”的内容。可惜的是，当代科学家只注意到道家之“道”，而道教所创造性发展的生命之“道”，尚未被当代科学所充分开发运用。相信在21世纪，从中可以探到不少宝藏，带给未来科学以新的财富。

道教十分重视生命，自古以来，道教关注科技的目的就是延长人类的生命。在生命问题上，道教高扬人的主体能动性，强调“我命在我不在天”，依靠人的自我修炼改变生命存在的数量与质量。道教依据“道”的生命法则，提出“生道合一”，认为修炼者如能与大道相和合，则将超越生死，使自我生命具有不朽的价值。21世纪，人们会进一步在道教中发现对于长寿之道有价值的东西，特别是它的某些操作方法诸如气功、静养功之类。“仙道贵生，无量度人”，[①] 这应当成为21世纪生命科学的一个标志性口号。人们预测，生命科学将是21世纪的显学，而长寿学将是其中一项重要内容。追求长寿是人的本能，道教以之作为突破点，试图为人类在信仰上指出一条生命永恒不老的

① 《度人经》，《道藏》第1册第5页。

“道”，把人的生命价值神圣化，这就为未来生命科学提供了某种独特的信念上的动力，而道教仙术也为生命科学提供了可资借鉴的实证方法。

在《展望二十一世纪》中汤因比讲过：“人类的力量越大，就越需要宗教。就科学的应用而言，如其不受宗教的启迪和善导，科学就会被用于满足欲望。这样的话，科学就会极有成效地为欲望服务，因而必然导致毁灭的结果”。[①] 这一警告并非虚张声势吓唬人，我们如果不合理节制我们那永远填不满的物欲，一味利用科技来满足人类的情欲，的确总有一天会走进死胡同，走上穷途末路。道教所强调的节欲知足，是不是会给21世纪的科学发展一些有益的启迪和善导呢?

8. 推进21世纪中国旅游经济的繁荣，拓展福利慈善事业

自古以来，占据众多仙山的道教便与旅游结下了不解之缘，不少道教的名山宫观又是我国历史上的旅游胜地。到上个世纪80年代以后，道教文化更成为旅游经济的宝贵资源，并因此而给旅游经济的发展注入了一股活力。不少宫观往往成为某种特殊的旅游实体，从事旅游业的收入成为这些宫观的重要经济来源。尽管从事旅游活动并非道教的主业，只是其为求生存发展的一种副业，但在客观上则促进了中国的旅游经济繁荣，并且创取外汇收入。可以预料，在21世纪，道教的名山宫观仍将是旅游的热点所在地，道教文化作为一种独具特色的旅游资源，仍将受到人们的青睐，它在旅游经济中所发挥的功用将越来越受到重视。当然，道教从事包括旅游在内的经济活动并非为了赚钱发财，除了维持其自养，多余的应当回馈给社会民生，进行社会慈善活动，开展救济工作，诸如建设希望小学，救助灾区及贫困地区的老百姓，帮助残疾人等。譬如1993年，道教界在北京白云观举办罗天大醮，所收入的100万元即捐赠给了希望工程。而港台地区的道教界也曾经举办了多项慈善事业，诸如实行义诊，设立安老院，到内地捐建希望小学等，这是世人有目共睹的。相信在21世纪，随着道教文化的繁荣兴盛，道教经济实力的日益雄厚，道教将在推进福利慈善事业、消除贫困等方面发挥更积极的功用。

9. 整合民间信仰和民间宗教的功能

在五大宗教的社会生态并未突破的现状下，如何充分发挥道教整合民间信仰和民间宗教的传统功能，解决某些我们不得不面对的现实难题，满足信教群众需求，从而稳定社会，尤其是稳定底层社会，值得我们去掉头上的紧箍咒，解放思想，深入思考。

以上对面临新生态、新问题、新挑战的道教文化在21世纪扮演角色、发挥功能的预测不能说是全面而无遗漏的，究竟如何，我们还需拭目以待。已

---

① 《展望二十一世纪——汤因比与池田大作对话录》，国际文化出版公司1985年版，第40页。

故上海市道教协会名誉会长陈莲笙大师生前满怀信心地告诉我们："道教作为一种中国宗教也平等地跻身于世界各宗教之林。中国道教作为中国传统文化的组成部分也受到世界各国各民族的尊重和敬佩。"他殷切地希望道门后继者："看到历史赋予的机遇和挑战，未雨绸缪，及早准备，将邱处机祖师和张宇初天师所言的'立观度人'的宗旨推向世界，发挥道教对于人类的更大的贡献。"[①] 前法国高等研究学院教授、著名道教研究专家施舟人（K. M. Schipper）深情地说："今天道教已经复兴了。它的宗旨和神学完全符合当代世界人民的宗教要求。它是对人人有责、清净无为、天然和平的最高级宗教。它的环境保护思想比任何其它世界文明哲学和宗教既早又具体且完整（见《老君一百八十戒》）。它是中国文明最灿烂的代表之一。"[②] 我们深信不疑的是，经过创新而且改头换面的以道教信仰体系为核心的道教文化，一定会在21世纪中为维护世界和平，促进人类的进步，促进中国的繁荣富强和国泰民安发挥更大的助力。这是面对新生态、新问题、新挑战的中国道教的使命，我们祝愿它不辱这一神圣的使命！

三、道教在海外的传播及各国对道教的研究

（一）道教在海外的传播

道教在日本、朝鲜半岛、越南、老挝、柬埔寨、缅甸、泰国、新加坡、马来西亚都有传播，在欧美也有信徒。据统计，除中国本土外，世界上有道教信徒三千一百多万人，其中以南洋居多，道观数量达六百多座。近几年来，随着中国的进一步开放，大批外国道教信徒或研究者前来访问，中国道教协会先后接待了三十多个国家和地区的一百四十余个团队，计二万九千人。

1. 道教在日本

大约在7世纪，道教神仙长生思想和方术即已经传往日本，这时相当于中国的唐代初年。传到日本的道教由两方面组成：初期主要是民间所信仰的，来自朝鲜半岛或长江流域的归化人带来的神仙思想和方术等。其后是日本留学中国的留学生在中国学习到的道教方技，并于回国时带回去的道教经典。到了日本平安朝，道教便较为盛行，极大地影响到日本人的思想和日常生活，

① 陈莲笙《道风集》（增订本）中《中国道教也会走向世界》，上海辞书出版社2006年版，第252、254页。

② 施舟人（K. M. Schipper）《道教的现代化》，收入《道教教义与现代社会》，上海古籍出版社2003年版，第14页。

比如人们服用道教丹药等。特别是道教守庚申的信仰，此时流行于日本，人们在庚申日彻夜不眠以去除身中的三尸虫。当时，受道教影响很深的是医学领域，《医心方》一书引用了许多道教经典。到了15世纪末，《太上感应篇》在日本流传开来。道教劝善书流行于日本江户时代，这时，日本接受了禅宗僧侣带回去的“善书”等民间道教的东西。如今在日本冲绳县还保持着一些民间道教信仰，如对于妈祖、土地神的信仰。

1991年10月2日到10日，北京白云观和兰州白云观，先后接待了由124名日本道教信徒组成的朝圣团，该团在早岛正雄道长率领下，前来中国祖庭拜祖朝圣。白云观经师为日本道友举行了“祈福、消灾、延寿法会”，每个人都获得了道服、道巾，并颁发了参访朝圣证书。到1992年6月止，已有310位日本道教信徒来中国拜祖朝圣。

2. 道教在朝鲜半岛

道教传入朝鲜半岛是在唐高祖时，高祖武德七年（624），高句丽荣留王请求传授道教教义，高祖于是赐予尊像并派遣道士前往讲授《道德经》。当时，高句丽的国民争先恐后信仰五斗米道。以后，唐太宗也曾赐道士八名及《道德经》给高句丽。后来新罗统一了朝鲜半岛，许多道士都得到王室保护，新罗又将儒释道三教合而为德教。

高丽时代（相当于中国宋朝），道教与王室结合，在北宋徽宗派遣的两名道士指导下，第十代睿宗开始笃信道教，修建了朝鲜半岛第一座道观——福源观，并在道观中举行消除国家灾难的斋醮，祭祀三清、太上老君画像、昊天上帝。以后高丽元宗太子按道教的三尸说守庚申，守庚申成为国家风俗，直到李朝时代仍是如此。明成祖于永乐十五年（1417）赐给李朝600部劝善书。此外，李朝的医书如《东医宝签》，阐述了辟谷等养生术及道教医学。但道教在朝鲜半岛并没有形成教团，这与日本一样，王室把它视为护国宗教。在民间，老百姓将它同民间信仰结合起来，最后道教被淹没在民间信仰中。

3. 道教在南洋各国

道教在缅甸的主要信仰者是华人，分布在北部农村地区，特别是与我国交界的克钦邦和掸邦。部分居住在城市，大约有40万人，其中25%～30%信仰儒释道三教。道教在泰国约有60万华人，其中信仰道教的约12～15万人，主要是农民。渔民和市民只占总数的2%～3%，以曼谷为最多。道教在老挝，居住少量华人，主要在万象，约2万人，信仰道教的占1%。柬埔寨有道教传播，但与佛教相混，主要在大城市，如金边等。华人约40～50万人，占总人口的5%，大多来自福建和广东。道教在越南，据统计，本世纪70年代初有100万华侨，大部分住在大城市，信奉儒释道三教。越南人也有信仰道教的，信徒主要分布在河内、西贡等城市。道教在马来西亚，这里儒释道三教相混，有宫观庙宇，以德教为代表，也有单独活动的道教团体。1991 年 9 月 26 日至 27 日，马来西亚茅山教五馆总坛支流门辈一行 26 人，由茅山教李天型带领，赴江苏茅山道院奉看祖坛，茅山道院为马来西亚道友做了“太平醮”。道教在新加坡，尽管新加坡社会生活西方化，但“三教”的影响仍很大，其中道教尤为突出。由于历史原因，新加坡道教派别繁杂，如按语言渊源划分，在闽邦、粤邦和琼邦。这三邦于 1974～1979 年形成三清道教会。1990 年 9 月，三清道教会和其他 27 个道教组织联合发起成立了“新加坡道教总会”。新加坡现有道观 100 多处，崇奉的神很多，比如财神、土地神、关帝、文昌帝君、天后圣母、玉皇上帝、灶君等等。三教合一的宗教很流行，如“三一教”、“真空教”、“德教”、“圣教”等等。从信仰道教的人数和信仰特点来看，东南亚各国大体相同，以三教混合信仰居多，不仅有组织，还有众多的宫观庙宇，具有相当于中国民间信仰的特点，主要是在华人社会中。

4. 道教在欧美各国

道教在欧美国家近年来也有传播，当地的华人起了重要的作用。随着中国国际地位的提高，改革开放迅速发展，西方国家极需要了解中国，而居住在异国的华人也不断回来祭祖朝圣，因此近来道教在西方社会中有了一定发展。1987 年 7 月 14 日，来访的前德意志联邦总理科尔参观了北京白云观。他说：道教在德国人民中很受喜爱。他在四御殿内按道教礼节进了香。在美国，亚利桑那州设有一座中孚道院，主持人凯蒂博士，院公共关系联络办公室主任戴维·菲尔德，中孚研究所所长翼朝理于 1987 年 10 月 28 日至 11 月 6 日前来中国，参访了北京白云观、成都青羊宫、杭州葛岭抱朴道院。此外在美国加州三藩市有紫银阁，阁长谢满根，曾于 1988 年前来参访道观。在夏威夷有太玄道观，负责人张怡香女士，是 63 代张天师的女儿。在加拿大，1988 年 6 月 12 日至 27 日，应加拿大多伦多市道家太极拳社蓬莱阁道观的邀请，大陆两位道长闵智亭和谢宗信前去宣讲道教哲学和道教丹功知识。这是我国道教界首次到海外弘扬道教，与同道交流思想感情，增进友谊。两位道长先后讲了《道教的根本教理及其哲学思想》、《太极图与内丹方术、太极图与先天八卦关系》和《道教气功健身法》、《道教气功疗病法》，受到多伦多道教信仰者的热烈欢迎。在法国，1988 年 8 月 25 日至 9 月 2 日，应中国道教协会邀请，以法国成道协会主席成之凡女士为首的代表团一行 5 人，前来进行了为期 10 天的访问。成之凡在法国潜心研究道家思想，建立“挽云楼”，宣传黄老之道。

（二）各国对道教的研究

当代，道教研究成为国际热点。近三四十年国际上逐渐形成了法国、日本、英国和美国的研究中心，并且先后举行了三次国际道教研究会议以及各种双边和多边的道教研究讨论会。

1. 法国的道教研究

开创人为著名汉学家亨利·马伯乐（1883～1945），他是语言学家和史学家，认为道教是世界上最奇妙的宗教之一，道教致力于创造一个对世界的科学化的表象，并把神秘性实践加于理论的思辨中。马伯乐弟子的弟子施博尔自1958年以来专事道教研究，1962年以法国远东研究院研究员的身份，赴台湾作关于道教的田野调查，以台南道士陈荣盛为师，研究台湾南部灵宝清微的科仪制度。

2. 日本的道教研究

日本学者研究道教已有上百年的历史。最初研究道教的大都是汉学家，代表著作有武内义雄的《老子原始》、幸田露伴的《道教思想》、小柳司气太的《白云观志》、《老庄思想和道教》等。小柳司气太在中国期间住进北京白云观，亲自体验道士的生活，以第一手材料编写了《白云观志》。1950年，日本成立了道教学会，据报道，该学会拥有会员大约500人，该会出版机关刊物《东方宗教》。近年来，又成立了一些新的研究团体，如关西地区的“中国古代养生思想研究会”、“道教文化研究会”等。1972年9月，在日本长野县举行了第二次国际道教研究会议，会议代表除欧美学者以外，还有日本学者宫川尚志、酒井忠夫等。会议主要讨论道教炼丹术、日本道教研究的历史和现状、道教与民间宗教等等，提交论文13篇。

3. 英国的道教研究

英国研究道教最著名的学者为李约瑟。他从本世纪40年代末开始对中国科学技术史进行研究。从1954年起出版多卷本的《中国科学技术史》，其中与道教有密切关系的有第二卷《科学思想史》，第五卷五分册《炼金术上的发现和发明·生理学的炼金术》等。李约瑟史无前例地全面介绍了道教在世界科技发展当中理当占据的历史地位。他在《人和他的地位》中认为，道教实际上是在中国古老的和中世纪科学的进展中做事最多的，确如冯友兰已经正确地说过的，它是世界上曾经看到的唯一的基本上不反科学的神秘主义体系。

4. 美国的道教研究

美国的道教研究具有比较广阔的领域，包括道教经典的翻译，道教哲学和道教史、外丹术的科学认识及不同的宗教仪式和宗派。有研究者认为，从1950年代兴起的道教研究，是美国社会由于精神空虚而注意到东方思想的潮流的一部分。夏威夷大学的萨梭教授，曾经在台湾拜师学道，著有《庄法师的教义》，编辑了25册的《庄林续道藏》，收集了大量起源于福建，现流传于台湾的藏外道书。这些都为道教研究作了贡献。[①]

道教在海外的广为流传及世界上对道教的研究，表明道教正日渐为国际上的人们所认识和理解，道教文化中的精华将成为新的世界文化的一部分，为人类文明的进步奉献它的光和热。继承和发扬光大解救度济全人类生命和追求平等权利的传统“大乘道教”精神，加之与世界潮流相适应，在教理教义上不断推陈出新，形成具有现代性特征的“大乘道教”，既合乎现代人的口味，但又不媚俗，21 世纪的道教就能够得到世人的尊敬和承认，顺理成章在世界宗教市场上占有自己应得的额度。按照“宗教市场”的理论，宗教的兴衰取决于教会是否提供了适应市场需求的精神产品。历史上，道教曾经为当时的人们供给了适销对路的精神食粮，满足了人们某些要求，受到一定程度的欢迎。但自明清以来，渐渐落伍，不仅没有扩大市场拥有量，反而日渐趋于萎缩，消费者群体越来越小。究其根源，就在于未能与时俱进，没有创造出符合、满足当代人渴望和需求的精神财富，建构起支撑当代人存在的精神支柱。找到病因，对症下药，道教就能够重新焕发青春活力，以新式的、具有竞争力的产品进军世界宗教市场。这种产品就是我们说的具有现代性的“大乘道教”。什么叫“现代大乘道教”？它除了具备传统大乘道教的精神和美德，还有上文所指出的在 21 世纪扮演的角色和发挥的功能，它形成了适合于世界市场需求的产品。按照“宗教市场”的理论，宗教的兴衰还取决于教会是否善于营销自己的产品。世界各大宗教无不在营销产品（即传统所谓“传播方式”）上有自己的一套路数，因之其占有市场的能量很大，从而成为世界性宗教。历史上，道教在中国的宗教市场竞争不过佛教，并非没有自己的好产品。深究起来，其传统营销方式是值得检讨的，其所谓“道不言道”，所谓“秘传”，所谓“非人不传”，更是将自己封闭起来，何遑论及占领市场。今天，道教要想成为世界宗教，不精心策划市场营销的战略方针，不精心设计市场营销的策略，不去借鉴世界各大宗教的成功传播经验，即使具有适应市场需求的竞争力产品，也难于实现自己的目标。因此，道教在这方面的改革开放，也是势在必行。

我们相信：在完全满足上面所说之后，就有这样一种可能性存在，道教文化将伴随着中华民族的复兴而复兴，将随同中国的和平崛起而崛起，中华民族的这一传统宗教将会在 21 世纪走向世界，成为世界性宗教。未来道教的发展走向，我们用一句老话祝福它：道路是曲折的，前途是光明的！

---

① 关于道教在海外的传播及世界上对道教的研究，详情请参阅陈耀庭《道教在海外》，福建人民出版社 2000 年版。

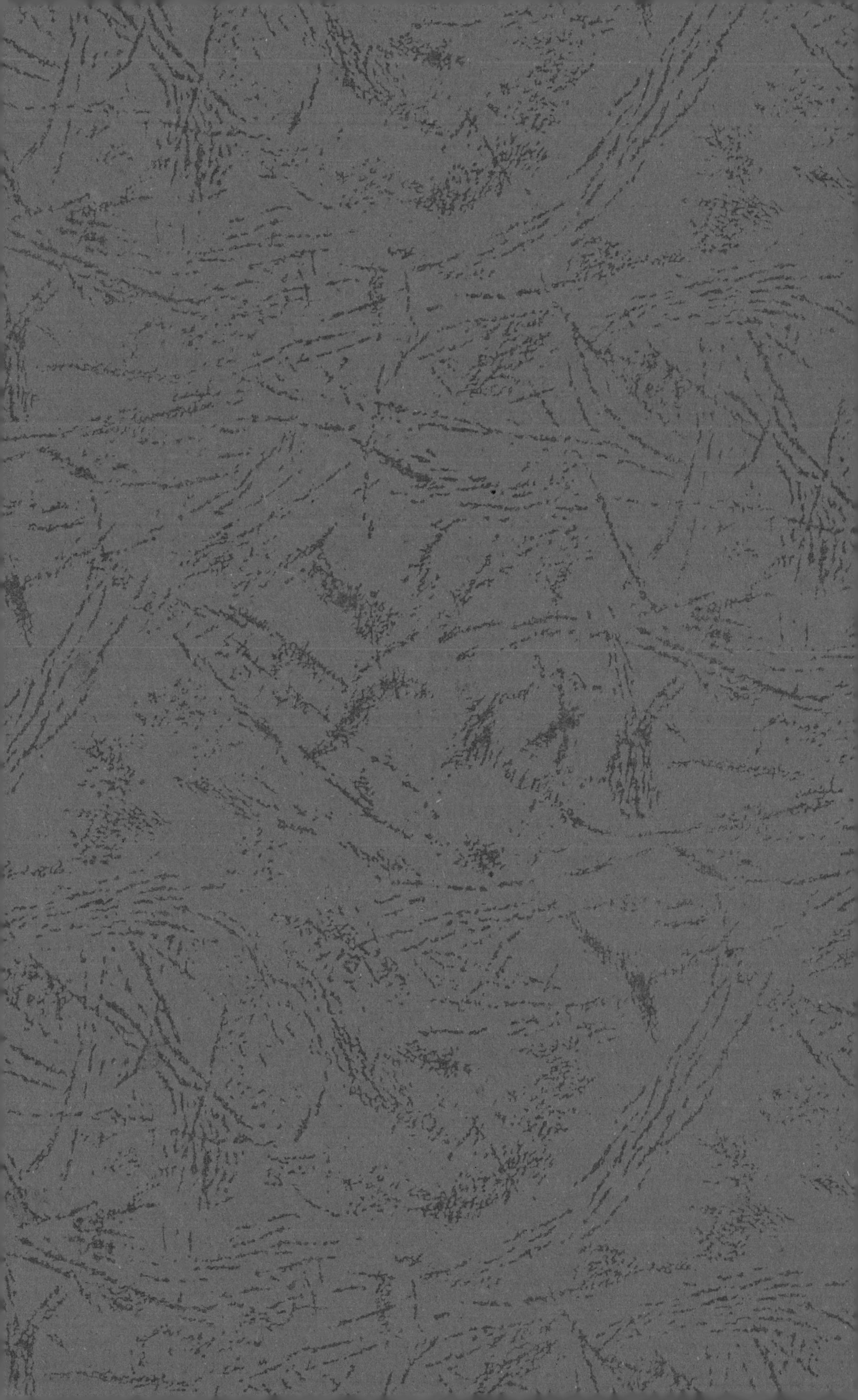